“工业人性工程”系列教材

工业管理心理学

Industrial Management Psychology

张开荆　主审
李红　柳玉芬　编著

大连理工大学出版社

图书在版编目(CIP)数据

工业管理心理学 / 李红，柳玉芬编著. — 大连 ：大连理工大学出版社，2012.8

ISBN 978-7-5611-7130-1

Ⅰ.①工… Ⅱ.①李… ②柳… Ⅲ.①工业心理学—管理心理学 Ⅳ.①F406.13

中国版本图书馆 CIP 数据核字(2012)第 174468 号

大连理工大学出版社出版

地址：大连市软件园路 80 号 邮政编码：116023

发行：0411-84708842 邮购：0411-84703636 传真：0411-84701466

E-mail：dutp@dutp.cn URL：http://www.dutp.cn

大连理工印刷有限公司印刷 大连理工大学出版社发行

幅面尺寸：170mm×240mm 印张：20.25 字数：420 千字

2012 年 8 月第 1 版 2012 年 8 月第 1 次印刷

责任编辑：汪会武 责任校对：齐雪帆

封面设计：波 朗

ISBN 978-7-5611-7130-1 定 价：38.00 元

总序
PREFACE

"'工业人性工程'系列教材"基于认识到当代高速运行社会条件下人与环境普遍的、严重的发展危机和生存风险，以及存在于其中的个人明显觉察到的面对职业生存压力的情绪化反应，以此形成对应用心理学本科专业的社会需求和心理学应用学科职业化发展的判断。

应用心理学的职业化进程日臻完善，在学校教育、医疗机构、工矿企业、航空远洋、军事组织、政法系统，到处都活跃着职业的心理学爱好者和专业工作者的身影。但是，心理学还没有准备好给有明显分工的职业活动以适合的身份称谓。在大学四年制本科课程的设置中，这种专业的定名要么是"心理学"，要么是"应用心理学"。所有的心理学技能化、职业化的存在都装在"应用心理学"的大筐中了。由于心理学和心理学家的称谓都特指了少数专家型的工作，心理学应用的职业化及专业分工大都"没名没份"。随着我国大学教育普及化、技能化、职业化的普遍要求，以及自主、特色办学的要求，心理学各个应用分支学科统一于应用心理学一而化之的方法已经成为心理学的专业化、职业化应用发展的门限了。

这里，我们需要重新梳理应用心理学中临床心理学、工业组织心理学、工业工程心理学在不同文化生态背景下的职业化生存空间。心理学职业化发展需要特别注意知识和技能服务体系的合法性和科学理性问题。服务于公众的知识体系首先是公共的产品，其社会化和职业化的发展应以科学理性为基础，奉行的"有效即行"最终会导致一种职业服务价值的混乱和公众的质疑。尽管临床咨询心理学不是"纯科学"，但怀疑咨询心理学家的专业科学和临床技能相结合的培养模式，无异于导致心理咨询接轨于神学、巫术。今天的科学哲学对于现代意义上的"科学"有了一个较过去更为宽泛的定义，在科学的客观观察对象化的传统科学观之外，科学家也把由主观体验而来的现象学的描述纳入科学研究的范畴中来。在临床咨询心理学中，两种科学研究范式为其职业化、专业化、科学化的发展奠定了基础。尊重和依赖于这种科学理性，才能不迷失于虚假的光环中。

100多年来，心理学家们始终争论心理学“纯科学”地位。20世纪40年代的美国，心理学家们更早地使用了“人性工程”一词，相关成就足以证明美国心理学家普遍存在的与德式冯特心理学的一种纠结，冯特要求心理学的科学必须是“纯科学”。冯特的这一主张得到冯特弟子之一英裔美国人铁钦纳(E. B. Titchener)在美国本土忠实顽固的坚守，以致于美国心理学在铁钦纳去世后的二十多年仍耿耿于怀。心理学教授杰克·邓拉普(Jack Dunlap)在第二次世界大战后成立了第一家人性工程学公司(邓拉普公司)，相关资料记载了他的一句话：“什么纯科学，我受不了这些学术性的马屎。科学如果不能给人们带来更好的生活，它就一钱不值。”可见美国的产业文明对心理学家的影响力之大。因此，也就不难理解对工程心理学或人机工程学，有些人更愿意称之为“人性工程学”，以示对心理学“纯科学”主张的不屑。

美国更早的时候，20年代的霍桑(Hawthome)实验研究者澳裔美国心理学家梅奥(Elton Mayor)，曾经立志于心理学的临床工作，美国电力公司的这一项目则改变和筑成了他一生的成就，并肇始了企业人性问题的研究，其中的“大规模谈话”研究更可以作为当代风行的企业员工辅导(Employee Assistance Program，EAP)的标榜，而这也成为组织行为学和管理心理学学科的标志事件。“理性经济人”在相当长时期里是学界和实业界的一种似乎不言自明的公共假设，霍桑实验极大地质疑了企业管理中和社会治理中的理性基础和公共基础，并很快超出心理学范围，工程师、管理学者、经济学家们从自己的学科和职业中也体会到其中的作用与价值，有关研究以不同的面目出现，“X-Y理论”、“有限理性”、“人的因素”、“人机关系”等等，并融入了企业科学管理的时代主流。“行为科学”、“组织行为学”、“人性工程”这些富于包融性的科学旗帜曾经使心理学的应用工作成为那些多学科领域的旗手和领跑者，成为科学指导实业的独立力量。

冯特提出心理学的“纯科学”有德国学者传承的宗教般的热情，美国心理学的机能主义主张心理学应用，利基于美国社会普遍的企业家精神。但是，不论德国“纯科学”和美国的“非纯科学”，科学的公共理性原则却始终如一。科学家们相信，人类生存与发展最可靠的保证是科学与技术的进步。大学的存在基于知识的科学理性，凭借的是知识的显性优势。大学的使命决定了其必须极力打压和摒除职业生活中存在的社会潜规则。致力于知识显性化功能和维护知识的科学属性是大学生存的基本底线。由此，我们确定了“企业人性工程”和应用心理学专业办学的理性与科学的基本原则。

就我国心理学学科自身而言，心理学在企业中的应用并不缺乏相关知识基础，但如何为企业所接纳还需要判断我国产业文明发展进程，需要来自于学科内部有效的设计与组织。我们将临床心理学、工业组织心理学和工业工程心理学整合为统一的知识技术技能系统，打包给人力资源需求活跃、供求机制自主、运行活动具有示范效应的当代工业企业，基于企业对效益效率目标的基本追求，也基于近年来灾难与事故中，企业组织对经济代价与社会关系代价的考虑，和对社会普遍价值底线反思的道德顾忌，这个统一名称的定位最好是"工业人性工程"。其中，"工业"确定了心理学在职业发展上最富示范性效应的领域；"人性"则是三个应用学科的共同话题，也是我国传统文化延续至今的主流问题；"工程"接近于我国公共文化上对科学价值的基本理解。与"科学"和"技术"相比，"工程"是一个比技术更为复杂、比科学更为实际，一种具体化情境化的作业资源系统。"工程办学"模式与理性、科学、实用性的本科培养规格相适应，是社会技术发展人才需求橄榄型结构的中坚力量。

"工业人性工程"包括工业企业心理学（工业心理学）和工业临床心理学两大主题，并反映当代科学的研究范式。其中，工业企业心理学又可以理解为传统意义上的工业组织心理学和工业工程心理学。构成"工业组织心理学"的主干性知识技能课程系统包括：工业管理心理学、人力资源测量与评价工程、消费者行为学，等等；构成"工业工程心理学"的主干性知识技能课程包括：劳动工程心理学、人机工程心理学、环境工程心理学，等等。"临床心理学"的主干性知识技能课程系统则包括：临床心理咨询理论与技术、临床心理咨询实践与技能、病理心理及诊断、心理危机干预、企业员工辅导（EAP），等等。以上课程经过几年的专业教学探索，已经形成教学资源基础和体系。

以上希望与设想也受益于与专业界内的著名学者、有识之士以及本专业长期以来支持者的不断切磋。借此，也对多年来给予专业的教学提供实习、实训和教学资源的单位，一并表示诚挚的感谢！

编者 李 祚

2011 年 12 月

前言
FOREWORD

本书的前期两个版本名称曾为“组织行为学”和“工业组织行为学”。由于“‘工业人性工程’系列教材”主要面向应用心理学专业的学生，为了明确本书与心理学的渊源，这里称为“工业管理心理学”。很自然，本书采纳了诺贝尔奖获得者西蒙(H. Simon)早在1984年就明确过的观点：在管理心理学与组织行为学之间，没有真正的差别。

但近几年，一些称为“组织行为学”的教材有着莫名的“去心理学化”倾向，简单堆积一些心理学的术语后，几乎开篇就是激励的问题。心理学实验研究的相关知识被剔除，成章节地叙述“知识管理”、“绩效管理”、“家庭平衡”等本应是管理学或人力资源管理课程中的基本内容。知识的科学原则，学科的路径理性在一些编写者那里全然不知为何。这个现象同样存在于与组织行为学最靠近的“行为科学学会”组织中，在那里，除了可感受到的“不甘寂寞的心跳”以外，行为科学作为“科学”的本来之意，很少再被深究。

科学除有促进技术进步的作用，还是知识产生社会共识的基础。科学知识是权力、金钱之外在公众中拥有话语权的又一个独立的力量。当大学不再产生这种力量的时候，大学的发展就是个问题，国家治理的“科学持续的发展观”就会落空。因此，知识应向科学和理性回归，在解决实际问题之前，不要忽略对自身可靠性和可信性的考察，这当属大学学科化和专业化教育的基本底线，也是“工业人性工程”定义的当属之意。在行为科学的研究中，科学的素养不应是知识参与者的“短板”，组织行为学中心理学的知识与原则并非多余，“剃刀”慎用。

但是，不论是称为“管理心理学”还是称为“组织行为学”，学科的发展已经有了百年的历史了。今天，如果不立足于管理的、经济的、社会的与政治的多元考察，就很难理解现代心理学的广泛影响，自然也就很难为当代社会所广泛理解。达到可理解可接受的管理心理学就不能再局限于心理学谈管理了，否则就真的要被视为多余而“剃”掉了。

由涉“人”的学科组成的行为科学还有共同的发展危机。伴随全球经济一体化，金融资本时代到来了。在这一波全球化过程中，西方国家已经从工业资本主义（或者制造业资本主义）过渡到金融资本主义。通过产业链的全球化，资本主义的半壁江山已经从产业转向金融。但金融业不产生就业，金融资本组织中，只有老板和少量的技术操控人员（如金融工程人员），不再需要传统产业和传统金融业所雇用的大量雇员。这给各国政府组织的治理、劳动者的权益保障，以及工业知识的传承都带来严重危机，行为科学赖以存在的产业基础正在动摇。在应对新兴金融资本所带来的社会危机尚无良策之前，本书明确行为科学知识技术系统的工业产业传统背景，称为“工业组织行为学”或“工业管理心理学”，适当时再称为“工业组织心理与行为学”。

本书第六、七、八章由李红（辽宁装备制造职业技术学院）编写，第四、五、九章由柳玉芬（沈阳工程学院）编写，其余各部分由李祚（沈阳工程学院）编写完成。张开荆（沈阳工程学院）为本书的主审。以上讨论以及本书纰谬之处，敬请读者指正。

编著者

2012 年 5 月

目录
CONTENTS

第一章 工业管理心理学及其历史演变 1

第一节 工业管理心理学概述 …… 1
一、组织与工业组织 …… 1
二、管理与管理者 …… 3
三、工业管理心理学 …… 6
四、管理心理学与工业心理学 …… 7
五、管理心理学与行为科学 …… 9
六、管理心理学与组织行为学 …… 11
七、工业管理心理学的新视野 …… 12
第二节 霍桑试验的研究 …… 13
一、霍桑试验 …… 14
二、霍桑试验的影响 …… 19
第三节 管理心理学的研究方法与技术 …… 22
一、科学研究的思路 …… 22
二、研究方案的设计取向 …… 24
三、研究的具体方法 …… 26
复习思考题 …… 29

第二章 社会感知与决策 30

第一节 社会感知觉与认知 …… 30
一、感知觉及错觉 …… 30
二、社会知觉及偏见 …… 31
三、社会认知及策略 …… 35
第二节 行为的归因 …… 38
一、归因的含义与问题 …… 38
二、海德(F. Heider)归因理论 …… 39
三、凯利(H. Kelly)三维归因模式 …… 39

四、韦纳(B. Weiner)成功与失败的归因模式 …………… 40
五、常见归因偏差 ……………………………………… 41
第三节 知觉印象与印象管理 ………………………… **42**
一、知觉印象的线索 …………………………………… 42
二、印象管理的含义与意义 …………………………… 43
三、印象管理策略与技巧 ……………………………… 45
第四节 认知决策的有限理性 ………………………… **48**
一、决策的有限理性 …………………………………… 48
二、传统最优化决策模型 ……………………………… 50
三、有限理性:满意解决模型 …………………………… 51
四、有限理性:隐含偏爱模型 …………………………… 52
五、直觉决策 …………………………………………… 52
复习思考题 ……………………………………………… **54**

第三章 个体差异与测评 **55**

第一节 人格概述 ……………………………………… **55**
一、人格与个性 ………………………………………… 55
二、气质及类型 ………………………………………… 56
三、性格及类型 ………………………………………… 58
四、气质与性格在组织活动中的作用 ………………… 60
第二节 人格的评价 …………………………………… **61**
一、麦尔斯-布瑞格斯指标(MBTI)测验 ……………… 61
二、NEO人格问卷(NEO Personality Inventory,NEO-PI) ……………………………………………… 61
三、Y-G人格测量量表 ………………………………… 62
四、霍兰德职业偏好量表 ……………………………… 63
第三节 能力与行为 …………………………………… **63**
一、能力:一般能力及特殊能力 ……………………… 64
二、智力与"情绪智力" ………………………………… 64
三、能力在组织活动中的作用 ………………………… 66
第四节 人才测评技术 ………………………………… **67**
一、人才测评的观念 …………………………………… 67
二、人才测评技术 ……………………………………… 68
复习思考题 ……………………………………………… **72**

第四章 员工的态度与工作压力 73
第一节 态度的概念 …… 73
一、态度的定义 …… 73
二、态度的基本特征 …… 74
三、态度的理论 …… 75
四、态度的测量 …… 77
第二节 态度的说服与改变 …… 78
一、态度改变的影响因素 …… 78
二、改变态度的方法与措施 …… 80
第三节 态度研究的管理实践 …… 81
一、工作满意感 …… 81
二、组织承诺 …… 84
三、自我效能感 …… 86
四、幸福感 …… 89
第四节 压力管理(Stress Management) …… 90
一、压力的问题 …… 90
二、职业枯竭(Job Burnout) …… 92
三、压力对策 …… 94
复习思考题 …… 99

第五章 行为动力与员工激励 100
第一节 行为的动力 …… 100
一、行为动力的人性探索 …… 100
二、行为理论的心理学研究 …… 102
三、行为的动机与需要 …… 104
四、行为的激励及理论模式 …… 105
第二节 人性假设与激励措施 …… 107
一、麦克雷戈"X理论-Y理论"中的人性假设 …… 107
二、梅约的人际关系理论(社会人假设) …… 108
三、超Y理论和权变理论 …… 109
四、薛恩(Schein)的管理总结 …… 110
第三节 激励的内容型模式 …… 112
一、需要层次理论 …… 112
二、ERG理论 …… 114

三、双因素理论(Two Factor Theory) …… 115
四、成就理论(McClelland's Theory of Needs) …… 118
第四节 激励的过程型理论 …… 119
一、强化理论 …… 119
二、公平理论(Equity Theory) …… 124
三、期望理论(Expectancy Theory) …… 127
四、目标设置理论 …… 128
五、综合激励模型 …… 130
复习思考题 …… 131

第六章 群体动力 132
第一节 群体的含义 …… 132
一、群体的定义 …… 132
二、群体的类型 …… 133
三、群体的形成原因 …… 134
四、群体发展的基本阶段模型(Stages of Team Development) …… 136
五、群体结构及构成要素 …… 137
第二节 群体的规范、压力和内聚力 …… 139
一、群体规范 …… 139
二、群体压力 …… 140
三、群体内聚力 …… 143
第三节 群体决策 …… 146
一、群体决策的方法 …… 146
二、群体决策现象 …… 150
三、群体决策互补与并行原则 …… 153
四、群体决策的利与弊 …… 155
复习思考题 …… 156

第七章 人际沟通与团队建设 157
第一节 群体的人际关系 …… 157
一、人际关系的概念 …… 157
二、人际关系的形成和发展 …… 158
三、人际吸引 …… 160

四、莫雷诺人际关系的测量法(Moreno's Socialmetry Method) …… 162
第二节 群体沟通 …… 165
一、沟通的定义 …… 165
二、沟通的基本模式 …… 165
三、沟通的分类 …… 166
四、正式沟通与非正式沟通 …… 167
五、沟通的障碍和因素 …… 171
六、沟通技巧与沟通设计 …… 173
第三节 团队管理 …… 176
一、团队的含义 …… 176
二、团队的类型 …… 177
三、建立成功团队的四要素 …… 179
四、高效团队的特征 …… 180
第四节 团队训练 …… 181
一、T 小组训练(T-Groups) …… 182
二、拓展训练(Outward Bound) …… 183
复习思考题 …… 189

第八章 群体间关系 190
第一节 群体间关系概述 …… 190
一、群体间的依存与制约关系 …… 190
二、群体间行为矛盾的常见原因 …… 192
三、群体间关系的二维模式 …… 193
第二节 合作与竞争 …… 194
一、合作与竞争的含义 …… 194
二、合作与竞争的行为实验研究 …… 196
第三节 群体冲突 …… 198
一、冲突的理解 …… 198
二、群体间功能障碍的冲突后果 …… 200
三、群体间冲突的原因 …… 200
四、引起冲突的策略 …… 202
五、管理群体间冲突的技术方法 …… 203
六、冲突的组织制度协调办法 …… 204

第四节　群体关系的谈判 …………………………………… 205
一、谈判的含义 ……………………………………………… 206
二、谈判的过程 ……………………………………………… 206
三、谈判的技能和策略 ……………………………………… 208
复习思考题 …………………………………………………… 210

第九章　权力及领导行为　211
第一节　组织管理主体的权力 ………………………………… 211
一、组织管理权力主体的理论 ……………………………… 211
二、组织的权力 ……………………………………………… 213
第二节　组织内部的政治活动 ………………………………… 217
一、政治行为的含义 ………………………………………… 217
二、政治行为的评价与控制 ………………………………… 220
三、运用权力的技巧 ………………………………………… 221
第三节　领导的理论 …………………………………………… 223
一、领导的特质理论 ………………………………………… 223
二、领导的行为理论 ………………………………………… 228
三、领导行为的权变理论 …………………………………… 235
四、领导理论的新发展 ……………………………………… 243
复习思考题 …………………………………………………… 246

第十章　组织发展与设计　247
第一节　组织发展的生命周期理论 …………………………… 247
一、邱吉尔和刘易斯的成长模型 …………………………… 247
二、格林纳五阶段成长模型 ………………………………… 248
三、艾迪思企业生命周期阶段模型 ………………………… 249
第二节　组织发展的结构 ……………………………………… 253
一、组织发展的结构形式 …………………………………… 253
二、组织结构模式分析 ……………………………………… 257
三、组织形式的发展趋势分析 ……………………………… 259
第三节　组织的变革 …………………………………………… 262
一、组织的成长与变革的动因 ……………………………… 262
二、组织变革的个体态度 …………………………………… 264
三、影响变革的组织因素 …………………………………… 268

四、组织变革的策略与步骤 …………………………………… 269
第四节 组织的知识与学习型组织 ………………………………… 272
一、组织的知识 …………………………………………………… 272
二、个人知识的隐性特征 ………………………………………… 274
三、组织的学习与学习型组织 …………………………………… 277
复习思考题 ……………………………………………………… 281

第十一章 人性假设与企业治理制度 282
第一节 经济人假设 ……………………………………………… 282
一、人性假设与组织管理 ………………………………………… 282
二、理性的经济人 ………………………………………………… 284
三、对“经济人”完全理性观点的修正 …………………………… 286
四、“经济人”假设评价 …………………………………………… 287
第二节 关于“经济人”假设的实验研究 ………………………… 290
一、对自利假设的实验研究 ……………………………………… 290
二、对理性假设的实验研究 ……………………………………… 291
三、对社会认可动机的实验研究 ………………………………… 293
第三节 “经济人”假设与制度 …………………………………… 295
一、“经济人”假定理论的意义启示 ……………………………… 295
二、“经济人”特性对制度设计的价值 …………………………… 296
三、“经济人”假设的实践意义 …………………………………… 297
第四节 “经济人”假设与公司治理 ……………………………… 298
一、公司治理结构 ………………………………………………… 298
二、公司治理结构中的制衡关系 ………………………………… 299
三、公司经理人员的约束机制和激励机制 ……………………… 301
复习思考题 ……………………………………………………… 302

参考文献 ………………………………………………………………… 303

第一章
工业管理心理学及其历史演变

第一节　工业管理心理学概述

一、组织与工业组织

(一)组织

就一般意义而言,组织(Organization)是以人为主要元素构成的系统,并具有目标、行为与活动。组织就是指人们为了实现一定的目标,互相协作结合而成的集体或团体,如公司、集团、企事业单位、研究机构、慈善机构、代理商、社团或上述组织的部分或组合,可以是公有的,也可以是私有的。组织这一概念通常包括三种含义:第一,指按照一定的目的、任务和形式予以编制,如作为企业管理职能之一的组织,某项工程建设或某项活动的组织等;第二,指形成的形式。如各种党派、团体、企业、学校、医院、家庭、军队和国家政权等;第三,指组成各部分之间的关系。组织是社会的细胞、社会的基本单元,是社会的基础。

从传统意义上说,组织是社会分工的产物。组织是一群人的集合,为了完成共同的使命和目标,组织成员按照一定的方式相互合作结成有机整体,从而形成单独的个人所不能比拟的整体力量。

因此,形成组织需要具备三个条件:

(1)人群集合:组织至少由两名成员组成。它是应社会生活的需要而产生,从事一般单个个体无法承担的社会活动,或者因组织的形成而在社会活动中发挥比单个个体更大的功能。

(2)目标:组织的活动总是朝向一定的目标。这种活动目标既反映了社会分工的结果,又决定了组织作为社会存在的必要性和合理性。在这个目标的指导下,组织才可以将其成员或部门的行动统一和协调起来,并使组织成员的个人利益与组织利益相一致。

(3)分工协调:组织内部总有一定的结构和分工,组织通过一定的规章制度等规范系统,确定成员之间、部门之间的关系,工作活动的范围,地位、权力和利益的分配。

通常所说的组织主要指正式组织，即为社会生活的需要而产生，在法律及道义的意义上具有存在合理性的组织。在组织的内部，通过职责、权限和相互关系的规定要对人员及设施之间的关系进行有序的安排。因此，组织是在一定的社会文化环境中有某种目标、有一定的内部结构和分工的社会技术系统。

（二）工业组织

工业（industry）是指采集原料，并把它们在工厂中生产成产品的工作和过程。工业是社会分工发展到一定阶段的产物，经过了手工业、机器大工业、现代工业等几个发展阶段。企业组织（Enterprise Organization）以提供产品与服务给顾客来赚取利润为最主要目的，是为企业生产经营目标服务的，从某种程度上说，它是完成生产经营任务的手段。工业企业组织，即工业组织（Industrial Organization）则是最早出现的企业组织，它是指为满足社会需要并获得盈利，从事工业性生产经营活动或工业性劳务活动、自主经营、自负盈亏、独立核算并且有法人资格的经济组织。

工业组织的特征主要有：

（1）工业组织是以盈利为目的的经济组织。工业组织作为经济组织，必须追求经济效益并获取盈利，盈利是企业生产经营活动取得成果的体现，也是企业生存和发展的基础，它有别于政权组织的公安、检察、法院，有别于机关、事业单位的学校、医院等。

（2）工业组织是从事工业生产经营活动或提供工业性劳务的经济组织。工业组织在生产经营方向、经营方式等方面有别于农业、商业、建筑业、运输业、金融业、邮电业等企业。

（3）工业组织是自主经营、自负盈亏、独立核算的商品生产者和经营者。工业组织作为经济组织，必须拥有一定的人力、物力、财力资源，还必须拥有充分的独立经营自主权，包括资产的处置权和产品的生产销售权等。在计划经济体制下，企业只是国家政府部门的附属物，不是真正意义上的企业。在市场经济条件下，企业必须是商品的生产者和经营者，是市场交换的主体。

（4）工业组织是具有法人资格的经济实体。工业组织作为依法成立的具有法人资格的经济实体，必须完备三个法律程序：必须正式在国家工商管理部门注册备案；必须有特定的名称、固定的经营场所、一定的资金、一定的组织机构和企业章程；能独立对外行使法定权利和承担法律义务。这就是工业组织作为法人单位，其合法权益受到法律保护，并能直接承担经营活动中的法律责任。

工业企业组织主要指企业内部组织（Intra-firm），包括科层组织（U型结构、H型结构、M型结构、X型结构）和法人治理结构（Corporate Governance）等。过去的企业内部科层组织多为U型结构，即按职能划分部门的一元结构（Unitary Structure）。随着科技发展和企业规模的扩大，现在采用最多的是M型结构，即事业部制或称多分支单位结构（Multidivisional Structure）。在我国，Industrial Organization有时也译为产业组织，借以指代更为复杂的企业关系。产业组织指同一产业内部企业之间关系的总和，对应的是产业内企业间（Inter-firm）关系。随着企业不断升级，企业行为中的违法问题日渐突出：企业寻租行为、违约行为、假冒伪劣行为、偷税漏税行为等等，这些有赖于竞争规则和机制的不断完善，企业内部组织的法人治理结构成为近年产业经济学、组织管理学、组织行为学或管理心理学研究的热点问题。

二、管理与管理者

(一)管理及职能

管理是指通过计划、组织、领导、控制及创新等手段，结合人力、物力、财力、信息等资源，以期高效地达到组织目标的过程。广义的管理是指应用科学的手段安排组织社会活动，使其有序进行，其对应的英文是 administration，或 regulation。狭义的管理是指为保证一个单位全部业务活动而实施的一系列计划、组织、协调、控制和决策的活动，对应的英文是 manage 或 run。

20 世纪早期，法国工业家亨利·法约尔提出，所有的管理都发挥五种职能，这五种职能是：计划、组织、指挥、协调和控制。今天，我们把这些职能简化为四种：计划、组织、领导、控制。

(1)计划：主要是指定义组织的目标；建立达到这些目标的总体战略；使计划具有全面的层次性以便协调不同的活动。首要的计划是人员配备，做到知人善任，保证劳动力的质量，职工素质是管理成功的首要决定因素。

(2)组织：主要是指管理者负责组织结构的设计。它包括确定要完成的任务；谁来承担这些任务；如何把任务归类；谁向谁报告；在哪一级作决策，特别是人的正确安排，保证优秀人才被安排在正确的位置上。

(3)领导：就是指导和协调组织中的人来完成组织的既定目标的活动。高效的领导者是组织的财富，他能提高组织的效率，建立竞争优势。

(4)控制：结构安排妥当，雇用、激励员工以后，仍然存在某些事情发生混乱的可能性。为了保证事情朝预期的方向发展，管理者必须对组织的绩效进行监控。这种监控、比较、对可能犯的错误进行纠正就是所谓的控制功能。在所有的控制手段、控制技术中，最重要的、最有效的是对人、人的行为、人的思想的控制。

管理可以分为很多种类的管理，比如行政管理、社会管理、工商企业管理、人力资源管理等。每一种组织都需要对其事务、资产、人员、设备等所有资源进行管理。在现代市场经济中工商企业的管理最为常见。企业管理可以划为几个分支：人力资源管理、财务管理、生产管理、物控管理、营销管理、成本管理、研发管理等。在企业系统的管理上，又可分为企业战略、业务模式、业务流程、企业结构、企业制度、企业文化等系统的管理。

(二)管理者及管理层级

管理者是这样的人，他们做出决策、分配资源、指导和协调其他人的活动，充分运用他人的聪明才智和有限的资源，借助他人来完成工作，为整个组织服务，从而实现组织的目标。

在组织情境中，管理者一般分为三个层级(见表1-1)：

(1)基层管理者：主要职责是直接指挥和监督现场作业人员，保证完成上级下达的各项计划和指令。他们主要关心的是具体任务的完成。

(2)中层管理者：承上启下。主要职责是正确领会高层的指示精神，创造性地结合本部门的工作实际，有效指挥各基层管理者开展工作。注重的是日常管理事务。

(3)高层管理者：对组织负全责，主要侧重于沟通组织与外部的联系和决定组织的大政方针。注重良好环境的创造和重大决策的正确性。

任何组织或团体的管理者，都具有一定的职位，都要运用和行使相应的权力，同时也要承担一定的责任。权力和责任是一个矛盾的统一体，一定的权力又总是和一定的责任相联系的。当组织赋予管理者一定的职务和地位，从而形成了一定的权力时，相应地，管理者同时也就担负了对组织一定的责任。在组织中的各级管理人员中，责和权必须对称和明确，没有责任的权力，必然会导致管理者的用权不当，没有权力的责任是空泛的、难于承担的责任。有权无责或有责无权的人，都难以在工作中发挥应有的作用，都不能成为真正的管理者。

(三)管理的技能

管理者一般由拥有相应的权力和责任，具有一定管理能力从事现实管理活动的人或人群组成。管理者及其管理技能在组织管理活动中起决定性作用。根据组织行为学家罗伯特·卡茨(Robert L Katz,1974)的观点，管理者基本的管理技能有三种：技术技能、人际技能和概念技能(见表1-1和图1-1)。

表1-1　管理者的层级及技能

	技术技能	人际技能	概念技能
高层	17.9%	42.7%	39.4%
中层	34.8%	42.4%	22.8%
基层	50.3%	37.7%	12.0%

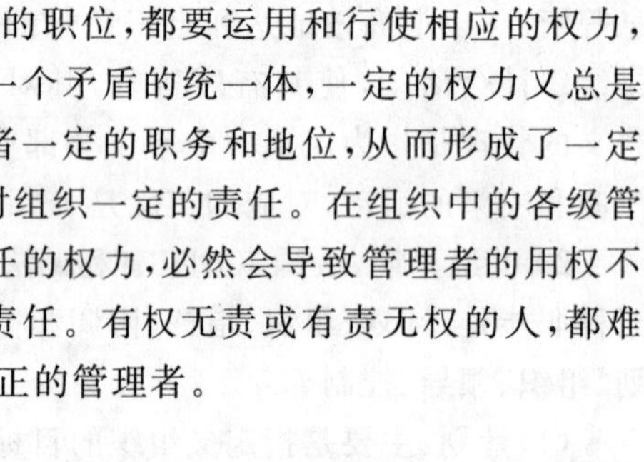

图1-1　管理者的层级及技能

(1)技术技能：指使用某一专业领域内有关的工作程序、技术和知识完成组织任务的能力。对于管理者来说，虽然没有必要成为精通某一领域技能的专家，但也要掌握一定的技术技能，否则就很难与他所主管的组织内的专业技术人员进行有效的沟通，从而也就无法对他所管辖的业务范围内的各项管理工作进行具体的指导。

(2)人际技能：指在群体中所应具有的与人共事、理解别人、激励别人的能力。人际技能要求管理者了解别人的信念、思考方式、感情、人格以及每个人对自己、对工作、对集体的态度，个人的需要和动机，还要掌握评价和激励员工的一些技术和方法，最大限度地调动员工的积极性和创造性。

(3)概念技能:是能够把一个组织看成一个整体的能力,能够识别某一领域的决策会对其他领域产生何种影响的能力,能够提出新想法和新思想的能力,以及能够进行抽象思维的能力。

三种技能是各个层次管理者都需要具备的,只是不同层次的管理者对这三种技能的要求程度会有区别。高层的管理人员,需要更多地掌握概念技能,进而把全局意识、系统思想和创造精神渗透到决策过程中,并不需要全面掌握完成各种作业活动必须具备的技术技能。作为基层管理人员,他们每天大量的工作是与从事具体作业活动的工作人员打交道,他们必须全面而系统地掌握与本单位工作内容相关的各种技术技能。人际技能是组织各层管理者都应具备的技能。因为不管是哪一层次的管理者,都必须在与上下左右进行有效沟通的基础上,相互合作共同完成组织目标。人际技能对高、中、基层管理者是同等重要的。因此,管理心理学还可以说成是关于管理者的人际技能的知识系统。

(四)管理者的角色

美国著名管理学家彼得·F·德鲁克(Peter F. Drucker)1955 年提出"管理者角色"(the role of the manager)的概念。德鲁克认为,管理是一种无形的力量,这种力量是通过各级管理者体现出来的。20 世纪 60 年代末,亨利·明茨伯格(Henry Mintzberg)对五位高层经理进行了研究得出结论:管理者扮演着 10 种不同而又相互关联的角色或者表现出与工作有关的 10 种不同的行为。这 10 种角色可以分为三大类:人际的角色、信息的角色和决策者的角色(见表 1-2)。

表 1-2 管理者的角色

角色类型	角色说明
人际的角色	所有的管理者都要担负某些本质上是纪念性或象征性的责任。 所有的管理者都充当领导的角色,这种角色包括雇用、培训、激励和训练员工。 人际角色的第三种是联络人,是指与能给管理者提供信息的人接触。这些人可能是组织内部或外部的个人或群体。
信息的角色	所有的管理者在某种程度上都要从其他组织或机构接收、搜集一些信息,充当监控者角色。 管理者也会像导体一样给组织成员传送信息,这是信息发送者的角色。 当管理者代表组织与外界交往时,其扮演的是发言人的角色。
决策者的角色	在企业家角色中,管理者激发并监督能改善组织绩效的新项目。 作为混乱处理者,管理者对事先未预见到的问题采取正确的行动。 作为资源分配者,管理者负责分配人力、物力和财力资源。 谈判者角色进行必要的谈判,以确保小组朝着组织目标迈进。

管理者扮演谈判者的角色,他们与其他人、其他部门和组织协商与谈判,为自己所在的单位争取好处。组织行为学就是在管理者、职业经理人以及相应的软、硬件条件所构成的管理环境中,教管理者学会"先做人,后做事",演好自己的角色:在恰当的地方,恰当的时间,对恰当的人,说恰当的话,做恰当的事。

三、工业管理心理学

(一)管理心理学

管理心理学是心理学在工业企业管理中的运用。管理心理学研究组织中人的心理和行为表现及其规律,提供预测、引导和控制人的行为的知识,通过提高管理人员的管理能力,以实现组织既定目标的科学。管理心理学关心组织情境中人的心理与行为问题,这其中有从事工作作业人群的问题,包括工作与岗位、缺勤、员工流动、生产率、工作绩效等;组织行为学诉诸管理者视角,研究激励、领导行为和权力、人际沟通、群体构成、学习、态度的形成、变革过程、冲突、工作设计、工作压力等,力求实现管理的有效性。

管理心理学所探讨的主要是组织管理中所面对的人的行为方面的问题。心理学或行为学科学的研究思想和积累的可实证的丰富成果,支撑起管理心理学的知识系统。组织行为学是管理心理学的新发展。在我国专业文献中与管理心理学类似的名称还有组织心理学、工业组织心理学、组织管理心理学、行为管理学、人力资源管理学等。虽然研究的侧重点有所区别,但其基本精神、研究对象及内容结构和引用的论据等没有本质性差异。从管理心理学到组织心理学,再到组织行为学,是研究领域和内容逐步扩大和发展的过程。管理心理学和组织行为学内容的大同小异,两个学科名称是通用的。

(二)关于"工业管理心理学"

随着社会的发展,尤其是经济的发展促使了企业组织的发展,管理心理学越来越受到人们的重视。十分明确的是,管理心理或组织行为学的知识基础和研究成果建立在工业企业产业化发展和雇佣劳动基础之上。但是,应该注意到,这一基础正出现问题。伴随全球经济一体化,金融资本时代到来了。在这一波全球化过程中,西方国家已经从工业资本主义(或者制造业资本主义)过渡到金融资本主义。通过产业链的全球化,资本主义的半壁江山已经从产业转向金融。但金融业不产生就业,金融资本组织中,只有老板和少量的技术操控人员(如金融工程人员),不再需要传统产业和传统金融业所雇用的大量雇员。这给各国政府组织的社会治理和劳动者的权益保障带来严重危机,无视劳动者权益的现象沉渣泛起。如果任其而为,组织心理与行为学赖以存在的产业基础也会随之动摇。在应对新兴金融资本所带来的社会危机尚无良策之前,本教材明确了组织心理与行为学工业产业的传统背景,称为"工业管理心理学"。

(三)管理心理学的研究水平

管理心理学在分析和研究组织中人的行为时,通常从三个水平上来进行分析(见图 1-2)。

第一个分析水平是个体水平。组织是为追求组织目标而工作的个人集合体,任何组织首先是由单个的人组成的,没有个人的工作绩效,也谈不上组织的效率和成就。在个体行为的研究方面，心理学做出了自己的贡献。心理学着重研究个体行为，它对人的需要、动机、人格、知觉、学习、态度等的研究为探讨个体行为的规律奠定了基础。

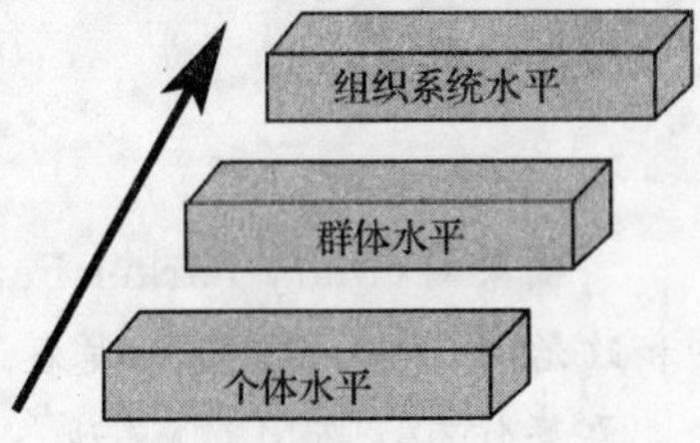

图 1-2　管理心理学的研究水平

第二个分析水平是群体水平。在这个水平上主要分析行为与直接的微社会环境的关系，把分析的重点放在组织内的班组、车间、科室和部门等工作中人们的相互影响，也就是说，从群体的层次上分析人的行为。人们在组织中必须结合成各种群体，如班组、部门、委员会等。因此，管理心理学中要研究工作群体的行为，以及在这种微社会的环境中产生的某种社会心理现象。

第三个分析水平是组织系统水平。把组织看成一个整体或结构，主要分析行为与更大范围的社会环境的关系。现代企业制度要求从市场上选择经理层，构建董事会和监事会，推行 CEO 式结构和完善独立的董事制度，公司治理结构是一种制度安排。管理心理学的这种较宏观的研究则要借助于经济学、政治学、社会学和文化人类学的理论和概念。例如，组织结构和治理结构及其与组织行为成效的关系，组织文化及其建设、组织发展、组织变革，以及领导行为、激励制度等。

管理心理学要研究个体行为、群体行为和组织行为这三个层次。管理心理学从不同的层次研究人的行为并不是相互矛盾的，而是相互补充的。只有把个人行为、群体行为和组织行为的研究有机地结合起来，才能全面地提高组织的效率，提高组织的管理水平。

四、管理心理学与工业心理学

20 世纪初，弗雷德里克·W·泰勒(Frederick Winslow Taylor，1856～1915)的管理学名著《科学管理原理》出版，这可以看成是刚性管理的标志。泰勒和亨利·法约尔(Henry Fayol，1841～1925)和马克斯·韦伯(Max Weber，1864～1920)等人的努力，促成了由经验管理向科学管理的转变，完成了管理学的一次革命性的飞跃。科学管理的核心是提高生产和工作效率，是一种以工作为中心的管理，也是一种纵向的高度集权的专制式管理。它企图把人修改得适合于工作，而不是把工作设计得适合于人。其关心的主要问题是效率，通过科学管理达到最优的投入产出比。这一时期正是工业化发展到大型复杂的阶段，于是管理学家也十分重视大型机构的组织管理问题，也就是计划、组织、控制的研究。

行为科学之所以成为根深叶茂的学科大树，在很大程度上得益于梅约及其霍桑试验对人性的探索。其实在霍桑试验之前就有一些管理学家对心理和人的行为做了一些研究，为了获得更高的生产效率，心理学家、生理学家就已经开始注意，如何将重点放在有效地利用人的某些心理和生理资源，并建立起工业心理学，对管理学的发展起着相当大的推动作用，只不过这在当时没有成为古典管理理论的主流。

资料

人物介绍

福莱特(Mary Parker Follett,1868～1933),“管理理论之母”,美国的管理学家和政治哲学家。1920年发表《新国家》一书,被人们认为是一位政治哲学家。她的主要著作有:《新国家》、《动态的管理》、《自由和协作》等。她的有关利益结合、形势规律的论述同泰勒的精神革命、职能管理的精神是一致的。她关于协作、相互影响等论述还同人际关系学说创始人梅约等人的论点相似。因此说,她把这两个时期联系起来,成为两者之间的过渡。由于她对管理学的巨大贡献,当代大师德鲁克把她称为“管理学的先知”。

孟斯伯格(Hugo Munsterberg 1863～1916),工业心理学的创始人之一,原籍德国的美国心理学家。他先后发表了《心理学与工业效率》、《一般心理学和应用心理学》、《企业心理学》等著作,是最先提出心理学能应用于工业以提高劳动生产率的心理学家,并最早确定工业心理学的范围和方法。

索利尔(Paul Auguste Sollier,1861～1933),比利时心理学家,也是工业心理学的首创人之一。他的代表作是《应用心理学:研究工作中人的因素的技术的导论》。他还发表了论文150余篇,许多是讨论工业中人的因素的。索利尔是工业心理学在比利时的先驱者,对发展和传播工业心理学做出了较大贡献。

斯科特(Walter Dill Scott,1869～1955),美国心理学家,工业心理学的奠基人之一。他善于进行人事管理的研究,先后发表《提高人的效率》、《广告心理学的理论和实际》、《人事管理:理论、实务和观点》等著作。最早把心理学应用于工业中的激励和生产率提高等问题中,把心理学基本原理应用于工商业的经营管理方法中,促进了管理心理学的发展和完善。

迈尔斯(Charles Samuel Myers,1873～1946),英国的心理学家,工业心理学在英国的先驱者。先后于1918年发表了《心理学在今日的应用》,1925年发表了《英国的工业心理学》,1932年发表了《工商企业合理化》等著作。他在职业生涯的早期把心理学从课堂转移到实验室,在其职业生涯的后期又把心理学从实验室转移到办公室和工厂的现场。

莉莲·吉尔布雷思(Lillian Moller Gilbreth,1878～1972):美国管理心理学家,人因工程学的先驱,也是美国第一个获得心理学博士学位的妇女。她和丈夫弗兰克·吉尔布雷思(Frank B. Gilbreth,1868～1924)一起从事动作研究,被称为“管理学的第一夫人”。她以毕生精力探讨管理及设备效率程序的关系,在实践中发现不能单纯地从工作的专业化、方法的标准化、操作的程序化来提高效率,还应该注意研究工人的心理。莉莲对管理学的贡献,在她的博士论文《管理心理学:精神在判断、指导和实施最少浪费方法中的作用》中有较全面的反映。

穆齐西奥(B. Muscio,1887～1926),澳大利亚心理学家。在澳大利亚和英国从事研究工作,是工业心理学的先驱者之一。他的著作主要有《工业心理学报告集》、《疲劳可以测定吗?》、《职业指导:文献评述》等。他和其他早期的工业心理学家的研究为以后对人的因素的更深入的研究提供了某些基础和条件。

朗特里(Benjamin. Seebohm. Rowntree,1871～1954),英国的企业家和管理学家,行为科学的先驱者之一,对企业中人的因素问题做了较多的研究和实践。著作主要有《企业中人的因素:工业民主的试验》、《董事会和企业的目标》、《工业中的经济条件》等。

英国的管理学家谢尔顿(Oliver Sheldon),强调管理中人的因素,并把人的因素同科学管理相结合。他先后发表了《管理的哲学》、《作为一种职业的管理》、《经营和组织的职能》等著作。他在管理思想上强调了管理中人的因素和对社会的责任,1923 年提出了"企业社会责任"的概念,强调了管理的整体性及管理作为一种独立的职业在社会上的地位。

亨利·丹尼森(Henry S. Dennison,1877～1952),美国的企业家和管理学家,以关心劳工、热爱公益闻名,在注重人的因素和推行科学管理方面做出了较大的贡献,先后发表了《职工的利润分享和股权所有》、《组织工程学》、《现代竞争和企业政策》等著作。

此外,早期研究比较有影响的还有甘特、哈特内斯、布卢姆菲尔德、蒂德、巴布科克、霍普夫以及刘易森等。工业心理学虽然把心理学引进了工业生产,成为管理心理学的先驱,但当时这项研究活动只局限在心理学的领域。孟斯伯格的研究方向和路线,以及所采取的方法是与管理心理学的发展方向一致的,但是,他所考虑的面比较狭窄,还缺乏社会心理学与人类学的观点和论据。他只是从个人的心理出发,如探讨灯光照明、室内温度以及物质报酬等因素对工作效率的影响,而没有注意到工作的社会环境、人际关系、领导与被领导者的相互关系,以及组织机构本身所具有的社会性。所以,他的工业心理学未能引起更广泛的注意。

1924 年开始了在西方电器公司的霍桑试验。从霍桑试验来看,它打破了过去把工人单纯看成为钱工作的"经济人"思想。经过近 8 年的霍桑试验,梅约认为人的生产效率不仅要受到生理、物理方面的影响,更重要的是受到社会环境、社会心理等方面的影响。这对只重视物质条件,忽视社会环境、心理环境的科学管理理论来说,是一个很大的修正。领导者要考虑人的社会性方面,工人的高级需要也是不容忽视的。一些学者开始从生理学、心理学、社会学等方面研究企业中有关人的问题。如人的工作动机、情绪、行为与工作之间的关系等,以及如何根据人的心理规律,去激发人的积极性和创造性。霍桑试验为工业心理学增加了深度和广度,并开创了管理心理学,把心理学、社会心理学、人类学等各项学科结合起来,对企业中人们的心理与行为综合探索、试验、分析和解释,才为后来的管理心理学开拓了道路,成为管理心理学知识体系的基本渊源。

五、管理心理学与行为科学

行为科学(Behavior Science)产生于 20 世纪 20～30 年代,首先得益于早期一些心理学家对工业心理学研究和梅约及其霍桑试验对人性的探索。霍桑试验经过8年的艰苦努力终于完成了它的历史使命，它在管理思想史上占有极其重要的地位，是管理思想的一个伟大的历史转折，给管理学的发展开辟了一个崭新的领域。行为科学创立的动因除要归功于对人的因素的思考，实际应用的展开还要归功于西方社会国内外劳资双方政治力量的对比。第一次世界大战和俄国十月革命使得世界经济体系出现了全新的格局，资本主义国家政治矛盾激化，阶级斗争和革命运动一度出现高潮。1949年，在苏联社会主义革命和建设的影响下，经过几十年浴血斗争，中国的红色政权又宣告成立，革命之火渐成全球之势。资本家为了摆脱危机，缓解劳资双方的矛盾，开始对传统的经济学理论和泰勒的科学管理进行了思考。企业主感到单纯用传统管理理论已不能有效地控制工人、提高劳动生产率和增加利润。这对行为科学理论的创立和发展具有巨大的推动作用。

1949年，在美国芝加哥召开的一次有自然科学家和社会科学家参加的讨论会上，第一次提出行为科学的名称。在1953年美国福特基金会召开的各大学科学家参加的会议上，正式定名为行为科学，会议讨论有无可能利用现成的科学知识，来发展关于人类行为的一般性理论。经过在这次会议上科学工作者的讨论，认为这种可能性是存在的。当讨论这门综合学科的命名时，有人主张用社会科学的名称，但由于担心会引起有人将社会科学和社会主义这两个名词联想在一起的情况发生，所以就不采用社会科学，而决定采用行为科学这个名称。行为科学也就由此成为管理学的一个重要分支，从此管理思想进入了一个丰富多彩的新世界。行为科学积极吸收了心理学、社会学、人类学等学科的科学知识，应用社会调查、观察测验、典型试验、案例研究等科学方法对人的行为，特别是职工在生产中的行为进行研究，提出了一些调动人的积极性的学说和方法，并在企业中实际应用，收到了一定的效果。许多管理学家、社会学家和心理学家从行为的特点、行为的环境、行为的过程以及行为的原因等多种的角度开展对人的行为的研究，形成了一系列的理论，使行为科学成为现代西方管理理论的一个重要流派。

1980年出版的英文版《国际管理词典》的定义是：行为科学是有关对工作环境中个人和群体的行为进行分析和解释的心理学和社会学学说。它强调的是试图创造出一种最优化的工作环境，以使每个人既能为实现公司目标，又能为实现个人目标有效地做出贡献。这样的定义显然是把行为科学看成是一门管理学科。

1982年版美国《管理百科全书》的定义是：行为科学是包括类似运用自然科学的实验和观察方法，研究在自然和社会环境中人（和低等动物）的行为的任何科学。已经公认的学科有心理学、社会学、文化人类学和其他学科中类似的观点和方法。

我国引进美国的行为科学是在20世纪的70年代末期，并在当时形势下，由中国企业管理协会和中国机械工程学会发起，于1981年3月在北京召开了第一次全国行为科学学术讨论会，在著名社会学家费孝通、著名心理学家陈立，管理学家、原一机部副部长孙友余等参与下，中国行为科学学会筹委会成立。1984年6月中国行为科学学会正式成立。

中国行为科学学会对行为科学的认识是："行为科学是应用社会学、心理学、人类学以及生理学、医学、管理学、经济学、法学、政治学、行政学、教育学、哲学以及系统论、控制论、信息论和一些自然科学等学科知识来研究行为(主要是人类行为)规律的、综合程度很高的应用科学。它研究人在许多领域中的行为，因而形成许多视为行为科学分支的学科，例如：医务界的医学行为学，管理中的组织行为学，司法公安界的犯罪行为学，政治界的政治行为学，社会行政界的行政行为学等等。"

1980 年 12 月我国第一本行为科学专著是由原上海社会科学院杨锡山、钱冰鸿所著《行为科学，一个现代管理学派》。1985 年 5 月我国第一本管理心理学专著是由原杭州大学(现浙江大学)卢盛忠、吴谅谅、郑全全、王重鸣等著。从行为科学引进以后，我国绝大多数高等院校都开设组织行为学或管理心理学。组织行为学成为国内工商管理学院、商学院的 MBA 选修或必修课程之一。

六、管理心理学与组织行为学

"管理心理学"是研究工业组织中人的心理和行为规律的科学。实际上还有一个最常用的名称："组织行为学"。很多同类教材十分认真地论述二者之间的区别，学生课堂上也少不了提出相关问题。早在 1984 年诺贝尔奖金获得者西蒙(H. Simon)来华讲学时，杭州大学工业心理学的学生就提出过这样问题，资料记载了他的回答："在管理心理学与组织行为学之间，可能别人认为不同，我没有看到有真正的差别。"

今天的管理心理学已经得到广泛的关注、发展和应用，该学科的教学和科研也吸收了社会心理学家、社会学家和人类学家参加，相关知识涉及管理学、政治学、经济学、伦理学，并逐步从科研项目中演化出"组织行为学"这一名称。管理心理学的创始人莱维特(H. J. Leavitt)就指出过：从"管理心理学"到"组织心理学"再到"组织行为学"，反映了这一领域的发展过程。

1912 年，美籍德国心理学家孟斯伯格出版了《心理学与工作效率》一书，首先正式把心理学应用到工业管理中。美国的莉莲·吉尔布雷思在 1914 年出版了名为《管理的心理学》(*Psychology of Management*)的著作，首次使用"管理心理学"概念，力图把早期心理学的理论应用到科学管理的实践中去。20 世纪 20 年代，虽然霍桑试验已发现了工作群体的重要作用，但是直到 20 世纪 50 年代，建立在群体理论基础上的管理心理学才真正起步。美国在第二次世界大战前，心理学在工业上的研究与应用所形成的理论被统称为"工业心理学"(Industrial Psychology)。当时的工业心理学主要以个体为研究对象，对个体差异进行测量。

莱维特在 1958 年起开始正式使用"管理心理学"(Managerial Psychology)名称，用"管理"代替"工业"，目的是敦促人们从领导、管理和组织角度来使更大数量的人做好工作，使之成为一门独立的学科。20 世纪 60 年代初，莱维特又首先使用了"组织心理学"(Organizational Psychology)的名称，出现在《心理学年鉴》与巴斯合写的一篇综述文章的标题中，意味着当时的研究已从群体扩大到整个组织。美国心理学协会第十四分会——“工业心理学分会”也改名为“工业和组织心理学分会”，目的是要承担比测定个体差异更广泛的组织问题，研究从个体到群体，再到组织，随之而来的是它开始从各大学的心理系转入管理学院。20世纪50年代，代表多个人文学科的“行为科学”出现以后，“组织行为学”开始从多个学科的科研项目中逐步演化而来，为了强调“组织”这一概念，同时也明确它不再是任何一门单独学科的产物。美国学者斯帝芬·P.罗宾斯(Stephen P. Robbins，1997)认为，组织行为学是一个研究领域，它探讨个体、群体以及结构对组织内部行为的影响，以便应用这些知识来改善组织的有效性。组织行为学是研究组织中人的行为与心理规律的一门科学。

有人认为心理是一种内隐的活动，行为是心理的外在表现。但组织行为学在研究人的行为时，必然会涉及行为背后的潜在心理机制；管理心理学在探索人的心理活动规律时，也需要通过观察分析人的外部行为来达到推断内部过程的目的。尽管管理心理学与组织行为学研究的侧重点不同，但事实上人的心理与行为是密不可分的。美国管理学会主席古明斯认为，组织心理学和组织行为学的相同点在于它们都集中探讨组织中人的行为，不同点在于组织心理学将心理学作为纲领，组织行为学则从各学科吸取知识。但当组织心理学的范围在不断扩大时，两者之间还是趋于一致。在当代意义上，管理心理学与组织行为学都是通过对组织管理活动中人的行为规律及其潜在心理机制的探索，揭示有关的规律，不断促进管理工作的科学化，持续提高工作绩效与管理效应，最终实现组织和人的全面发展。

七、工业管理心理学的新视野

第二次世界大战以后，人的需要和动机的理论、管理中的“人性”理论、领导方式理论、企业中非正式组织理论以及人与人的关系理论等方面也取得较大的进展，柔性管理的理论体系得到进一步的完善。20世纪的后半段，管理的发展可视为“以工作为中心”的刚性管理和“以人为中心”的柔性管理的渗透、融合与互补阶段。1961年，美国密执安大学的利克特教授和他的研究人员通过研究，把管理者分为“以工作为中心”和“以员工为中心”两类。他进而指出，前者的特点是：任务分配结构化，严密监督，工作激励，依照详尽的规定办事；后者的特点是：重视人员的行为及反映问题，利用群体实现目标，给予组织成员较大的自由选择的范围。

现代自然科学和技术科学的方法，如先进的数学方法、计算机技术及系统论、信息论、控制论等在管理中得到广泛运用，认知心理学迅猛发展，也产生了影响很大的管理科学理论。它的主要内容包括运筹学、系统分析、决策科学化，主要手段是通过构建数学模型，对管理领域中的人力、物力、财力进行系统的定量分析，并做出最优规划和决策。从历史渊源上看，管理科学理论是对科学管理理论的继续与发展，因而可视为刚性管理的延伸。同样，管理科学理论关注的也是效率问题，力求用最少的投入获得最大的收益。这使得管理理论研究从定性到定量，从模糊到精确，对管理水平和管理效率的提高起到了很大的推动作用。但它的弱点也是极其明显的，如试图把管理和决策中有关的各种因素都数量化，这是不现实也是不可能的。更重要的是，这一理论忽略了人的因素，尤其是在进行定量的分析时，没有考虑到人力资源个体之间的差异。

20 世纪 80 年代以来，西方普遍兴起“企业文化”热潮，人们对日益精密的定量模式与决策技术的有效性提出质疑，把管理的重心定位到人的价值上来的呼声越来越高。80 年代末 90 年代初以来，一些理论如学习型组织、企业再造、知识联盟、虚拟企业、过程团队等不断涌现，管理学与经济学、数学、社会学、心理学等学科相互借鉴和融合，极大地丰富了管理学的思想宝库。随着知识经济的崛起，发展出知识管理、智力资本和核心能力等理论，在生产管理中产生了“准时生产制”、“柔性制造系统”、“敏捷制造”等多项革命化的管理技术，同时也出现了“柔性管理”、“知识管理”等管理实践。在这种背景之下，管理的人本主义的色彩更加浓厚，对人性的理解较以前更加全面，人本管理、人性管理、人情管理、软管理等思想应运而生。这些管理思想尽管在表述方法上略有区别，但从本质、内涵上讲，他们都要求理解人、关心人、尊重人，充分发挥人的创造性和能动性。

在近百年来管理的发展与变革中，尽管管理理论、方法众多，但事实上是两种不同的主张。一种主张是强调刚性管理，这是一种根据成文的规章制度，依靠组织职权进行的程序化管理，是以“规章制度为中心”的理性科学管理，它强调某种刚性的、可感受到的、外在的形式，它主张以严密的纪律、组织、物质刺激加惩罚，迫使被管理者不得不发挥其能力。显然这种主张是以物或事为本，把一切对象加以“物化”，强调人的理性特征，突出效率的逻辑。另一种主张是强调柔性管理，这是一种依据组织的共同价值观和文化、精神氛围进行的人格化管理，是一种“以人为中心”的“人性化管理”。它强调某种柔性的、内在的、无形的、深层的东西，它要求采用诱导的方式，激励人的积极性，使之主动地发挥其潜能。显然这种主张是以人为本，把一切对象加以“人化”，注意满足人的情感需求，突出情感的逻辑。

其实这两种主张具有一致性，都是为了提高生产和管理的效率，都是为了管理实践的需要，都是从不同的角度和层面作用于管理过程，而且这种作用具有不可替代性和互补性。完全没有规章制度约束的企业必然是无序的、混乱的，柔性管理也必然丧失其立足点，缺乏一定的柔性管理，刚性管理亦难于深入。

由此可见，刚性管理与柔性管理是此消彼长，渗透、融合与互补的，这一过程由低级到较高级，再到更高级，以至无穷地递进。每一次递进，都以特定历史时期的政治、经济、科技、文化的变革为后盾，都与特定历史时期的市场、制度等因素密切结合。而且，每一次递进都是在更高的层次上对以往管理理论与实践的扬弃。

第二节　霍桑试验的研究

霍桑试验是组织行为学发展历程中具有里程碑意义的著名试验，是组织行为学在研究方法上的一次重大突破，进而为现代管理中的人本管理思想提供了心理学基础。霍桑试验的结论是人际关系学说的基本要点，也是行为科学在以后发展的理论基础,并对以后的管理思想发展起着重大的影响。霍桑试验经过8年的艰苦努力终于完成了它的历史使命,它在管理思想史上占有极其重要的地位,是管理思想的一个伟大的历史转折,给管理学的发展开辟了一个崭新的领域。行为科学也就由此成为管理学的一个重要分支,从此管理思想进入了一个丰富多彩的新世界。

一、霍桑试验

背景回顾:霍桑试验是从1924年到1932年,在美国芝加哥城郊的西方电器公司所属的霍桑(Hawthome)工厂中进行的一系列试验。霍桑工厂是一家拥有2.5万名工人的生产电话机和电器设备的工厂,它设备完善,福利优越,具有良好的娱乐设施、医疗制度和养老金制度。但工人仍愤愤不平,有很多的抱怨,生产效率也不理想。为了探索其原因,1924年11月,美国国家研究委员会组织了一个包括有关方面专家在内的研究小组,去那里考察工作条件与生产效率之间的关系。他们下去后,进行了多种试验,其中的一个主要试验叫"照明度试验",这就是霍桑试验的先导。这项工作是从1924年11月至1927年4月期间进行的。

从1924～1932年,在将近8年的时间里,在试验前后共经过两个回合。第一个回合从1924年11月～1927年5月,主要是在美国国家科学院所属的国家研究委员会的合作下进行的。第二个回合是1927～1932年,主要由美国哈佛大学教授梅约(Elton Mayor)主持进行研究。

霍桑试验分四个部分进行:

第一部分为车间照明试验:车间照明变化对生产效率影响的各种试验。

第二部分为电话继电器装配试验:工作时间和其他条件对生产效率的影响和各种试验。

第三部分为访谈试验:了解职工工作态度的会见与交谈试验。

第四部分为电话线圈装配工群体试验:影响职工积极性的群体试验。

(一)车间照明实验——"照明实验"

研究小组首先进行了照明实验,这项试验在霍桑工厂共进行了两年半时间。

实验是在被挑选出来的两组绕线工人中间进行的。一组是"试验组",一组是"参照组"。在试验过程中,试验组不断地增加照明的强度,从24、46、76烛光,逐渐增加,而参照组的照明度始终保持不变。

根据预想,增加照明度,产量就会上升,试验组的产量果然上去了。可是出现了意想不到的情况:参照组虽然照明度未变,然而产量也上去了。

后来,他们又采取相反措施,逐渐降低试验组的照明度。还把两名试验组的女工安排在单独的房间里劳动,使照明度一再降低,从10烛光、3烛光一直下降到0.06烛光,几乎与月亮光差不多的程度,这时候,产量才开始下降。按研究小组的设想,试验组的生产效率必然会下降。但是,试验结果表明,尽管照明度一再下降,但产量并没有显著下降。

研究小组对上述研究结果感到茫然。为此，他们又进行了其他方面的试验，比如改变其他作业条件，改变支付工资的办法。另外，还采取让工人可以提前下班，延长工间休息时间，供应点心等等措施。但是，试验结果表明，这些条件的变化仍然对生产效果没有多大影响。就这样试验持续了近三年，仍无结果，为此，参加试验的人都想放弃试验了。

从以上结果说明，照明强度等物质条件与生产效率之间，并不存在线性的因果关系。这个实验所得的结论是：工作场所的灯光照明只是影响生产的一种因素，而且是一种不太重要的因素。除照明之外一定还有其他什么因素影响产量，企业有必要研究影响生产的各种因素。

资料

伊尔顿·梅约(George Elton Mayo，1880～1949)

伊尔顿·梅约(George Elton Mayo，1880～1949)，美国管理学家，原籍澳大利亚，出生于阿德雷德。他在阿德雷德大学读哲学和心理学，于1899年获得逻辑学和哲学学位，不久他应聘到昆士兰大学担任哲学与心理学教师。哲学和心理学的学术训练，养成了他关注人类基本问题的研究兴趣，后来他还在苏格兰的爱丁堡学习过医学，这又使他能够把哲学、心理学和医学结合起来，并掌握了临床诊断的方法。在第一次世界大战期间，梅奥曾经运用心理治疗来帮助被爆炸震伤的士兵早日康复，是澳大利亚心理疗法的先驱。

梅约主持了著名的霍桑试验，是早期行为科学—人际关系学说的奠基人。梅约在早期的研究中就发现，工人的问题不能用任何一种单独的因素来解释，必须在"总体情况的心理学"中来探讨。梅约把组织作为一个社会系统来看待。他在1926年进入哈佛大学从事工业研究，不久就参加了霍桑试验，并于1933年发表了《工业文明的人类问题》一书，总结了霍桑试验前一阶段的工作。以后，他又断续进行这项试验，并于1945年发表了《工业文明的社会问题》一书，进一步概括霍桑试验的成果，认为解释霍桑试验秘密的关键因素是小组精神状态的一种巨大变化。

梅约参加霍桑试验的背景

由于研究者找不到原因，感到迷惑不解。只有该公司的检查部主任朋诺克(C. Pennock)当时推测，产量的增加，可能是由于工人被试验挑起的工作热情所影响。后来，朋诺克于1927年冬天在一次哈佛大学教授梅约主持的人事经理报告会上，把自己的想法告诉了他，并当场邀请梅约参加霍桑试验。梅约接受了邀请，并组织了一批哈佛的教授会同电器公司的人员成立了一个新的研究小组。

1927年，梅约组成的新的研究试验小组，继续进行试验工作。他们在分析前一批试验的基础上，选择了工资支付方式为试验内容。同时，他们对原来关于照明度研究的失败，作出了新的设想和假设。

这五个假设是：

①在试验室里，经过改进的物质条件和工作方法，可带来更大的产量。

②工间休息和缩短工作日，可解除疲乏。

③工间休息可减少工作的单调。

④个人计件工资制，对增加产量可起促进作用。

⑤管理方法的改变，也就是改进人与人之间的关系。改进工作态度，可促进生产。

然后，试验人员对这五种假设，逐个地进行试验，其结果是：

第一个假设被否定了，因为曾经有意识地降低某些物质条件，如减少照明度，产量还是上升。

第二个假设也不能成立，工间休息和工作日的缩短，也不能说明这个结果。因为一切优惠都被取消了，产量还是上升。

第三个假设，关于工间休息可以减少工作的单调，也缺少确切的明证。因为单调只能看做一种心理状态，不能作为估算产量的依据。研究人员认识到工人们的态度确实有所改进，但这可能是由于他们被挑选出来成为一个特殊的工人小组，受到更大的注意。不过研究人员还不认为这是使生产增加的唯一因素。

第四个假设，即个人计件工资制促进了生产。所以选择用工资支付方式进行了深入的检验。

(二)继电器装配实验——“福利实验”

于是开始了第二阶段的研究。试验把12名女工分成“试验组”和“控制组”，研究工作者对两个组的工作情况做了仔细的观察和精确的记录。开始时，两个组的照明度一样，以后逐步把试验组的照明度降低。但试验组同控制组一样，产量都是一直上升的。由此得出结论：车间照明只是影响员工产量的因素之一，而且是十分重要的因素。但由于牵涉的因素太多，难以控制，无法测出照明对产量的影响。试验是在继电器装配和云母片剥离两个小组中进行的。

为了能够更好地控制影响工作绩效的因素，梅约选出了6名女工，在单独的房间里从事装配继电器的工作，他们告诉女工可以保持平常的工作节奏，因为试验的目的不是为了提高产量，而是要研究各种工作条件，以找出最适宜的工作环境。在此期间，研究者在试验场所指定了一名观察者，他的任务主要是创造与工人的友好气氛，以确保她们合作。他还做一些管理工作，每天与女工们非正式地交谈，以消除她们对试验可能有的疑虑。这样与女工之间的谈话更加自由，彼此关系比过去更为亲近了。

在试验过程中，不断地增加福利措施，例如，缩短工作日、延长休息时间、免费供应茶点等等。随着生产效率的提高，研究者起初以为是这些福利措施刺激了工人生产的积极性，随后又取消了这些措施。生产不但没有下降，反而继续上升。

试验结果在解释生产增加的原因方面，研究人员都不认为工资刺激是使产量增加的一个原因，因为在全部试验期间，保持着同一的工资刺激方案，而每小时的平均产量却一直在增加，这种增加，应当归功于工资计件以外的原因。

研究人员得出了这样的结论，不是工资而是改进了管理，改进了人与人之间的关系，提高了士气，使两个试验小组的产量增加。比如，工人们对自己生产效率上升的原因也说不清楚，只感到由于没有工头的监督，工作自由了，知道自己是一项重要试验的成员，并与研究小组成员建立了良好关系。工余时间工人之间也增加了接触，人与人的关系改善了，产生了一种团结互助的感情。总之，产量上升可能是由于工人对试验的关心和兴趣。

这个结论就构成了对前面所提出的第五个假设的论证：管理方法的改变也就是改进人与人之间的关系，改进工作态度，促进了生产。由此，研究小组得出结论：工资支付办法的改变与产量上升并无直接关系。研究认为在工业企业中的工人，是具有社会动机并受到社会制约的人，工作效率的提高、士气的改善，是以社会条件和人际条件为前提，而不是以物质条件和物质环境为前提的。

（三）大规模的访谈计划——"访谈实验"

在进行上述试验的同时，梅约等人又组织了一个涉及面极广的遍及全厂的关于士气问题的调查研究。1928～1931 年，他们先后用了三年多时间对 2 万名职工进行了访问交谈，以了解工人对工作和工作环境，对监工和公司当局的看法和意见，并研究工人们的这些意见和看法如何影响生产率。在访谈过程中，访谈者起初提出的问题大都是一些"直接问题"，例如工厂的督导工作及工作环境等。虽然访谈者事先声明，将严格保守秘密，让工人放心，可是受访者在回答问题时存有戒心，怕厂方知道，自己受到报复，谈话总是遮遮掩掩。后来改用了"非直接问题"让受访者自行选择适当的话题，这时职工在谈话中反而无所顾忌了。结果在这次大规模的访谈中，收集了有关工人态度的大量资料。

经过研究分析，了解到工人的工作绩效既取决于个人，又取决于群体成员。同时，这次大规模的试验，还收到一个意想不到的效果，就是在这次谈话试验以后，工厂的产量出现了大幅度的提高。研究者分析认为，这是由于工人长期以来对工厂的各项管理制度和管理方法有许多不满，但无处发泄，而这次试验，工人无话不谈，发泄了心中的怨气，由此而感到高兴，工人对生产的态度也有了改变，因而使产量大幅度上升。

（四）继电器绕线组的工作室实验——"群体实验"

从上述试验中看到了系统观察在群体中人们之间的相互影响。从试验中，研究小组还感到工人中似乎存在一种"非正式组织"在起作用。于是，1931～1932 年，又安排了电话交换机的有线小组试验。

在车间里挑选了 14 名男工（其中 9 名绕线工，3 名焊接工，2 名检验员）在一个专门的单独房间里工作。这个小组一向根据小组集体产量计算工资。

试验开始，研究者向工人说明，报酬实行个人计件工资制，他们可以尽量卖力工作。研究者原以为这套奖励办法会使工人努力工作提高产量，但结果是产量只保持在中等水平，而且每个工人的日产量都差不多。根据研究小组的分析，就组员的生产能力而论，都可能完成他们目前的实际产量。根据“时间-动作”分析的理论，公司经过计算向他们提出的标准定额是每天完成7312个焊接点，但小组产量总是维持在一定水平而没有突破。

与此同时，研究者为了了解工人之间的能力差别，还对试验组的每个人做了灵敏测验和智力测验。发现6名生产最慢的绕线工在灵敏测验上得分都高于3名最快的绕线工。其中1名生产最慢的工人在智力测验上得分排行第一，灵敏测验排行第三。

测验的结果和实际产量之间的这种关系使研究者联想到群体对这些工人的重要性。似乎他们自定一个产量标准：6000～6600个接点。谁超过了这个标准，便会受到小组的冷遇、讽刺、打击，小组的压力就会指向于他。当他们已完成了小组自定定额时，工人经常在规定下班时间前就停止工作。1名工人可以因为提高他的产量而得到小组“工资基金”总额的较大份额，而且也减少了失业的可能性。然而这些物质上的报酬却会遭到群体的非难和惩罚。因此，工人每天只要完成群体认可的工作量就可以相安无事。

研究者经过深入观察，了解到工人自动限制产量的理由是：如果他们过分地努力，就可能造成其他同伴的失业，或者公司会接着制定出更高的生产定额。研究者通过观察还发现，工人们之间有时会相互交换自己的工作，彼此间相互帮忙。虽然这是有违公司规定的事，但是这种行为却大大增进了他们的友谊，有时却也促成了他们彼此间的怨恨，谁喜欢谁，不喜欢谁，都可以因此表现出来。诸如此类的事情，使研究人员发现他们中间有着两个派系，即非正式群体。在这种“非正式组织”中，还有自己的行为规范，如不应该完成太多的产量，也不应该完成太少的产量，不应该向监工告诉任何会损害同伴的事情，等等。这种组织内还存在着自然的群众领袖人物。这样，就证实了“非正式组织”的存在。

非正式群体有自己所订立的行为规范，有的规范与限制产量有关，有的则涉及个人的品德，而就其规范对个人的影响来说，主要有以下几点：

(1)谁也不能干得太多或太少，以免影响大家。

(2)谁也不准向管理当局告密，做有害于同伴的事。

(3)任何人都不得远离大家孤芳自赏，也不得打官腔，找麻烦。

(4)任何人不得在大家中间自吹自擂，自以为是，一心想领导大家。

这些规范主要是通过挖苦、嘲笑以及排斥于社会活动之外等一些制裁方法实施的。如果有谁违反这些规范，就会受到群体的制裁。小组中最受欢迎的人就是那些严格遵守群体规范的人；而受厌恶的人，则是违背群体规范、私下向工长告密的人。

研究总结归纳一下霍桑试验的全过程：

(1)试验的进行与结论是组织行为学在研究方法上的一次重大突破，进而为现代管理中的人本管理思想提供了心理学基础。这一试验同时还告诉管理者，组织中的“人”是最复杂的因素，了解人的心理与行为不是一件很简单的事，必须运用适当的方法。

(2)通过试验，使管理当局认识到，改变管理方法才能改变工人劳动态度和提高产量。工人并非只是有物质需求的人，他们还有精神要求，即需要得到他人的认可与尊重。在这个前提下工人才能将其工作的主动性发挥出来。

照明试验提醒管理者这样一个问题，即工作的物理环境并不是决定工人生产效率高低的唯一因素，在某些情况下，特别是工人在精神上受到充分激励的情况下，其生产效率会更高。谈话实验改善了人际关系，提高了人与人之间的相容性，在此基础上提高了工作绩效。由此可以推论，工人对管理中的意见只有在得到理解后，才能改善工人与管理者之间的关系。

(3)群体实验说明，在管理中必须重视“非正式群体”的职能与作用，它对内可以控制其成员的行为，对外可以保护其成员，使之不受来自管理阶层的干预。“非正式群体”的作用在某种情况下会大于正式群体的作用。

(4)福利实验表明，福利并不最终决定工人生产率的高低，当工人在心理上体验到来自管理当局的人文关怀以后，即使没有福利措施，他们也会保持较高生产率。

二、霍桑试验的影响

(一)梅约的人际关系学说

梅约的研究小组在1927～1932年的研究，取得了大量的实证材料，并就这些试验及访问交谈的结果进行了总结，在1933年出版了《工业文明中人的问题》一书，并提出了人际关系学说。

与传统的科学管理理论相比，梅约经霍桑试验得出的人际关系论提出了以下的新观点：

(1)“社会人”是人际关系学说对人性的基本假设。这种假设认为人不仅有经济和物质方面的需要，而且还有社会及心理方面的需要。梅约等人认为，职工是社会人，必须从社会系统的角度来对待他们。

传统泰勒的科学管理理论是基于对人性作消极的假设，这种假设可称为“经济人假设”，把人当做“经济人”看待，认为金钱是刺激积极性的唯一动力。企业家以“经济人”的身份追求最大的利润，工人则以“经济人”的身份追求最高的工资。但是，霍桑试验则表明，人是“社会人”，影响人的生产积极性的，除了物质利益等物质因素之外，还有社会和心理的因素。因而，人际关系论主张把工人当做“社会人”加以尊重，而不应该把人视为“机器”。

(2)新的企业领导能力在于通过提高职工的满意度来提高士气。梅约认为，工作条件、工资报酬并不是决定生产效率高低的首要因素，首要因素是工人的士气，而工人的士气又同满意率有关。工人的满意率越高，生产效率就越高。新型的管理者的管理能力在于提高职工的满意度，以鼓舞职工的士气，提高劳动生产率。传统管理认为生产效率单纯地受工作方法和工作条件的制约,因而在管理上,它只强调实行工作方法的科学化、劳动组织的专业化、作业程序的标准化。总之,传统管理是以"事"为中心的。从霍桑试验中还得出了这样的结论,即生产效率的上升或下降,主要取决于职工的工作情绪,即职工的"士气"。但是,"士气"又取决于两个要素:职工从家庭生活和社会生活中所形成的态度,以及企业内部的人群关系。

(3)企业中存在着"非正式组织"。所谓正式组织就是传统管理理论所指出的,为了有效地实现企业的目标,规定企业各成员之间相互关系和职责范围的一定组织体系。梅约认为,在正式的法定关系掩盖下都存在着"非正式组织"构成的更为复杂的关系体系。它同正式组织相互依存,对生产率的提高有很大的影响。传统管理理论只注意诸如组织机构、职权划分、规章制度等"正式组织"的作用,只注意人们合乎逻辑的行动,而不注意人的不合乎逻辑的行动,如情绪等。霍桑试验发现并证实了"非正式组织"的存在。梅约等人认为,不管承认与否,非正式组织都是存在的。它与正式组织相互依存,而且会通过影响工人的工作态度来影响企业的生产效率和目标的达成。由于存在着"非正式组织",这就对企业领导人提出了新的要求:要注意倾听职工的意见和沟通,要使正式组织的经济目标同"非正式组织"的社会需要取得平衡。企业领导人在了解人们合乎逻辑的行为同时,还须了解其不合乎逻辑而出于感情的行为。

(4)提出了一系列具体要求以提高管理水平。解决的关键问题是号召人们掌握一种综合的管理技能。这些技能对于处理人群问题至关重要。这些技能包括:第一,理解人类行为的诊断技能;第二,对工人进行咨询、激励、引导和信息交流的人际关系技能。

梅约等人创立的人际关系学说为行为科学的发展奠定了基础。他们提出的社会人、非正式组织等概念已为大多数行为科学家所接受。他们的成果使管理者在对待下属问题上发生了巨大的变化,对管理思想的发展作出了巨大的贡献。人际关系的人性假设在霍桑实验之后,又经英国塔维斯托克学院的煤矿研究再度验证。研究发现,在煤矿采用先进开采技术后,生产力理应提高,但由于破坏了原来的工人之间的社会组合,生产反而下降了。后来吸取了行为科学的知识,重新调整了生产组织,生产上升。这两项研究的共同结论是,人除了物质外,还有社会性需要,人们要从社会关系中去寻找乐趣。

(二)人际关系人性假设相应管理措施

人际关系学说的中心思想是要重视人性。梅约认为,人的最大动机是社会需求,只有在满足职工的社会需求时,职工才会对管理有所反应。因此,管理者应多注意职工的需求、感觉、被接受感与认同感,同时应重视群体因素的作用。为此,要把工人当做人而不是当做机器来对待,对工人要进行"友善的监督",最终要使工人保持很高的情绪。人际关系学说为管理学说和管理工作指出了新的方向,它突出了生产中人的因素,它也是行为科学在以后发展的理论基础,并对以后的管理思想发展有着重大影响。

从人的假设出发，在管理实践中，要采取不同于经济人假设的管理措施。主要有以下几点：

(1)管理人员不应只注意完成生产任务，而应把注意的重点放在关心人、满足人的需要上。

(2)管理人员不能只注意指挥、监督、计划、控制和组织等，而更应该重视与职工之间的关系，培养和形成职工的归属感和整体感。

(3)在实行奖励时，提倡集体的奖励制度，而不主张个人奖励制度。

(4)管理人员的职能也应有所改变，他们不应只限于制订计划、组织工序、检验产品等，而应是职工与上级之间的联络人。一方面，要倾听职工的需要和了解职工的思想感情；另一方面，要向上级呼吁、反映。

(5)根据社会人的假设，西方管理心理学提出了在不同程度上让职工和下级参加的“参与管理”的新型管理方式。

(三)研究方法和学术性启示

霍桑试验提供给管理者的是研究方法的一部分。在组织中对人的心理与行为的研究是十分复杂的问题，并不能指望采用一种方法得到全部的效果。因此，管理者必须掌握多种方法，以提高对企业中人的心理与行为进行分析的能力。

霍桑试验大体可以分为三个阶段，出现三种研究类型：实验室研究、访问研究和观察研究。实验室研究的对象是评价中介变量对员工工作成绩的影响，属于实验性质。访问研究的对象在于改进员工的态度，属于心理学性质。观察研究的对象是描述影响工作群体的“非正式组织”的因素，属于社会学性质。后一种研究皆产生于前一种研究，并建立在前面阶段所获得的认识之上。这样，研究便逐渐扩大了知识范围，一步步地增进对工人行为的了解。

霍桑研究的活跃阶段已结束了 80 多年，随着时间的流逝，使得人们有可能以正确的观点来评价研究结果对后来发展的影响。这里试着指出以下几点：

(1)霍桑研究的第一阶段“照明实验”，首次揭示了在实验中，常常会出现实验设计中的盲点性偏差：实验研究由于实验者的出现，从而给实验现场和相关实验被试带来影响，后来实验设计理论中称这种现象为“实验者效应”，或称为“霍桑效应”。“照明实验”研究的意外发现，一方面使在管理实践中直接而又明智地了解被管理人的重要性，成为对探讨人事管理中人群关系观点的形成和发展所做的贡献；另一方面也使实验设计理论得到进一步丰富，成为实验研究学习中生动难得的经典案例。

(2)霍桑研究开创了管理心理学、组织行为学或工业社会学的研究领域。有关研究可以追溯到霍桑研究的最后阶段对“非正式群体”所进行的描述研究。霍桑研究结束阶段的“电话交换机的有线小组观察研究”是众多有关小组研究的方法、结果和意义的先驱。

(3)霍桑研究作出的贡献是当代“员工辅导计划(EAP)”的前身，它强调用谈心的方法来减轻员工的压力和偏见，以及在工作群体中发现合作关系的价值。在摸索一种适合于考察人的态度和情绪的过程中，调查发现，通过与谈得来的人个别谈心，能帮助员工更好地理解其环境、冲突和自身。心理学家证实了这种访问方法的价值，后来成为西方电气公司制定广泛的雇员辅导计划的基础。这种活动在战时和战后都很盛行，近来在国际管理实践中又有再度兴起的趋势。

(4)霍桑研究影响了工业管理的一般教学和实践，此后相当长的时间里，为许多高等院校提供了课程教材和研究课题，成为课堂教学中富于专业研究魅力的篇章，成为组织行为学发展中令人津津乐道的传统故事。

第三节　管理心理学的研究方法与技术

一、科学研究的思路

(一)科学的态度与特点

行为科学和作为行为科学分支的心理学、组织行为学、人力资源管理、心理咨询、消费与广告心理学等学科在应用领域的作用，已经被社会所认识，心理与行为科学的研究结果被广泛运用。比如，企业和商业界通常依据对消费者的心理与行为研究作出关于市场策略的决定；人力资源管理部门需要选拔和训练新员工的科学方法，并运用一些理论和方法去改进和提高员工生产积极性和工作动机；教育工作者必须了解一些研究成果，比如有关特定学生问题相应的教育策略和程序；在公共政策决策中，科学研究就显得更为重要。政治领导人和立法机构通常在研究发现的基础上，决定采取的政治立场，或以这样的研究发现作为立法依据。在处理有关人的心理与行为问题时，无不涉及研究方法问题。没有使用科学方法所得出的决策方案、建议、政策、措施等将越来越难以被社会接受。

现代科学分类已将科学分成三大类：自然科学、社会科学和行为科学。而行为科学的研究主体就是探索人们的心理与行为的一般规律。现代社会的人们日渐需要关于研究方法的知识。科学的态度是建立在科学手段基础上的。自然科学因为有一套严密的科学手段，所以其研究成果可靠、可信。对于社会科学而言，科学态度应该强调客观性和尽可能的实证性，避免主观的价值判断。但由于每个研究者都有自己的主观价值判断，所以社会科学研究易受个人价值观念的影响。用科学手段较之其他方法来认识世界的优点在于，它提供一种客观的规则去搜集、评价和报告信息。科学家通常依赖直觉和权威的主张提出研究思想，但他们不把权威的主张当做科学的证据。科学家不接受任何一个人的直觉，包括他们自己的。科学家也不接受对任何人的信仰，不论这个人的声望和权威有多大。科学家只相信在科学方法的基础上得出的结论。

科学方法的本质是坚持所有的思想或建议都用客观和实验的科学方法检验。对知识的这种经验手段有两个基本内容：一是一种思想必须在或被支持或被否决的情境下被研究；二是研究可以被观察、被评价和被其他人重复的方式完成。

资料

科学方法的主要特点

•程序是公开的。一项科学报告要描述所做研究的全过程,使其他研究者能按照每一步骤去做。

•定义确切。所用的程序,所测的变量及采取的量度方法必须详细地予以说明。例如,探讨某一企业员工的积极性,必须说清楚激励的意义,如何测量激励(积极性),其中包括统计产品数量、缺勤人数等。

•收集的资料是客观的。科学方法要求客观性,收集和解释资料或数据不能带有成见。

•成果必须是可以复制的。这使其他研究者可以通过复制成果检验研究的成果。

•方法是有系统的和累积的。科学的目的是要发展整体的一致的知识。

•目标是解释、理解和预言行为,所有科学家都想知道"为什么"和"怎样"。如果他们确定了"为什么"和"怎样"并能提供证据,他们就能预言某种情况,即在这种情况下,某些事件行将出现(就行为科学来说,人的行为即将出现)。与任何科学一样,预言是行为科学的最终目标。

(二)管理心理学研究的目的

管理心理学研究通常有四个目标:描述行为、解释行为、预测行为、确定行为的起因和控制行为。

(1)描述行为。科学家从仔细观察开始,去描述行为。在19世纪末的一项古典心理学实验中,实验心理学家艾宾浩斯仔细地观察了他自己对已经学习过的材料的遗忘速率,研究了在初始学习之后的20秒到31天之间的材料保持量,结果产生了"遗忘曲线"。

(2)解释行为。行为科学家探讨和解释行为为什么发生。科学的最基本的目的是去解释被描述的行为,科学可以为解释行为的发生提供实证知识,科学的理论是解释的最佳工具。在探讨电视暴力与儿童攻击行为的关系时,即使我们知道电视暴力是儿童攻击行为的起因,我们也需要解释这种关系。

(3)预测行为。预测则是对尚未发生的事件所作的预见,科学的理论经过逻辑的推理,便可导出种种的预测。与对已经发生的行为事件所作的说明解释相比,预测是比较积极的活动。当按照研究程序观察到两个事件存在系统的相互关联,就有可能去作出预测。如果我们知道在一次选举中,一个候选人比其他候选人更可信,我们就可以去预测选举的结果。

(4)确定行为的起因和控制行为。尽管我们可以准确地预见一个行为的发生,但我们还要正确地确定它的起因。研究表明,儿童的攻击行为可以由观看电视中的暴力多少来预测，我们还要确定这种暴力的暴露就是行为的起因。但我们不能断言可以用限制电视中的暴力镜头来减少儿童的攻击行为。所以要知道如何去改变行为，就需要知道行为的起因。对起因进行改变，就有可能改变行为。

（三）管理心理学研究的分类

管理心理学研究一般分为基础研究和应用研究。但随着科学的发展，有人又分出一种应用基础研究。

(1)基础研究。探讨学科本身内部发展规律的研究称为基础研究。管理心理学的基础研究是试图回答关于行为本质的基础问题，以及关于心理现象的理论问题。如，认知、情绪、动机、心理、生理等。基础研究涉及人类认知的基本过程和行为的基本规律，而不含任何立即实践的意义。

(2)应用研究。应用研究是采用基础研究中得出的关于人的心理与行为的基本规律的原理，去解决实践中急需解决的问题和潜在需要解决的问题。心理与行为科学涉及人的活动的一切领域，包括教育、医疗、商业、工业、交通等各行各业。这些结果不论是否发表，都被用来帮助人们解决问题做出更好的决策。

(3)应用基础研究。心理与行为科学的研究，不是针对一般心理过程和行为基本规律，而是要解决某些领域中提出的实际问题。这些问题的解决，既有实际应用价值，又能对心理与行为科学中的理论问题有所发展。

二、研究方案的设计取向

下面我们介绍四种常用的研究设计取向，它们是：案例研究取向、现场调查取向、实验研究取向、心理测验取向。

（一）案例研究取向

案例分析是指对具体的典型事例进行分析。案例是从实际生活中提取出来的，所以它提供了对一种情景的深层次分析。又因为它以纯粹的描述作为表达方式，这就为研究个体、群体以及组织提供了翔实的资料。它的原始资料来源于观察，有时求助于记录和文件获得支持证据。案例研究常常提供了深层次的分析，对于探索性研究和对组织中的真实问题进行评价，案例研究是非常有效的。案例研究不足之处：它不可避免地带有观察者的认知偏见和主观解释，案例的阅读者也会受到观察者或案例撰写者所选择的案例内容的限制。同时，案例的适用范围也会因信息的广度和深度的扩展而降低。因为根据一个样本做出的结论往往带有一定的危险性，所以案例研究很难证实或拒绝某个假设。

（二）现场调查取向

研究者通过选择有代表性的样本代表更大调查群体，针对自己感兴趣的群体特点，采取问卷或访谈的形式收集数据。调查项目的标准化设计便于研究的量化、分析和总结，使研究人员能够根据代表性的样本推断出大群体的某些特征。现场调查为了解人们对具体问题和行为的看法提供了一条便利可行的途径。现场调查也存在潜在的弱点。

(1)问卷可能的低回收率带来的问题是:根据答复者得出的调查结论是否也能推广到那些未作答复的调查对象?

(2)通过调查的形式较易于了解到被调查者的态度或想法,却不易于了解其行为。

(3)被调查者受到社会赞许性的影响,即被试的回答往往是他们认为研究者想听到的答案。

(4)由于现场调查注重的是具体问题,因此不容易获得深层次的信息。

(5)样本的选择决定了调查结果的普遍性。

总而言之,即使设计完好的现场调查也不得不以放弃信息深度为代价,以实现普遍性和经济性的效果。

(三)实验研究取向

研究者有目的地在严格控制的环境中或创设一定条件的环境中,诱发被研究者产生某种行为特征,从而进行有针对性研究的方法称为实验法。实验法按实验场所的性质不同,可以分为实验室实验和现场实验。

(1)实验室实验是指在人工仿造的环境下,通过严格控制变量,来测试个体行为反应的方法。实验室实验为达到精确性和可控性而牺牲了现实性和普遍性。因此,虽然它对变量的控制程度更高,并且测量更准确,却使实验室研究的结果常常难以推广到实际工作情境中。这是因为人工实验室永远难以仿造出真实组织的内在特征和微妙之处。而且,许多实验室所处理的现象不能在真实情境中重复或应用。

(2)现场实验除了在真正的组织中进行实验外,与实验室实验没有多大差别。自然的场景比实验室更真实,这就增加了实验的有效性,却不利于控制。另外,如果控制群体不能维持恒定,外界因素的干扰定会降低控制效果。

现场实验的最大问题可能是与选择组织时的偏差有关。并非所有的组织都允许外部研究人员进行实地的调查研究,尤其是那些遇到严重困难的组织。而大多数已发表的组织行为学研究都是由外部研究人员所做的,因此,很可能所发表的研究报告几乎毫无例外是在成功的和管理有效的组织中进行的。

(四)心理测验取向

心理测验是指在标准条件下所观察到的工作绩效的抽样检查。完善的心理测验要求每个受测验者在同样条件下去完成一系列工作。除非是审慎地使心理测验标准化,否则从被测验者所得的个人行为是无法比较的。标准化是心理测验的重要特征和主要优点。

心理测验可以是智能测验、才能测验,也可以是熟练程度测验或成绩测验,或者是对个性和爱好的测验。才能测验可用来预期一个对某项工作没有经验或经验很少的申请人获得成功的可能性。熟练测验测量技能或其他专业的知识或能力。

兴趣和个性测验帮助了解一个人在工作中感到满意的工作种类，预期他在与其他人的关系中的行为类型。

三、研究的具体方法

管理心理学研究的具体方法是多种多样的。目前常用的主要有观察法、访谈法、实验法、问卷法、档案法、个案法等。下面对其中的五种方法作简单的介绍。

（一）观察法

在日常生活条件下，观察者通过感官直接观察他人的行为，并把观察结果按时间顺序作系统记录的研究方法，称为观察法。在现代研究中，观察往往借助于各种视听辅助手段，如录像、录音、摄影等。

（1）观察法按被观察者所处的实际情境特点，可分为自然观察与控制观察两种。自然观察是在完全自然的条件下所进行的观察，被观察者一般并不知道自己正处于被观察状态。控制观察是在限定条件下进行的观察。被观察者可能知道，也可能不知道自己正处于被观察的地位。

（2）按观察者与被观察者之间的关系，观察法可分为参与观察和非参与观察。观察者直接参与被观察者的活动，并在共同活动中进行观察的方法称为参与观察；观察者不参与被观察者的活动，以旁观者身份进行观察的方法称为非参与观察。

观察法目的明确，使用方便，所得材料比较系统，已在组织行为学中得到广泛应用。但运用这种方法，只能了解大量的表面现象，很难了解复杂现象的本质特征，对“为什么”做出回答。因此，最好能与其他方法结合使用，以取得较好的效果。

（二）访谈法

访谈法是研究者通过与研究对象的口头交谈来搜集资料的方法。与观察法一样，访谈法也是直接搜集资料的基本方法。

访谈过程是访谈者与被访者双方互相影响的过程。若要取得访谈的成功，访谈者必须在双方的人际沟通中创造信任的氛围，取得被访者的积极配合；另一方面，访谈具有特定的目的性和一套访谈提纲设计、编制与实施的原则。这是为了保证访谈的客观性、科学性及有效性。访谈法是一种科学研究的方法，不是普通的“聊天”。

谈话法简单易行，便于迅速取得第一手资料，因而使用范围较为广泛。但谈话法的有关被研究者行为特征和心理特点的结论必须从被研究者的答案中去寻找，所以有较大的局限性。

1.分类

（1）结构访谈与非结构访谈。结构访谈是标准化访谈，即按统一要求，依照一定结构的问卷进行的正式访谈；非结构访谈的访谈提纲是粗线条式的，访谈者可视实际情况灵活掌握与调整。结构访谈的结果易于统计分析，但灵活性较差。非结构访谈的灵活性强，但要求研究者有较丰富的数据归纳和分析的经验。

（2）直接访谈与间接访谈。直接访谈是面对面的访谈，间接访谈是通过一定的中介进行的访谈，常见的有电话访谈等。直接访谈不仅能获得言语信息而且还能得到非言语信息，因而有助于对结果的解释与分析，但这种访谈对访谈者的要求较高，花费较多；间接访谈搜集的资料相对较少，但访谈效率高，花费较少。通过互联网进行访谈是近年出现的一种新的访谈形式，它是间接访谈，但也有直接访谈的部分特点。

2. 访谈过程与技巧

(1)准备工作：在访谈前应熟悉访谈问卷的内容，准备好访谈所需的材料，尽可能了解被访者，选择对双方均适宜的时间与地点进行访谈。

(2)接近被访谈者：能否善于接近访谈对象，将决定访谈能否顺利进行。在接近被访谈者的过程中，大致应注意几点：穿着干净整洁；称呼恰如其分；自我介绍简洁明了，不卑不亢；发出邀请时应热情，语气应该肯定和正面；以适当方式消除被访者的紧张、戒备心理，有时应主动出示身份证等文件。

(3)应对拒绝的技巧：如果被访者拒绝访谈，访谈者应有耐心，甚至要能忍耐对方一些过分的表现和言辞。同时应尽快搞清对方拒绝的原因并设法解决，不要轻易放弃。因为最初的拒访者能为访谈者提供特殊信息，它可以为进一步的访谈研究提供重要的参考。

(4)谈话与提问技巧：开始交谈时，应有寒暄之词以调节情境氛围；严格按访谈问卷的顺序以及原有问题提问；访谈时应与被访者保持交流，认真听记，并适当给予被访者鼓励，但要避免诱导；对被访者应有耐心；如有遗漏，应请对方补充回答。

(5)追问技巧：当被访者回答不完整、不明确或答非所问时，访谈者应进行适当的追问。追问可分为说明式追问、详尽追问、假设性追问、系统追问、情感反应式追问以及正面追问等等。这些追问方式可根据不同的场合和目的灵活运用。例如，当被访者犹豫不决或不理解时可用重复追问；回答不全时，可沉默不语；当需要对方提供更多信息时，可采用中性提问或评论方式追问。

(三)问卷法

运用内容明确，表达正确的问卷量表，让被研究者根据个人情况，自行选择答案的研究方法称为问卷法。常用的问卷量表有是非法、选择法和等级排列法三种格式。

问卷法有两个特点，一是标准化程度较高，整个过程严格按程序进行，从而保证了研究的准确性和有效性，避免主观性及盲目性；二是收效快，可以在较短的时间内取得广泛的材料，并使结果达到数量化。但问卷法所取得的材料很难进行质量分析，因而无法把所得结论与被研究者的实际行为进行比较。

1. 分类

(1)结构问卷与无结构问卷

在结构问卷中，每一问题都给出若干备选答案，被调查者从中选择认为最恰当的一个(有时是多个)答案。其优点是填写简单明快、用时较少，资料便于统计分析。

无结构问卷中，问题虽然是统一的，但未给予任何选择答案，被调查者可自由作答。其优点是，可获得丰富资料，有利于进行较深入的研究。

(2)发送问卷、访问问卷、邮寄问卷

这是依照问卷的传递方式的分类。

发送问卷是调查者自己或请人把问卷发送到被调查者手中，待其填答完毕，再由调查者逐一回收。发送问卷适用于团体的，或有组织的被调查者，其回收率及有效率均较高。

访问问卷是调查者按照问卷的要求当面向被调查者提出问题，然后将被调查者的口头回答填写在问卷中。其回收率极高，有效率亦较高，但费时费力，只适用于较小样本的研究。

邮寄问卷是调查者向一定范围的被调查者寄送问卷，要求被调查者按规定的要求填答，并在某一时限前通过邮寄方式将问卷回传给调查者。其优点是问卷样本可以较大，且匿名性较强，但回收率较低。通过缩短问卷长度及附有回寄邮票的办法可一定程度地提高回收率。

2. 问卷的构成

问卷一般由以下七个要点构成：

(1)题目：问卷的标题，是对问卷目的及内容最简洁的说明。

(2)前言：说明研究目的、研究内容、研究的组织者，对被调查者提供资料的保密承诺等。

(3)指导语：用以指导被调查者怎样填写问卷的说明。包括填写方法、要求、时间、注意事项和例题等。

(4)问题及备选答案：问题和备选答案的内容是问卷的主体。

(5)一些人口学数据的记录：这些一般作为主要的研究变量。

(6)结束语：通常在此对被调查者表示谢意。

(7)计算机编码：方便后期用计算机处理问卷的结果。

3. 问卷设计的原则与问题

(1)目的性：设计问卷时要明确并紧密围绕研究目的。

(2)全面性：设计问卷时要全面考虑问卷内容的构成，在提问语句及答案设计中要尽量穷尽相关内容。

(3)非歧义性：设计问卷时，要使被调查者能准确理解问卷的内容，避免出现歧义。

(4)非暗示性：设计问卷时，调查者要力求避免对被调查者暗示与诱导。

(5)适度规模：问卷设计时，尽量针对特定的问题展开，不要牵涉面太广。如果问卷过长，问题太多，会引起被调查者的疲倦甚至反感。

(四)档案法

档案法是按照一定目的搜集大量资料(过去及现在的)，通过内容分析进行研究的一种方法。档案资料包括调查报告、个案资料、事件记录、统计资料、出版物及历史文献等。内容分析通常先选取有代表性的资料样本，将其内容分解成一系列的分析单元，并按预先设计的分析类别与难度较为严格地评判记录，最后进行统计分析。

档案法的优点是对研究对象的心理干扰小，适用于跨文化的比较研究和时间跨度较长的趋势研究，适用于对历史人物进行研究；缺点是工作量大，费时费力，分析数据的难度也较大。在某种意义上，档案法也是一种调查法，是对历史资料的调查。

（五）个案法

对某一个体、某一群体或某一组织在较长时间里连续进行调查，从而研究其行为发展变化的全过程，这种研究方法又称为案例法。例如，研究者在某先进班组通过较长时间的调查研究，掌握了整个班组的人员状况、生产状况、智力结构、领导特征、关键事件等主要因素，并在此基础上进行深入分析，整理出能反映该先进班组特点的详细材料。

以上各种方法都有一定的应用价值，也都有一定的局限性。在许多情况下，组织行为学研究并不是只采用一种方法，而是同时采用几种方法，以期取长补短相得益彰。究竟采用哪种方法最好，要根据研究的课题和所处的具体情境而定。

复习思考题

1. 简述管理心理学的定义及分析水平。
2. 简述组织定义的内涵与条件。
3. 简述说明管理的功能和角色。
4. 简述管理者的管理技能及管理心理学的相关意义。
5. 简述行为科学的含义及理解。
6. 简述行为科学理论对管理思想的影响。
7. 简述管理心理学的历史演变。
8. 简述霍桑试验的研究历程及主要结论。
9. 简述梅约的人际关系假设。
10. 简述霍桑试验的研究方法和学术性启示。
11. 简述科学方法的主要特点。
12. 简述组织行为研究的目的与分类。
13. 简述组织行为学研究的取向。
14. 简述研究的具体方法。

第二章
社会感知与决策

第一节 社会感知觉与认知

一、感知觉及错觉

(一)感知觉

感觉是客观事物直接作用于人们的感觉器官,其个别属性或个别部分在人脑中的反映。在日常生活中,人时刻都接触到外界的许多事物,它们直接作用于人的各种感觉器官,从而在脑中产生了各种各样的感觉。例如,人们看到的颜色、听到的声音、闻到的气味等等。同样,身体的运动与姿态、体内器官的状况,也能作用于有关的感觉器官,而在大脑里产生舒适、疼痛、饥渴等感觉。

知觉是客观事物直接作用于人们的感觉器官,其整体属性或各个部分在人脑中的反映。客观事物的各种属性并不是各自孤立地作用于个人,而是组合成整体,同时或相继作用于人的感官,于是在大脑中就产生事物的整体映像。例如,当我们拿起苹果品尝时,苹果的颜色、气味、表面光滑度和味道等个别属性,便分别作用于眼、鼻、手等感官,在脑中产生相应的感觉,这些感觉的有机组合,就构成了完整的苹果映像,这就是对苹果的知觉。

感觉和知觉的共同点在于,二者都是直接作用于感官的当前事物在人脑中的反映,所产生的主观映像都是具体的感性形象。感觉和知觉的区别在于感觉反映事物的个别属性(如形状、色泽、气味、湿度等),知觉则是对事物各种属性、各个部分及其相互关系的综合的整体的反映。感觉和知觉又有联系,感觉是知觉的成分,是知觉的基础;知觉是在感觉之上产生的,它依赖于人脑中储存的一系列的感觉信息组织,没有感觉,就不会有知觉。当客观事物直接作用于人的感官时,人脑首先产生对这些事物各个部分的反映,这是感觉;但是人脑的活动并不只是停留在对事物个别属性的反映层次上,由于现实某些感觉信息的作用会引起整个感觉信息组合的兴奋,通过自觉形成的意识活动,立即过渡到对客观事物的整体的反映,这就是知觉。

知觉是客观事物在人脑中的主观映像,因而知觉受人的各种主观意识特点的影响和制约。如一个人的知识水平、兴趣爱好、情绪体验等都直接影响着知觉过程。所以，不同的人对于同一对象的知觉的完整性和准确性往往不相同或不完全相同，甚至同一个人在不同时间对于同样对象的知觉也往往是不相同或不完全相同的。

(二)感知错觉

错觉(Illusion)是歪曲的知觉，也就是把实际存在的事物歪曲地感知为与实际事物完全不相符的事物。错觉是对客观事物的一种不正确的、歪曲的知觉。错觉可以发生在视觉方面，也可以发生在其他知觉方面。如当你掂量一公斤棉花和一公斤铁块时，你会感到铁块重，这是形重错觉。当你坐在正在开着的火车上，看车窗外的树木时，会以为树木在移动，这是运动错觉等。

缪勒-莱耶错觉(Muller-Lyer illusion)：也叫图形错觉。有两条长度相等的直线，如果一条直线的两端加上向外的两条斜线，另一条直线的两端加上向内的两条外线，那么前者就显得比后者长得多。

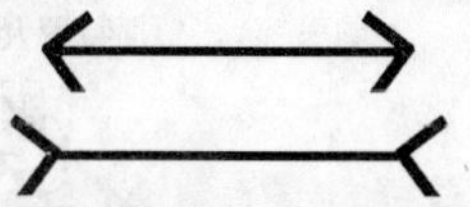

图 2-1　缪勒-莱耶错觉

庞佐错觉(Ponzo illusion)：也叫铁轨错觉。在两条辐合线的中间有两条等长的直线，结果上面一条直线看上去比下面一条直线长些。

图 2-2　庞佐错觉两例

大小错觉还有很多，如垂直-水平错觉、贾斯特罗错觉、多尔波也夫错觉；方向错觉还有佐尔拉错觉、黑灵错觉、冯特错觉；形状错觉还有爱因斯坦错觉、波根多夫错觉等(如图 2-3 所示)。

二、社会知觉及偏见

(一)社会知觉

社会知觉(social perception)这一概念是由美国心理学家布鲁纳 (J. S. Bruner)于 1947 年首先提出来的。从知觉对象看，可以把知觉划分为对物的知觉和对人的知觉。它们都服从于知觉的一般规律，但是，它们又表现出各自的特殊性。物是相对静止的，人在感知事物时，人是能动的，知觉的对象是被动的。而对人的感知就不同了。当人知觉人而不是物时，他(她)并不是停留在被感知者的音容笑貌、身体姿态、举止言行等外表上，而要依据这些人的外部特征，知觉对象整体的另一部分内部心理状态，即他(她)的态度、动机、观点、人格特点等，这是对人的知觉与对物的知觉的根本区别。

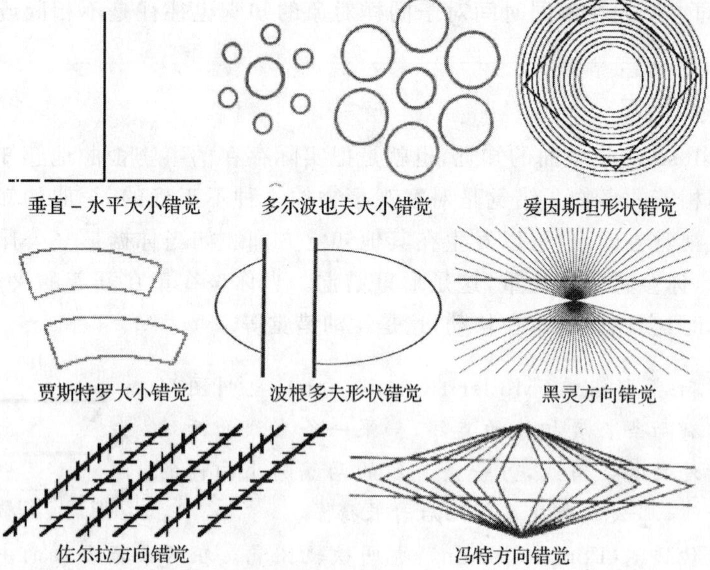

图 2-3 大小、方向、形状错觉

社会知觉就是对人的知觉，就是对人和社会群体的知觉，就是对社会对象的知觉。它是知觉主体的一种特殊的社会意识，影响着主体的心理活动，调节着主体的社会行为。组织行为学特别注重社会知觉的研究，因为它跟人的行为密切相关。

社会知觉可以从不同的角度和侧面进行，所以就有不同的社会知觉类型，即对人的知觉、人际知觉、自我知觉、角色知觉等。

(1)对人的知觉。对人的知觉是指通过对他人的外部特征的知觉，借以了解其动机、感情、意图的认识活动。人的外部物质特征主要包括容貌、穿戴、仪表、风度、举止、言谈等，这些都是知觉的对象。对人的知觉既受知觉对象的外部特征影响，也受知觉者自己主观因素的影响。

(2)人际知觉。人际知觉指对人与人之间关系的知觉。它主要以人的交际行为为知觉对象，对人们交往中的动作、表情、态度、言语、礼节等进行感知。这种感知有明显的情感因素在起作用，会使人们相互之间产生友好的或一般的或对立的情感。

(3)自我知觉。自我知觉是指一个人通过对自己行为的观察而对自己心理状态的自我感知，是自己对自己的看法。一个思维健全的正常人在社会实践中，不仅要知觉周围的人和事，也要知觉自我，即自悟。两个过程同时交错进行，自我知觉与知觉别人互相影响，互相作用。

(4)角色知觉。角色知觉是指对人们所表现的社会角色行为的知觉。每个人在社会中都充当着某些角色，如某人是他父母的儿子，又是他儿子的父亲；是他领导的下属，又是他下属的领导；是他学生的老师，又是他老师的学生等等。这就要求每一个人在社会实践活动中，在人际交往中，把握住各种角色知觉(其实是把握住主要的角色知觉)，掌握各种角色的行为标准，形成角色意识，使人的行为合乎规范。

(二)社会知觉现象

人们要做出社会判断必须要获取足够的信息。在社会情境中,获取信息的途径是很多的,他人的言谈举止、表情、声调,扮演的社会角色,所处群体中成员相互之间的关系,群体的气氛等,都是信息的来源。当人们将信息放在一起,对被知觉者进行判断和推测,以便形成关于人和事的完整印象时,社会知觉中的偏差现象就出现了。

1. 光环效应(Halo Effect)

1920年,心理学家桑代克(Edward Thorndike,1874～1949)提出光环效应,又称"晕轮效应",是在人际关系相互作用过程中形成的一种夸大了的社会印象。在社会心理学中,由于对人的某一品质或特点有清晰的知觉,印象深刻、突出,从而掩盖了对这个人的其他品质和特点的印象,叫做"光环效应"。光环效应是一种十分普遍的认知偏见,表现为在个体的社会知觉过程中,不加分析地用最初印象来判断、推论对方其他品质。如一个人最初印象被认为是好的,那么他就被一种积极的有利的光环所笼罩,人们易将其他好的品质也赋予他。相反,一个人最初被认为是不好的,他就会被一种消极的不利的光环所笼罩。

2. 首因效应(Primacy Effect)

首因效应也叫"第一印象"效应。在短时间内以片面的资料为依据形成的印象,这一最先的印象对他人的社会知觉产生较强的影响,并且在对方的头脑中形成并占据着主导地位。心理学研究发现,与一个人初次会面,45秒钟内就能产生第一印象。近代心理学家艾宾浩斯(Hermann Ebbinghaus, 1850～1909)就曾经指出:"保持和复现,在很大程度上依赖于有关的心理活动第一次出现时注意和兴趣的强度。"并且这种先入为主的第一印象是人的普遍的主观性倾向,会直接影响到以后的一系列行为。

3. 近因效应(Recency Effect)

近因效应与首因效应相反,是指在多种刺激一次出现的时候,印象的形成主要取决于后来出现的刺激,即交往过程中,我们对他人最近、最新的认识占了主体地位,掩盖了以往形成的对他人的评价,因此,也称为"新颖效应"。在总体印象形成过程中,新近获得的信息比原来获得的信息影响更大。一般来说,熟悉的人,特别是亲密的人之间容易出现近因效应,而不熟悉或者少见的人之间容易出现首因效应。

4. 刻板效应(Stereotypes Effect)

所谓刻板效应,又称刻板印象、社会定型、定性效应,是指对某人或某一类人产生的一种比较固定的、类化的看法,是还没有进行实质性的交往,就对某一类人产生了一种不易改变的、笼统而简单的评价,这是我们认识他人时经常出现的现象。有些人总是习惯于把人进行机械的归类,把某个具体的人看做是某类人的典型代表,把对某类人的评价视为对某个人的评价,因而影响正确的判断。刻板印象常常是一种偏见,人们不仅对接触过的人会产生刻板印象,还会根据一些不是十分真实的间接资料对未接触过的人产生刻板印象。刻板印象具有社会适应的意义,使人的社会知觉过程简化。在有限经验基础上形成的刻板印象往往具有消极的性质,会使人对某些群体的成员产生偏见,甚至歧视。

5. 选择性扭曲(Selective Distortion)

选择性扭曲是一种倾向,它将信息加以扭曲,使之合乎自己的意思,并以符合我们预想的方式理解信息。因为人们面对客观事物,有一种把外界输入的信息与头脑中早已存在的模式相结合的倾向。这种按人们已有的想法来解释信息的倾向,就是选择性扭曲。人们倾向于用自己已有的观念解释信息,而非与自己的偏见做斗争。因为我们不可能接受所有观察到的信息,而只能接受零散的信息。但这些零散信息并不是随机选择的,而是观察者依据自己的兴趣、背景、经验和态度进行主动的选择。

6. 对比效应(Contrast Effects)

我们对一个人的评价并不是孤立进行的,而是常常受到我们看到的其他人的影响。在对一组申请者进行的面试情境中可以明显看到对比效应的影响。对于具体候选人来说,评估的失真可能是他在面试中所处的位置带来的结果,排在该候选人之前的是个平庸的申请者,则可能会更有利于对他的评估。如果排在他之前的是个极出色的申请者,则可能不利于对他的评估。

7. 投射作用(Projection)

投射作用是指个体以己度人,认为自己具有某种特性,他人也一定会有与自己相同的特性,把自己的感情、意志、特性投射到他人身上并强加于人的一种认知障碍,是依据其需要、情绪的主观指向,将自己的特征转移到他人身上的现象。投射作用的直接效果,是个体的主观意向对于社会认知形成的影响作用比认知对象本身的特征还要大,即个体的主观心理状态在社会认知中的作用大于认知对象客观特征在社会认知中所起的作用,即存在"喧宾夺主"的现象。投射作用掩蔽了客体的真正的人格心理特点,扭曲了客体的真实面貌,形成对客体错误的认知图式,使得认知中的心理投射体不是像客观中的客体,而是越来越趋向像个体本身自己。投射的积极作用会使个体在对确实与自己相类似的人进行社会认知时,对客体的评价判断会更加容易、精确、到位。

社会知觉的偏差现象还有很多,如:

积极性偏差:个体在评价他人时,往往更多地对他人作出积极的、肯定的评价,即评价他人时总有一种特别宽大的倾向,也称宽大效应。

证实偏差:人们总是有选择地去解释并记忆某些能够证实自己已有的信念或图式的信息。

后视偏差:人们在回忆自己的判断时,倾向于认为其判断比实际上更为精确,如我们常说的"事后诸葛亮"。

虚假一致性偏差:人们常常高估或夸大自己的信念、判断及行为的普遍性,例如,吸烟者总觉得自己身边的人中烟民多于非烟民。

自我中心偏差:人们常常夸大自己在某种事情中的作用的倾向,例如,夫妻两个人各自都认为自己在家务中作用的事情更多。

三、社会认知及策略

(一)社会认知

社会认知(social cognition)是指个体在社会环境中对自我、他人或群体的心理特征和行为规律进行感知、判断、评价、推断和解释,以作进一步反应的过程。社会认知有时也被称为社会知觉,是现代认知心理学介入社会心理学后产生的一个概念和研究领域,其含义与社会知觉相当。

对社会认知的概念作进一步的理解,涉及以下三个方面的内容:

(1)社会认知是完整的社会认知活动。比如,对他人的评价及对其行为的推断和解释建立在对他人的感知的基础上,而评价与解释往往相互依赖:我们对人的评价常依据对其行为的解释,而对人行为的解释又常受到已作出的对其评价的影响。

(2)社会认知是对人的认知。对物的知觉是单向的,而对人的知觉是双向的;对物的知觉是认知的自然属性,认知状态较稳定;而对人的知觉具有社会属性;社会认知受个人偏好的影响。

(3)社会认知的研究目的是为了理解人们在社会生活中如何了解他人和自己,并依据这种了解作出恰当的反应。人类的社会行为受其内在的认知过程的支配,因此,要理解和预测人类行为就必须深入到这种内在的认知体系中去。在这个意义上,社会认知与其说是一个研究领域,不如说是一种研究人类行为的思路和取向。

社会认知具有策略性。人们在社会认知的过程中,面临的信息往往是不确定的、不完全的、复杂的。人具有灵活地调整自己的认知过程以满足当前的需要与目标的能力,但是这种能力是有限制的,达到最满意的合理性认知效果是困难的。一方面,受人类进化的内隐自动加工系统的影响,简捷的认知往往是自动进行的,即个体不能回忆某一过去经验,但这一经验潜在地对个体的判断产生影响。因为它发生在我们的意识之外,我们对它注定是知之甚少。另一方面,企图进行控制性的思维,避免不必要的自动化认知的影响,可能会导致事与愿违的后果。系统、复杂的思维方式需要动员人们努力,这种调控的过程同时又激活了记忆中多余的材料,再加上受到疲劳等外在因素干扰,结果,多余的材料反倒变得具有高度的自动化和通达性,主动对其控制变得困难。

(二)认知节省策略

人们在社会认知的过程中常常偏爱策略性捷径,即人们总是节省认知能量,通过最小限度的观察作出社会判断以尽量节省时间和加工资源。人们的策略经验是:与其利用有限的认知资源来加工近乎无穷无尽的信息,还不如接受一个不尽完美但已经足够让我们正常生活的选择。这说明有时候过多的思考反而导致更不理想的判断。在这个意义上说,人类有时是"认知吝啬鬼"。

认知策略节省性主要表现为认知的"启发式判断",这是一种解决问题简单、通常是笼统的规则或策略。至少在四种情况下,我们更容易使用启发式判断:

(1)当我们没有时间认真思考某个问题时;

(2)当我们负载的信息过多,以至于无法充分地对其进行加工时;

(3)当手中的问题并非十分重要,以至于我们不必太过思虑时;

(4)当我们缺乏作出决定所需的可靠的知识或信息时。

人们在现实的判断决策中常常依赖这些"直觉经验",而且这些经验推断方法往往十分有用。它们使估计概率和预期值的复杂任务大大简化了,但有时它们会导致判断偏离理性。现实生活中人们经常凭直觉决策,利用直觉使决策任务简单化,但同时也容易犯错误。

通过对人的判断行为的研究,卡尼曼和特维尔斯基认为,人们在不确定条件下作判断依赖于四种最重要的有限启发(heuristics)原则,包括:代表性启发、可得性启发、锚定与调整启发以及小数法则。

(1)代表性启发(representative heuristic)

人们凭经验已经掌握了一些事物的"代表性特征",当人们判断某一事物是否出现时,只需要看这一事物的"代表性特征"是否出现,而忽略了先验概率的影响。或者说,人们经常会根据经验来确定某一个体是否具备了某种典型的代表性特征,从而作出判断,并不是理性地通过概率估计作出判断。代表性启发式的主要特征是人们在判断时只抓住了事物的代表性特征,而忽略了对先验概率的考虑。

(2)可得性启发(availability heuristic)

人们倾向于根据客体或事件在知觉或记忆中的可得性程度来评估其相对概率,容易知觉到的或回想起的客体或事物被判断为概率更高。可得性启发原则表明人们在判断中容易受到记忆效应的影响。人们对概率分布的判断取决于得到信息(尤其是一些范例性信息)的难易程度。人们在判断过程中,通常给予一些容易得到的、容易记忆的信息以很高的权重。认知心理学的发现告诉我们,与不太熟悉的信息相比,熟悉的信息更容易给人们留下深刻的印象,被认为是更真实、更相关。同时,人们对引起强烈情感体验的事件记忆深刻,在判断中给予更高的权重。这些因素都影响人们判断决策时的认知,出现非理性倾向。

(3)锚定与调整启发(anchoring/adjustment heuristic)

人们在进行判断时常常根据一些典型特征或过去的经验对这些事件的发生产生某个锚定值,把它作为判断的出发点,虽然会根据情况做一些调整,但是调整的范围仍然在该锚定值的临近领域。或者说,过去的经验会首先固定在我们的记忆中,而且以后对这些经验的调整,尽管达不到应有的水平,甚至我们清楚地知道这些经验不具有典型意义,认知判断仍受此影响。这就导致在判断中常常过分夸大或缩小事件的发生概率,出现非理性倾向。

(4)小数法则(the law of small number)

通俗地说,小数定律是指人们认为一个小样本将具有与大样本近似相同的概率分布。按照统计学的大数定律,一个随机变量样本均值的概率分布是以该变量的平均值为中心进行分布的。并且当样本数不断增加,样本均值的方差趋近于零。然而,按照心理学的小数定律,人们认为一个小样本的均值也是以平均值为中心分布的。这就导致了所谓的从少量独立观测中作出的“过度推断”。现实生活中，有许多人们遵循小数定律的例子。比如说，当一个投资者观察一个基金经理的业绩表现，如果投资者发现该经理人连续两年的业绩表现超过平均水平，投资者就会推断该经理人具有超凡的能力，从而做出投资决策。

捷径式的思考往往会让我们的判断更有效率，如果我们对其造成的偏差有足够的认识并善于调整的话，这种策略并不让人担心。问题在于，我们常常对这些判断深信不疑，即使我们在后来看到了相反的可能性也很难改变已有的判断，或许这源于人们的一种“确认偏差”(confirmation bias)，即人们对最初的假设和观念具有寻求确认的倾向。正是由于这种偏差，获得的第一信息几乎总是最有影响的信息，在作出判断时被滥用。这种策略常常是社会认知偏差产生的根源，它往往使我们作出错误判断后还以为自己是绝对正确的，很多社会矛盾和灾难就产生于此。因此，如果有必要，我们也应尽可能抛弃这种简化的思维策略，采取更系统和更复杂的思考方式，作出更明智的选择。

资料

丹尼尔·卡尼曼(Daniel Kahneman，1934～)

2002年10月9日，瑞典皇家科学院宣布，美国普林斯顿大学心理学教授丹尼尔·卡尼曼与经济学教授弗农·史密斯分享当年的诺贝尔经济学奖。丹尼尔·卡尼曼博士，1934年出生于以色列的特拉维夫，1954年在以色列的希伯来大学获得心理学与数学学士学位，1961年获得美国加利福尼亚大学伯克利分校心理学博士学位，现为普林斯顿大学心理学教授与伍德罗·威尔逊(Woodrow Wilson)学院公共事务教授，他是我们这个时代最有影响力的社会科学家之一。

2002年诺贝尔奖授予给他的理由是：“把心理研究的成果与经济学融合到了一起，特别是在有关不确定状态下人们如何作出判断和决策方面的研究”。他成为继西蒙之后再一次荣获诺贝尔经济学奖的心理学家。与西蒙相同的是，两人同样是凭借对人类决策过程的研究荣获诺贝尔经济学奖。与西蒙不同的是，卡尼曼从本科到博士阶段，接受的训练一直为心理学训练，同时，卡尼曼完全是凭借自己的心理学研究成果荣获诺贝尔经济学奖的，因此，他成为世界心理学史上第一个凭借心理学研究荣获诺贝尔经济学奖的心理学家。

(三)认知选择策略

我们有多种信息加工的策略，在必要时，我们会更多地注意复杂的信息，进行系统的、费力的加工。只有当目标不存在这种必要时，我们才会依赖于捷径式的简单策略。通常，我们有对策略进行选择的能力，在目标、动机、需要和环境力量的基础上，实用地采取加工策略以适应当时情境的需要。

我们在很多情况下都可以见到情境的需要对认知策略选择的作用。例如，人的思维过程与情绪表示的情境要求相一致，当消极的情绪标志着问题的情境时，会特别注意问题的细节，投入必不可少的努力，进行仔细分析，进行精细加工。当情绪标志着一个好的情境时，人很难看到精细加工的需要，投入的认知努力会很小，从而忽视问题的细节，运用以前的知识结构进行粗略加工。

人际关系的性质存在对认知策略的影响为：当一个关系对于判断者来说非常重要时，他将分配充足的认知资源在认知对象的特殊信息上；当关系不重要时，他将采取简捷的方式，把对象归入某一范畴，迅速地作出判断。

权力在人际认知中的作用值得注意，没有权力的人对有权力的人存在更多依赖，因此更多地寻求有关权力者的最具诊断价值的信息。相反，有权力的人不会寻求有关下属的复杂信息，而是把注意力放在证实而不是否定已有的认知图式上，因为拥有权力的人对没有权力的人依赖较少，所以允许忽视有关其他人的大量信息。常言道"贵人多忘事"就是这个道理。

第二节 行为的归因

归因，指个体根据有关信息、线索对自己和他人的行为原因进行推测与判断的过程。归因不仅是一种心理过程，也是人类的一种普遍需要。每个人都有一套从其经验归纳出来的关于行为原因与行为之间的联系的看法和观念。

一、归因的含义与问题

归因是指人们对自己或他人的所作所为进行分析，判断其性质，推论其原因的过程，即根据人的外部特征对其内心状态所作的解释和推测。归因理论是说明和分析人们行为活动因果关系的理论。人们用它来解释、控制和预测相关的环境以及随这种环境而出现的行为。

行为归因之所以重要，是因为：在对自己或他人进行认知时，行为是基本的线索；如果不进行归因，就无法对行为进行适当的解释，那么对认知而言，行为线索就失去了意义。因此，自20世纪50年代以来，归因理论逐渐得到了人们的重视。所谓归因理论，就是一种从认知的角度看待行为动机的理论，因而也称"认知理论"，即通过改变人们的自我感觉、自我认识来改变和调整人的行为的理论。

归因理论研究的基本问题：

(1)人们心理活动发生的因素关系。包括内部原因与外部原因、直接原因和间接原因的分析。

(2)社会推论问题。根据人们的行为及其结果，对行为者稳定的心理特征和素质、个性差异做出合理的推论。

(3)行为的期望与预测。根据过去的典型行为及其结果，来推断在某种条件下将会产生什么样的可能行为。

二、海德(F. Heider)归因理论

首先提出归因理论的是海德，他在1958年出版的《人际关系心理学》中指出，社会上的每个人都是一个朴素的心理学家，他们以朴素的解释来说明行为为什么会产生，这些解释包括：

(1)多数人都是按照环境的要求而发生行为。

(2)人们非有意的行为下次可能不再发生。

(3)人们有意的行为暴露个人的人格特质。

我们在观察行为时，将行为的原因要么归于内部原因即个性，要么归于外部原因即情境。行为内因指存在于个体内部的原因，如人格、品质、动机、态度、情绪、心境及努力程度等个人特征。将行为原因归于个人特征，称为内归因；行为外因是指行为或事件发生的外部条件，包括背景、机遇、他人影响、任务难度等。将行为原因归于外部条件，称为外归因或情境归因。在许多情境中，行为与事件的发生并非由内因或外因单一因素引起，而兼有二者的影响，这种归因叫做综合归因。

三、凯利(H. Kelly)三维归因模式

凯利(H. kelly，1967)的三维归因理论适用于对行为的多维度考察。凯利认为，人们在进行归因之前会搜集三种类型的重要信息：

一致性信息，指行为者对刺激的反应与此时此地其他人对同样刺激的反应是否相同。相同则一致性高，反之则低。

差异性信息，指行为者此时此地的行为是否因刺激而异，若因刺激而异，则差异性高，反之则低。

一贯性信息，指行为者的行为是否因时因地而异，若总是如此，则一贯性高，反之则低。

三个维度的信息一共有八种组合，其中五种组合无法说明行为的原因，因而没有意义，剩下的三种组合与行为的原因相联系，凯利三维归因模式如图2-4所示。

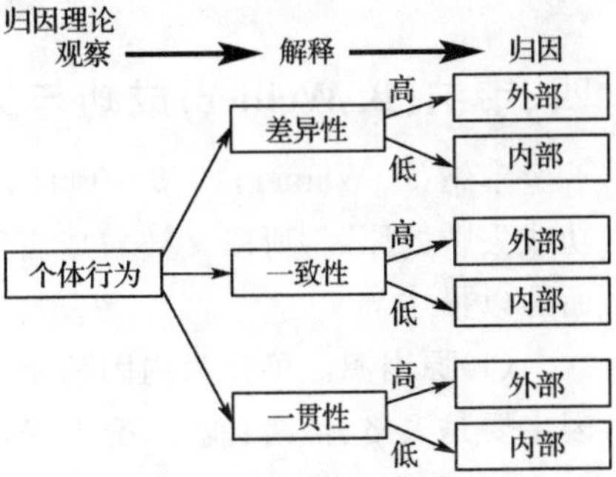

图2-4　凯利三维归因模式

(1)一致性、差异性，一贯性均高：行为归于刺激物这种外因。

(2)一致性、差异性低，一贯性高：行为归于行为者的内因。

(3)一致性、一贯性低，差异性高：行为归于时空环境这种外因。

例如，你观察到小王今晚观看相声晚会时，对最后一个相声笑得厉害，如果你同时知道，每个人都对这个相声发笑(一致性高)，小王以前听到这个相同的相声时也发笑(一贯性高)，小王对晚会上其他的相声没有发笑(差异性高)，那么你很可能会认为，小王发笑是因为最后一个相声本身确实令人捧腹。

再如，一个工人对他的班长进行了赞扬，首先要看一致性，即是否本班多数工人都称赞他；第二看一贯性，即他是否一贯地赞扬这位班长；第三看区别性，他在日常生活中是对其他班长都称赞，还是只对这位班长特殊称赞。通过上述三个方面的综合分析，如果这个班所有的工人在各种情况下都一贯地称赞这位班长，这就应把他对这位班长的称赞归结为班长本人的特点。

资料

玛莉为什么对小丑笑：对凯利的三维理论的验证

麦克阿瑟(L. McArther，1972)对凯利的三维理论的预言性作了系统的研究。她给被试者一个简单的假设事件，并操作特异性、共同性和一致性的变化，然后考察相应的归因结果。

假设的事件是一位叫玛莉的小姐看一个小丑表演时笑得厉害。

第一种情况是提供高特异性、高共同性、高一致性信息。即玛莉没有对其他小丑发笑，每个人都对这个小丑的表演发笑，玛莉总是对这个小丑的表演发笑。这种情况下，61%的被试者将玛莉发笑的原因归因于刺激客体，即这个小丑。

第二种情况是低特异性、低共同性、高一致性，即玛莉对小丑表演总是发笑，别人几乎对这个小丑不发笑，玛莉总是对这个小丑发笑，那么86%的被试者将玛莉发笑的原因归于行为主体，也就是玛莉本人。

第三种情况是高特异性、低共同性和低一致性，也就是玛莉没有对别的小丑表演发笑，别人几乎不对这个小丑表演发笑，玛莉以前从未对这个小丑笑过，这种情况下，72%的被试者将玛莉发笑的原因归于情境。

上面的研究证明了三维理论能比较准确地预测人们的归因结果。

四、韦纳(B. Weiner)成功与失败的归因模式

韦纳(B. Weiner，1979)的归因理论，强调的是人们如何确定导致个体自身成功或失败的原因，所以又被看成自我归因理论。韦纳认为成败的原因可从三个方面加以描述：

(1)原因源。可分为内因和外因，这与前面提到的理论所考察的大体相同，内因主要是人格、情绪、能力、努力等，外因主要是环境、运气、任务难度等。

(2)稳定性。上述内外因的成分不足以说明归因后产生的后效。同是内部原因，有些保持相对稳定，如能力，有些则是可以变动的，如努力。归因于缺乏能力和归因于缺乏努力虽然都是归于内因，可是这两种不同的归因对将来的行为产生的效应是不同的。所以稳定性是可以抽出来加以考虑的成分，例如，努力和运气是不稳定的，能力和任务难度是稳定的。

(3)控制性。努力、能力等虽然都是内部的原因，但它们受意识控制的程度是不

同的,这方面的特性称为控制性。一般情况下,努力是可控的,而能力是不可控的。

一般人们归因有四种因素:①个人努力程度大小;②个人能力大小;③任务难度大小;④机遇状况的好坏。这四种因素又可按内外因、稳定性和可控性三个维度划分:努力和能力属内在原因,任务难度和机遇属外在原因,能力和任务属稳定的,能力和机遇属不稳定的;能力属可控制的,而任务难度和机遇是不以个人的意志为转移的。例如,一个职工把自己的成功归因于内在因素(个人努力和能力强),他会感到非常满意和自豪;归因于外在因素(任务容易和运气好),他会产生惊奇和感激。

同样,如果将失败归因于稳定因素(能力差,任务难),就会降低工作积极性,而归因于不稳定因素(不够努力、运气不佳),则可能会提高工作积极性。因此,管理者要及时了解员工的归因倾向,积极帮助他们正确总结经验教训和进行归因训练,做到胜不骄,败不馁,严格要求,努力前进。

成败归因理论的重要性在于它使研究者能够更好地了解不同的归因结果对人的期望、情绪、动机、自信心、心理健康等方面的影响。如人们把自己的成功归因于内部的、稳定的原因"能力",就会增强自信心,预期自己将来还会成功,并且更加积极努力,可是如果把失败归因于自己能力差时,就会消沉、自卑,从此不再努力。

五、常见归因偏差

从各种归因理论来看,似乎人们总是系统地、有逻辑地进行归因,但其实,在一些情况下,人们的归因,无论是对自己的行为还是对他人的行为,并不是那么精确和理性,有时甚至犯明显的错误。一般来说有三种归因偏差是我们常见到的:

1. 行动者线索与情境线索

在人们对他人的行为进行归因时,夸大行为者内部稳定的个性因素,而忽视或低估引起行为的外部环境因素,这种现象又称为"基本归因错误"。我们有时忽视社会角色在决定行为上的重要性,行为者本身往往比情境中其他因素更突出,所以产生这种错误也就很难避免了。这样一种令人匪夷所思的现象却常常出现:在不同人眼中,一个人的内在特质截然不同。例如,一名教师,在学生看来,她是个和蔼可亲、宽宏大量的人;而在她的子女看来,她却是个严厉的、不近人情的人。

2. 行动者与观察者偏差

作为行动者,我们倾向于将自己的行为归因于外部环境;而作为观察者,我们却常将他人的行为归于较稳定的人格因素。这种偏差与注意的指向有关,作为行动者,人们不能清晰地看见自己是如何行动的,所谓"不识庐山真面目",这时注意常指向外部,所以容易进行外部归因。观察他人行为时,行动者更突出,因此就成了知觉对象,环境则成为相对模糊的背景,这时注意力主要指向行动者,所以倾向于作内部归因。

3. 自我服务偏差

当行为是积极的或成功的时候,他人的行为会被归因于外,自己的行为会被归因于内。当行为是消极的或失败的时候,他人的行为会被归因于内,自己的行为会被归因于外。特别是,自己积极成功的行为往往归因于能力或人格,自己消极失败的行为却归因于环境或其他外在条件，这就是“自我服务偏差(self serving bias)”。这种偏差的产生，一种比较有力的解释就是它出于人们自我保护的动机和维持自尊的需要，这种做法有利于保持个体的心理平衡。

第三节　知觉印象与印象管理

印象(impression)是个体(认知主体)头脑中有关认知客体的形象。个体接触新的社会情境时，总是按照以往经验，将情境中的人或事进行归类，明确它对自己的意义，使自己的行为获得明确定向，这一过程称为印象形成。初次印象，也称第一印象，是素不相识的两个人第一次见面时形成的印象。在社会知觉领域，由于知觉的主体、客体都是人，影响知觉准确性的因素还会更多地涉及人的态度、价值观念、道德品质、人格等，主体、客体双方的关系、相对地位、思想方法、社会经验和知觉对象行为的真实程度等等，都会影响社会知觉的准确性。这就使社会知觉的问题更为复杂，产生错觉的可能性大为增加。

一、知觉印象的线索

印象的形成是通过对他人的言谈举止、仪表神情以及行为习惯等方面的知觉而实现的。虽然这些线索未必反映一个人的真实面目，往往造成认知上的偏差，但在许多情况下，人们据此得到的判断还算准确。

这些知觉线索具体有：

(1)外表。一个人的外表常是我们最先接触到的信息，有时也是主要的判断依据，人们据此来判断他人的内在品质并决定对他人尤其是陌生人是否喜欢。漂亮的外表，特别是漂亮的脸庞，常唤起我们对他人积极的期望，我们会认为有高度吸引力的人更有趣、更热心、更友善以及更有社会技能，因为我们总假定：漂亮即优秀。在一项研究中，在看过若干儿童的照片后，作为被试的小学教师认为那些长相漂亮的小孩拥有更高的智力和更良好的学习潜力。

(2)言语。言语作为自我表达和交流的工具在社会生活中发挥着重要的作用，同时也给人们提供了判断他人的依据。

(3)非言语交流。非言语交流主要包括面部表情、目光接触和身体姿态。这些线索很难被人有意识地加以控制，因而往往更能真实地揭示人们内心的想法等特征。表情常反映人们的态度、情绪和动机，我们可以借助对面部肌肉的分析来确定一定的表情，然后就可以判断某人的情绪，进而通过一段时间的观察推测这个人的个性特征。

(4)行为。行为也是很有用的信息源。如果你知道某人助养了许多孤儿，你就有理由认为他是个有爱心和无私的人。而你发现某人在公共汽车上偷钱，无疑他是不诚实和不道德的人。这些例子显示，人们的许多行为和他们的某些个人特质紧密相连，我们也常被告诫，不要仅从外表和言语而要从行为判断一个人，察其言，更要观其行。人们常对他人的行为进行归因，根据归因的结果再作进一步的判断。

(5)其他线索。个体本身并不是唯一的线索来源，人们在形成对某个人的印象时，还会受到除这个人本身以外的其他社会环境的影响。在求职时，一封有分量的推荐信也许比你的言谈举止更能让面试官对你形成良好的印象，我们也常听说“众口铄金”、“人言可畏”。这说明其他人对印象形成对象的评价是一种重要的线索，特别是这些评价由权威人士发出或人们的评价比较一致时。

二、印象管理的含义与意义

印象管理(Impression Management)是指一个人通过一定的方式影响别人形成的对自己的印象的过程，即个体进行自我形象的控制，通过一定的方法去影响别人对自己的印象形成，使他人对自己的印象符合自我的期待。印象管理是自我调节的一个重要方面，也包括与他人的社会互动，是人适应社会生活的一种方式。

印象管理的基本动机是：不论个体在组织内部还是组织外部都渴望被别人积极看待，避免被别人消极看待。试图使别人积极看待自己的努力叫获得性印象管理；而尽可能弱化自己的不足或避免使别人消极地看待自己的防御性措施是保护性印象管理。

印象管理与印象形成的区别是：印象形成对认知者来说是信息输入，是形成对他人的印象。而印象管理是信息输出，是对他人的印象形成过程施加影响。

印象管理行为具有普遍性。印象管理通过互惠原则维护人类彼此的生存环境，即我们帮助别人，同时期待着别人也会帮助我们。但是，如果一方采取欺骗手段，这种给予与获取的互惠原则就会遭到破坏。印象管理表明我们在给予他人时是诚恳的，但当他人可能不诚恳时，我们可以察觉出来。现实生活中，在不同的情境里，每一个体都承担着许多社会角色。个体要为他人、公众与社会所接受，其行为表现必须符合社会对其角色的期待。为了更好地适应社会，个体就要实施有效的印象管理。成功的印象管理基础是正确理解情境，正确理解他人，正确理解自身的状态，正确理解自己承担角色的社会期待。但理解了，并不一定表示个体就会按社会要求行事。因此，不同的人有不同的印象管理。印象管理并不意味着他人由此而形成的印象都是虚假的，但有时确实如此。

印象管理中有三个要素是特别需要注意的，即印象动机、印象建构和印象监控。

(1)印象动机。如果人们把印象管理视为一种手段，可以借此实现需要目标，或积极地改变别人对自己的认知，那么他们就更有积极性进行印象管理。人们对于别人如何认识和评价自己总是很感兴趣的。例如，一些人每年要在饮食、参加健康俱乐部、购买化妆品、做整容手术上花费几万元，目的是使自己更出众。在组织中，得到他人的积极评价会对自己大有益处。你可以得到自己所希望的工作；可以获得良好的绩效评估、工资的增长和职位的提升机会；还有助于使利益的分配对自己有利。

(2)印象建构。印象类型的选择和建构，取决于人们的自我概念、目前拥有的或渴望拥有的形象类型、对观众价值观的推测，以及印象管理所处的环境。需要提醒管理者的是,印象管理并不意味着由此而形成的印象都是虚假的(虽然有时确实如此)。我们通过合适的方式宣传自己的业绩会有助于他人了解自己,借口和宣扬也可以是诚心诚意的。当然,这必须以事实为前提,如果你总说狼来了,等狼真的来了的时候就没人会相信你了。所以使用这类技巧必须小心,不要让别人觉得你是一个做作的人或经常在玩弄什么把戏。

(3)印象监控。当个体有意识地想给别人留下印象时,不论是因为他们处于特定的环境中,还是因为他们是经常注意自我形象的那种人,此时印象监控就出现了。但不是每个人都重视印象管理的。自我监控能力较弱的人,不管后果是否对自己有利,总是表现出与他们的个性特点一致的形象。相反,自我监控能力较强的人善于观察环境,并能及时调整自己的行为和形象,以适应环境的需要。

资料

乔布斯Next电脑公司印象管理

20世纪80年代末,史蒂夫·乔布斯(Steve Jobs)被迫离开苹果公司,并创办了一家新公司——Next电脑公司。在此过程中,乔布斯进行了大量的印象监控。苹果公司的动荡经历给了他深刻的教训,他认识到,自己在公开场合中的一举一动都可以成为全球媒体有价值的新闻。不仅如此,在他被迫离开苹果公司期间,媒体把他刻画得比以往更为糟糕。当然,要是乔布斯当初能意识到自己的行为会被他人关注,他肯定会改变这种极为负面的形象。

史蒂夫·乔布斯意识到,新公司成功的关键在于改善他的公众形象,并确保他的产品得到积极的评价。因此,他的印象管理动机非常强烈。

那么选择一种什么样的形象进行建构?这是他下一步要做的事。乔布斯需要人们把他视为一个有效的企业人,把他的产品视为实用的和可信赖的。与他在苹果公司中所表现的古怪形象恰恰相反,乔布斯开始非常注意他的外在仪表。当时有报道这样描写,很少看到他穿牛仔裤和拖鞋,在办公室里也极少如此。他改穿欧式西服,做工考究,剪裁得体,俨然像个成功的高级经理。

我们还可以看到Next电脑产品的形象也是经过精心设计的。早在电脑投入生产之前,公司就已花了大约十万美元设计公司标识。由于质量是当今市场竞争中产品获得成功的关键,所以,乔布斯一再推迟电脑的上市时间,直到它的运行毫无差错。

自我意识到被视为一位成功的企业家对乔布斯来说非常重要,对于他希望别人如何看待自己也非常重要。他选择了一种保守的企业家的形象,开始奉行商业社会的价值观和行为准则,这使他更易于吸纳资金,更易于建立客户关系。如果他能够为Next公司树立一种高品质的企业形象,就能使Next公司在整个电脑市场上处于优势地位。

(摘自:周菲.组织行为学:咨询与诊断.北京:中国经济出版社,2003.6)

检验印象管理技术有效性的研究主要集中于这样一个问题，即印象管理行为是否有助于取得面试的成功，求职者确实要为自己建立一个积极的形象。研究数据表明，印象管理确实起了一定作用。例如，一项申请客户服务代表的职位的研究，申请者使用了印象管理技巧在面试中表现更好，考官更倾向于录用这些人。然而，申请者的可信度出了问题。他们得出结论，印象管理技术在很大程度上影响了面试考官。也就是说，申请者是否合适似乎不太重要了，只要他们的印象管理技巧运用得好，在面试中就可以获得更好的评价。

另一项关于求职面试的研究，考察了某种印象管理技术是否比其他技术更有效。研究者把求职者分为两类，使用印象管理技术，把谈话的焦点集中在自己身上的求职者为控制型，谈话焦点集中在考官身上的求职者为顺从型，并对这两类求职者进行了比较。研究者假定：使用控制型技术的求职者应该更有效，因为录用面试中存在一种固有的期望。我们期望求职者在面试中使用自我强化、自我促进和其他主动的控制技术，因为它们能够反映一个人的自信心和主动性。研究者预测这种积极的控制型技术，比起那些一味顺从考官或讨好考官的顺从型技术效果更好。研究结果证实了研究者的预测，那些使用了控制型技术的求职者在下列因素上获得考官更高的评价，如动机、热情、技术技能等，当然，他们得到了更多的工作机会。

三、印象管理策略与技巧

印象管理可以分为获得性印象管理与保护性印象管理。管理者可以了解一些有关的策略与技巧。

（一）获得性印象管理

获得性印象管理是印象的促进提升策略，试图使别人积极地看待自己的努力叫获得性印象管理。获得性印象管理的目的在于使自己能够获得他人良好的印象与评价。当个体试图使自己对某一积极结果的责任最大化，或者想让自己看起来比实际更出色时，会使用这类策略。

1. 讨好行为

这是最普通的印象管理技术，也是被研究得最多的一种技术。组织理论家们认为，在组织中，讨好行为是一种普遍存在而且有效的社会影响手段。在组织中，讨好行为也有其积极的方面，如果运用得当的话，讨好行为有助于改善人际关系并提高组织内外情境的和谐性。通过产生喜欢感和善意感，讨好行为可以抑制人们对于异己者的刻板印象，降低人们排斥和贬低异己者的认知倾向，提高自己受人欢迎和引人注目的程度。成功的讨好者与别人形成了熟识的关系，促进了互惠规范的建立，并且从一个不受欢迎的“局外人”变成一个受人欢迎的“局内人”。在所有的印象管理技术中，讨好行为恐怕是适应组织环境最快的了。

权力距离拉大，人们的讨好需求就会增强，发生讨好行为的可能性也会增加。讨好行为可以被视为组织中一种由下而上的影响方式，组织阶梯中处于低层的人试图借此来影响那些高层人士。当一些情形出现时，员工们的讨好行为会增多：资源稀缺，个体与他人之间的相互依赖性强，缺乏客观的工作标准和绩效评估标准，客观的人事政策不被认真贯彻实施，等等。因此，层级的组织环境是滋生讨好行为的温床。

讨好行为的具体表现形式有：

(1)意见遵从。两个人对待事物的态度越相似，他们就容易喜欢对方。为增强自己被人喜欢的可能性，他们所表达的观点、行为与别人的观点、信念、价值观相一致。因此，讨好者经常扮成"社会变色龙"，通过遵从别人意见行事，来捕捉这种相似-吸引的关系。

(2)热情相助。通过向他人提供帮助而获得他人的喜爱。行为者利用了互惠原则，帮助或回报那些帮助过自己的人，特别是当别人并未要求我们帮忙时，会让人产生好感和一种"知恩图报"的责任。

(3)抬举他人。真诚地表扬和赞美他人是成功的关键。研究表明，我们倾向于喜爱那些喜欢我们、表扬我们、令我们自信、给我们积极评价的人。讨好者利用这一简单而有效的社交法则来增强目标对象对自己的喜爱。抬举他人的各种形式也是有效的讨好行为。

(4)自我抬高。通过自我抬高方式，讨好者的最佳个性特征在目标观众面前表现无遗。这种讨好行为首先是找出目标对象对哪些特征最感兴趣，然后声称自己具备这些特征。组织背景中，自我抬高在求职面试中极为常见。一个很想谋得销售部门职位的求职者，可能会强调他如何擅长与人打交道，与人交流时如何具有说服力，吹嘘自己优势的这种技术(自我抬高)可以很有成效。

2. 获得性印象管理的其他技术

常常使用的这类策略有：

(1)争取名分：当人们认为自己应该为所做出的积极成果得到应有的认可时，通常会采用这种策略。如通过正式的渠道让人了解自己的贡献，或者通过非正式的渠道告诉关键人物自己所取得的成果。

(2)宣扬：当个体已受到赞扬，但还想让别人了解自己比原先所认为的做得更多、影响更大时，常常会采用这种策略。例如，自己在小组工作上的改革，不仅使小组现在的业绩提高了，而且还将使小组的竞争力增强。

(3)揭示困难：让人们了解自己尽管存在个人或组织方面的困难与障碍，但还是取得了积极的成果，这样就会使人对自己有更好的评价。例如，告诉别人，今年的成绩是在克服某种严重干扰的情况下取得，别人会更加高估今年所取得的成绩。

(4)联合：确保在适当的时间被看见与适当的人在一起，以让人们了解自己与成功项目的密切关系。例如，当上级来视察时，组长总是与组员在一起讨论问题，这常常会使上级觉得，小组所取得的成绩与组长关系密切。

(5)威慑。这是指威慑者通过树立一种令人畏惧的形象来获取社会权力和影响力。在组织中，威慑是一种典型的自上而下的影响，也就是说，由权力等级高的人对权力等级低的人施加的影响。但也有事实表明，地位低的人在某种情况下同样可以威慑那些地位比他们高的人。

(6)以身作则。这指的是进行诸如正直、自我牺牲、道德高尚等方面的印象管理。以身作则包括那些起早贪黑的老板，每天把工作带回家的员工，以及从不休假的同事。他们自愿承担艰苦的任务，无怨无悔地帮助别人，他们的所作所为超出了自己职责的范畴。从印象管理的角度来看，以身作则通常是一种策略性的自我牺牲，他们采用的是一种能起到带动作用的道德示范方式影响和控制他人。

(7)恳求。恳求者利用自己的弱点来影响他人。恳求者非常善于给人留下自己能力较差或“看起来很糟糕”的印象。通过宣传自己的无能，恳求者试图激活一种强有力的社会责任规范准则：我们应该帮助那些需要帮助的人。成功的恳求是自我宣传的反面。如果我们能使人们相信我们无力自助，我们就会从他人那里得到帮助。但是，人们帮助恳求者的程度是有限的。如果过分使用，恳求者可能被视为在逃避责任，是宁可接受公众接济也不愿意自食其力的人。

(二)保护性印象管理

对于尽可能地弱化自己的不足或避免使别人消极地看待自己而采取的防御性行为叫做保护性印象管理。当个体试图使自己为某消极事件承担最小责任或想摆脱麻烦时，就可以使用这种策略。

这类策略包括：

(1)补救技术。印象管理理论家们通常把对危机的控制叫做补救技术。这种技术主要致力于对危机境地进行处理，给他人提供一种解释或道歉(可能是真实的，也可能是虚构的)，从而使人们能从另一种角度来看待行为者和事件。通过这种方式，行为者把危机情境造成的消极影响减至最小。

(2)合理化理由。技术用于解释不利行为和弥补行为与期望之间差距的陈述，当事人试图使用合理化理由以最大限度地挽回损失。为减少失败事件(不良事件)对人们的形象所造成的消极影响，通过语言进行的修复性阐述活动，我们称为合理化理由技术。理由的提供是为了避免人们对于不利行为做出最糟糕的解释，并在这种情境下尽可能地给大家留下一个最好的印象。

(3)借口和辩解。面对不良事件(或失败事件)，当事人使用借口和辩解以尽可能地减少自己应该承担的责任。公共关系专家指出：改变人们对于现实的思考方式，比改变现实更容易而且成本更低。借口和辩解都是人们在面临危机情境时，经常使用的印象管理的语言手段。当事人作为他自己的公共关系代理人，试图改变的是人们对于坏事件的思考方式，而不是改变事件本身。借口和辩解在职责划分上有所不同。对于借口来说，它承认活动本身是错的，但当事人否认他应该承担责任。对于辩解来说，当事人承诺对于活动承担责任，但否认这项活动是错的。

(4)事先申明。事先申明指的是在危机情境出现之前，根据先期预计的情况而提出的借口。当人们面对可能出现的失败情境时，更倾向于采用率先申明技巧。事先申明是一种“赶在灾难到来之前购买危机保险”的形式。如果危机情境没有出现，则人们就说自己过于谨慎或过于多虑了。这种方法能把威胁到自己形象的危机扼杀在萌芽状态，使未来活动的意义发生改变，避免对自己的形象造成威胁。

(5)自我设障。自我设障指的是当结果的成败不确定时，个体在自己的工作过程中自行设置障碍，从而为随后的结果提供一个外部理由。自我设障是在成功面前设置一些障碍物。这种方式为人们提供了印象管理中的双重利益，如果他们成功，成功的价值将会提高；如果他们失败，所带来的消极影响将会减弱。

自我设障可能在这样的情境中出现：个体十分看重事物的成败，但感到自己的能力和自信处于临界水平。研究者发现，个体被评估时却不付出自己的努力是自我设障的一种典型方式，拖延工作也是一种设障方式。

(6)道歉。承认自己应负的责任，对自己的行径表示自责和悔恨，以期获得目标观众的宽恕。道歉的方式很多，如道歉意图的陈述、悔恨的表达、提出归还和赔偿、自我批评、请求原谅等。成功的道歉可以把个体分离成两个部分："坏我"（如那个在面试中迟到的我）和"好我"（如那个已经认识到自己的违规，并且以后绝不再犯的我）。

(7)置身事外：当个体与进展不顺利的某事不直接相关时，他们可以私下告知上司自己与某事无直接关系。使用这种方法，常常能使自己少受不好的事情牵连。例如，当小组工作进展不顺利时，如果自己与这件事关系不大，就可以私下告诉老板，自己曾经反对这一计划，但被否决了。

第四节　认知决策的有限理性

组织中的个体都要做出决策。也就是说，他们要在两个或多个备选方案中进行选择。高层管理者要决定设置什么样的组织目标，提供什么样的产品或服务，如何建构最佳的公司总部，在哪里建设一个新厂；中低层管理者要决定生产日程安排，选择新员工，合理分配薪水的增长；员工要决定在具体某一天里是否去上班，在一天工作中付出多大努力，是否遵守上司提出的要求等等。因此，个体的决策成为组织行为中非常重要的一部分。但是组织中的个体如何决策，他们最终做出的选择质量如何，在很大程度上受到知觉的影响。

一、决策的有限理性

决策(Decision Making)就是作出决定或选择。对决策概念的界定超过上百种，但仍未形成统一的看法，诸多界定归纳起来，基本有以下三种理解：

一是把决策看作是一个包括提出问题、确立目标、设计和选择方案的过程。这是广义的理解。

二是把决策看作是从几种备选的行动方案中作出最终抉择，是决策者的拍板定案。这是狭义的理解。

三是认为决策是对不确定条件下发生的偶发事件所做的处理决定。这类事件既无先例，又没有可遵循的规律，做出选择要冒一定的风险。也就是说，只有冒一定的风险的选择才是决策。这是对决策概念最狭义的理解。

虽然在大多数情况下经验法是有用的，但是，决策者在处理备选方案相关信息和制定决策的过程中，对复杂、不确定或者模糊的信息进行理解和判断出现系统误差。所谓系统误差（systematic error），是指人们对信息的理解和判断总是会发生的一些偏差，从而导致他们做出错误的决策。系统误差是很常见的，而它又会导致认知偏差，所以，即使很优秀的管理者也有可能做出错误的决策。因此，以上对决策概念的解释是从不同的角度作出的，要科学地理解决策概念，有必要考察决策专家赫伯特·西蒙在决策理论中对决策内涵的看法。

作为西方决策学创始人之一的西蒙（Herbert Simon），其历史重要贡献之一就是批判了“理性决策论”，提出有限理性论和满意原则。有限理性论与满意原则是指在决策活动中理性决策都是特定假设，而在现实中很难实现，真实的人对理性的追求最多只能达到相对粗略的程度，不是天衣无缝的结果，只能是简化的近似，达到相对满意便可。

资料

赫伯特·西蒙(Herbert Simon，1916～2001)

赫伯特·西蒙，中文名字司马贺。当代美国最著名的管理学家和社会科学家之一，决策学创始人。他早年就读于芝加哥大学，于1943年获得博士学位。自1949年担任美国卡内基-梅隆大学计算机与心理学教授，他因“对经济组织内的决策程序所进行的开创性研究”而获得1978年诺贝尔经济学奖，也是管理方面唯一获得诺贝尔经济学奖的人。他的主要著作有《管理行为》(1945)、《公共管理》(1950，与史密斯伯格等合写)、《人的模型》(1957)、《组织》(1958，与马奇合写)、《经济学和行为科学中的决策理论》(1959)、《管理决策的新科学》(1960)、《自动化的形成》(1960)、《人工的科学》(1969)、《发现的模型》(1977)、《思维的模型》(1979)等。

理性决策论也叫科学决策论，是20世纪30年代兴起的古典经济理论学派理论，把人看成是以“绝对的理性”，认为可以通过自己思维争取所有的可能，选择最佳方案达到最优选择行动的理性人。传统经济信奉最大化原则，隐含前提是个体可以找到自己利益最大化的决策方案，即人是无所不知，绝对理性的。

西蒙提出的有限理性论和满意原则有两个法则：法则一，比赛中一旦出现可作静态评价的僵局便停止对策的搜索；法则二，一旦找到满意对策，便停止全部搜索，并选定该对策。由于信息、时间、认识能力等方面的限制，人的理性有限，现实中不可能找到最优方案，所以由于知识和处理能力有限，人们总是随遇而安，即遵循满意原则。同一个人对同一件事所做的决策也许就不同。决策活动是人在为既定目标做的高级认知活动，每一次的决策会因决策者的个人素质、个人地位、决策时的心情、决策时所受的压力不同、决策环境不同，所作的决策也会有不同。

下面是一个典型的有限理性决策案例：

一人至野外旅行，口渴，见一大片瓜地，瓜农说一元一个，此人要最大化，即找到最大最甜的瓜，就要找遍瓜地，并把西瓜一一打开品尝一下，显然不现实，只能小范围找一下，找个还算大的，凭自己的鉴别能力感觉是熟的，就买了。

公司职员下班回家，路有很多选择，而且有几条距离差不多。在每次下班时，都会有一个决策，究竟走哪条路呢，是去繁华街区观光，还是走偏僻小路静静地思考。下班前的任何一个灵机一动都会对回家的路作不同的决策。

西蒙的理论对现代企业决策者有很好的借鉴意义，决策时，在达不到完全科学决策的情况下，经过充分认识决策的有关因素以明确的效用原则来衡量各种可能方案的优劣，利用一切可利用的时间、精力、物力，克服主观情绪波动，及认识能力不足，收集评价诸种可行方案的全部信息，做相对理性的决策，是决策者应努力达到的目标。在追求利润最大化与完美的同时，应保持客观的态度，只能达到比较好，永远不可能达到最好。

20 世纪 70 年代，心理学家丹尼尔·卡尼曼(Daniel Kahneman)和阿莫斯·特韦尔斯基(Amos Tversky)指出，由于所有的决策者都会受到有限理性的制约，他们倾向于使用直觉(heuristics)，也就是能够简化决策过程的经验法则。

二、传统最优化决策模型

最优化模型的假设与理性概念的基本假设是共同的。理性指的是稳定而价值最大的选择。因此，理性的决策意味着决策者能够做到完全客观并符合逻辑。它假设个体有一个清楚明确的目标，通过最优化模型中的步骤可以选择一个备选方案，以最大限度地达到目标。

最优化决策的六个步骤：①弄清决策需要；②确定决策标准；③给标准分配权重；④开发备选方案；⑤评估备选方案；⑥选择最佳方案。

最优化模型的各个步骤包含了一系列假设。要想确定最优化模型对个体实际决策描述的精确程度，了解这些假设是很有必要的。最优化模型的假设一般包括如下内容：

(1)目标取向。最优化模型假定不存在目标冲突。不论决策是选择要进入的学校，还是决定今天是否上班，抑或挑选恰当的候选人填补工作空缺，它假定决策者有一个自己最希望达到的意义明确的单一目标。

(2)所有选项已知。最优化模型假定决策者可以确定所有的有关标准，并能列出所有的可行性方案。它认为决策者有足够的能力对标准和备选方案进行评估。

(3)偏好明确。它假定决策标准和备选方案的价值可以数量化，并能根据个人的偏好来排序。

(4)偏好稳定。除了目标和偏好明确之外,它假定具体的决策标准是恒定的,分配给它们的权重也是稳定的,不随时间改变。因此,不同时间里所获备选的标准和备选方案应该相同。

(5)最终选择效果最佳。按照最优化模型,理性的决策者将选择评估分数最高的方案,以最佳方案带来最大收益。

在前面假设的基础上,我们预测个体决策者有明确而具体的目标,有一套完善的标准系统用来确定决策中的相关因素,有一个关于标准的准确等级排列,它非常稳定,不随时间改变。我们进一步假定决策者评估所有选项之后将选择得分最高的一个备选方案。

三、有限理性:满意解决模型

满意解决模型的实质是:当面对复杂问题时,决策者的做法是把问题降低到一种易于理解的水平,因为人类信息加工的能力使得我们不可能吸收并理解最优化决策所必需的所有信息,对于构思和解决复杂问题来说,人类的大脑容量远远不足以达到完全理性的要求,个体是在有限理性范围内活动的。他们不是捕捉问题的所有复杂层面,而是抽取其中的重要特点,并在此基础上建构简化的模型,然后,个体在简化模型的范围内进行理性行为。

对于一般个体来说,有限理性是如何工作的?一旦确定了某一问题,个体便开始搜寻标准和备选方案。但所列出的标准却可能远远不够详尽彻底。决策者会确定一个有限的列表,其中包括一系列显而易见的选项。大多数情况下,它们主要是一些熟悉的标准和经过验证的解决办法。一旦确定了这些有限的备选方案,决策者就开始考察它们。这种考察也并不是综合的,也就是说,并非所有的备选方案都经过细致评估,只有某一备选方案与当前有效的选项之间差异相对较小时才考虑它。

决策者以熟悉而习惯的方式考察备选方案,直到确定了一个令人满意的方案——这一备选方案不但是令人满意的,而且是足以胜任的。决策者满足于第一个"足够好"的解决办法,而不再继续搜索最优选项。第一个达到了"足够好"的方案使搜寻工作结束,而后决策者就可以实施这一可接受的活动。

满意解决模型中一个非常有趣的方面是,在确定选择哪一个方案时,备选方案被考虑的顺序非常重要。如果决策者使用最优化模型,则所有的备选方案按照编好的等级由高到低全部列出,由于考虑到所有备选方案,因此在评估它们时最初的顺序无关紧要,每一种潜在的解决办法都会得到充分彻底的评估,但满意的解决方式并不如此。

假设某一个问题有不止一个解决办法,满意解决模型的选择则是决策者遇到的第一个可接受的方案。由于决策者使用的模型简单而有限,他们一般以明显的、熟悉的、距离现实不远的备选方案为开始。因此,那些最接近于现实并达到标准的解决办法最有可能被选择。这有助于解释为什么人们在选择备选方案时很少与过去的决策有太大的差异。用最优化进行解决问题时得到的是唯一方案，但这种情况很少出现，因为在决策者向十分远离现状的地方寻求方案之前，已确定了可接受的解决办法。

四、有限理性：隐含偏爱模型

另一个用于处理复杂且非常规决策的模型是隐含偏爱模型。与满意解决模型一样，它也认为个体通过简化过程而解决复杂问题。但是，隐含偏爱模型的简化意味着先不进行“备选方案的评估”这一步骤，直到个体找到了一个符合偏爱的备选方案后再评估。换句话说，决策者并不是理性而客观的。在决策过程的早期，他隐含地选择了一个偏爱方案，而后的过程主要是决策证明，即通过而后的过程使决策者确信他的隐含偏爱方案确实是恰当的选项。

尽管直觉决策受到了人们的青睐，但由于理性分析被看做更符合社会期望，人们常常把直觉能力隐藏起来，有着很强直觉能力的人常常并不告诉别人自己是如何得到结论的。事实上，决策者本身也常常并没有意识到自己已选择了一个隐含偏爱方案，因而还会继续确定其他备选方案，实际上只是为它提供了一个客观的假象，决策过程都带有偏见色彩。

如果隐含偏爱模型起作用，则在决策者愿意承认自己做出决策之前，对新方案的搜寻工作早已结束，却要用半个小时或更长时间做出。专业经验使他们能认清情境，并利用与情境相关的过去习得的经验，迅速做出决策选择。摆脱别人的控制可能是比较容易的或至少是可以做到的，但摆脱自己的过去可能是非常困难的，甚至是不可能的。过去仍会以这种或那种方式影响今天和未来。今天的选择是对昨天选择的修正，昨天工作与学习中积累的个人知识与能力限定了个人今天能够考虑到的选择空间，长期工作中形成的思维方式制约着个人分析问题的角度。作为企业也是如此，企业过去的行为特征和战略总会以这种或那种形式影响着企业的战略调整和战略选择。企业家的价值偏好影响着他们对不同方案的评价和选择，从而选择不同的发展路径。

五、直觉决策

在信息非常有限的条件下迅速做出决策，决策者更多是依赖于直觉。管理者何时最有可能使用直觉决策的方法？研究者确定了八种情况：

(1)不确定性水平很高时。

(2)几乎没有先例存在时。

(3)难以科学地预测变量时。

(4)事实有限时。

(5)事实不足以明确指明前进道路时。

(6)分析性资料用途不大时。

(7)当需要从几个可行方案中选择一个,而每一个方案的评价都不错时。

(8)时间有限,但又有压力要做出正确决策时。

使用直觉时,个体似乎遵循两种方法之一:或是在决策过程之初使用直觉,或是在决策过程结尾使用直觉。当在决策开始使用直觉时,决策者试图回避对问题的系统分析。他让直觉自由发挥,努力产生不同寻常的可能方案和新方案,这些方案一般是从过去资料分析和传统行事方式中产生不出来的。

如果在决策过程结尾运用直觉,决策者依赖于在确定和分配决策标准的权重时,以及对备选方案的开发与评估时进行的理性分析。但这一切做完后,决策者便停止了分析过程,一两天后再做出最终选择,目的是为了"睡眠决策"。

资料

直觉决策的认知实验研究证据

20世纪80年代以来,无意识的问题已成为心理学实验研究的热点。无意识内隐决策的测量任务有:系列模式获得、系统控制、人工语法等,其中以瑞伯的人工语法任务最具影响力。

美国认知心理学家瑞伯(Reber,1967)首创了人工语法技术。首先设计了限定状态语法,并由此产生一系列规则复杂的字母串作为刺激材料。该系统中,某一状态向另一状态转换,或某状态自转换,每一次产生一个字母。由此,从入到出,这个语法系统就会产生一系列符合程序的字母串,在这样或类似的任务中,瑞伯和他的同事们发现:内隐决策组正确判断率要远远大于外显决策的正确判断率,而且被试都不能明确说明语法字母串的规则。这种实验效果在瑞伯以后的许多研究中得到证实,国内近来的研究同样证实了这一点。研究结果试图说明,人类对于适应复杂环境的抽象知识的获得不必试图去寻找变量之间的复杂关系,所获得的知识也不能用言语清晰表达的。瑞伯等人把这一研究范围引向更广泛和更深层的研究,涉及直觉判断、决策行为、创造力、社会行为、感情以及教学论等问题。

关于内隐决策还有一些研究范例得到了与瑞伯人工语法任务研究相似的结论,如系列模式获得和系统控制。莱维基等(Lewicki,1988)采用四选择反应时任务,信号在计算机荧屏的四个象限中的一个中出现,位置由前一个信号的位置决定。在这种条件下,被试呈现出对系统结构的内隐操作,并难以说明自己的这种知识。波利和布劳本特等人(Berry 和 broadbent)的系统控制研究中,要求被试想象自己任职于城市交通部门,负担决定调整公共汽车之间的时间间隔,使每辆车保持一定的旅客负载,在计算机模拟的条件下,被试能够作出适当的判断,却无法说明各种变量间的实际关系。

复习思考题

1. 什么是感知学、社会知觉和社会认知？
2. 简述社会认知的策略。
3. 简述归因理论。
4. 简述归因偏差。
5. 简述知觉印象的线索与现象。
6. 简述印象管理的含义与意义。
7. 简述印象管理策略与技巧。
8. 简述隐含偏爱模型。
9. 简述直觉决策。

第三章

个体差异与测评

第一节　人格概述

世界众生，每个人都是独一无二的，不论是长相、体力、精力、气质，还是言行举止、为人处世、社会地位都各不相同。人格乃是具有不同素质基础的人，在不尽相同的社会环境中所形成的意识倾向性和比较稳定的个性心理特征的总和。人格具有丰富的内涵，是一个人区别于他人的重要标志。人格概念被广泛地应用于哲学、社会学、心理学、法学、伦理学等不同的领域。

一、人格与个性

人格"personality"一词，最初源于古希腊语 persona，其原意是指希腊戏剧中演员戴的面具，扮演不同的角色就要更换不同的面具。这如同我国京剧的脸谱：红脸代表忠义，白脸代表奸诈，黑脸代表刚强，不同的面具体现了不同角色的特点和人物的内在性格。心理学借用这个术语，用来说明每个人在人生舞台上各自扮演的角色及其不同于他人的精神面貌，转意为人格，即我国心理学中所谓的"个性"。

(一)人格

关于人格的定义很多，人格心理学家阿尔波特说："人格乃是个人适应环境的独特的身心体系"；艾森克说："人格乃是决定个人适应环境的个人性格、气质、能力和生理特征"；卡特尔说："人格乃是可以用来预测个人在一定情况下所作行为反应的特征"。如果我们把社会比作是一个偌大的舞台，那么每个人都是这个舞台上的演员，每个人都处于不同的社会位置。

现代人格理论认为，每个人的"舞台角色"都具有人格外显特征和内隐特征。

(1)人格是指一个人在人生舞台上遵从社会文化习俗的要求所表现出来的种种言行，这就是人格所具有的"外壳"，即人格指人所扮演的社会角色个体的特征和人的社会地位，是在自然与社会因素的交互作用下所形成的个体特有模式。

(2)一个人由于某种原因不愿展现面具后面的真实自我，这是人格的内在特征，构成人格的内隐的成分。这一模式是一个人思想、情感及行为的统一体，它包含了一个人区别于他人的稳定心理品质即个性。

概括而言,人格是指一个人在其生活、实践活动中经常表现出来的、比较稳定有一定倾向性的个体心理特征的总和,是一个人区别于其他人的独特的精神面貌和心理特征。

(二)个性

在心理学研究中,个性与人格具有同样含义。我国第一部大型心理学词典——《心理学大词典》中的个性定义反映了多数学者的看法,即"个性,也可称人格。指一个人的整个精神面貌,即具有一定倾向性的心理特征的总和"。在日常生活中,个性是一个很常用的词。人们常用一种突出的心理特征来形容一个人的个性,如善良、温和、坚强、懦弱等等。与"人格"概念一样,个性是理解个体差异的基础,世界上没有两个完全相同的人。每个人的个性既是在社会中形成的,又影响社会的发展。个性结构是多层次、多侧面的,由复杂的心理特征的独特结合构成的整体,包括个性倾向性和个性心理特征。个性是由需要、动机、态度、兴趣、理想、信念、世界观等组成的个性倾向和由能力、气质、性格组成的个性心理特征有机结合而成的。这些特征不是孤立存在的,而是错综复杂、相互联系、有机结合的一个整体,并综合地调节、控制人的行为。因此,要使组织中的每个员工人尽其才,发挥作用,就必须了解其个性,预测个性的发展趋势,指导个性向好的方向发展。这是组织行为学研究的重要方面。

二、气质及类型

(一)气质的含义

气质是心理活动的动态特征,它与日常所说的"脾气"、"秉性"相近。"江山易改,禀性难移"说的是:气质较多地受个体生物组织的制约,是天赋的心理特征,与人的其他心理特征相比具有更强的稳定性。一个人的气质,在他参与的不同活动中会有近似的一贯表现,一般与活动的内容、动机和目的无关。在生活中,个人的气质特点在任何时间、场合都会表现出来。气质是一个人的自然特征、精神风貌的集中表现。

气质是人典型的,稳定的心理特点,是人天生的、表现在心理活动动力方面的个性心理特征。这一定义有几层意思:

(1)气质是先天的个性心理特征。它的某些特点与生俱来,使得气质比能力与性格更受制于生理组织因素。那些刚来到世间的婴儿,有的爱哭泣、有的好动、有的安静。这些最初的特征,在这些婴儿以后的成长阶段,如儿童阶段的游戏、作业和交际活动中都有所表现。

(2)气质也是人的心理活动的动力特征。心理活动的动力特征是指心理活动过程的速度、稳定性、强度和指向性等。心理活动过程的速度,具体指的是知觉的速度、思维的敏捷性以及情感发生的快慢、情绪体验的快慢等。

(3)心理活动过程的稳定性,指注意力集中时间的长短、久暂性等。心理活动过程的强度是指情绪和情感的强弱程度、意志力的强弱程度等。心理活动过程的指向性，指的是心理活动指向外部世界还是指向自己的内心世界。

气质，作为决定人的心理活动方面的自然属性，使每个人具有了独特的色彩，使得茫茫人海，芸芸众生中，人与人表现出各不相同的个性特色。气质没有好坏之分，每一种类型的气质，各有其长短。关键在于，在社会实践活动中，要注意气质与工作、事业、生活的心理适应性，扬长避短。

(二)气质的类型

人的气质千差万别，但如果对人群进行观察就不难发现，气质也有一些相似的类型。系统的气质学说最早是由古希腊的医生希波克拉底和罗马医生盖仑提出的。当时他们用人体的体液解释气质缺乏科学证据，但这种分类是从实际生活中概括出来的，具有朴素的唯物主义思想，所以为人们普遍接受。后来，苏联著名的生物病理学家巴甫洛夫(Pavlov，1849～1936)的高级神经活动学说为这种分类提供了科学的基础。

1. 体液分类

希波克拉底和盖仑认为人体内有四种体液：血液、黏液、黄胆汁和黑胆汁。四种体液含量决定了人的气质，以含哪种体液最多为标准，依次形成了多血质、黏液质、胆汁质和抑郁质四种气质类型。其一般特征为：

(1)多血质。情绪兴奋性高、思维言语动作敏捷、心境变化快但强度不大；稳定性差。活泼好动、富于生气，灵活性强。乐观亲切、善交往，浮躁轻率，缺乏耐力。不随意反应性强，具有可塑性。外倾性较强。

(2)黏液质。情绪兴奋性和不随意反应性都较低，沉着冷静，情绪稳定，深思远虑，思维。言语、动作迟缓。交际适度，内心情感很少外露，坚毅执拗、淡漠、自制力强 a 感受性较低而耐受性较高。内倾性明显。

(3)胆汁质。情绪兴奋性高、反应迅速、心境变化剧烈，抑制能力较差。易于冲动，热情直率，不够灵活。精力旺盛，动作迅猛，性情暴躁脾气倔强，容易粗心大意。感受性较低而耐受性较高。外倾性明显。

(4)抑郁质。感受性很强，善于觉察细节，见微知著，细心谨慎，敏感多疑。内心体验深刻，但外部表现不强烈，行动迟缓，不活泼。易于疲劳，疲劳后也易于恢复。办事不果断和缺乏信心。内倾性明显。

2. 血型分类

随着心理科学的发展和社会实践的进步，又不断地出现了其他一些分类方法。如气质的血型分类，即人的血型有 A 型、B 型、AB 型和 O 型。相对应于血型，也有四种气质类型：

A 型：温和，老实、稳妥、多疑、顺从、依赖性强。

B 型：感觉灵敏、镇静、不怕羞、喜欢社交、好管闲事。

AB 型：A 型与 B 型的混合型。

O 型：意志坚强、好胜、霸道，有胆识、控制欲强、不愿吃亏。

再如气质的激素分类说，该种观点认为，气质是由某种内分泌腺的活动决定的，以某种内分泌腺特别发达为标准而把人们划分为甲状腺型气质、脑下垂体型气质、肾上腺型气质、副甲状腺型气质、性腺过分活动型气质等。

在现实生活中，只有少数个体是各种气质类型的典型代表，而绝大多数个体只是接近于某种气质，同时又有其他气质的一些特点。纯属于某一气质类型的人是极少见的。不过气质类型的划分，毕竟给认识人的心理特征以有力的理论指导，帮助理解个体心理以充分调动人的积极性。每种气质中都是积极、消极的发展因素并存，如多血质的人既容易形成灵活、活泼开朗、善交际等品质，也可能养成肤浅、不踏实、不真挚等毛病；抑郁质的人具有深刻敏锐、洞察力强、细心的优点，但也是阴沉的、多愁善感的。因此，气质类型本身只有心理特征和表现方式的区别，并无优劣之分，气质不能决定个人活动的价值和成就高低，各种气质的人都可以成为优秀的人才，走向成功。

三、性格及类型

性格是个性中最重要、最显著的心理特征，在个性中起着核心作用，是一个人区别于其他人的集中表现。性格与其他个性心理特征如气质、能力密切相关、互相影响，以至相互交融和渗透，但它们之间也有确定的界限。

(一)性格的含义

性格是一个人对现实的态度和习惯性的行为方式中所表现出来的较为稳定的心理特征。简单地说，性格是人对现实的稳定态度和习惯化的行为方式。对性格的理解有多方面：

(1)性格是个体对社会环境较稳定的态度和行为方式。每个人对人、对事、对社会总会有自己的态度并见诸行动，经过长期的社会生活实践和人们的心理认知活动，这种态度与行为逐渐巩固下来，在以后的社会活动中自然地、反复地表现出来，形成了个人的一种习惯方式。

(2)性格是稳定的、独特的心理特征。社会中没有两个性格完全相同的个体，性格总是某个个体的性格。即使是同一性格特征的人，不同人表现也会不一样。例如，同是勇敢、鲁莽的性格，张飞粗中有细，李逵横冲直撞、不顾后果。性格一旦形成就比较稳定，在个体的生活实践中经常表露出来。

(3)性格是个体的本质属性，在个体心理特征中起核心作用。气质是心理过程的动力特征，能力是个体完成所面临的某项活动所必备的心理特征，只有性格才能使它们带有一定的意识倾向性，作用于客观现实。性格对气质和能力的影响是很大的。它能使三者结合成个体心理特征这一有机整体。

气质和性格相互影响，密切相关。气质更多反映个性的自然属性，气质的形成多与遗传因素有关；而性格反映了人的社会属性，更多受到社会环境的影响，可塑性比前者大。气质无好坏之分，无论哪种气质类型的人都可以取得显著成就；而性格则有好坏之分(如勤奋比懒惰好、诚挚比虚伪好)，对事业有显著影响。不过，气质可以影响性格的表现方式，使同一性格内容有不同的表现色彩。

(二)性格的类型

人的性格有很多差异。有的让人感到和谐，如自信、谦虚、热情大方、诚实、无私、勤劳、细心等；有的让人觉得不舒服，如狂妄、自私、虚伪、懒惰，但总有一些人具有共同的性格特征。现代心理学从不同的角度对性格归类，分成了不同的性格类型。

1. 机能类型

英国心理学家培因(A. Pain，1818～1903)和法国心理学家 T. 李波提出了按理智、情绪、意志三种心理机能中，哪一种占优势来确定性格类型的分类方法。理智型者通常以理智来衡量一切，并以理智来支配自己的行动。与人交往时明事理，讲道理；情绪型者情绪体验深刻，言行举止易受情绪左右；意志型者具有较明确的活动目标，行为活动具有目的性、主动性、持久性、坚定性；中间型是混合型或非优势型。

2. 内外倾向型

瑞士精神病学家和心理学家荣格(C. G. Jung，1875～1961)特别重视类型学说，他根据力比多(Libido)倾向于内部或外部，把人分为内向型或外向型。外向型者心理活动倾向于外部：活泼、开朗、感情易外露；待人接物决断快，独立性强，但比较轻率；缺乏自我分析与自我批评精神；不拘泥于小事，善社交，反应快等。内向型者心理活动倾向于内部：感情较深沉，待人接物较谨慎小心；处理事务缺乏决断力，但一旦下定决心办某件事总能锲而不舍；能够进行自我分析和自我批评；不善社交，反应慢等。

3. 优越型与自卑型

奥地利心理学家阿德勒(A. Adler，1870～1937)创立“个人心理学”，用精神分析的观点来划分性格类型。他认为个人的生命，个人的精神活动都是具有一定的目标性的。所有一切精神的动力都有一种根本的求权意志，一种求统治和优越的冲动力，起源于人在幼年时的无能自卑感和对自卑感的对抗补偿作用。因此，补偿作用就是推动一个人去追求优越目标的基本动力。他把性格划分为恃强好胜、不甘落后、总想胜过别人的优越型，和甘愿退让、不与人争、缺乏进取心的自卑型两种。

4. 场独立型与场依存型

美国心理学家威特金(H. A. Witkin)透过知觉来研究人的性格，把人分为场独立型和场依存型。倾向于更多地利用内在参照(主体感觉)作为信息加工的依据，能主动地适应环境，善于采用相当克制的方式表达冲动，有组织活动和控制外来阻力的能力，称为场独立型；倾向于以外在参照(客观事物)作为信息加工的依据，被动接受环境，自我领悟缺乏，自我控制力差，易产生自卑感与依赖行为，称为场依存型。

四、气质与性格在组织活动中的作用

(一)气质的作用

气质具有较强的稳定性,但也具有可塑性。气质也会随环境、教育程度的变化而改变。应该学会自觉把握控制,发展气质的积极方面,限制并改变消极方面,努力培养自身良好的心理品质。在组织的教育、培训工作中,要因材施教,扬长补短,并帮助员工完善自己的气质。

(1)根据人的气质特征来合理调整团队结构。不同气质的人员,组成一个管理团队,组成一个集体,形成气质"互补"的组合,就可以做到相互克服气质的消极影响,发挥气质的积极作用,增强凝聚力、战斗力。

(2)根据人的气质特征来调动人的积极性。工作纷繁复杂,每项工作都有自己的特点,每个人也都有自己的气质特征。所以,要尽量使人的气质特点与工作的特点相互协调配合,才能各尽所能、各得其所,有利于工作。在现代工业企业中,普遍存在着人-机关系,操纵精密机器、运用现代化设备、监控大型仪表,都要求人们能迅速地对各种信息变化作出反应,并能相应采取正确的措施。如果不选择多血质的工人而是选择黏液质或抑郁质的工人从事上述工作就会影响工作质量和工作效率。一般情况下,多血质的人应该安排他们做一些社交工作(如采购员等),胆汁质的人可以委以突击性开拓性的工作,黏液质的人可以做一些具有核算和监督职能(如会计、统计等)的管理工作,抑郁质的人可以做一些研究工作。一些特殊职业对人某一方面的气质特征有特殊要求,如飞行员、运动员、驾驶员、宇航员等工作责任重大,要求极灵敏的反应、敢于冒险、机智果断、能经受高度的身心紧张等情况,气质特征决定着一个人是否适合这一职业。这应该通过心理测定来作为选拔依据。

(3)根据人的气质特征来做好思想工作。不同气质的人,对挫折、压力、批评、惩罚的容忍接受程度不同,对思想感情的接受程度也不同。所以,做思想教育、做人的转化培养工作的重点就要有所不同。多血质的人豁达大度、反应灵活、接受能力强,对他们的培养教育可采用批评和劝导相结合的方式;胆汁质的人积极主动、生气勃勃、容忍力也强,培养教育他们,既要开展有说服力的严厉批评,提高他们的自制力,又不能激怒他们,激化矛盾;黏液质的人沉着、坚强、冷静,情绪反应较慢,对待他们要耐心说服开导、多用事实说话;抑郁质的人,情感深刻、脆弱、孤僻、冷淡,不应在公开场合批评、训斥他们,而应在关怀中激励,在照顾中促进,在情感中引导。

(二)性格的作用

性格是具有核心意义的个性心理特征,它是一个人社会本质的集中体现。在人的个性心理特征中,与能力、气质相比较,性格具有更直接的社会意义。人的性格特征直接影响着人际关系、活动效果,具有直接的社会意义,因而可以作出优劣评价。人的性格对组织活动的影响不可忽视。研究性格对管理理论和实践的影响,是组织行为学的应有之义。

(1)注重培养良好的职业性格。职业性格是各行各业的人们做好本职工作、胜任本职工作的心理动力。要用个体心理特征的性格规律性，结合各行各业的管理，研究与各行各业的管理有关的职业性格，培养人们良好的职业性格以推动组织效能的提高。

(2)人事管理中的选人用人要注意性格的适应性。把性格独立性过强的人，避免从事协作要求高、配合要求严的工作；也要注意性格互补的合理性，对于具有不同的良好性格的人，发挥他们各自的性格特长，使他们互相促进、互相鞭策、互相弥补以推动管理工作。

(3)在与人沟通指导时，针对不同性格的人，运用不同的方式。对于理智型的人，可以主动向其提供信息，让其自己通过判断思考；对于情绪型的人，应“晓之以理”更要“动之以情”地感化他，使其改变态度；对于独立型的人，要允许他独立思考，要“以柔克刚”。

第二节 人格的评价

一、麦尔斯-布瑞格斯指标(MBTI)测验

麦尔斯-布瑞格斯指标(MBTI)测验是使用最为普遍的人格框架之一。这一人格测验包括100道问题，用以了解个体在一些特定情境中会有什么样的感觉和什么样的活动。根据个人回答，可以把他们区分为外向的或内向的(E或I)、领悟的或直觉的(S或N)、思维的或情感的(T或F)、感知的或判断的(P或J)，在此基础上组合成为16种人格类型。

为了阐述得清楚，我们举几个例子来说明这一问题。

(1)INTJ型人是幻想者，他们有创造性思想，并有极大的内驱力实现自己的想法和目标。他们的特点是怀疑、批判、独立、决断，甚至常常有些顽固。

(2)ESTJ型人为组织者，他们很现实，很实际，实事求是，具有从事商业和机械工作的天生头脑，擅长组织和操纵活动。

(3)ENTP型人则为抽象思考者，他们敏捷、聪明、擅长处理很多方向的事物。这种人在解决挑战性任务方面资源丰富，但在处理常规工作方面则较为消极。

麦尔斯-布瑞格斯指标(MBTI)测验影响广泛，仅在美国每年就有数百万人接受MBTI测验。使用MBTI的组织包括苹果电脑公司、美国电话电报公司、施乐公司、通用电器公司、3M公司，一些医院、教育机构，甚至美国空军也在使用这种测验。然而尚无有力的证据证明MBTI是一项有效的人格测量工具。但是，这并不妨碍其在组织中的广泛运用。

二、NEO人格问卷(NEO Personality Inventory，NEO-PI)

近年来，一些不同的研究群体从许多不同的人格资料中不断地发现关于五个人格维度的证据。人格五因素模型得到了许多支持者提出的越来越多的证据，人们常称其为“大五”(Big Five)，是所有人格因素的最基本维度。

在20世纪80年代，美国心理学家科斯塔（P. T. Costa）和麦克雷（R. R. McCra）提出了一个人格的大五（the Big Five）或五因素模型（Five-Factor Model，FFM），作者从1978年开始编制问卷，即NEO人格量表。最初只用于测量人格的神经质、外向性和对经验的开放性，后来于1985年又增加了两个新维度，即宜人性和谨慎性的成人。这样，人格的五因素包括神经质（N）、外倾性（E）、经验开放性（O）、宜人性（A）和谨慎性（C）。"大五"理论所提供的五个大维度，其中每个维度又包含六种成分，每种成分用八个项目测试，具体如下：

（1）神经质（Neuroticism），此维度得高分者可能有出现某种精神问题的危险性，低分者具有情绪稳定、冷静、放松等特点，并有能力面对紧张压力情境。六种测量成分是焦虑、愤怒、敌意、抑郁、自我意识清醒、冲动性和脆弱性。

（2）外向性（Extraversion），此维度得高分者的特点是合群、喜欢刺激、精力充沛且乐观。测量成分有热情、合群、果断、活跃、寻求兴奋和积极情绪。

（3）对经验的开放性（Openness to Experience），开放的个体对自身和外界都充满好奇，他们生活经验丰富，思想充满新意，价值观念不保守。测量成分有想象力、审美能力、感觉、行动、思想和价值。

（4）宜人性（Agreeableness），高分者是亲社会的，他们乐于助人，信任他人；低分者具有怀疑他人，不愿与他人合作等特点。测量成分有信任、诚实坦率、利他、顺从、谦逊和善心。

（5）谨慎性（Conscientiousness），高分者的特点是做事有目的、有计划，可靠，低分者缺乏原则性。测量成分是能力、秩序、责任心、努力成功、自律和谨慎从容。

三、Y-G人格测量量表

日本心理学家矢田部（Yatabe）和美国心理学家吉尔福特（Gilford），制定了以他们的名字命名的Y-G人格测验量表，这个量表由12个人格特质及相应的人格指标所构成。

12个人格特质分别为：抑郁性、循环性、自卑感、神经质、主观性、非合作性、攻击性、一般活动性、乐天性、思维外向性、支配性、社会外向性。

6种人格指标分别为：情绪稳定性、社会适应性、活动性、冲动性、内省性、主导性。

他们根据12种特质的不同结合区分出以下五种典型的人格类型：

A型人格：其名称为平均型，在情绪稳定性、社会适应状况、外向性三项指标上都有平均特征。这种人格特征的含义为不引人注目的平均型。

B型人格：其名称为不稳定积极型，情绪不稳定，社会适应状况差，外向，其含义为容易趋向异常行为的类型。

C型人格：称为稳定消极型，情绪稳定，社会适应状况佳，内向，其含义为温顺被动类型。

D型人格：称为稳定积极型，情绪稳定，社会适应状况佳，外向，其含义为活泼务实的类型。

E型人格:称为不稳定消极型,情绪不稳定;社会适应状况差,内向,其广义为容易患神经症、心身疾病的类型。

四、霍兰德职业偏好量表

心理学家约翰·霍兰德(John Holland)提出了价值观-工作适应性理论。他指出,员工对工作的满意度和流动的倾向性,取决于个体的人格特点与职业环境的匹配程度。他还划分了六种基本人格类型。

(1)现实型:需要技能、力量、协调性的体力活动。人格特点:害羞、真诚、持久、稳定、顺从、实际。职业范例:机械师、钻井操作工、装配线工人、农场主。

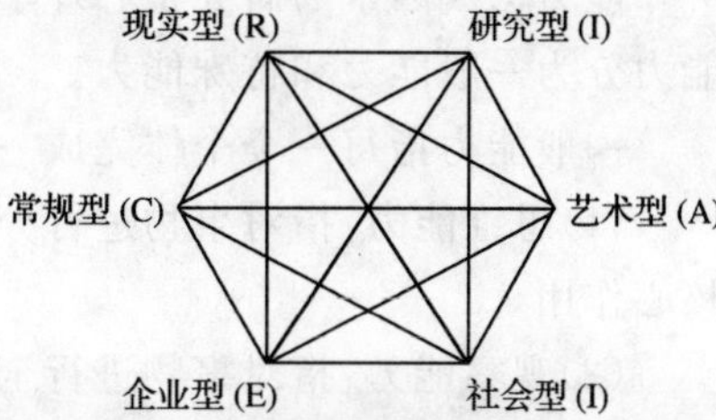

图3-1　霍兰德六种职业类型

(2)研究型:需要思考、组织和理解的活动。人格特点:分析、创造、好奇、独立。职业范例:生物学家、经济学家、数学家、新闻记者。

(3)社会型:能够帮助和提高别人的活动。人格特点:社会、友好、合作、理解。职业范例:社会工作者、教师、译员、临床心理学家。

(4)常规型:规范、有序、清楚明确的活动。人格特点:顺从、高效、实际、缺乏想象力、缺乏灵活性。职业范例:会计、业务经理、银行出纳员、档案管理员。

(5)企业型:那些能够影响他人和获得权力的言语活动。人格特点:自信、进取、精力充沛、盛气凌人。职业范例:法官、房地产经纪人、公共关系专家、企业主。

(6)艺术型:那些需要创造性表达的模糊且无规则可循的活动。人格特点:富于想象力、杂乱、理想、情绪化、不实际。职业范例:画家、音乐家、作家、室内装饰家。

这六种人格类型中的每一种都有与其相适应的工作环境以及与之匹配的职业。当人格与职业相匹配时,则会产生更高的满意度和更低的流动率。社会型的个体应该从事社会型的工作,常规型的个体应该从事常规型的工作,以此类推。一个现实型的人从事现实型的工作比从事研究型的工作更为和谐,社会型的工作对于现实型的人则可能最不合适。这一模型的关键在于:①个体之间在人格方面存在着本质的差异;②工作具有不同的类型;③当工作环境与人格类型协调一致时,会产生更高的工作满意度和更低的离职可能性。

第三节　能力与行为

在现实生活中,每个人的能力是不一样的。有人过目成诵,有惊人的记忆力;有人下笔千言,有很强的写作能力;有人想象丰富,有别出心裁的创意;有人能歌善舞,有出类拔萃的艺术才能;有人善于规划设计;有人长于具体操作……在组织活动中,如何最大限度地发挥每个员工的能力,是领导者必须考虑的问题。

一、能力：一般能力及特殊能力

能力是指直接影响活动效率，使活动顺利完成的个性心理特征。能力总是和人的学习、工作、劳动等具体活动相联系，从活动的观点来考察，如节奏感、乐感是从事音乐活动必备的能力，准确估计空间比例的能力是绘画活动不可缺少的，等等。缺乏这些能力特征，就会影响有关活动的效率，甚至无法顺利完成这些活动。只有直接影响人的活动效率，使活动顺利完成的个性心理特征才是能力。

能力构成因素的研究是心理学研究的重要问题，称为"能力结构理论"，通常将能力分为一般能力和特殊能力。

一般能力指每一个个体完成一切活动都必须具备的共同能力。主要包括：

(1)思维能力：指对事物进行分析、综合、抽象和概括的能力。在一般能力中起核心作用。

(2)观察能力：指对事物进行全面细致的审视的能力，主要指知觉能力。

(3)语言能力：指个体描述客观事物的语言表达能力。

(4)想象能力：包括再造想象和创造想象，它往往可以升华为特殊能力。

(5)记忆能力：是个体积累经验、知识、技能，形成个性心理的重要心理条件。

(6)操作能力：指通过人的各种器官，主要是手、脚、脑等并用，进行人机协调，完成操作活动的能力。

这些一般能力的稳定、有机的综合就是通常所说的智力，智力的核心是抽象概括能力，创造能力是智力的高级表现。

特殊能力指个体从事某种专业活动应具备的各种能力有机结合而形成的能力。如教学能力、管理能力、数学能力、音乐能力，等等。

一般能力与特殊能力相互联系形成辩证统一的有机整体。一般能力(智力)在特殊方面的独特发展，就成为特殊能力的组成部分。例如记忆力用于一般能力范畴，但话务员在业务工作中，刻苦训练，能记住 2000 个电话号码，这种记忆能力就变成了专业技术方面的特殊能力了。

在特殊能力得到发展的同时，一般能力也不断提高。这种事例也不胜枚举，具备特殊能力的数学家、科学家、哲学家和音乐家，他们的一般能力，也会较快地发展，而普遍地高于平常人。个体的能力通常是以一两种为主，兼备几种能力。特殊能力越精，一般能力越多，一个人所表现出来的才能就越大。

二、智力与"情绪智力"

能力测量是对能力的个体差异进行研究的定量手段，是心理学研究科学化的反映。但是，作为个性心理特征的能力，和其他的心理因素一样，有其固有的特殊性。这使能力测量不可能像物理测量那样稳定和准确。由于人的能力结构的复杂多样性，人的主观努力和个体实践、环境、教育等因素都在不断变化中，各种工作对人的能力要求也往往大相径庭。因此，考察人的能力差异必须把定量研究和定性分类相结合，把横向研究和追踪研究相结合，才能对人的能力差异作出客观准确的评价。

(一)智力与智力测验

对能力水平差异的细致区分可以通过能力测验来进行。为了客观、定量地测定人的能力水平,心理学家研究出各种各样的测验方法,如速度测验、语言测验、创造力测验、特殊能力测验和智力测验等。比较常用的是智力测验。智力测验也称一般能力测验,是法国心理学家比奈(A. Blinet)和西蒙(T. Simon)于 1905 年首创的,经过心理学界不断的修订完善,用以测量人的智力,尤其是儿童的智力。在常用的斯丹福-比奈量表中,采用智力年龄(心理年龄,MA)代表智力达到的年龄水平;它与实际年龄(生理年龄,CA)的比称为智力商数(简称智商,IQ),代表被测试者的智力水平[IQ=(MA/CA)×100]。智商为人的普通心智机能提供了一种综合指数,法国心理学家推孟(L. M. Terman)、美国心理学家韦克斯勒(D. Wechsler)等人都通过智商研究了人的智力分布表,说明了智力差异的常态曲线分布。智力测验在人才选拔、职业指导、儿童教育、临床诊断等方面得到许多应用,成为度量智力水平的普遍标准。但智力测验的运用不能绝对化,必须结合一个人学习、工作中的能力表现进行全面评价。

(二)“情绪智力”

20 世纪 80 年代初,美国心理学家嘉德纳对传统的智力测验提出质疑,认为智商测量中所界定的智力在概念上太窄,只适用于书本知识的学习能力。他提出了多元智能结构理论,把人的智能分为理性认知能力和非理性的情感体验能力。

20 世纪 90 年代初,美国心理学家彼特·沙洛维(P. Salovey)和约翰梅耶(J. Mayer)把“情绪智力”(Emotional Intelligence)从人类的智慧中分离出来,并把它界定为人的社会智能的一种类型。这一理论的提出受到了社会各界的广泛关注。他们提出的情绪智力的内容结构主要包括:(1)情绪知觉、评价和表达能力;(2)思维过程中的情绪促进能力;(3)理解与分析情绪可获得情绪知识的能力;(4)对情绪进行有效调控的能力,等等。

沙洛维和梅耶认为,情绪智力以自我意识为基础,包括乐观、同情心、情绪自制、情绪伪装等,情绪智力影响和支配着人的决策和行为,对人的成就具有决定性意义。

(三)智力测验一般问题

在人才测评中,对能力测验的要求是考察其一般能力标准,言语能力、非言语能力、数字和空间关系能力、反应速度和准确性、归纳推理能力,机械知识和推理能力。用于职业决策的测验种类繁多,根据不同的目的可以选用不同的测验。例如,评价一般能力时可用智力测验;评价专业知识技能时,可参考成就测验和特殊能力测验;评价求职者的能力以进行职业指导时,可用多元性向测验和兴趣问卷;选拔管理者时可用性向测验和有关的个性测验。

很多智力测验可用于各行各业的人事挑选,主要是作为初选手段。一般用于职业决策的智力测验都是团体测验,测验内容往往不多,用很少时间即可完成,可以对众多的人同时施测。记分可由专人或者机器迅速给出。

智力测验之所以能用于职业决策，是由于它具有以下三个特点：

(1)它直接测量了大多数重要工作所必须具备的智力技能。

(2)它测量了许多职业所必须具备的有关的知识储备。

(3)它为受试者业已形成的学习策略、问题解决方式和工作习惯提供了一个间接的指标。

在人才测评的发展趋势中，许多国家，包括中国的企业，都将创造力作为人员选拔的一个重要标准，故创造力测验在人才测评中也越来越占据着重要的地位。但总的说来，创造力测验是比较晚近发展起来的人事测验。从20世纪50年代末期开始，在吉尔福特提出创造力理论后，心理学家考虑过去的智力测验在这方面的不足，编制了着重测量分散思维的创造力测验，主要有南加利福尼亚大学分散思维测验、托兰斯创造性思维测验和芝加哥大学创造力测验等。这些测验的题目多属于开放型，导致了在评分和确定效度和信度方面的困难。创造力测验目前还主要为实验的形式，用于科学研究。

三、能力在组织活动中的作用

研究个体的能力结构和能力差异，有助于管理者发现人才，量才用人，合理分工，达到人尽其才、才尽其用的理想境界，提高组织活动的绩效。因此，组织在人力资源管理活动中要注意处理下列问题：

(1)招聘人才量才录用。一个好的管理者并不是谋求把能力最优者聚集在自己的周围，而是正确确定本企业所需要的人才的能力标准，寻求适应该组织能力标准的人才。

(2)人的能力要与职务相匹配。不同性质的组织工作，不同层次的管理者需要有不同的能力。人的能力与工作、职务应该相匹配，防止“高职低能”，造成低管理水平，低工作效率。

(3)人的能力要互补。人与人之间的能力是有类型差异的，这是客观和普遍存在的。一个团体中，形成有效的“合力”，才能保证组织的战斗力。

(4)加强员工能力培训。必须依据人的能力差异，因材施教组织培训，以有效提高员工的能力，以此来保证组织队伍的素质不断提高。

(5)发挥人的能力。发挥所用之人的能力，就是用人所长、避其所短。全面了解人的能力特点，不拘一格，用人之长，择优选拔。

(6)建立有效的人才竞争选拔制度。要努力打破陈腐的用人观念，引入竞争机制，建立依照工作绩效择优选拔的制度，使人才脱颖而出。

能力与知识、技能是不同的。知识是人类社会实践经验的总结概括，技能是在理论或实践活动中经过练习而获得并巩固的某种基本操作或活动方式。知识、技能是社会发展中积累的公共财富，个人通过学习可以掌握其中的部分内容；能力则是个体心理特征之一，是掌握知识、技能的一种主观条件。能力和知识、技能的性质不同，但存在相互影响、相互促进的关系：一方面，一个人的能力是在掌握知识、技能的过程中提高的；另一方面，知识、技能的掌握又以一定的能力为前提，能力在一定程度上制约着知识、技能掌握的深度、广度、难度和速度。一般来说，掌握知识、技能较快，而培养某种能力较慢。

第四节　人才测评技术

人才测评是适应经济和社会对人力资源开发的需要而逐步发展起来的，它是现代企业管理中的一个新兴学科，是人力资源开发与管理工作重要的组成部分。它将心理测验和组织行为学理论与人力资源管理相结合，研究与应用也在不断扩展深化，与人类的工作生活具有不可分割的内在联系，正在越来越多地影响我们的专业学习、职业选择、组织发展。世界各地已经广泛地将心理测验、面试和评价中心作为三种测评模式应用于人力资源开发。

一、人才测评的观念

现代人才测评是集心理学、管理学、统计学、行为科学、社会学、计算机科学为一体的跨学科体系，它要求从业人员具备一定的知识结构、能力素质以及专业技能，以保证测评结果具有一定的客观性、准确性。目前，在实践中逐渐形成了三种不同的人才测评观：考试测评观、考核测评观和心理测量测评观。

(一)考试测评观

考试是对人的知识、智力和技能的一种测量，人才测评是传统考试的发展和延伸，是一种综合性的考试。考试主要是测查应试者的知识、能力、技能等，但不包括对心理品质、实际工作绩效的考察。考试作为测评的合法性依赖于“刺激-反应”模式的有效性与可靠性。考试是基于“刺激-反应”模式的，实施考试必须有事先设计好的试题来给考生提供“刺激”，并通过考生的答题“反应”的量化分析来确定考生的水平。这种观点流行于考试科学理论研究和考试实践工作者之中，强调人才测评的社会功能与作用，由于考试测评的内容总是在考试大纲范围之内，故考试学派将研究重点集中在试题的编制和测评实施过程的组织方面。考试的测评观有着深厚的历史渊源，但也有其局限性，尤其是在中国这样一个考试技巧发达的国家。

考试测评技术主要有笔试技术和面试技术。笔试技术是在控制的条件下，应试者按照要求，用记录的方式回答的一种考试，以此来考察人的知识、技能和经验。面试技术是一种评价者与被评价者双方面对面地观察、交流的互动可控的测评方式，评价者通过双向沟通形式来了解面试对象的素质状况、能力特征等。考试测评的特点是科学化、规范化、水平高，测试结果较为公正，但是考试结果往往具有片面性。

(二)考核测评观

考核的测评观认为，现代人才测评是传统人才考核的变化和发展，衡量人才能力要从其已经取得的工作业绩着手。考核一般指用人单位对工作人员的工作成绩的质量、数量进行的考核评价，即考绩。传统的考核主要采取的是定性分析方法，随着社会的发展，考核也开始采用定量的技术手段。考核测评观从现实需求出发，注重测评要素指标体系的设计，强调可操作性和易接受性，在测评理论方面则集中在对测评结果进行数字化处理的理论与方法研究，如加权的理论与方法等。

考核测评技术主要有履历分析与推荐信审核。许多组织都广泛地在人员选拔等人力资源管理活动中应用申请人填写的表格和个人简历资料。这主要是因为简历表格的内容大体反映了该填表人的个性、兴趣爱好、年龄、教育、婚姻、工作经历、工作表现、成就等诸方面的基本情况。考核测评的特点是考核主要是对被考核者绩效的考察和评价，而对被考核者的身心素质、潜在能力和个性特征等却重视不够。

(三)心理测量的测评观

心理测量的测评观认为，人才测评是运用心理测验方法和技术对人的心理素质或特质进行测量的过程。心理测量在西方已经发展了九十年，其理论和方法已有着广泛的应用。我国心理测量学自 20 世纪 80 年代初恢复后，研究和教学工作逐步发展起来，20 世纪 90 年代以后进入了迅速发展时期，修订和自编了一些心理测验，在测量理论吸收及其应用方面出现很多创造性的成果，在人事选拔与职业指导中发挥着越来越重要的作用。由于传统人事测评方法的种种不足，如晕轮误差、近因误差、暗示误差等等缺陷，影响了人事测评的公正性和客观性，而心理测验在人事测评占据一定的优势。心理测量测评观看重测量理论和统计方法对现代人才测评的贡献，因而把视野集中在数字上，强调精确性和标准化。在测评内容方面太注重心理学理论的系统性，对现实的需求考虑较少，人才测评基础理论研究不多，这在很大程度上制约了测评技术的进一步提高。

心理测量技术就是心理测验。心理测验可以对应试者的能力特征作出诊断并对其发展潜能做出预测，同时，心理测验也可以对应试者的个性品质及职业兴趣进行测定。通常，心理测验分为智力测验、能力倾向测验、人格测验、态度兴趣测验等。其特点是可以在短时间内较科学地了解一个人的心理品质，并使测试结果具有可比性，又可以避免不公平竞争。但测验掌握的准确性不易控制，难度较大。

二、人才测评技术

在人力资源管理的具体实践中，应该根据具体人才测评的目的，综合运用定性和定量测评技术，对人才进行客观、正确的评价。完整的人才测评应该是考试、考核和心理测评的结合，考试注重对能力的考察，考核注重对绩效的考察，心理测量则注重对个性和发展潜力的考察，也就是说实际工作中常常是综合应用各种评价技术。目前国际上比较认同和流行的是以下几种测评方法：履历资料分析、笔试、心理测验、结构化面试和评价中心技术。

(一)履历分析测评技术

利用测评对象的个人档案所提供的有关资料进行人才质量评估的测评方法，包括个人的基本信息、一般背景情况、学习培训经历、工作任职经历、社会交往情况、业余爱好及个性特征等。

履历分析测评技术特点有：

(1)将传统的履历模糊评价改为定量评价，使其普通的经历情况变得易于比较、分析和评判。

(2)从人的纵向截面，对一个人实际工作中成功与失败的经历、工作业绩等，进行历史的、全面的评价，弥补了其他测评技术和方法在测评维度上的不足。

(3)测评内容涉及面广，凡是与职位相关的因素，甚至一些负相关的因素都可以作为测评要素，如家庭、社会关系、人际关系及其他测评方法无法考察的因素。

(4)客观性强。个人的历史是无法改变的客观事实，一旦测评系统结构设计确定后，测评结果也就随之确定，这就有效地避免一些人为的因素，保证了测评的公正性和准确性。

(5)直观、简单、易于操作。对测评要素比较多的应用系统应实现计算机化测试。

履历分析测评技术几乎适用于所有部门，尤其适用于一些高级经营管理人员、营销人员或从事实践性较强工作的人员。有些人的学历并不高，但能做出很好的业绩。另外，还适用于一些职业层次较高、年龄较大、经历丰富的人员。

(二)纸笔考试

纸笔考试是让被测评人在试卷上笔答事先拟好的试题的测评方式。主要用于测量人的基本知识、专业知识、管理知识、相关知识以及综合分析能力、文字表达能力等素质及能力要素。它是一种最古老而又最基本的人才测评方法，至今仍是企业组织经常采用的选拔人才的重要方法。纸笔考试在测定知识面和思维分析能力方面效度较高而且成本低，可以大规模地进行施测，成绩评定比较客观，往往作为人才选拔录用程序中的初期筛选工具。

(三)结构化面试

按照统一的标准和规范的模式进行的标准化、控制式的面试测评方法，是在吸取标准化心理测试的科学方法基础上，根据职位胜任要求，运用特定评价内容、方法和评价标准，严格遵循固定程序，通过测评人员与受试者面对面的言语交流，对受试者职业素质进行评定的标准化测评技术。在人才测评中采用结构化面试技术时，应在细致全面的工作分析基础上，根据岗位要求的要素，就工作经验、行为动机、需求抱负等提出一系列设计良好的问题，对受试者的举止仪表、言语表达、综合分析应变能力等建立量化的行为指标体系，并结合个人简历等资料，对受试者的思想、行为以及心理状况等进行客观综合评定。

面试技术也存在缺陷。测评受主考官主观因素的影响。由于人自身的一些不为自己所知的心理缺陷，考官本人的爱好、态度、经历、心境等都会使面试发生偏差，如顺序效应、移情效应、晕轮效应、第一印象等。为保证面试的信度和效度，面试前应加强对主考官的培训。

(四)心理测验

心理测验是对行为样本进行测量和数量化分析的测评方法。人才测评所使用的心理测验因岗位要求不同而有所差异,一般包括以下几方面:

(1)职业能力测验:判断受试者具有何种能力优势,预测其从事工作成功和适应的可能性以及发展的潜能,主要测受试者言语、数量关系、知觉速度、理解和推理等能力,包括认知能力测验、职业能力倾向测验以及行政人员、领导人员基本素质测验等。认知能力测验最初主要以智力测验为主,目前人们仍多采用韦氏智力量表、比纳智力量表、瑞文推理测验、塞斯登智力测验等进行评定,能力倾向测验开发较晚,目前常用的有企业管理人员能力倾向测验、行政职业能力倾向测验、学术能力倾向测验、现代会计人员能力测试等。

(2)职业适应性测验:判断受试者职业兴趣及职业适应性特点,为其选择职业及进行相关职业培训提供参考依据,主要包括生活特性问卷和职业兴趣测验。

(3)人格测验:判断受试者的人格特征、人格发展的状况等,以此评价受试者适应环境和工作要求的心理素质,常用的主要有明尼苏达多项人格量表(MMPI)、卡特尔 16 项人格因素量表(16PF)、艾森克人格因素量表(EPQ)、管理人员人格测验、Y-G 素质人格测试等。

(4)情绪测验:判断受试者情绪的稳定性和心理健康状况等,此类量表种类繁多,常用的有抑郁量表、焦虑量表、生活事件相关量表、症状自评量表(SCL-90)等。

(五)公文筐测验

公文筐作业取名于从经理办公桌上存放组织文件的文件筐,它是一种用纸与笔完成的测验。它一般以某个公司或组织的一个岗位为模拟对象,要求被测评者扮演岗位领导者的角色,处理一系列的文件材料,内容涉及生产、财务、人事、市场、政府的法令公文、客户及公共关系等,这些文件材料以备忘录、通知、报告、传真、电话记录等形式出现。在测评过程中,被测人员要模拟实际管理中的想法,在规定的条件下(如 3 小时内处理 25 件公文),对各类文件材料进行处理,提出处理意见、对有关问题作出决策、制订计划行动方案等,被测人员的这些处理都要以书面的方式做出。公文筐的优点是较好地模拟了多任务性的管理挑战。它可能包括顾客投诉、销售机会、内部冲突、请求离职、生产问题、财务状况等。它主要用于评价参与者的计划和组织能力、分清轻重缓急能力、决断能力、授权能力,以及书面沟通力、洞察力、人际敏感性等。

公文筐测验兼备了情境模拟测验和纸笔测验的优点。公文筐测验具有四个方面的显著特点:

(1)测评情境仿真性高。完全模拟现实中真实发生的经营、管理环境,是工作情境的浓缩,具有“高仿真性”。

(2)测评材料综合性强。内容涉及生产、市场、财务、人事、政策法规等等,注重考察被测评者对多方面业务的整体运作能力,可以较全面地评价被测评者。

(3)测评过程具有动态性。提供给被测评者的信息是各种环境下发生变化的信息,要求其在一定时间内和一定压力下作出决策。

(4)测评结果预测性高。以实际工作情境中抽取出来的模拟情境来考察应试者的工作胜任力,应试者在这些模拟的情境中要充当特定的角色,评价者不仅关注应试者说了些什么,而且更关注应试者在这些情境中的行为表现,从而应试者难以伪装自己,避免了社会称许性对测评结果的影响。

(六)无领导小组讨论

在5至8人的小组中,不指定负责人,大家地位平等,即"无领导"。要求被参与者就某些争议性大的问题,最后要求形成一致意见,并以书面形式汇报。每个组员都应在上面签字,以表明自己同意所作的汇报。小组讨论的问题可以是合作性或竞争性的,可以是指定角色或不指定角色的。评价者不参加讨论,而是通过观察看谁善于驾驭会议,善于集中正确意见,并说服他人,达成一致决议。为了增加情景压力,评价者可以每隔一定时间,给讨论小组发布一些该议题的各种变化信息,迫使他们不断改变方案并引起小组争议。当情景压力增加到一定程度时,应征者内在素质常常会表露无遗。无领导小组讨论主要考察被测者的组织协调能力、领导能力、分析解决问题能力、人际交往能力、辩论说服能力等,同时也可考察被测者的自信心、进取心、责任感、灵活性及团队精神等个性品质方面。

(七)角色扮演

角色扮演是评测人际关系处理能力的情境模拟活动。在这种活动中,主试设置了一系列尖锐的人际矛盾与人际冲突,要求被试者扮演某一角色,模拟实际工作情境中的一些活动,去处理各种问题和矛盾,如面谈模拟。面谈模拟是一种特殊的情境模拟,在这种模拟当中,被试者要求与另一个下属、同事或顾客进行对等性的谈话。一般是由评价者的一名助手扮演与被试者对话的人,该助手应经过培训,其行为应遵循一定的标准化模式。按照事先设定的情景,这个与被试者对话的人向被试提出问题、建议或反驳被试的意见,拒绝被试的要求等。被评价者必须与这个人进行交谈以解决他所要解决的问题,有评价者对面谈的过程进行评价。这种测试方法主要考察被评价者的说服力、表达能力和冲突处理能力以及思维的灵活性和敏捷性等。

(八)管理游戏

在这种测试方法中,被试者被组织成一个小组,该小组被分配一定的任务,如购买、供应、计划或搬运,小组成员必须合作才能解决好问题,有时也在人物中引进一些竞争因素,如三四个小组同时进行销售或进行市场占领,以分出优劣。该测试可以有效地观察被试的领导能力、协作能力、组织能力及智力等一些个性品质,还有相关方面的专业技能。

(九)书面案例分析

书面案例分析通常让被试者阅读一些关于组织中的问题的材料,然后让其准备一系列的建议，以提交给更高级的管理部门。这种测评方法可以考察被试者的综合分析能力和做出判断决策的能力，既可以考察一些一般性的技能，也能考察一些特殊性技能。

近年来，我国干部人事制度和企事业单位体制改革已经取得阶段性成果，通过社会与市场寻找合适的人才已经成为普遍的做法。我国人才测评事业已进入了一个繁荣发展阶段。目前，人才测评的应用领域不断扩大，人才测评的观念、技术手段不断发展，从事人才测评研究和服务的机构也不断增多，人才测评工作的产业化趋势也在不断增强。与此同时，人才测评工作的本土化技术、科学化水平、行业性的标准及自律原则、专业的工作者队伍、法律与社会的监督作用等都是我们应着手解决的。

复习思考题

1. 简述气质在组织活动中的作用。
2. 简述能力差异与智力测验问题。
3. 简述性格在组织活动中的作用。
4. 简述能力在组织管理中的应用。
5. 对比三种不同的人才测评观。
6. 简述测评技术方法分析。

第四章

员工的态度与工作压力

第一节　态度的概念

一、态度的定义

态度(Attitude)是指个体对外界事物的一种较为持久而又一致的内在心理和行为倾向。人们在认识客观事物或在工作交往中,总是对人或事产生不同的反应,做出各种各样的评价,如赞成或反对、亲近或疏远、喜欢或厌恶、接近或排斥等。这种对客观对象所表现出来的积极、肯定的或消极、否定的心理倾向,是一种内在的心理准备状态,它一旦变得比较持久稳定,就会成为态度。

态度有指向性,态度必须有态度主体(态度持有者)和态度客体(态度对象)。比如某人对所从事工作的态度、领导对群众的态度、员工对经理的态度等。态度具有相对稳定的连续性,理智者对于重要事物的态度,一旦形成不会轻易改变,成为其人格的一部分。

作为一种心理倾向的态度,其组成有三个部分:认知、情感和行为。

(1)情感成分:许多研究表明,态度首先充满强烈的感情色彩。在大多数人形成态度的过程中,并没有经过周密的心理推论,也不存在什么复杂的理由。某种心理倾向的产生就是一种过分简单化、一种概括,它仅反映一种强烈的情绪。如果我们以前曾遇到某件事情的发生,那么只要有相似性,甚至仅仅是表面的相似,我们也将承认现存状况的真实性。一旦我们被某种意见所说服,即使这种理由忘却了,但坚持已有看法的效果也会长期存在下去。态度与情感不能画等号,但态度含有情感倾向,情感情绪可以直接反映出态度。

(2)认知活动:也就是一个人对客观对象的所有思想、信念及知识,它对于人们理解事物、做出判断起重要作用。比如在种族偏见或歧视的态度中,对其他民族的无知和陌生是一个很重要的影响因素。态度的特点之一就是它不是与生俱来的,而是在后天环境中形成的,各种信息的接收,决定于每个人的知觉方式和行为特点,它也使人们的情感和行为有所不同。

(3)行为成分:是人们的一种意向或行为的准备状态,它要受到认知和情感成分的影响。对于外界的某一特定类别的人或物,人们都存在着某种反应方式。在对某个事物作出反应时，并不是把它看作孤立的，而是要判断它同于哪种类型。态度不同于行为，但态度含有行为倾向，人的行为反映态度。

三种态度成分应该是协调一致的。肯定的评价能够产生友善的情感反应，附带来亲近性的行为倾向。并且，一经协调形成之后，这种态度将持续一段时间，而不会轻易改变。在行为反应模式上也表现出规则性，从而使个体适应社会。但这三种成分之间也可能不一致，如有人说："某人工作上是称职的，但感情上我不喜欢他"或"理智地说，某一制度是正确的，但感情上我难以接受，因而行动就有抵触"。这就表明了三者的不协调。人的态度构成有时是单纯情感成分，有时是情感、认知两种成分，多数情况下是认知、情感和行为。

相对来说，态度与价值观有所不同。价值观比态度更为抽象和更为宽泛，不涉及具体某个对象。价值观是对各种有关的态度的抽象和概括，表现为理论价值、社会价值、审美价值、宗教价值等。态度是价值观形成的基础，但价值观一旦形成，又构成了人们评价客观事物的抽象准则，影响态度的表现。

二、态度的基本特征

(1)内在性。尽管态度有一定的行为倾向，但态度不同于具体行为。从人的外部行为中不能直接观察到人的态度，而只能间接地从人的表情、意向和行为中推知人的态度。各种态度测量都要从态度的这个特征出发，否则就容易将态度测量与行为测量混为一谈。

(2)目标指向性。任何态度都有一定的指向对象，它既可以是事，也可以是物，既可以是人，还可以是某种思想、观点或信念。而针对的人既可以是自己，也可以是他人，还可以是一个群体。人的价值观不同，对某一具体对象所持的态度也不相同。

(3)评价性。评价就是依据一定的价值准则对事物进行分析、比较、判断和决策的过程。这种评价可以通过语言、表情表现出来，也可以通过生理反应和行为表现出来。而且，这种评价既可以在意识水平上运行，构成了人们的外显态度；也可以在无意识水平上运行，构成了人们的内隐态度。

(4)持续性。态度一旦形成就表现出一定的持续性。态度常常像习惯一样持久，而且一旦在童年或青年时期形成，这种固定的方式将持续生命的全过程。

(5)情境性。态度具有情境依赖性。在询问人们对某一行为的态度时，他们常常基于一些容易获取的、合理的以及容易表达的理由建构一种新的态度。态度的持续性与态度的情境性传统观念受到冲击，一般来说，内隐态度较为持续，外显态度则有较多的情境性。态度既有持续性，也有情境性。

(6)功能性。从进化论的角度来看，人之所以会有各种态度，是因为态度具有一定的功能。首先，态度具有认知功能。态度有助于人们对知识，特别是社会知识进行归类和整合。其次，态度具有社会适应功能。态度有助于人们进行调适、自我防卫以及价值表现，从而表现自我，保证与他人关系融洽。

参考学习

丹尼尔·卡兹的态度的四种功能

美国心理学家丹尼尔·卡兹(Daneil Katz,1903～1998)提出了态度的四种功能：

(1)工具性功能。我们需要选择那些能为自己提供最大利益的态度,并要尽可能发展和形成这些态度。所以,态度是由个体学习获得的,其基本的依据是在经济利益上使自己有利可图。

(2)自我防御功能。人们要努力维护自己,并要减少内心的焦虑,使内在的情绪冲突能有一个合理的发泄途径,而实现这一切就必须通过态度来保护自己和自我防御。任何心理倾向、任何态度与价值观的形成几乎都带有防御性的功能。

(3)价值表现功能。态度的形成是为了表达我们内心的价值体系的一种方式,这也是为了维护我们的自尊并对自我形象做出一种肯定。我们对某一事物做出支持和肯定,这种态度产生的最初动机可能仅仅来自于一种道义上的感受。他个人并不一定有多少利益获得,但他之所以赞成这一做法,是因为他认为自己有责任。

(4)认知功能。态度一旦形成,就变成了一种认知客观世界的参照框架。态度如同一扇视窗,它允许人们看到外面的世界,但视窗的大小和形状限制了人们的视野,视窗玻璃的颜色过滤了信息,从而影响认知的准确性。

三、态度的理论

(一)平衡理论与和谐理论

1.平衡理论(Heider's Balance Theory)

最初是心理学家海德(F. Heider)于1946年提出来的。海德指出,在人们的认知体系中,存在着趋向一致或平衡的压力。他认为：

(1)人们的认知对象范围很广,包括外界的一切事物、世界上的各种人、各种观念。这些对象有些是有联系的,有些则没有直接联系。

(2)有联系的两个对象组成的整体叫单元,单元内的两个对象由于类似、接近等而结成的关系叫单元关系。

(3)人在对对象发生心理上的联系时,都会对对象产生一定的评价和情感,他把这叫做情感关系。

(4)单元关系和情感关系相联系,形成了特定的模式和结构。

海德在1958年出版的《人际关系心理学》一书中阐述了认知平衡的基本原则。海德认为,某人(用P表示)与别人(用O表示)的关系是通过某些事情(用X表示)形成的。海德认为P、O、X三者之间的关系符号(＋或－)相乘结果是正号时,三者处于平衡状态;相乘结果是负号时,则二者不平衡。不平衡会产生焦虑,驱使其恢复平衡。海德平衡理论又被称为“P-O-X理论”。图4-1为海德的P-O-X模式图。

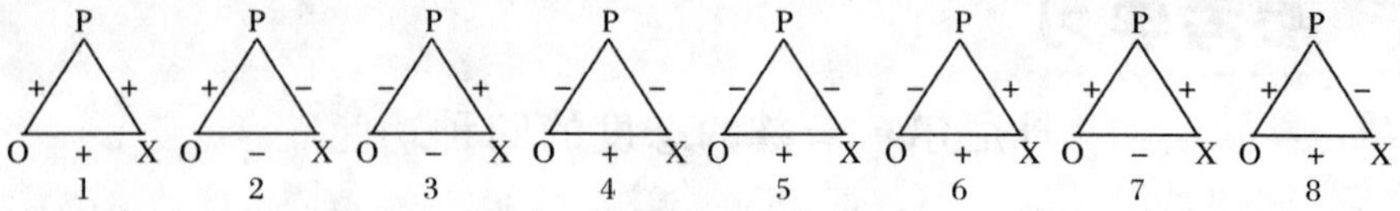

图 4-1 海德的 P-O-X 模式图

实验证明,人们认为平衡关系比不平衡关系更令人愉快,不平衡状态比平衡状态更易改变。而且,改变更多的是 P、O 关系,P、O 对 X 的各自看法较难改变。

海德的平衡理论虽然简明实用,但是没有说明态度改变的详细过程。经过社会心理学家的研究,发展了平衡理论,提出了 A-B-X 理论(A、B 分别替代了 P、O)。这一理论实际是分析以 A(某个体)为中心的系统的看法,与以 B(另一个体)为中心的系统的看法,在 A、B 对待 X(某一事物)上的平衡一致性。

平衡一致理论指出:①A 越喜欢 B,不一致时两人关系越紧张;②X 越重要,不一致时 A、B 关系越紧张;③A、B 为了 X 的交往次数越多,不一致时关系越紧张;④A、B 对 X 的替代差异越大,不一致时关系越紧张;⑤A 或 B 越自信,不一致时关系越紧张。

2. 和谐理论(Congruity Theory)

奥斯古德(Osgood,C,E.)、苏西(Suci,J. M.)和塔南鲍姆(Tannenbaum,R. H.)于 1955 年建立了和谐理论。这一理论可以说是平衡理论的扩展。平衡理论用简单的概念与图解揭示了个人态度变化过程,而且强调他人对于主体态度变化的作用,在理论上有重要启发意义。这一理论突破了传统格式塔心理学只从主体与客体关系上考察个人认知的局限,把人际关系引入认知研究领域,以极为简便的模式从主客体及主体与他人的多重关系上研究认知。但是,这一理论也引发了一些批评:(1)人们普遍反映海德虽然说明了社会知觉和人际关系,但他却未能对人际关系本身作出令人满意的说明。(2)"P－O－X"模式是按照"全或无"的原则来确定三因素的全部关系的,因此未能涉及正或负的关系的程度。

针对认知平衡理论的缺陷,和谐理论总的观点认为,一致性原则支配所有人的思维。在一个基本的态度改变情景中存在三种成分,每一种成分都与评价有关。和谐理论认为,这三种成分的三种评价之间有两个负号,就决定了和谐状态。不和谐就会产生某种压力而趋于一致,这与平衡理论是相似的。

但是与平衡理论不同的是,和谐理论考虑到了每一种评价的强度。例如,对于某一对象,可以有点喜欢,也可以非常喜欢,这就是情感评价的不同程度。和谐理论预计,每一成分改变量的大小,将与这一成分的相对强度成反比。强度越大,则改变得越小。

(二)认知失调理论

认知不协调理论(Cognitive Dissonance Theory)是由费斯汀格(L. Festinger)于 1957 年在《认知失调论》一书中首次提出来的。根据认知不协调的解释,任何时间只要个人发现有两个认知彼此不能协调一致时,就会感觉到心理冲突,因冲突而引起的紧张不安，转而形成一种内在的动机，促使个人放弃或改变认知之一，而迁就另一认知，借以消除冲突，恢复协调一致的心理状态。

费斯汀格认为，认知是一个广泛的概念，可以说是某种特定的知识。而个人对于有关环境、他人及个人的行为、知识、观点、信念的态度的总和，称为认知结构。认知元素是认知结构中的基本单位，每个人都同时拥有许多不同的认知元素，比如，“我喜欢看电视”是一种认知元素，“对面山上有许多大树”也是一种认知元素，等等。这些认知元素之间的关系，一般会表现出三种情况：(1)协调：此时两种元素的含义一致，彼此不相矛盾；(2)不相干：此时两种元素的含义互不牵连；(3)不协调：此时两种元素彼此矛盾。

不协调或称失调是有程度上的区别的，它主要取决于两个方面：其一，不协调的程度同某一认知元素对个人生活的重要性成正比，显然，亏了一元钱和丢掉了一份满意工作的失调程度是不同的；其二，不协调的程度还取决于一个人所具有的不协调认知的数目与协调认知的数目的相对比例。

综合这两个方面可以获得以下公式：

$$不协调程度=\frac{不协调认知数目\times认知项目的重要性}{协调认知数目\times认知项目的重要性}$$

费斯汀格提出了有关认知失调理论的基本假设：不协调产生心理上的不适，推动人们去努力减少不协调，并力求达到协调一致的目的。减少不协调的具体途径有：

(1)改变行为，使主体对行为的认知符合态度的认知。如知道“吸烟有害”的人把烟戒了。

(2)改变态度，使主体的态度符合其行为。如认为“我比谁都聪明”但又“考试常不及格”的人，改变自我评价，转为“我学习很吃力”故“考试常不及格”，这样就能够协调起来了。

(3)引进新的认知元素，如认为“我比谁都聪明”但又“考试常不及格”的人，可以通过找各种借口(像强调自己运气不好或复习未抓住重点等)，消除不协调感。

四、态度的测量

通过调查的手段通常对了解态度会收到较好的效果，这是因为被调查的个体或单位能从调查结果中发现有针对性的、须加以改正的问题。但调查本身只能发现那些表现出来的问题，而并不能找出产生这些问题的根本原因。只有将结果反馈给有关人员，展开讨论，促进信息沟通和合作，才能达到合理应用调查方法和结果，找出有效的工作措施，实现调查的目的。所以，仅了解群体的态度倾向和强度大小也是不够的，要发现潜在的问题，有必要对每个人有准确的了解，准确和客观化是调查方法中要解决的关键问题。

对个体的态度调查大致有四种形式：量表法，自由反应法，行为观察法，生理反应法。

(1)量表法。这是一种较为精确的测量工具,它是提供个体由一组相关联的叙述句或项目组成的以有关态度或价值观内容为主题的材料。在测量时,由于人的反应方向会有不同(赞成或反对),在肯定或否定的程度上也有差异,我们就可推测他的态度。在测量态度时比较常用的量表是瑟斯顿量表、李克特量表和古德曼量表。

(2)自由反应法。由于量表法只是以数字表示态度强度,并主要是态度的情感成分的工具,所以,心理学家还设计出测定态度认知性内容的方法,即自由反应法。比如开放式态度测量就是由测试者提出问题,让受测者自由回答,让他们充分表述自己的态度。也可采用投射法,通过一个刺激情境,使受测者有机会表示内心的需求,以及他对这一情境的特殊知觉与多种多样的解释,从而了解到他内心深处的想象、愿望与要求。常用的投射测验有罗夏墨迹测验、主题统觉测验、画树测验等。

(3)行为观察法。行为观察法是指根据人的外显行为来探测内心态度。例如,可以根据双方人际距离来判断彼此的关系与态度。心理学家曾根据上课时的座位选择来研究白人大学生的种族歧视。如果坐得离黑人很远(假如近处有许多空位),就表明该大学生强烈歧视黑人。

(4)生理反应法。生理反应法是指根据人的生理反应的变化来确定内心态度。常用的生理指标有皮肤电反应、瞳孔扩张、心跳频率等。心理学家通过实验发现,有强烈种族歧视态度的白人学生在被黑人无意碰到时,比被白人无意碰到时的皮肤电反应变化明显。

第二节　态度的说服与改变

态度的改变包括态度方向或性质上的改变和态度强度改变两种。①态度方向或性质上的改变是以一种新的态度取代旧的态度,或是将本来反对的态度变为赞成,或是将本来喜欢的变为不喜欢。②态度强度改变,原来是赞成,现在仍是赞成;原来是否定,现在仍是否定。但在态度表现的强度上不同,要使原有的积极态度,变成更强烈的肯定;或使原有的消极态度,变成更强烈的反对。

一、态度改变的影响因素

在说服和态度改变过程中,作为说服者的信息来源、信息和信息传递方式、被说服者以及说服过程中的情境因素等,都是影响说服效果的重要因素。

(一)说服者的特征

在说服和态度改变的过程中,同样的信息,有的人费尽口舌却可能毫无效果,而有的人通过会心的交谈,却会使被说服者心悦诚服地改变自己原有的态度。说服者的专业性、可靠性和吸引力是影响说服效果最为重要的因素。

(1)专业性。专业性又称专家身份,指说服者的身份具有使人信服的权威性。使说服者具有权威性的因素很多,诸如说服者所受的教育程度、专业训练、社会经验以及年龄、职业和社会地位等。这些因素能够使说服者在被说服者心目中成为某方面的权威形象。一般来说,说服者的权威性越大,被说服者改变自己态度的可能性就越大。

(2)可靠性。可靠性高影响被说服者的信任程度。影响可靠性的因素有几种:

①说服者的人格特征、外表仪态及讲话时的信心等,影响到这种可靠性。说服者在讲话时结结巴巴、犹犹豫豫,那么他远不及讲话时果断有力、信心十足能够让人感到可靠和可信。

②说服者的意图和动机,指说服者是否被判断为是公正的。如何让被说服者了解自己之所以提出这种主张绝不是别有用心和牟取私利,这是一个需要考虑的问题。

③短时间内,可信度高的说服者引起较多的态度改变。但是事后,随时间的推移,原来可信度低的说服者的影响力与可信度高的说服者的影响力相当。心理学家把这种低可信度的说服者的影响力随时间推移而提高的现象,叫做睡眠效应。

(3)吸引力。吸引力是指说服者是否具有一些令人喜欢的特征及其受人喜欢的程度。研究表明,喜欢一个人的程度越高,那么受其影响的可能性就越大。原因在于,人们对所喜欢的人采取认同,进而接纳那个人的态度,包括他的爱好和行为方式等。说服者越是具有吸引力,也就越可能增强其说服力,提高说服效果。一般认为,外表漂亮的人在说服方面更有优势。

(二)信息传递的方式

信息的组织和安排在说服过程中的作用是十分重要的。这方面,信息的差异性、信息的情绪性和信息的组织性,都会影响说服效果。

(1)信息的差异性。所谓信息的差异性,是指说服者所提供的信息与被说服者已有的态度之间的差异。一般而言,信息的差异性是促使态度改变的压力,差异越大,促使改变的潜在压力就越大。

(2)信息的情绪性。在特定的情绪或心境状态下,人们会产生"心境一致性效应",即对与当前心境或情绪状态相一致的信息存在加工偏向,从而增强了说服效果。在说服过程中,说服者既可以借助理性说服,也可以借助情绪情感的唤醒影响被说服者,这因说服对象而异。能力高和动机高的人,宜采取理性说服;能力低或动机低的人,宜采取感性说服。

(3)信息的组织性。所谓信息的组织性,是指信息的组织形式对说服效果的影响。信息传递的"单向和双向"组织形式影响说服效果。对文化程度低的人,单方面论据的信息传播较能改变他们的态度;对文化程度高的人,双方面论据的传播更为有效。双方面论据的传播对态度改变有效,而单方面论据的传播则对态度的维持有效。信息提供的次序和时间性对信息的传递也有着很大的影响。通常一种观点在表达的当时影响作用最大,随时间流逝会逐渐淡漠;先提供的信息和最后传达的信息,由于"首因效应"与"近因效应"的存在,也会在效果上优于中间呈现的内容。

(三)被说服者的特征

信息源和信息内容及传递方式的影响,最终要通过被说服者体现出来。被说服者本身的特点也影响到说服效果。心理学家通过研究证实,被说服者的下述三个方面特征会影响到说服效果。

(1)人格特征。一个独立性强,对自己控制较好的人,往往有个人独立的观点,他对自己的自我评估较高,往往表现为反抗外来的影响,尽力保护自己的态度不被改变,维护自己的尊严,这种人是较难转变的。而对自身评估较低的人,他们的自尊程度也较低,容易与别人和团体保持观点上的一致,受从众的影响大,很容易接受说服和劝导,容易改变自己的态度。

(2)对原有态度的自我涉入程度。自我涉入是指被说服者对原有态度的信奉程度。对原有态度信奉程度低,态度容易改变;自我涉入深的,对原有态度信奉程度高,态度自然就不易改变。

(3)心理预防。被说服者态度改变的难易,还与其是否经过心理预防有关。经过心理预防的被说服者,会对说服信息产生抵制,这类似于医学中增强机体的抗病能力来预防疾病的道理。

此外,说服性沟通都是在特定的情境中进行的,说服效果会因情境的不同而有所差异。在某种情境条件下,说服效果可能很好;然而,换一种情境条件,说服效果就可能很差。如"预先警告",事先让被说服者知道将会发生的情况,被说服者将更有力地抵御这一说服工作。在说服过程中,情境中的某些因素会引起被说服者的分心,使之难以把注意力集中在所接受的信息上。分心一方面会阻碍沟通,能削弱说服效果;但另一方面也能干扰反驳过程,从而有利于说服。

二、改变态度的方法与措施

(1)事实说服法

这是通过信息的传播,以改变人的认知方式为主的改变态度的做法。人们态度的形成与改变都是以知识获得为背景,在提供新的知识、新的信息时存在一些技术上的问题。我们给信息接受者提供哪些方面的意见,是只提供正面或反面意见,还是两个方面都提供。对于持不同意见者,采用双面的方式更有效,而对于与你有相同意见的人,只强调赞同意见最好。劝导与说服是常用的改变态度的方法,它也包括议论、辩论等形式,通常是将两种不同的观点摆出来,让人们各自阐述赞成与不赞成的依据与态度。辩论的结果是为达到一致性,改变一方的态度,或双方态度都有所改变,形成新的态度上的一致。

(2)群体压力法

在个人与群体关系上,有许多影响态度改变的群体因素:

体验——归属于不同群体的经验感受会影响到个体的态度。

身份——个人越是看重这种身份标志,越不能接受对群体规范的批评或反对的言论。

地位——个人在群体中的地位越高，越容易接受该群体的全部规范。

认知——当一个人认为群体的种种规范都是合理合法的，他就更容易接受这些规范。

技术——有效地利用倾听和讨论的技术，对于改变群体成员的态度是很必要的。

总之，一个人被包含在群体中的深浅程度，往往决定他态度改变的程度。在这种群体里他人的预见与期望，以及因此而采取的对待方式会影响个人的心理，从而产生态度的改变。称赞和鼓励，会产生一种使人上进的动机，并伴有对自己肯定的态度，使个体感到自身的重要性；而经常被人指责、歧视，会产生消极、颓废、自暴自弃的态度。

(3)行为矫正法

态度的改变是以行为的改变作为证据的，通常态度改变的目的也是为改变人的行为。在管理训练中经常使用的角色扮演技术，就是一个人在所扮演的角色中对自己的态度进行改变。让人们处在不同的地位上，设身处地理解对方在这一角色上的心情和困难，从而改变自己原有的态度和认识。或者是利用强迫接触法，不管他对某一事物或人的态度如何，强迫他与对象相接触，彼此进一步接近，就会缩短距离和差距，有利于改变态度。

态度是一种学习过程，而学习是学习者个人主动改变行为的过程，如果简单使用“后果自负”这种恐惧心理来改变行为，效果并不好，很可能形成表面服从，内心抵制，最好的方法是采用协助模式，在自愿参加的基础上，由其他群体成员不断对其鼓励，不使人们感到改变行为是一种挫折，这最有利于态度的改变。

第三节 态度研究的管理实践

一个人可以有几千种态度，但是组织行为学的大多数研究集中在工作满意感、组织承诺、自我效能感等关键方面。

一、工作满意感

(一)工作满意感的含义

20 世纪 30 年代，随着人际关系学派的兴起，组织行为学家提出工作满意感(Job Satisfaction)的概念，并对此给予了很大的关注。工作满意感是员工对其工作各个方面的积极或消极的感情。工作满意感是一种工作态度，它强调了态度的感情成分，即是否喜欢自己的工作。工作满意感可以是一般的，也可以是具体的。前者如“总的来说，我对工作比较满意”，后者如“我对待遇比较满意，对其他方面不太满意”。

从本质上来说，工作满意与否取决于员工的期望(心理契约)与实际结果的比较。如果期望很高，而与实际所得到的不一致，就会产生不满。所谓心理契约是指员工与组织之间不成文的协议，协议内容涉及彼此之间关于付出与获得的期望。例如，组织期望员工付出忠诚、创造力以及额外的努力等，员工期望获得工作安全、公平对待、事业发展等。心理契约是经济合同的重要补充。当员工进入某一组织工作，签订的经济合同规定了双方的权利与义务。例如，员工应当付出时间、才能和工作热忱，应当获得工资、奖金和良好的工作条件。除正式经济合同外，员工和组织之间还形成了一整套相互的期望，这些期望如果彼此认可，就构成了心理契约。过高、不合理的、对方不理会的期望只是空想。如果组织只履行经济合同、不履行心理契约，员工的工作满意感就会很低，因为员工的许多期望落了空。只有既履行经济合同又履行心理契约，员工才会满意。

(二)工作满意感的影响因素

决定工作满意感的重要因素是具有心理挑战性的工作、公平的报酬、支持性的工作环境和融洽的同事关系等。

(1)心理挑战性的工作。员工更喜欢选择这样的工作：这些工作能够为他们提供机会使用自己的技术和能力，能够为他们提供各种各样的任务，有一定的自由度，并能对他们工作的好坏提供反馈。这些特点使得工作更富有挑战性。挑战性低的工作使人感到厌烦，但是挑战性太强的工作会使人产生挫折和失败的感觉。在中度挑战性的条件下，大多数的员工将会感到愉快和满意。

(2)公平的报酬。员工希望分配制度和晋升政策能让他们觉得公正、明确，并与他们的期望一致。当报酬公正地建立在工作要求、个人技能水平、工资标准的基础之上时，员工就会感到满意。许多人宁愿接受较少的报酬，而在一个自己喜欢的地点工作，或者选择工作要求较少的工作，或者选择有更多自主性和自由支配时间的工作。报酬与满意之间的联系关键不是一个人的绝对所得，而是相对公平的感觉。

(3)支持性的工作环境。员工对工作环境的关心既是为了个人的舒适，也是为了更好地完成工作。有研究证明，员工希望工作的物理环境是安全的、舒适的，温度、灯光、噪音和其他环境因素不应太强或太弱。另外，大多数员工希望工作场所离家比较近、干净，设备比较现代化，有充足的工具和机械装备。

(4)融洽的同事关系。人们从事工作不仅仅为了挣钱和获得看得见的成就，对于大多数员工来说，工作还满足了他们社会交往的需要。所以，友好的和支持性的同事会提高对工作的满意感。上司的行为也是一个决定满意感的主要因素。研究发现，当员工的直接主管是善解人意的、友好的，对好的绩效提供表扬，倾听员工的意见，对员工表现出个人兴趣时，员工的满意感会提高。

(5)人格与工作的匹配。霍兰德在人格与工作匹配理论中提出员工的人格与职业的高度匹配将给个体带来更多的满意感。当人们的人格特征与所选择的职业相一致时，他们会发现自己有合适的才能和能力来适应工作的要求，并且在这些工作中更有可能获得成功；同时，由于这些成功，他们更有可能从工作中获得较高的满意感。

(三)工作满意感与绩效的关系

(1)满意感与生产率

许多人想当然地认为“快乐的工人是工作绩效高的工人”，这其实是不对的。几十年来严格的实验研究并未证明高满意导致高生产率，反而发现满意与生产率的相关参数只有＋0.17 左右。近年来，大部分学者开始相信高生产率导致高满意。例如，如果组织奖励高生产率的话，那么较高的生产会增加你被口头表扬的次数，提高你的收入水平，增加晋升的可能性，而这些收获会提高你对工作的满意感。另外，最近的研究发现，拥有高满意感员工的组织比那些低满意感员工的组织更有效。

(2)满意感与缺勤率

满意感与缺勤率存在着负相关的关系。这里有一项研究说明了二者的关系：一家公司在纽约与芝加哥分别设立了两个总部，公司有一项规定——不允许员工因为可以避免的原因而缺勤，否则要受到惩罚。

某一天，芝加哥出现了一场反常的暴风雪，而纽约的天气却相当好。在这项研究中，一个有趣的维度是暴风雪为芝加哥员工创造了不去工作的借口，大雪使城市的交通处于瘫痪状态，每个人都知道他们今天可以不上班，而且不受到任何惩罚。这个自然实验，可以比较两个地区满意和不满意员工的出勤记录：一个地方的员工必须去上班(处于正常的上班压力下)，而另一个地方的员工可以自由选择而不会受到惩罚。如果满意感能导致出勤，则在没有外部因素的影响时，在芝加哥有较高满意感的员工应该来上班，而不满意的员工则可能待在家里。研究发现，纽约的员工中，满意群体和不满意群体缺勤率一样高。但是在芝加哥，高满意感的员工出勤率比那些低满意感的员工出勤率高得多。

(3)满意感与流动率

满意感与流动率之间是负相关，而且这种相关比满意感与缺勤率之间的相关程度更高。有研究表明，满意感与流动率关系的一个重要中介变量是员工的绩效水平。尤其特别的是，预测高绩效者的流动情况时，满意水平并不重要。因为，一般来讲，组织都会做出相当的努力来挽留这些高绩效的员工。他们给员工提高工资，给予更多的表扬和认同，增加晋升机会等。而对那些低绩效的员工则采用相反的方式，组织很少会挽留这样的人，甚至可能制造一些微妙的压力鼓励他们辞职。所以，我们可以认为工作满意感对低绩效者的影响大于对高绩效者的影响。不管满意感水平如何，高绩效者更可能待在组织里，因为他们接收到的认可、表扬和其他报酬为他们的驻留提供了更多的理由。

另外，我们发现一个人对生活的一般态度调节着满意感和流动的关系。具体讲那些比别人抱怨更多的员工，与那些对生活持更积极态度的员工相比，当他们对工作不满意时更不愿辞职。所以，当两个员工报告的工作不满意的水平相同时，最可能辞职的人是从总体上对生活抱乐观态度的人。

二、组织承诺

满意感的研究假设对工作满意的人会有高的个人产出，但是实际的研究结果却宣告了这一假设的失败。从20世纪七八十年代开始，组织承诺得到了组织行为学家的深入研究，并发现它能够稳定地预测个体的缺勤和离职行为。

（一）承诺的定义与分类

组织承诺（Organizational Commitment）也有译为"组织归属感"、"组织忠诚"等。组织承诺一般是指个体认同并参与一个组织的强度。加拿大学者梅耶（J. W. Meyer）和艾伦（N. J. Allen）认为，组织承诺和其他激励变量（如工作投入）和态度变量（如工作满意感）是不一样的概念，它能单独影响组织中个体的行为，甚至能使个体作出一些似乎有损（或不符合）个体利益的行为。例如，在某个遭遇破产威胁的企业中，有的员工并没有受到足够的激励，对工作也谈不上满意，但是因对企业已经形成了感情上的眷恋，而选择留在企业中努力工作，和企业共渡难关。从这个角度来讲，组织承诺就是指一种束缚力，它把个体约束到与保持组织成员身份相关的行动上。

组织承诺被定义为，员工对于特定组织及其目标的认同，并且希望维持组织成员身份的一种状态。高工作涉入意味着一个人对特定工作的认同，高组织承诺则意味着对于所在组织的认同。研究表明组织承诺与缺勤率和流动率呈负相关，一个人组织承诺的水平是预测流动率的更好指标。组织承诺是对组织整体的更全面更长久的反应。一名员工可能对他现在的工作不满意，但认为这是暂时的现象，因而并不对组织的整体感到不满意。但是当不满意蔓延至组织本身时，员工更可能考虑流动。

根据目标的不同，承诺也表现出多种多样的形式。贝克尔（H. S. Becker）提出了承诺指向的概念，以说明成员向谁（目标）承诺。这些目标不仅包括有形的对象（例如组织、职业和工会等），而且也包括抽象的对象（例如绩效等）。和组织承诺一样，其他承诺形式也会对组织中的个体行为产生显著的影响，如上司承诺和职业承诺。

20世纪七八十年代是对组织承诺结构众说纷纭的时代，直到90年代梅耶和艾伦的研究工作才使得大家对组织承诺结构有了比较统一的看法。梅耶和艾伦把已有的研究成果结合起来，他们提出的三因素具体包括：情感承诺、连续承诺和规范承诺。现在大多数的研究在提到组织承诺时除非特别指明，一般指的是情感承诺。

(1)情感承诺：员工对组织表现出的忠诚和为组织努力工作，主要是由于个体对组织认同的程度，对组织有深厚的感情，而非受物质利益驱动。包括认同组织的价值观和目标，为自己是组织的一员而感到自豪，愿意为组织利益作出牺牲等。

(2)连续承诺：这种承诺是建立在利益基础之上的，具有浓厚的交易色彩，员工为了保住这一切而愿意继续留在组织中。这些包括得到良好的报酬和退休金、掌握特定于该组织的技术、在组织中形成良好的人际关系和具有较高的资历地位等，如果员工离职，所有这一切都将丧失。如果员工不能找到比目前组织更好的去向，也会增加他们离职的难度。

(3)规范承诺：社会规范对个体遵从组织程度的影响。个体在社会化的过程中，不断地被灌输和强调忠诚于组织，这是会得到赞赏鼓励的一种恰当行为，并且个体内心中产生顺从这种规范的倾向。

(二)组织承诺与职业承诺

当承诺指向是职业时，职业承诺就发生了。职业承诺也可以表现为情感承诺、连续承诺和规范承诺，分别是指：对职业的认同和情感依赖；对职业的投入和转换职业的难度；由于社会规范而导致的不断变更职业的程度。要想理解职业化群体中的个体行为，职业承诺是个很重要的概念。

(1)个别差异

当某个组织能够提供员工所需的职业发展条件时，职业承诺和组织承诺往往能够达到一致。但职业承诺和组织承诺有时也并不一致。有的人职业承诺高，组织承诺低，而有的人则恰恰相反。市场化程度很高的职业群体，连续承诺可能会变得更低。例如，在西方国家职业化程度高的运动队中，队员普遍职业承诺高，通过自觉的刻苦训练保持竞技水平。但是其中有的人组织承诺却很低，隔一段时间就要换运动队。对于他们来说，保持自己在职业上竞技状态是最重要的，为哪个队打比赛就显得不那么重要了。

通过增加员工连续承诺的办法来降低离职率的做法在这些群体中效果可能并不好。例如：给员工设置“金手铐”(如股票期权)的办法出现不久，马上就出现了“金光环”的办法，即其他企业会以更好的物质刺激挖走员工。对于这样的员工，企业还是应该注重建立员工对组织的情感承诺。一方面可以通过满足他们的职业承诺，进而建立起情感承诺；另一方面要重视组织文化的建设，通过组织对个体价值观的同化作用，来建立起牢固的情感承诺。

(2)环境不确定性

劳动力结构的变化、技术创新和全球化的竞争使得现代组织处于一个迅速变化的环境中。组织为了应对不稳定的环境变化，会通过重组、外包、兼并和裁员等方式来获得竞争力，不光是在不景气时裁员，有时经济状况良好时也会战略性地裁员。这种组织变化的速度使得人们不得不想：当员工不知道他们明天将为谁工作时，他们还会有组织承诺吗？尽管如此，组织承诺在管理中的重要性仍不可忽视。首先，组织承诺的回报是有一定时滞的，那些进行高承诺管理实践、注重培养员工情感承诺的公司，从长远看会获得更好的经济回报。其次，一个组织无论制度建立得多么详细，实际运作中总有漏洞和死角，而情感承诺高的员工会为组织的利益着想，自觉地采取积极的行为完成工作任务。

在高度不稳定的环境中，组织期望员工对组织高承诺是不合理的。但是，假如能使员工明白，组织目标和他们的个人目标(例如：职业或个人事业目标)紧密相关，那么员工也会为组织目标努力工作。

(3)"知识工作者"的承诺特征

随着知识经济的到来,对知识工作者的管理已经成为众多组织普遍关注的问题。彼得·德鲁克最初提出"知识工作者"术语的时候,他实际上是指经理人或执行经理,今天已经被扩展到大多数白领或脑力工作者。知识工作者作为追求自主性、个性化、多样化和创新精神的群体,他们一般具有很强的职业承诺。

具体地说,他们具有以下几个鲜明的特点:①主要从工作中获得内部满足感;②他们的忠诚更直接地是针对自己的专业,而不是所在的组织或老板;③为了和专业的发展保持一致,他们需要经常更新知识。为了管理知识工作者,组织应该提供支持性的条件,通过满足他们的特殊需求来达到职业承诺和组织承诺的一致。

(三)组织承诺对个体行为的影响

承诺大多数指向的是具体的对象(如组织、上司等),也有的承诺指向的是行为结果。组织承诺的个体行为结果通常包括离职、缺勤、工作绩效等。

(1)组织承诺对离职的影响:组织承诺的不同因素和离职的相关程度不同。情感承诺和离职行为的相关性最强,规范承诺次之,而连续承诺和离职行为的相关性最弱。组织承诺(情感承诺)引入离职模型后,显著地增强了对离职行为的预测能力。缺勤与组织承诺也存在类似的关系。

(2)组织承诺对工作绩效的影响:以情感承诺为主的员工更容易主动接受指派的工作,而且对他们来说,投入地去完成工作基本上是无需考虑的。以规范承诺为主的员工会花一些时间考虑完成这项工作能在多大程度上偿还"债务",即在多大程度上回报组织曾给予的恩惠。而连续承诺为主的员工会花较多的时间去计算完成工作的得与失,从而采取自己认为最"经济"的方法去完成工作。因此,不同组织承诺类型的员工对工作的投入情况是有很大差别的。

应当看到,组织承诺概念从西方而来,对组织承诺的理解,不同文化情景下考虑的侧重点可能不同。组织承诺过度可能带来负面影响。组织情感承诺过高的个体往往伴随着高水平的工作压力,经常性的工作、家庭冲突、焦虑,甚至存在"过劳死"的现象,因此应特别关注这一群体的心理和身体健康。

三、自我效能感

(一)自我效能感的含义

所谓自我效能感(self-efficacy)是指人们对自己完成任务或工作行为能力的信念,它涉及的不是技能本身,而是对自己能否利用所拥有的技能去完成任务工作行为的自信程度。自我效能感提出的是这样一类问题,即使个体拥有完成任务的技能并知道如何去做,如果对自己的能力不自信,产生自我怀疑,也会表现出不胜任行为;即使天赋极高,也会表现出很低的业绩水平。当个体获得内部控制取向,自己制定目标、行动计划,人们相信他们是主动的,是自己命运的主人,就形成了自我效能感。自我效能感高的人又称为内控型的人,反之,自我效能感低的人又称为外控型的人。

(1)罗特的控制点(Rotter Locus of Control Scale)

控制点是美国心理学家罗特(Julian B. Rotter)于20世纪50、60年代提出的一种个体归因倾向的理论。控制点是指控制与自己有关的事情的程度。一些人相信他们是主动的——也就是说他们是自己命运的主人,他们对自己所发生的一切事情负责。他们把对自己生活的控制视为来自他们自己内部,罗特称这种人为内在人。罗特还发现很多人认为自己对命运无助,受外力控制,自己丝毫没有影响力,这样的人认为命运的控制点是外部世界的,而不是自己内部的,罗特称他们为外在人。一项对公用事业900名员工的调查发现,内在人的员工比那些认为自己是受外部控制的员工对他们的工作更满意、更容易担任管理岗位、更容易对参与管理感到满意。

一项对90名企业家的研究观察了控制点、知觉的压力、应付行为以及业绩。该研究开展于飓风袭击后的一个经济区,历时三年半时间。研究者发现内在人比外在人知觉的压力更少、更多地采用以任务为中心的应付行为,而较少运用以情感为中心的应付行为。而且,内在人以任务为中心的应付行为与良好业绩有关。但是,现有资料表明大多数领域的企业家,不论男性或女性,都可能是具有内在控制点的内在人。

总的来说,研究结果提示内在人对外部要求服从的压力更具有抵抗能力,而较少可能被劝说改变他们的态度。外在人似乎更容易接受结构化的工作,对与工作有关的参与决策更容易接受。有证据表明,人们的行为从一种情况到另一种情况会发生改变,他们对内部控制点或者外部控制点的信念也会发生变化,这取决于他们被社会化的文化以及他们当时所面对的特殊情境。

(2)班杜拉的自我效能感(Bandura's Self-efficacy)

自我效能感指人对自己是否能够成功地进行某一成就行为的主观判断,它与自我能力感是同义的,这一概念是班杜拉(Albert Bandura)1977最早提出的。班杜拉认为自我效能感的概念是社会学习理论的一部分,他认为自我效能感是我们在特定情形下能够充分完成任务的信念。当个体获得内部控制取向,自己制定目标、行动计划,就形成了自我效能感。人们对自己能力的感觉影响他们的知觉、动机以及业绩。

班杜拉认为一个人对能力的知觉最好被认为是特殊评价的主体。个体评价他们的过去和实际成就、其他人的业绩以及他们自己的情感状态。这些评价不仅影响一个人的活动、任务和情景的选择,而且也影响一个人的努力程度以及努力时间的长短。

一个自我效能感较低的人,总是以失败的眼光看待问题,不能够完成高质量的工作。一个高自我效能感的人的行为是积极的、成功驱动的和目标取向的。当他需要帮助时,通常寻找可见的帮助而不是承诺和情感支持。他选择机会,计划、思考和表达如何能够成功,他的语言和行为显示了他是一个具有高自我效能感的人。

资料

管理者与自我效能感

随着企业经营从生产导向转向市场导向，企业管理工作的内外环境都发生了很多变化。只有那些相信自己有能力、有信心去完成管理工作活动的管理者，才能表现出有效的领导行为，才能敢于面对挫折与挑战。这种对自身能力与完成任务信心的自我认知与评价，就是个体的自我效能感。对管理工作来说，就是管理自我效能感。

(1)现代社会，变革速率加快，竞争日趋激烈，使得工作对个体素质的要求越来越高。为了胜任工作，个体要面临更多的挑战，承受着更大的压力。管理工作更是如此。

(2)外部市场的不确定性，使得企业管理者在管理工作中要承担更多的风险，要承受各种各样的挫折，要适应不断的变革。

(3)组织结构扁平化所带来的管理层级减少，管理幅度加大，以及跨职能、跨部门团队的建设，使得管理者所面对的管理工作越趋复杂化、多样化。

(4)管理者的工作重心要求逐步发生转变，从监督、向下属发号施令转向为下属提供服务、组建工作团队、制定战略、满足顾客需求、领导跨部门和跨组织的团队等方面。

(5)管理者必须学会如何在没有权力与权威、无法控制也没有具体指导的情境中进行有效管理；既要知道如何领导下属，也要知道如何有效影响上司与同事。

因此，管理者要想胜任工作，就不但要具备相应的管理知识和能力，而且还要对职业或工作具有很高的自信，相信自己能很好地完成管理工作任务或活动。

(二)增强自我效能感

自我效能感是预测具体工作、相关工作态度和职业紧张的最佳指标之一。提高个体的自我效能感就可以提高工作绩效，并改善其对工作的态度和心理健康水平。通过干预提高自我效能感的策略有：

(1)通过常规的方法如在职培训、工作模拟和示范、评价技术和评价中心、导师制、咨询、工作轮换、实习制等，一方面给个体提供有关任务特征、任务复杂程度、任务环境信息，并指导个体如何更好地控制这些因素；另一方面，提供培训以直接提高个体工作能力或指导个体如何恰当地运用能力去完成工作。

(2)针对那些可塑的、内部的因素，而且这些因素是个体可以控制的，对自我效能感的影响最为直接、明显。方法有：运用咨询和指导等劝阻形式，帮助个体理解行为策略(如观看示范)、分析策略(如决策程序)、心理策略(如心理放松)的优势与不足，并学会适时加以运用；通过培训改变个体错误的归因，提高其动机水平；设置合理的阶段性目标，以获取成功的经验；运用积极的反馈方式，使个体感觉到组织的积极支持。帮助个体了解完成任务所需要的行为的、分析的和心理的策略。

四、幸福感

(一)积极心理学与幸福感

幸福感的定义和研究取向第二次世界大战后，以美国为代表的西方发达国家经过短暂的恢复后，经济迅猛发展，人们的生活水平快速提高，人类所期盼的“丰裕社会”似乎逐渐成为现实。与社会高度发展的同时，人们对生活体验的心理问题也逐渐凸现出来，并且形成一种社会普遍现象。

在心理学研究中，幸福是指人类个体认识到自己需要得到满足以及理想得到实现时产生的一种情绪状态，是由需要(包括动机、欲望、兴趣)、认知、情感等心理因素与外部诱因的交互作用形成的一种复杂的、多层次的心理状态，而幸福感则是专指评价者根据自定的标准对其生活质量的整体性评估，它是衡量个人生活质量的重要综合性心理指标。

心理学家试图从独特的视角来诠释和理解幸福，特别是随着积极心理学的出现和发展，使“幸福”这个古老而又恒新的话题进入到科学实证的领域。积极心理学英文为 Positive Psychology，它是指利用心理学目前已比较完善和有效的实验方法与测量手段，来研究人类的力量和美德等积极方面的一个心理学思潮。积极心理学的研究对象是平均水平的普通人，它要求心理学家用一种更加开放的、欣赏性的眼光去看待人类的潜能、动机和能力等。1997 年塞里格曼(Seligmen)提出“积极心理学”这一思想，矛头直指向过去近一个世纪中占主导地位的消极心理学模式。两个世纪以来，似乎大多数心理学家的任务是理解和解释人类的消极情绪和行为，缺乏对人类积极品质的研究与探讨，限制了心理学的发展与应用。积极心理学的研究已经证实，和一般人相比，具有积极观念的人具有更良好的社会道德和更佳的社会适应能力，他们能更轻松地面对压力、逆境和损失，即使面临最不利的社会环境，他们也能应付自如。

积极心理学研究有助于发挥人、团体和机构的最佳状态或功能。如何能够让组织成员的信念和判断朝更加积极正面的方向发展，这恐怕是每个企业管理者都十分关注的问题。由于积极心理学的兴起，在世界范围内，企业的人力资源培育从过去的管理举措变成了激励和引导。现在，越来越多的企业正努力创造一个能够促进员工自身的积极品质和正面思考的综合制度，从而提升他们的动机和目标，以面对不可预测的企业发展的问题。

(二)幸福感的评价:主观幸福感

主观幸福感(Subjective Well-being，SWB)作为积极心理学研究领域的重要组成部分之一，受到格外的关注。主观幸福感是指评价者根据自定的标准对其生活质量的总体评价，它是衡量个人生活质量的综合性心理指标，反映了主体的社会功能与适应状态。心理学家对于主观幸福感的探讨更多地来自生活质量、心理健康两个研究取向。

心理健康:在过去的一个世纪里，心理学所关注的或是非正常人的心理和行为，或是正常人不健康的心理和行为，而对正常人如何积极适应环境、如何获得幸福关注不够。从20世纪40年代中后期开始，快乐和幸福成为积极心理学关注的焦点问题。这一研究取向的一个重要前提假设是：一个幸福的人首先在于其拥有心理上的健康。与生活质量取向从总体幸福感和快乐感探索主观幸福感不同，心理健康取向的主观幸福感主要探索人类发展的法则和存在的生命挑战等。

生活质量：针对当代的社会现象，经济学家提出了"生活质量"(Quality of Life，QOL)的概念。这一概念强调了无形的精神生活质量对人的生存与社会发展的意义，向传统经济学仅仅以经济收入等客观要素作为衡量社会发展程度和国民生活水平指标的做法发起了挑战。从20世纪50年代中后期开始，一些社会学和心理学研究者在尝试建构生活质量的主观指标体系过程中，发展了生活质量意义上的主观幸福感研究。生活质量意义上的主观幸福感测量研究，一般将主观幸福感界定为人们对自身生活满意程度的认知评价。

国外学者综合两种取向的主观幸福感研究，提出了主观幸福感的定义：主观幸福感是对生活满意度和个体情绪状态的一种综合评价，它是衡量个人生活质量的重要综合性心理指标。这一定义指出，主观幸福感有三个主要特点：

第一，主观性。评价者内定的标准而非他人标准来评估，一个人幸福与否只有评价者自己的体验最为真实清楚。

第二，稳定性。虽然在评定时受当时当地环境和情绪的影响，但主要测量长期而非短期情感反应和生活满意度，这是一个相对稳定的值。

第三，整体性。是综合评价，反映个体整体的主观生活质量，包括对情感反应的评估和认知判断，即包括正性情感、负性情感和生活满意度三个维度。

随着生活条件逐渐改善，人们需求层次日益提升，且呈现出多样化态势，因此，需求能被满足的标准相对提高了；而由于资源相对短缺和竞争加剧以及现代生活节奏加快，人们的各种压力感大大增加，这一切都强有力地影响了人们的幸福感。由于社会学家和经济学家加入幸福感研究的行列，幸福感的丰富内涵和表现形式得到了更多的揭示。一些心理学研究者从西方哲学中的完善论幸福观传统出发，对幸福的含义进行了新的阐释。在他们看来，幸福不仅仅是获得快乐，而且还包含了通过充分发挥自身潜能而达到完美的体验。他们采用另一术语"心理幸福感"(Psychological Well-being，PWB)，以区别于主观幸福感。

第四节　压力管理(Stress Management)

一、压力的问题

当"stress"被引入作为心理学术语时，我国心理学词典和教科书对其有多种解释，如压力、应激、紧张、挫折等，当前心理学研究并未给其一个统一的定义。从概念接受角度来说，用压力这个概念则相对来说通俗易懂，易于被大众接受。如果从心理学研究角度对其进行定义，那么就可能有多种概念的内涵：如压力反应、压力事件、压力感、压力应对等。如塞里(1936)从生物医学的研究角度出发将其定义为人或动物有机体对环境刺激的一种具有非特异性的生物学反应现象。

压力(Stress)首先由坎农(W. B. Cannon，1871～1945)于1925年提出，他观察了在实验条件处于寒冷、缺氧、失血状态中的个体表现出来的战斗-逃避反应，认为此时个体处于压力之下。我们所说的压力就是人们在对付那些自己认为很难对付的情况时所产生的情绪和身体上的异常反应。它是人和环境相作用的结果，是机体内部的状态，焦虑、强烈的情绪和生理上的变化，以及对挫折等各种情感的反应。

压力具有积极的和消极的两种后果，研究工作主要集中在消极后果方面。压力的消极作用主要表现在生理、心理和行为三个方面。

生理方面：工作压力对身体健康有很大的不利影响。首先，工作压力使人时常感到身体不适，经受工作压力的人经常会头痛、胃痛、背痛和胸痛。其次，在重压下，人们更能感到心脏跳动加快、呼吸困难、血压随着压力而增加，胆固醇也会增加，所有这些因素使人易患像心脏病、溃疡、心肌炎之类的疾病。研究表明，长期承受较高压力的管理人员得心脏病的可能性是经受较低压力管理人员的两倍。工作压力严重影响着人的健康。

心理方面：出现消极情绪、不满意感、敌视态度、悲观情绪、厌世等情绪。由于压力过大，以上几种反应发展至极致，就可能导致一个人无法应付压力，从而决定轻生。不幸的是在过去的几十年中，特别是管理人员中的自杀比例明显增加。

行为方面：强烈的压力会在人们的行为上有明显的表现。压力感的行为症状包括：食欲减退、嗜烟、嗜酒、失眠以及滥用药物等；生产率的变化、缺勤、离职以及决策失误等。

总之，严重的工作压力最直接的后果就是导致员工出现工作倦怠等各种身心问题，进而导致工作效率和组织绩效的降低。同时，很多研究也证实，工作压力除了可能会造成员工身心的伤害外，也会对组织及其他成员产生种种不良的影响。具体而言，工作压力不仅造成员工身体上的不适，并使得工作满意下降，甚至影响生活满意以及组织承诺，造成离职倾向以及离职率的增加。可见，降低员工不适当的工作压力，已成为企业组织不得不重视的问题。

随着中国经济的发展、工作生活节奏的加快、竞争的日益激烈，员工工作压力问题也日趋严重，诸多管理中的难题也随之而来，如工作倦怠或职业枯竭等，即个人认为自己所有的情绪资源都已耗尽，感觉工作特别累，压力特别大，对工作缺乏冲劲和动力，工作中会有挫折感、紧张感，甚至害怕工作。高度的压力在生理、心理和行为上都会造成不良的后果，应采取有效的对策防止高度压力的产生。虽然适当的压力有助于提高工作效率，激发员工的工作热情，但是压力过大，不仅会危害身心健康、削弱工作能力，而且会降低组织绩效。所以，不论是个体还是组织都应采取各种措施消除或控制压力的消极影响。

二、职业枯竭(Job Burnout)

美国作家格林尼1961年出版的小说《一个枯竭的案例》中描述了一位建筑师的故事，引发了西方社会对职业枯竭的广泛关注。一名事业有成的建筑师，在功成名就之后，他突然发现工作带给他的不再是一开始时的热情和满足，而变成了日复一日不堪忍受的精神压力。在经历了痛苦和折磨之后，他终于放弃了自己的工作，逃往非洲原始丛林，开始了与世无争的生活。

(一)职业枯竭的定义

1974年，美国精神分析学家弗鲁顿·伯格(Freuden Berger)首次将“职业枯竭”使用在心理健康领域。职业枯竭是心理枯竭现象中的一种，心理枯竭是由于持续的巨大压力产生的现象，它是指个体无法应付外界超出个人能量和资源的过度要求，而产生的生理、情绪情感、行为等方面的耗竭状态。职业枯竭是一种由工作引发的心理枯竭现象，是职业人在工作的重压之下所体验到的身心俱疲、能量被耗尽的感觉。

1989年，豪伯福尔(Hobfoll)提出资源守恒理论(COR)。这一理论有效地解释了心理枯竭现象，其理论的基本原理是：人具有努力保护和获得资源的倾向，最有价值的资源损失会使人产生不安。心理压力产生的来源之一是损失，而职业枯竭是工作所需的资源耗尽率大于补充率时所产生的现象。

对于一个个体来说，我们所提到的工作所需的资源是指显在资源，并不是全部资源，并不包括人的潜能部分。事实上，工作需要付出资源，比如：你的知识、感情等，当这些最有价值的资源不断消耗，却得不到足够的补充时，人们会感到不安，因为每个人都有努力保护和获得资源的倾向。职业枯竭可以表现在生理、情绪、行为、才智(创意)、希望、人际关系、激情(一种状态)等方面。这些因素就好比是蓄水池中的水，是人们立足职场的动力和源泉。职业枯竭的问题如果放任自流，轻则引起员工队伍的不稳定，重则导致企业生产无法如期进行，从而动摇企业存在的根基。这要求企业高层决策者要就这个问题做出真正的决策和有效的安排。

职业枯竭并非一日而成，它是身心能量逐渐被耗尽的过程。它经历五个阶段：①蜜月期：对工作和自己的能力颇为满意，工作热情旺盛。②能量耗尽期：工作乐趣减退，精疲力竭，开始出现失眠等症状。③慢性症状期：过度工作导致身体频繁不适，容易激怒或变得抑郁。④危机期：生病导致无法工作，社会关系也因工作问题而受损。⑤受创期：生理和心理的问题更为严重，威胁职业生涯发展，甚至可能危害到生命。

在当今这个快速发展变革的社会，长期超负荷的工作，使为数众多的白领、高管和企业家们出现了频繁的身心不适、心理衰竭、情感封闭等亚健康状态，表现出疲惫不堪、烦躁易怒、心情沮丧、疑虑重重、挫折感强及悲观失望等职业枯竭症状。如果一个人每天清晨不愿走进办公室，逃避或排斥进入工作状态，无法面对将要开始的职业生活时，说明他开始进入职业枯竭的状态了。

(二)职业枯竭的特征

掌握发生职业枯竭的每位员工的症状及其原因，是对症下药、滋润员工、让他们不再产生职业枯竭的基础。在这方面，组织心理学家提出了判断一个人是否遭遇职业枯竭的方法，可供企业和员工个人配合使用。他们指出，可以根据职业枯竭的六大特征，判断员工的职业是否发生了枯竭。这些特征包括：

(1)生理耗竭，主要表现为身体能量的耗竭感、持续的精力不济、极度疲乏、虚弱，身体对疾病的抵抗力下降。

(2)心智枯竭，表现为空虚感明显，觉得自己好似掏空了一般，无法满足工作需要，工作热情减退，丧失理想，缺乏动机。

(3)情绪衰竭，表现为工作热情完全丧失，烦躁易怒，冷漠麻木，悲观沮丧，深感无助，责备迁怒于他人。

(4)价值枯竭，表现为个人成就感降低，对自己工作的意义和价值的评价下降，工作变得机械化且效率低下。

(5)去人性化，主要表现为人际关系恶化，以一种消极的、否定的、麻木不仁的态度和冷漠的情绪去对待自己周围的人。

(6)行为症状，主要表现为对他人的攻击性行为加剧，以及出现自伤或自杀的行为。

在中国这个快速发展的市场中，对于受到市场竞争和成长的驱动的企业来说，放慢员工的工作节奏来缓解其职业枯竭问题，往往不太现实。因此，怎样在提高员工生产率的同时，避免其产生职业枯竭，这个问题反而来得更具实际意义。对员工进行针对性的时间管理技能的培训，既是迫切的，也是可行的。

(三)职业枯竭的危害

职业枯竭的后果表现为对个体、对组织的双重危害，主要体现在四个方面：

(1)导致亚健康状态，甚至生命的早衰。职业枯竭不会立刻致死，但可能使人早衰早亡，近些年愈演愈烈的“过劳死”现象恰恰印证了这一点。心理过劳会导致身体过劳，比身体过劳更具杀伤力。因此，提前对职业枯竭有所预警，并做好准备，减少健康负债是十分重要的。

(2)导致人际冲突加剧，甚至家庭关系破裂。情绪枯竭、去人性化、攻击行为都会危及人际关系，破坏良好的工作与家庭氛围。职业枯竭的人容易对他人的行为做负面解释，对同事、配偶的言行产生多疑与敌意，攻击性行为增多，讽刺、挖苦、指责别人，甚至打骂孩子与配偶，导致家庭关系紧张，甚至破裂。另外，一些“工作过于投入”的职业枯竭者，每日会将工作和工作烦恼带回到家庭中来，会出现社会角色不清，将职业角色与家庭角色混淆，如出现领导角色与丈夫、父亲角色同一，将老师角色与母亲角色混同，失去了家庭的温馨。

(3)降低工作效能，甚至转岗、离职。职业枯竭可能会使人失去工作热情，降低工作效率，甚至中断职业生涯。认知枯竭、情绪枯竭、价值衰落等都会影响工作状态，使职业人无法满足工作的要求，工作效率降低，不能胜任工作，自我和工作评价下降，甚至出现逃避工作的心态，每天早上醒来就害怕面对一天的工作，不愿上班，最后导致离职，或者因为工作效率降低、职业道德下降、做事差错不断，而被调岗、降级使用，甚至导致失业。

(4)降低工作士气，甚至破坏组织氛围。职业枯竭具有传染的特征，当领导出现职业枯竭时，会对下属员工产生负面影响；当员工出现职业枯竭时，会对同事产生消极影响，从而破坏整个职业团体的工作氛围。良好的工作氛围被破坏，就会影响大家的工作士气，瓦解团队，降低凝聚力，进而导致整体工作质量下降，危及公司声誉与生存。

三、压力对策

(一)个体对策

(1)时间管理。很多人不善于管理自己的时间。善于安排时间、利用时间是减少压力的一个有益途径。时间管理的原则主要有：分清主次，最重要的任务必须首先安排时间完成；了解生物钟，找出自己效率最高的时间段做最主要的工作；记住帕金森定律，帕金森定律认为工作会自动地占满所有的时间，所以不要为某些活动安排过于充足的时间；集中办理小事，每天留出一些固定的时间处理一些零碎小事。

(2)放松训练。最初是由心理学家发现松弛反应。有关学者通过研究发现，在人的大脑和躯干系统中，松弛反应与压力反应是相对的。如果你有规律地祈祷或沉思，可能会激发松弛反应。松弛感产生时，个体从中可以体会到自己身体彻底放松了，在某种程度上脱离了周围环境，也没有了身体紧张感。每天进行 15 分钟或 20 分钟的深呼吸练习，有助于减轻紧张感，使人感到平和。尤其重要的是，达到较深的放松状态后，心跳、血压及其他生理状况也会有所改善。另外，我们还可以通过阅读 5 分钟漫画、听 5 分钟流行歌曲和与好友聊天 5 分钟等方法来达到放松的目的。

(3)行为训练(生物反馈训练)。生物反馈是一种把原来人们意识不到的生物功能引入意识状态的技术。例如，人们的血压升高或降低、心跳加快或减慢、胃液分泌的增加或减少等。在一般情况下是意识不到的，但生物反馈技术可以通过一定的装置使人体内这些原先意识不到的生理功能显示出来。生物反馈技术也同样可以用于控制心脏功能，治疗偏头痛，使脑瘫患者控制肌肉的痉挛等。这一技术在美国医院的临床实践中已得到广泛应用。由于血压升高、心律不齐等症状与压力有密切关系，因此，生物反馈训练也是一种通过行为自我控制消除压力的方法。

(4)专家咨询法。如果员工无法自己缓解压力，可以寻求专家的帮助或临床咨询。希望得到这类帮助的人可以选择心理咨询、职业咨询、经济和家庭咨询、生理治疗、药物治疗、外科治疗以及工作压力咨询，这些方法可以帮助员工减轻压力感。

(5)社会支持法。如果能够增加与亲人朋友共度的时光，不但能够消减压力事件的绝对数量，而且可以运用社会支持系统去抵抗已经形成的压力。社会支持系统是指一个人在面临压力或困难的时候能够给予其帮助的系统。研究表明,在同样的压力情境之下,缺乏社会支持的人比那些有较多社会支持的人更可能生病或死亡。因此,当你受到压力威胁时,不妨与亲人、朋友一起讨论目前的压力情境,不但可以使消极的情绪得到适当的宣泄,还可以在他人的帮助下对压力事件进行重新的审视,找到有效的解决方法。反之,如果家庭关系不和谐,会加剧职业枯竭的程度。

(6)科学健康的生活方式。处于枯竭泥潭中的人,绝大多数都是那种将醒着的时间几乎都贡献在工作上的人,休息给他们带来的是罪恶感。可想而知,一旦这占到生命绝大部分的方面带来了压力、焦虑、愤怒和犹豫,很快就会升级为人生之中的一个重大危机。因此,对于个人来讲,要建立科学、健康的生活方式,制定现实可行的目标;找理由休息以放松自己,给自己健康恢复期,保重自己;防止过度内部归因,寻找有效的办法消除无助感;不断学习,提高工作能力;学会松弛情绪,磨砺坚强性格等。另外,研究成果表明,散步、慢跑、游泳、骑自行车、打乒乓球和网球等体育活动对于抵消和减轻压力都是有益的。任何一种活动都可以增加输入到身体和脑部的氧,促进血液循环,增强心脏功能,降低心率,使人从工作压力中解脱出来,并提供了员工用于发泄不满的渠道。良好的饮食习惯同样有利于身体健康,使人们能承受消极压力。

(二)组织对策

主要措施包括加强人员选择和工作安排、设置可行目标、进行工作再设计、减少角色冲突、加强组织沟通、建设关怀性的组织文化等。

(1)加强人员选择和工作安排。我们知道某些工作比其他工作更容易使人产生压力感。但同时,不同的员工对同一压力情境的反应也是不同的。例如,工作经验少、持外控观念的人压力倾向一般较强。而工作经验丰富、持内控观念的人能更好地适应压力较强的工作,并能高效地做好这类工作。因此,在人员选择和工作安排时应把这些因素考虑在内。

(2)设置可行目标。如果员工的目标比较具体又富有挑战性,而且能及时得到有关情况反馈时,他们会做得更好。利用目标设定可以减轻工作压力,增强员工的工作动机。如果目标比较具体,而员工又认为目标可以达到时,这就有助于他们明确自己的统效预期。如果工作中反馈及时,这就有助于降低员工实际工作绩效的不确定性,从而能够相应地减轻员工的受挫感、角色模糊感和压力感。

(3)进行工作再设计。工作再设计表现为工作扩大化与工作丰富化,尤其是工作丰富化是克服或减轻压力的有效对策。对于多数人来说,适当的工作丰富化设计可能是对付工作压力的有效方法,工作丰富化的设计主要是为克服工作的单调性所采取的措施,由此引起的厌烦也是工作压力产生的根源之一,可以通过改善工作内容(如担负更大的责任、提供成长和发展的机会等)使工作丰富化,也可以通过改进核心的工作特征(如技能的多样化、任务的意义、工作的自主性等)使工作丰富化。

(4)减少角色冲突。员工对于工作目标、工作预期、上级对自己如何评价这类问题可能会有种不确定感,引发角色冲突和角色模糊,这是造成工作压力的重要原因之一。因为,从组织的角度来看,应为管理人员和员工设置明确的、特定的、具有挑战性的工作目标,并且为目标完成的程度提供及时的信息反馈。

(5)加强组织沟通。管理人员可以通过有效的沟通改变员工的个人认知。我们知道,员工划分各种任务要求、威胁、机会,都仅仅是他们对现实的一种诠释,而管理人员与员工的沟通所采取的符号和举措能够影响到这种诠释。另外,有效的沟通有助于营造良好的组织氛围。良好的组织氛围有助于促成员工的归属感与整体感。当他们遇到压力时,会更多地寻找组织来获得鼓励与支持。

(6)建设关怀性的组织文化。工作特征表现为高要求、资源少、低自主、低支持等,易导致员工出现职业枯竭。领导的工作风格与组织文化对员工预防与降低职业枯竭具有重要作用。高倡导、低关怀的领导风格虽然会提高员工的工作效率,但员工离职和抱怨率却很高;而高关怀、高倡导的领导风格,则是一种具有双重激励作用的工作机制,它建构的是激励与关怀相结合的组织文化。个性化的领导风格也是缓解职业枯竭的有效途径,满足个人需求的工作激励可以有针对性地为员工提供资源,减少并消除职业枯竭。领导对员工提供实际支持(为员工提供物质、建议、反馈、进修等激励方式)对于缓解员工的认知枯竭、提高个人成就感具有积极作用;提供情感支持(如倾听、关怀、鼓励等)对于缓解情绪枯竭、去人性化、提高个人成就感具有更好的帮助。同时,对员工进行定期的健康教育与健康监控,也体现了重用与关怀相结合的组织文化特征。

资料

压力对策的企业实践

日资企业工作压力是很重的,通常缓解释放压力的办法是:

• 设立了“苦情室”、茶室等,供员工宣泄、释放紧张情绪。

• 在电脑中放置了一些发泄对上司不满的游戏,有一些排解压力的书籍、音乐、心理咨询的热线电话等。

• 将中层以上干部的照片放在那里供人来宣泄不满情绪。

• 设定了上下午各有10分钟的休息、做操时间,工作时播放一些调节心情的音乐,中午休息时可以到公司阅览室看报、读书,也可以到公司健身房锻炼身体。

这些对释放压力均有收效。

微软亚洲研究院通过三项策略帮助员工释放压力:

• 沟通解压。研究院要求每个项目的“老板”,一定要定期和自己的组员沟通,针对出现的问题及时解决。

• 活动解压。包括聚餐和月末酒会，在有山有水、很幽雅的环境里开一天半的会，内容包括工作总结和下一步的工作方向，同时带给大家一些振奋士气的好消息，如谁得到晋升、谁可以转正等，在轻松温馨的气氛中，员工自然不会有太大的压力。

• 环境解压。在研究院有一个非常随便的工作环境，自己的办公室可以完全按照自己的喜好装饰，而且还有聊天室和餐厅以及游戏室，对缓解压力起到了巨大作用。

(三)员工辅导计划(EAP)

EAP(Employee Assistance Program)，直译为员工辅导计划。EAP 是一项由心理学和组织行为学专家队伍深入企业，根据企业具体情况，为其管理者和员工提供管理以及个人心理辅导的专家解决方案。

1936 年，梅约在美国西方电气公司霍桑工厂创建工业咨询方案帮助员工解决工作中产生的心理问题。他强调用谈心的方法来减轻员工的压力和偏见，以及在工作群体中发现合作关系的价值。在摸索一种适合于考察人的态度和情绪的过程中，调查发现，通过与谈得来的人个别谈心，能帮助员工更好地理解他的环境、他的冲突和他自身。心理学家证实了这种访问方法的价值，后来成为西方电气公司制定广泛的雇员辅导计划的基础，这种活动在战时和战后都很盛行。

1960 年美国建立了职业酒精依赖项目(Occupational Alcoholism Program, OAP)，诞生了员工辅导计划的雏形。当时美国一些企业注意到员工酗酒问题影响个人和企业绩效，而且人们已了解酒精依赖是一种疾病，不是精神或道德问题，于是有的企业聘请专家帮助员工解决这些问题。20 世纪六七十年代，美国社会酗酒、吸毒、滥用药物等问题日益严重，家庭暴力、离婚、精神抑郁越来越影响员工工作表现，于是很多 OAP 项目扩大范围，把服务对象扩展到员工家属，项目增多，内容也更丰富。

西方企业在生产快速扩张中，面临着高流动率、怠工、装病等许多员工问题，部分公司为消除工人不满而采取各种福利措施。1982 年，沃尔什(Walsh)提出员工辅导计划(EAP)这个概念，认为其旨在利用公司政策及相关程序来帮助员工解决某些直接或间接影响工作效率的个人或情绪问题。随着 EAP 的不断发展，其内涵也不断丰富。

EAP 有别于一般的福利措施，而是一种组织机制。它是组织为了帮助员工解决与工作相关的心理及其他方面的问题而设置的一套系统的服务项目。即通过专业人员对员工面临的问题进行诊断，并提供专业的协助服务。通过帮助员工预防和解决工作以及生活中的各种问题，使员工能以健康的身心投入工作。EAP 的本质是通过对员工的深层关怀来提升他们的工作绩效，实现组织与员工共同和谐的发展。

员工辅导计划作为企业为员工设置的一套系统长期的支持项目，就是通过工业心理学家对组织诊断、建议，对员工及其直属亲人提供专业指导、培训和咨询，包括：压力管理、职业心理健康、裁员心理危机、灾难性事件、职业生涯发展、健康生活方式、法律纠纷、理财、饮食习惯、减肥等等各个方面。解决这些问题的核心目的在于：使员工在纷繁复杂的个人问题中得到解脱，减轻员工的压力，维护其心理健康，帮助解决员工及其家庭成员的各种心理和行为问题，以提高员工在企业中的工作绩效。这种心理管理技术类似于“精神按摩”，通过长期的疏导和调控，可以使企业员工获得一种强大的心理承受力，以应付随时随地的变革。特别是新创企业，能否形成独特的有生命力的文化，是关系到企业健康有序发展的关键。

在实施这项设计的做法是：

(1)进行专业的员工职业心理健康问题评估。由专业人员采用专业的心理健康评估方法评估员工心理健康现状，及其导致问题产生的原因。

(2)搞好职业心理健康宣传。利用企业内部报刊、电视台、海报、自助卡、健康知识讲座等多种形式树立员工对心理健康的正确认识，鼓励其遇到心理困扰问题要积极寻求帮助。

(3)对工作环境的设计与改善。一方面，通过组织结构变革、领导力培训、团队建设、工作轮换、员工职业生涯规划等手段改善工作环境，在企业内部建立支持性的工作环境，丰富员工的工作内容，指明员工的发展方向。

(4)开展员工和管理者培训。通过压力管理、挫折应对、保持积极情绪、咨询式的管理者等一系列培训，帮助员工掌握提高心理素质的基本方法，增强其对心理问题的抵抗力。管理者掌握员工心理管理的技术，能在员工出现心理困扰问题时，很快找到适当的方法。

(5)组织多种形式的员工心理咨询。为受心理问题困扰的员工提供咨询热线、网上咨询、团体辅导、个人面询等形式丰富的帮助，充分解决员工心理困扰问题。

由于EAP对企业提高劳动生产率以及形成健康积极的企业文化的作用，已为世界各知名企业所广泛接受，成为现代企业人力资源管理的重要手段。一些大企业也开始注意到员工的精神健康问题。世界财富500强企业中，有90%以上的企业建立了EAP项目。在美国有1/4以上的企业员工常年享受着EAP服务，并且这个数字正在不断增加。在英国，全部员工中有近10%享受到EAP服务。没有实施经验以及专业机构的指导和帮助，企业想马上建立内部EAP会很困难，所以绝大多数企业都是先实施外部EAP，最后建立内部的、长期的EAP。

复习思考题

1. 简述态度的定义、成分、特征。
2. 简述态度与价值观。
3. 简述平衡理论与和谐理论。
4. 简述认知失调理论。
5. 分析说明态度的说服与改变的办法。
6. 分析组织承诺及影响。
7. 简述工作满意度。
8. 简述自我效能感。
9. 简述职业枯竭的问题。
10. 简述压力的问题与对策。
11. 简述员工辅导计划(EAP)。

第五章
行为动力与员工激励

第一节　行为的动力

一、行为动力的人性探索

管理的核心是对人的管理，对人的管理的核心是对人的激励。探讨人性的目的在于如何更好地解释、激发、引导、组织人类行为，如何更好地实现人类存在。

（一）人性："天性"和"习性"

行为动力来自于人类本性。所谓"性而需，需而求，求而行，行而习，习而性。"性质决定需求，需求决定追求，追求决定行为，行为决定习惯。但是，关于人性的问题，一直是学术上争论不休的一个话题。一类观点认为，人性就是在一定社会制度和一定历史条件下形成的人的本性。另一类观点认为，人性即英文 human nature，就是从根本上决定并解释着人类行为的那些固定不变的人类天性。

人性分为"天性"和"习性"，即中国传统文化中所说的"性相近，习相远"。作为"天性"的本性本来大家都差不多，只是在成长过程中，由于后天的努力、生活环境和学习环境不一样，品行也就有了好与坏，"习性"也就有了差别。如果人性指"天性"，即指人的先天的、出生的就具有的品质、性情或秉性，一个外界难以改变的心理感知特性及行为趋向，或称本性。人来源于动物，所以人性是以动物性为基础的，例如繁衍、觅食、恐惧、趋利避害等，但比起动物性，人性是人所独有的更高一个界别的特性。例如：能够使用语言、文字、音乐或其他工具彼此交流，能够独立思考、感悟，能够有所创造、能够彼此团结协作，能够近忧远虑，能够认识客观世界并有能力改造客观事物等一些只有人才具有的特性，因为这些特性是其他动物、植物所不具备的。这种人性，与其叫做人性，不如更确切地称为"人类的天然法则"。

如果人性指"习性"，是指人的长期在某种自然条件或者社会环境下所养成的特性。协调社会结构与实践活动的主观性情系统，或指阐述共同社会生活的方法。习性是社会权力通过文化、趣味和符号交换使自身合法化的身体性机制，它使得行动者受制于塑造他们的环境，想当然地接受基本的生存境遇，从而使现存社会政治、经济不平等结构深入人心地合法化。依此来理解马克思给出人性的定义：人的本质不是单个人所固有的抽象物，在其现实性上，它是一切社会关系的总和。马克思主义虽承认人性的存在，但否认存在普遍抽象的人性。只有从人的社会性和阶级性出发，才能得出对人性的正确解释，在阶级社会中没有超阶级的人性。无产阶级有一个人性，资产阶级有另一个人性。这两种人性是不可调和的，只能通过斗争解决。

郭念锋认为心理现象是人性的表达，存在于人的三种基本属性：①被精神属性和社会属性制约的生物属性，它体现为，人作为生物体与外界进行物质交换（新陈代谢）的过程；②以生物属性为前提、社会属性为内容的精神属性，它体现为，为生存发展而对外界环境进行的探究反射，是与外界进行信息交换的过程；③以生物属性为基础、精神属性为表现形式的社会属性，它是个体对群体的依附本能，体现为个体与群体间的利益交换。心理发展变化的动力，不是来自任何神秘之处，仅仅是与生俱来的人性的内在需要，这种内在需要源于人的三种本能：①个体保存、种族延续的本能；②为认识世界而向自然界索取生活必需资料和适应环境的探究本能；③为生存而组成人类社会的依存本能。三种本能在心理层面上化为人的体验，这就是人的三种基本需要：生物需要、精神需要、社会需要，构成了人类心理种系进化和个体发育过程中的全部心理动力。

在心理学研究中，人性常常指人的共同本质特性。任何存在物，只要作为类而存在，总会具备某种共性的东西。人既然作为类而存在，那么，它必然存在共性，而且，在这些共性中，总有某些或某个主要方面在根本上主要地决定着人类行为，从而构成可被称作人性的东西。“人皆有性，是谓人性。人生而具性，此之谓本性也。”人性具有对人类的普遍适用性，并在深层制约着人类行为。现代社会学家则认为世界上只有一个人类，所以只有一种人性，英文称 humanity，是指人应有的正面、积极的品性，慈爱、善良，同情心与同理心，正义性的人类价值观，无论国家功能机器还是社会资源对于人的不可凌驾性。以人为本，对人个体的尊重，不走极端路线，这也是不同民族之间能够交流，达成理解的前提。

（二）人性假设影响管理策略的制定与实施

激励作为管理的核心，必然以一定的人性假设（assumption about human nature）为前提，而且是人性假设在管理理论与实践中的集中体现。不同的人性假设有不同的激励理念和激励实践，人性假设是指对人的本性的认识。人性假设不仅会影响管理者对于管理重点的理解，还会影响管理者对管理各方面的职能的理解及其发挥。人性假设对于管理者的领导方式、激励模式、控制方式及组织结构设计等都有深刻的影响。

管理发挥领导职能，采取激励措施。管理者持有“经济人”假设，必然只采取物质刺激的方式；管理者持“社会人”或“自我实现的人”或“复杂人”假设，就会考虑人的精神和道德需要，物质刺激的方式就不会是唯一的选择。

管理发挥控制职能，人性假设恰当、合理，就不会对被管理者只采取消极防范的措施，而考虑如何以积极的方式做到有效施控。

管理者根据其人性假设设计相应的组织结构。

管理归根到底是人的管理和对人的管理,因而对人的本性的认识就构成了管理理论的哲学基础。不同的人性假设在实践中就体现为不同的管理理论、管理原则和管理方法,一切管理理论都以人性假设为前提。因此,一定意义上来说,对于人性或人的本质的认识是管理活动的起点。

资料

中国古代善与恶的人性假设

性善论:孟子认为,人本质是善的。"人性之善也,犹水之就下也。"人固有的"良知""良能"是仁义的萌芽之缘,即"人之所不学而能者,其良能也;所不虑而知者,其良知也。"

性恶论:荀子认为,人本性恶,人与生俱来有贪欲、情欲。恶者"顺",善者"亡":"人之性恶,其善者伪也,今人之性,生而有好利焉,顺是,故争夺而辞让亡焉;生而有嫉恶焉,顺是,故残贼生而忠信亡焉;生而有耳目之欲,有好声色焉,顺是,故淫乱生而礼义文理亡焉。"

善恶混合论:汉代董仲舒等人认为,人天生就具有善与恶的本性,人性中善恶兼杂,而非独善或独恶,其行为全在一个"养"字,即后天的塑造培养。

非善非恶论:告子认为,人性无善无不善,"人生之无分于善不善也,犹水之无分于东西也。"注入杯中就是杯的形状,注入碗中就是碗的形状。告子认为善恶的分化,完全取决于人的后天行为。

人性可塑论:人性可塑是中国古代思想家对人性较为一致的看法。孔子首先提出人性可塑的主张,所谓"性相近也,习相远也"。孟子认为,塑造人性,导人为善,关键在于"存其心,养其性"。

二、行为理论的心理学研究

(一)古典行为主义观点

1913~1930年是早期行为主义时期,是由美国心理学家华生在巴甫洛夫条件反射学说的基础上创立的,他主张心理学应该摒弃意识、意象等太多主观的东西,只研究所观察到的并能客观地加以测量的刺激和反应,无须理会其中的中间环节,华生称之为"黑箱作业",即:

刺激→反应(用刺激来推测反应;以反应来推测刺激)

华生认为不论"黑箱作业"行为还是病态的行为都是经过学习而获得的,也可以通过学习而更改、增加或消除,认为查明了环境刺激与行为反应之间的规律性关系,就能根据刺激预知反应,或根据反应推断刺激,达到预测并控制动物和人的行为的目的。他认为,行为就是有机体用以适应环境刺激的各种躯体反应的组合,有的表现在外表，有的隐藏在内部，在他眼里人和动物没什么差异，都遵循同样的规律。

(二)新行为主义理论

1930 年起出现了新行为主义理论，以托尔曼为代表的新行为主义者修正了华生的极端观点。他们指出在个体所受刺激与行为反应之间存在着中间变量，即：

刺激→中间环节→反应

这个中间变量是指个体当时的生理和心理状态，它们是行为的实际决定因子，它们包括需求变量和认知变量。需求变量本质上就是动机，它们包括性、饥饿以及面临危险时对安全的要求。认知变量就是能力，它们包括对象知觉、运动技能等。

(三)斯金纳激进的行为主义观

在新行为主义中另有一种激进的行为主义分支，它以斯金纳(Skinner)为代表，斯金纳在巴甫装一特殊装置，压一次杠杆就会出现食物，他将一只饥饿的老鼠放入箱内，它会在里面乱跑乱碰，自由探索，偶然压一次杠杆就得到食物，此后老鼠压杠杆的频率越来越多，即学会了通过压杠杆来得到食物的方法，斯金纳将其命名为操作性条件反射或工具性条件作用。食物即是强化物，运用强化物来增加某种反应(即行为)频率的过程叫做强化。斯金纳认为强化训练是解释机体学习过程的主要机制。

资料

行为强化的原理：桑代克的猫和斯金纳的老鼠

桑代克(Thorndike)饿猫实验(图 5-1)：桑代克在 1911 年的研究，将一只饥饿的猫关进笼子，并在笼子外面猫能够看得见的地方摆上食物，同时在笼子上安装了一个机关，只要猫用爪子击打一根杠杆，笼门就会打开。当猫刚一被放进笼子时，它做出很多种行为，比如抓咬笼子上的栏杆，把爪子从栏杆缝隙中伸出，以及试图从栏杆之间挤出去。最后，这只猫偶然地碰到了杠杆，门打开了，猫于是能够走出笼子吃食。每一次桑代克将饥饿的猫放进笼子，猫都用更短的时间击打杠杆打开笼门。最后，桑代克只要一将猫放进笼子，它就马上去击打杠杆。桑代克将这种现象称为效果定律。当饥饿的猫被重新放回笼子的时候，这只猫就更有可能去击打杠杆，因为这个行为在此之前导致了一个直接的结果——逃出笼子和得到食物。逃出笼子和得到食物就是对猫击打杠杆的行为起到强化(增强)作用的结果。

斯金纳(Skinner)饿鼠实验(图 5-2)：斯金纳将饥饿的老鼠放进一个试验用的盒子里，起初，老鼠在盒子里到处察看活动，用鼻子嗅，用后腿支撑着向上爬等。当它碰巧用一只爪子压下了杠杆时，盒子里的自动装置就通过内壁上一个小洞送进一小块食物，每次这只饥饿的老鼠压下杠杆时，它就得到一块食物。这样，每次老鼠被放进盒子的时候,它就可能去压下杠杆。这个向下压杠杆的行为得到了加强,因为每次它发生时,都立即跟随着一块食物的出现。相对于老鼠进入笼子以后所展示出的其他所有的行为,这个压杠杆的行为增加了。

图 5-1　桑代克饿猫实验

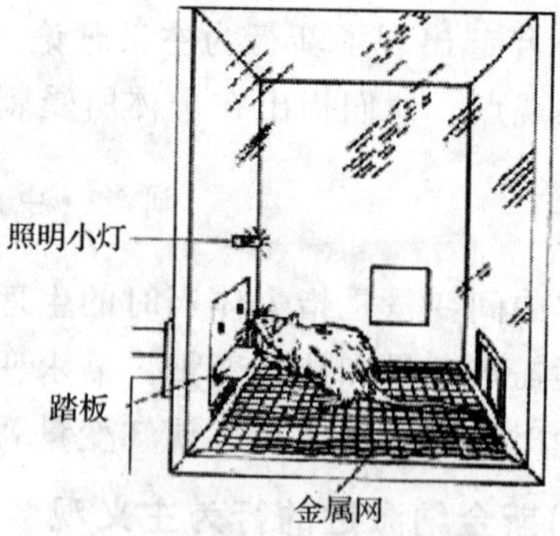

图 5-2　斯金纳饿鼠实验

(四)行为的认知理论

行为的认知理论又称"新的新行为主义",其代表理论有班图拉的社会学习理论(观察学习理论)、罗推尔的社会行为学习理论、米契尔的认知社会学习理论等。这些理论的共同特点是,既坚持行为主义的研究精神又吸收了认知心理学的研究成果。

行为的认知理论的具体表现为:在坚持客观主义的同时,大胆地使用以往被传统行为主义所摒弃和拒绝的心理学概念,探索认知、思维、意象在行为调节中的作用;强调行为和认知的结合。既可以通过人的思维、信念和期待等认知过程预测人类的行为,也可以通过改变人的认知来改变人类的行为,通过行为的改变也可改变人的信念、期待等认知过程;强调自我调节的作用。传统的行为主义强调外在强化对行为的影响,忽视了"自我"在行为调节中的作用。

新的新行为主义者认为,如果行为仅仅由外部的奖励或惩罚所决定,人就会像风向标一样,不断地改变方向,以适应作用于他们的各种短暂的影响;强调心理过程的积极性与主动性。新的新行为主义者强调要把行为主义同建构论结合起来,重视以往经由学习而获得的认知规则在对环境信息作出反应过程中的作用。

三、行为的动机与需要

人的行为动力是由主观需要和客观事物共同制约决定的。按心理学所揭示的规律,欲求或需要引起动机,动机支配人们的行为。当人们产生某种需要时,心理上就会产生不安与紧张的情绪,成为一种内在的驱动力,即动机,它驱使人选择目标,并进行实现目标的活动,以满足需要。需要满足后,人的心理紧张消除,然后又有新的需要产生,再引起新的行为,这样周而复始,循环往复。如图 5-3 所示。

动机是推动人从事某种活动,并朝一个方向前进的内部动力,是为实现一定目的而行动的原因。动机是个体的内在过程,行为是这种内在过程的表现。

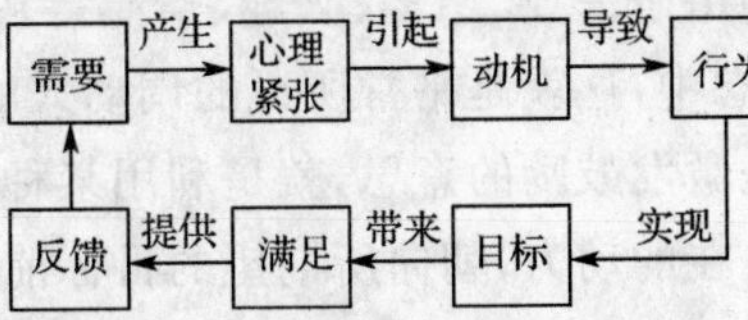

图 5-3 人的需要—动机—行为循环往复

动机对人的行为活动具有如下三种功能。

激活的功能：动机能激发一个人产生某种行为，对行为起着始动作用。例如，一个学生想要掌握电脑的操作技术，他就会在这个动机驱动下，产生相应的行为。

指向的功能：动机不仅能唤起行为，而且能使行为具有稳固和完整的内容，使人趋向一定的志向。动机是引导行为的指示器，使个体行为具有明显的选择性。

维持和调整的功能：动机能使个体的行为维持一定的时间，对行为起着续动作用。当活动指向个体所追求的目标时，相应的动机便获得强化，因而某种活动就会持续下去；相反，当活动背离个体所追求的目标时，就会降低活动的积极性或使活动完全停止下来。

动机是在需要的基础上产生的，需要是有机体在内外条件刺激下，对某些事物希望得到满足时的一种心理紧张状态，或者说是一种倾向，它反映个体对内在环境和外部生活条件的较为稳定的要求。不是所有的需要都能转化为动机，需要转化为动机必须满足两个条件：第一，需要必须有一定的强度。就是说，某种需要必须成为个体的强烈愿望，迫切要求得到满足。如果需要不迫切，则不足以促使人去行动以满足这个需要。第二，需要转化为动机还要有适当的客观条件，即诱因的刺激，它既包括物质的刺激也包括社会性的刺激。有了客观的诱因才能促使人去追求它、得到它，以满足某种需要；反之，就无法转化为动机。例如，人处荒岛，很想与人交往，但荒岛缺乏交往的对象（诱因），这种需要就无法转化为动机。

驱使有机体产生一定行为的外部因素或刺激物称为诱因。凡是个体因趋向诱因而得到满足时，这种诱因称为正诱因；凡是个体因逃离或躲避诱因而得到满足时，这种诱因称为负诱因。总之，引起动机的内在条件是需要，引起动机的外在条件是诱因。人类的各种行为都是在动机的作用下，向着某一目标进行的，动机是推动人们活动的直接原因。而人的动机又是由于某种欲求或需要引起的。

四、行为的激励及理论模式

激励（motivation）即激发和鼓励的意思，激励就是激发人的动机，是通过满足个人的某些需要，去激发人的内在动力，产生某种行动意愿的心理活动过程。

在管理情境中，关于“激励”有各种观点：

罗宾斯认为：激励是通过高水平的努力实现组织目标的意愿，而这种努力以能够满足个体的某些需要为条件。

瓦格纳认为：激励是探讨关于影响人的行为的触发、指向和维持的因素。

俞文钊认为:激励是指由于需要、愿望、兴趣、情感等内外刺激的作用,使人始终处于一种持续的兴奋状态中,这就是平常所说的调动人的积极性的问题。

孙志成认为:激励就是激发鼓励的意思,就是利用某种外部诱因调动人的积极性和创造性,使人有一股内在的动力,朝向所期望的目标前进的心理过程。

管理心理学所说的激励就是领导者为了实现组织目标而对下属的内在需要或动机施加影响,从而强化、引导或改变人们行为。简单说,激励就是调动人的积极性的过程。领导者对下属进行激励的能力,直接决定了管理效率。激励是领导工作的重要方面。在组织活动中,只有使参与活动的人都保持高昂的士气和工作热情,才能取得最好的效果。激励能使人的潜力得到最大限度的发挥。

有关激励的理论分为人性假设激励理论、内容型激励理论和过程型激励理论。

(1)人性假设激励理论:人性假设是管理者对被管理者工作目的的基本估价,即对劳动者追求什么的基本看法,包括经济人假设、社会人假设、自我实现人假设、复杂人假设。

(2)内容型激励理论:研究的是"什么样的需要会引起激励"这样的问题,它说明了激发、引导、维持和阻止人的行为的因素,旨在了解人的各种需要,解释"什么会使员工努力工作"的问题。常见的内容型激励理论有马斯洛需要层次理论、ERG理论、双因素理论和成就需要理论等。

(3)过程型激励理论:研究"激励是怎样产生的"问题,解释人的行为是怎样被激发、引导、维持和阻止的,着重分析人们怎样面对各种满足需要的机会以及如何选择正确的激励方法。过程型激励理论包括期望理论、公平理论、强化理论、目标理论等。

需要说明的是关于激励理论的这种分类,更多是出于学习的方便,各模式之间并非独立不相关联,薛恩人性假设四种形式的总结与马斯洛需要理论之间就存在直接的联系,如图 5-4 所示。如果说,过程型理论与人性假设有什么联系的话,显然的是强化理论建立于动物实验研究,所看到的人只能是经济人,理论的结果是"胡萝卜加大棒"政策;公平理论把员工看成公平敏感型的社会人;目标理论中的员工指的就是自我实现人。在介绍各激励理论的后面,还可以看到劳勒和波特试图将各种理论和模式整合在一起的想法。

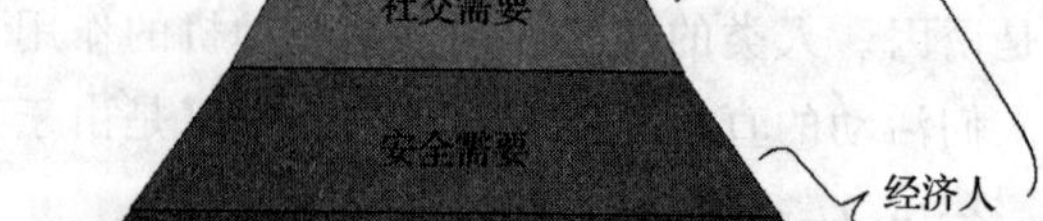

图 5-4　薛恩四种人性假设与马斯洛需要理论的关联

第二节　人性假设与激励措施

一、麦克雷戈"X 理论-Y 理论"中的人性假设

美国工业心理学家，麻省理工学院教授麦克雷戈(McGregor)围绕"人的本性"来论述人类行为规律及其对管理的影响。在 1957 年 11 月号的美国《管理评论》上发表了《企业的人性方面》一文，第一次提出了 X 理论-Y 理论。即把人性建立在错误假设上的传统管理观点称为 X 理论；对人性做出相反假设的新的管理观点称为 Y 理论。1960 年在他所著《企业中的人的方面》一书中总结了人性假设中对立的两种观点，即 X 理论与 Y 理论。他认为现代组织的管理者应让职工负更多的责任，以发挥他们的潜力。如果这样做，将如 20 世纪 30 年代发现原子能一样，开发出难以想象的巨大的人力能源。

(一)X 理论(经济人假设)

麦克雷戈将之前的人性理论称为 X 理论。他认为传统管理理论来源于教会和军队，没有接触现代化的政治、社会和经济，因此把人看成厌恶工作，需要严格控制的消极因素，他将这种假设称之为 X 理论。

这一假设还可联系 18 世纪亚当·斯密提出的"自爱"。"自爱"实际上就是利己心，利己心是亚当·斯密研究人类经济行为，构架经济制度的伦理学前提，他认为人的行为动机根源于经济诱因，人都要争取最大的经济利益，工作就是为了取得经济报酬。人可称为"经济人"，又称"实利人"或"唯利人"。"经济人"假设的代表人物是 19 世纪末至 20 世纪初的弗雷德里克·温斯洛·泰勒。"经济人"假设主张"人性本恶"，对于员工应该采取"胡萝卜加大棒"式的"物质激励"模式——以金钱来刺激员工的劳动积极性，同时对消极怠工者采取严厉的惩罚措施。换而言之，对于"经济人"应主要采取物质奖励，而不是精神奖励；主要采取外部奖励，而不是内部奖励。

薛恩总结"经济人"假设的基本主张是：

(1)人的一切行为都是为了最大限度地满足自己的私利，满足其生理与安全需要，因此只有用金钱和地位才能刺激他们努力工作，人都是受经济利益驱使的。企业家作为"经济人"而追求最大限度的利润，工人作为"经济人"则要得到最大限度的工资。

(2)多数人生性懒惰，他们都尽量逃避工作，只有强施威压、严格监控才能促使他们努力完成工作目标。

(3)多数人都不愿承担责任，企求安全，甘心情愿听人指导。

(4)多数人所追求的个人目标与组织目标总是相矛盾的，必须用强制惩罚的办法，才能迫使他们为达到组织目标而工作。

(5)人分为两类，多数人如上所述，只有少数人能自我控制，他们将担当管理责任。

以"经济人"假设为基础构筑的科学管理理论,使生产效率得到了巨大的提高,克服了过去管理的放任、无序状态;但它片面强调了人的利己心、物质欲望和享乐主义,将人视为"机器人"、"工具人",完全忽视了人的社会属性和精神需要,有悖于人性,因而其内在的管理潜力和激励效果是不可能持久的。

(二)Y 理论(自我实现人假设)

现实生活中许多现象不符合 X 理论的观点,人并不天生厌恶工作,人们在工作中能自我控制。在现代工业社会中,一般人没有充分发挥出其潜力。麦克雷戈在归纳马斯洛"自我实现人"假设和阿基里斯成熟的理论观点后,提出了管理的 Y 理论。心理学家马斯洛在他所提出的需要层次理论中,自我实现是最高层次的需要。所谓自我实现,是指人都需要发挥自己的潜力,表现自己的才能,只有这样人才会感到满足。与马斯洛具有相似观点的是组织心理学教授阿基里斯提出的从不成熟到成熟的理论。他认为一个健康的人从不成熟到成熟是一个自然发展的过程。阿基里斯观点与马斯洛观点相似之处在于人的成熟过程就是自我实现需求的发展过程,人之所以不能完全成熟,不能充分自我实现,都是受环境条件的限制。

"自我实现人"也叫"自动人"。"自我实现人"假设的基本内容是:

(1)一般人都是天生勤奋的,如果环境条件有利,工作如同游戏或休息一样自然。

(2)人们能够进行自我指导与控制,因而强制与惩罚并不是实现组织目标的唯一办法。

(3)员工的自我实现倾向与组织需求和行为之间并没有冲突,如果能给员工一个机会,他会自动地把自我目标与组织目标统一起来。

(4)在正常情况下,一般人不仅乐于接受任务,而且会主动地寻求责任。

(5)人群中存在着广泛的高度的想象力、智谋和解决组织中问题的创造性。

(6)在现代工业条件下,一般人的潜力只利用了一部分,人们中间蕴藏着极大的潜力。

总之,"自我实现人"假设把管理的重点置于工作环境,注重创造一个适宜的工作环境、工作条件。让员工在这种条件下,能够充分发挥自己的潜力和才能,充分发展个人的特长和创造力。"自我实现人"假设高度重视人的价值、尊严和发展,具有进步意义。但人既不是天生懒惰的,也不是天生勤奋的,因此,"自我实现人"假设也有其局限性。

二、梅约的人际关系理论(社会人假设)

20 世纪末至 21 世纪初,以"经济人"假设为基础的泰勒的科学管理理论无视人的情感,将人视为机器的附属物,导致劳资矛盾越来越尖锐,由此,梅约在著名的"霍桑试验"的基础上最早提出了他的"人际关系"理论。"人际关系"理论还被称"社会人"的人性假设,主张"人性本善",人的社会心理需要远比经济利益需要更为重要。

“社会人”假设的基本主张是：

(1)影响人工作的主要动机不在于经济利益，而在于工作的社会关系；人们最重视在工作中与周围的人友好相处，良好的人际关系对于调动人的工作积极性起决定作用；只有社会需要和自我尊重需要才是激励人工作的动力。

(2)生产效率主要取决于员工的“士气”，员工心理需要的满足是提高效率的基础。满意的工人才是有生产效率的工人，工作方法和工作条件只具有第二位的意义。

(3)非正式团体有其特殊的规范，并对其成员的行为有较大的影响；管理者不能只重视正式组织而对非正式团体不加重视。

“社会人”假设强调人的社会需要，而忽视经济利益；偏重于非正式组织，而轻视正式组织；重视人的非合理的感性逻辑，而轻视合理的理性逻辑。这是对“经济人”假设弊端的修正。但是无论如何，企业员工最基本的需要还是经济利益，而不是其他更高的社会需求；构成社会的基本单位不是非正式组织；在企业管理中起主导作用的只能是理性逻辑，而不是感性逻辑。因而，“社会人”假设走向了与“经济人”假设相对立的另一个极端。

三、超Y理论和权变理论

超Y理论是摩斯和洛斯奇两位学者通过实验而提出的理论。他们分别在两个工厂和两个研究所进行试验，其中在一个工厂和研究所用X理论进行实验，在另一个工厂和研究所则用Y理论进行实验。结果表明X理论在工厂中有效而在研究所无效，Y理论则相反。由此提出X理论与Y理论是共存的、互相补充的，提出超Y理论对人性的认识是全面的、因人而异的。

“复杂人”假设是20世纪60年代末至70年代初提出来的，它不仅包含了超Y理论，而且进一步发展了超Y理论。由此提出了新的管理理论，称为权变理论，该理论强调管理没有一个标准的、一成不变的模式，应根据具体地点、时间、对象而定。“复杂人”假设认为：“经济人”、“社会人”、“自我实现人”的假设都是从人的某一方面的需要出发，而没有看到人的需要与动机并非单一的，而是复杂多样的。人的需要与潜力是随着年龄的增长、知识的积累、地位的改变以及人与人之间关系的变化而变化的，即使是同一种需要，也会有不同的表现形式。“复杂人”假设则认为一个人在不同年龄阶段、不同时间和地点会有不同的表现，所以还应因时、因地而异。

管理领域兴起权变理论，认为管理的对象和环境变化多端，简单化的、普遍适用的方案并不存在，必须按照对象和情景的具体情况，选择具体对策。权变理论涉及人性认识的要点是：

(1)人的需要多种多样，需要层次因人而异，需要也随人的发展和环境条件变化而变化。

(2)人在同一时间内会有多种需要和动机，相互结合形成复杂的动机模式。

(3)人在某一时期的动机模式，是其内部需要与外部环境相互作用的结果。

(4)一个人在不同单位或不同部门工作,会产生不同需要,也会出现不同的需要满足情况。

(5)人对于不同管理方式会做出不同反应,它们之间存在着某种"心理契约"。

四、薛恩(Schein)的管理总结

1965年,组织行为科学家薛恩(Schein)将以往的研究归纳为四种人性假设:经济人、社会人、自我实现人和复杂人。每种人假设理论都有相应的管理对策。

(一)经济人假说管理对策

麦克雷戈称为X理论。根据这一人性假设,得出的相应管理对策是:

(1)管理工作的重点是抓生产,完成组织任务,因而其职能是计划、组织、协调、经营、指导与监督,对于人则不必关心他的情感。这可以称为任务式管理。

(2)管理是少数管理人员管理多数工人。

(3)管理手段一靠金钱刺激,二靠严厉惩罚。

(二)社会人假说管理对策

社会人假说管理对策即梅约提出的"人际关系"理论。根据"社会人"假设,我们对员工应该采取"精神激励"模式——重视员工的社会心理需要,而不是经济利益需要,更多地采取精神鼓励,而不是物质奖励;重视营造员工之间融洽的人际关系,培养员工对组织的归属感,增强员工的主人翁精神;注意倾听员工的意见,让员工参与管理。

依据"社会人"假设,在管理上提出了相应的对策措施,主要有:

(1)管理人员不应只注重完成生产任务,而应把重点放到关心人和满足人的需要上。

(2)管理人员不能只注重传统的管理职能,更应重视人际关系,要培养和形成职工的归属感和整体感。

(3)主张集体奖励,不主张个人奖励。

(4)管理人员应在职工及管理当局之间起到沟通联络作用。

(5)实行"参与式管理",即吸引职工在不同程度上参与企业决策的研讨。

(三)自我实现人假说管理对策

麦克雷戈称为Y理论。根据"自我实现人"假设,对于员工应该采取"工作激励"模式。组织对工人不需要激励,而是提供机会,由工人自我激励,而自然地达到组织目标。组织应该为员工提供充分施展自己才能的舞台,为员工提供富有挑战性的工作,满足员工个体发展、自我实现的需要。

根据这一理论,相应的管理对策是:

(1)管理重点既不是工作任务,也不是人际关系,而是创造一个适于人们发挥潜力、表现自己才能的工作环境条件。

(2)管理人员扮演的角色，既不是生产指导者，又不是人际关系调节者，而是一个采访者，了解和帮助人们创造条件，消除障碍。

(3)在激励方面，不是强调物质刺激及人际关系的外在激励，而是强调内在奖励，即指人们通过工作可以自我实现和增长才干所得到的激励。

(4)管理制度上不是强调专业人员制定制度、多数人去执行，而是把权力放给执行者，由他们自己决定自己的工作制度。

(四)复杂人假说管理对策

复杂人理论或超Y理论已贯穿到西方管理实践的领域之中，并从这一理论观点出发进行了大量具体的研究工作。这就要求根据具体人的不同情况，灵活地采取不同管理措施，这就是说要因人而异，因事而异，不能千篇一律。比如，企业组织的性质不同，职工工作的固定性也会不同。因此，有的企业需采取较固定的组织形式，有的企业就需要有较灵活的组织结构。企业领导人的工作作风也需随企业的情况而有所不同。在企业任务不明确、工作混乱的情况下，需采用较严格的管理措施，才能使生产秩序走上正轨；反之，如果企业的任务清楚，分工明确，则可以更多地采取授权形式，使下级可以充分发挥自己的能动性。此外，超Y理论要求管理人员要善于观察职工之间的个别差异，根据具体情况采取灵活多变的管理方法等。

资料

关于“知识型员工”的激励

知识经济时代是一个崇尚知识的时代，员工的聪明才智往往都体现出更高的价值。知识型员工成为企业的主要资源是因为他们的创造力是企业价值增值的源泉。生产工具开始转移到知识型员工的手中，因为知识型员工的生产工具是存在于其大脑中的知识。因此，针对知识型员工的特点并对其进行分析，企业的管理应做出相应调整。

知识型员工是指本身具备较强的学习知识和创新知识的能力，并能充分利用现代科学技术知识提高工作效率的脑力劳动者。换句话说，知识型员工就是那些创造财富时用脑多于用手的人们。他们通过自己的创意、分析、判断、综合、设计给产品带来附加值。知识型员工的工作主要是一种思维性活动。知识的更新和发展往往伴随环境的变化而变化，具有很大的灵活性。

所以知识型员工就是才华横溢、充满个性而又难以驾驭的人们。知识型员工具有比其他员工更强的竞争性、自主独立性。因此，必须充分了解及掌握知识型员工的特点，才能管理好知识型员工。必须调整企业，把企业建成知识型企业，并建立有利于知识型员工彼此进行合作的创造性方案。

柔性的激励措施适应的对象就是从事创造性活动的高素质的知识型员工。柔性管理注重激励过于控制。创造性活动往往是一个探索的过程，其间充满了不确定性和偶然性，本身难以直接计量。倘若硬性地将其量化并以此作为奖酬依据，势必会挫伤员工的积极性、创造性，抑制了其潜能的发挥。

因此，企业实行柔性的激励措施要多样化。一方面是物质上的奖励，奖酬趋向于实行员工股权制以及未来利润分享等方式，以激发员工的参与感与责任感；另一方面，更应注重使员工感到精神上的愉悦，包括被信赖，受关心，帮助员工不断丰富自己，使员工的能力不断得到提高。

第三节 激励的内容型模式

内容型模式研究的是“什么样的需要会引起激励”这样的问题，激励理论有需要层次理论、ERG 理论、双因素理论和成就需要理论等。

一、需要层次理论

(一)五层次需要内容

美国心理学家马斯洛(Maslow，1908～1970)在 1943 年出版的《人类动机理论》(*A Theory of Human Motivation Psychological Review*)一书中，提出了需要层次理论。他把人的需要归纳为五个层次，由低到高依次为生理需要、安全需要、社交需要、尊重需要和自我实现需要，如图 5-5 所示。

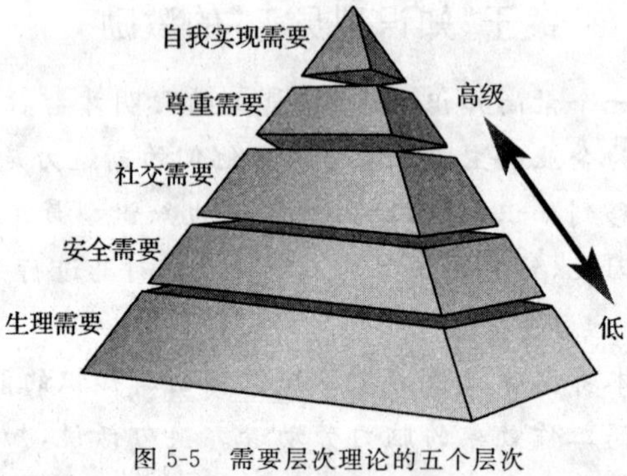

图 5-5 需要层次理论的五个层次

生理需要：是指一个人对维持生存所需的衣、食、住等基本生活条件的需要。在一切需要中，生理需要是最基本的、优先的。当一个人什么也没有时，首先要求满足的就是生理需要。

安全需要：是指对人身安全、就业保障、工作和生活的环境安全、经济保障等的需要。安全需要的含义是广泛的，从世界和平、社会安定直至个人的安全。人们不希望受到犯罪、谋杀、专制等不安全因素的威胁。当一个人生活或工作在惊恐和不安之中时其积极性是很难调动起来的。

社交需要：是指人希望获得友谊、爱情及归属的需要。有此需要的人希望得到别人的关心和爱护，并成为社会的一员，否则就会郁郁寡欢。

尊重需要：是希望自己保持自尊，并获得别人的尊重，得到别人的高度评价的需要。这种需要可分为两类：一类是那种要求权力、成功、自尊心、自由和独立的愿望；另一类是要求名誉、威信、表扬、重视和赞赏的愿望。这种需要得到满足，就会使人感到自信、有价值、有力量、有能力并适于生存；若得不到满足，就会产生自卑感、软弱无能感，从而导致情绪低落，失去自信心。

自我实现需要：是促使自己的潜能得以实现的愿望，即希望成为自己所期望的人。一个人能够做什么，他就必须要做什么，这样才能最终感到愉快。当人的其他需要得到基本满足以后，就会产生自我实现需要。它会产生巨大的动力，使人尽最大努力实现自己的愿望。

(二)需要层次理论的基本观点

马斯洛需要层次理论的基本观点如下：

人的需要是分层次等级的，一般按照由低到高的顺序发展。如图 5-6 所示，生理需要是人最基本、优先的需要，自我实现是最高层次的需要。人们首先追求满足较低层次的需要，只有在低层次的需要满足以后，才会进一步追求较高层次的需要，而且低层次需要满足的程度越高，对高层次需要的追求就越强烈。

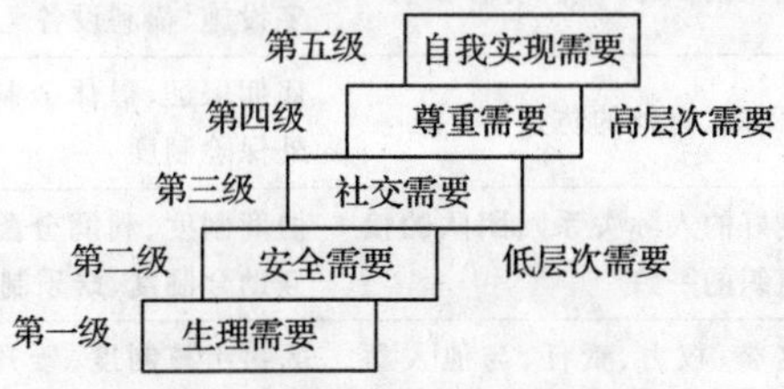

图 5-6　需要由低到高分层的顺序发展

人在不同的时期、发展阶段，其需要结构不同，但总有一种需要发挥主导作用，如图 5-7 所示。因此，管理者必须注意当前对员工起主要作用的需要，以便有效地加以激励。

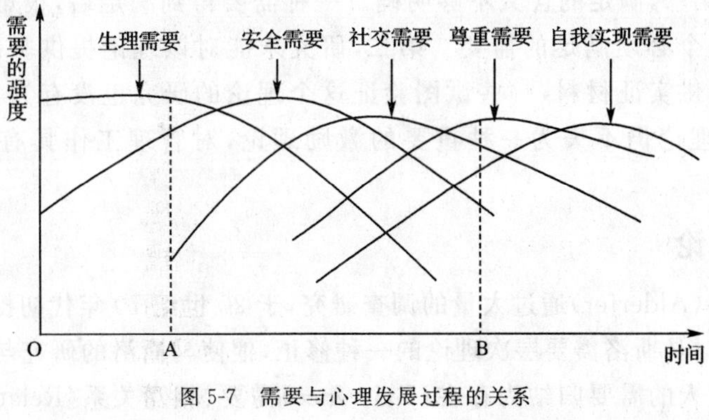

图 5-7　需要与心理发展过程的关系

五种需要的等级顺序并不是固定不变的，存在着等级倒置现象。一种情况是，有些人的愿望可能永远保持着僵化或低下状态，也就是说，有些人可能只谋求低层次的需要而不再追求高层次的需要；另一种情况是，有些人可能牺牲低层次的需要，谋求实现高层次的需要。那些具有崇高理想和人生价值观的人，即使低层次的需要尚未得到满足，仍会追求高层次需要。一般来说，人的各种需要的出现往往取决于职业、年龄、性格、受教育程度、经历、社会背景等因素。

各种需要相对满足的程度不同。实际上，绝大多数人的需要只有部分得到满足，同时也有部分得不到满足，而且随着需要层次的升高，满足的难度相对增大，满足的程度逐渐减小。

(三)需要层次理论的相应管理措施

据一些西方管理心理学家宣称，马斯洛的需要层次理论能够帮助企业家管理好业务。表 5-1 就是一张有关学者列出的需要层次理论同管理措施密切结合的参考表。

表 5-1　需要层次理论与管理措施相关表

需要的层次	诱因(追求的目标)	管理制度与措施
生理需要	薪水、健康的工作环境、各种福利	身体保健(医疗设备)、工作时间(休息)、住宅设施、福利设备
安全需要	职位的保障、意外的防止	雇佣保证、退休金制度、健康保险制度、意外保险制度
社交需要	友谊(良好的人际关系)、团队的接纳、与组织的一致	协商制度、利润分配制度、团队活动制度、互助金制度、娱乐制度、教育培训制度
尊重需要	地位、名誉、权力、责任、与他人薪水之相对高低	人事考核制度、晋升制度、表彰制度、奖金制度、选拔进修制度、委员会参与制度
自我实现需要	能发展个人特长的组织环节、具有挑战性的工作	决策参与制度、提案制度、研究发展计划、劳资会议

马斯洛的需要层次理论，揭示了人类心理发展的一种普遍特性，但也存在着一些不足之处：第一，满足的含义不够明确。一种需要得到满足后，很难预测哪种需要会成为下一个必须满足的需要。第二，研究未能对该理论提供验证性的支持。马斯洛没有提供实证材料，一些试图验证这个理论的研究也没有为它找到证据。虽然如此，该理论仍不失为一种重要的激励理论，对管理工作具有重要的指导作用。

二、ERG 理论

阿尔德弗(Alderfer)通过大量的调查研究，于 20 世纪 70 年代初提出的一种需要理论，也是对马斯洛需要层次理论的一种修正，他使马斯洛的研究与实证研究更加一致。他把人的需要归纳为存在(Existence)需要、相互关系(Relatedness)需要和成长(Growth)需要，简称为“ERG 理论”。

存在需要：是人最基本的需要，包含了马斯洛称之为生理和安全需要这两项。人的一切生理上的物质需要，人的衣食住行、报酬、工作环境等基本条件都包括在此种需要当中。

相互关系需要：是指人际关系（社会交往）方面的需要，包括归属感、友情、受人尊重等方面的需要，也就是马斯洛所说的社交和尊重需要的外在部分。

发展需要：是指发展自己，使自己在事业、能力上有所成就和提高的需要，即马斯洛所说的尊重需要的内在部分和自我实现的需要。

同时，阿尔德弗还提出了如下观点：

(1)人的各种需要一般来说是由低向高逐步发展的，而且低层次的需要的满足程度越高，对高层次需要就越渴望，这是一种“满足—前进”的逻辑。但同时还存在着“受挫—倒退”的现象，即当较高层次的需要受到挫折时，需要的重点就可能退到较低的层次。而且，各种需要也可能同时出现。

(2)人的所有需要并不是生来就有的，有些需要是通过后天的学习、培养之后才产生的，尤其是较高层次的需要。

阿尔德弗对人的需要的研究，并没有超出马斯洛的需要层次理论的范畴（如表5-2所示），只是马斯洛的理论揭示的是带有普遍意义的一般规律，而阿尔德弗的观点更侧重于带有特殊性的个体差异，二者对实际工作都具有一定的指导意义。

表 5-2　　ERG 理论与需要层次理论的关联

ERC 理论	需要层次理论	企业应用（举例）
存在	安全和保障	营创工作安全感，如较少地解雇 提供福利 提供安全的工作环境
	基本生活	提供公平薪金 提供足够的休息时间 提供舒适的工作环境
相互关系	归属和社交	举办社交活动，如体育比赛、文艺活动 组织团队，如 C＋＋研究小组
发展	自我实现	给予事业成长机会，即职业发展计划 鼓励创造力 鼓励成就
	自尊和地位	公布个人成就，如年度公布 赞扬与表现，如评选明星员工 给予更大工作责任，如提拔 经常给予回馈，如及时的（包括非正式的）赞扬

三、双因素理论（Two Factor Theory）

美国心理学家弗雷德里克·赫茨伯格（Frederick Herzberg，1923～2000）以西方人人皆知的《圣经》故事为喻，指出人类有两种需要，一种是亚当的需要，一种是亚伯拉罕的需要。

所谓亚当的需要，是指亚当吃了苹果被逐出伊甸园之后，他不得不面对各种苦难，人的本质遭到谴责和扭曲，所以他要拼尽全力去摆脱环境造成的痛苦。

所谓亚伯拉罕的需要，是指上帝赐福于他并承诺给他的子孙以大片土地，使他成为上帝的使者，足智多谋，富有想象力和创造性。

从本质上讲，亚当的需要是动物性的，而亚伯拉罕的需要才反映了真正的人性。赫茨伯格称："人类在工作中有两类性质不同的需求，即作为动物避开和免除痛苦的需求，及作为人类在精神上不断发展、成长的需求。"

20 世纪 50 年代末期，赫茨伯格和莫斯纳、斯奈德曼等人一起合作进行了一项试验研究，在匹兹堡地区对九个工业企业中的 203 名工程师和会计师进行了大规模的访问谈话，调查被访者对工作感到满意和不满意的原因各是什么。这就是诞生出双因素理论的匹兹堡调查。试验的目的在于验证以下假设：人类在工作中有两类性质不同的需要，即作为动物要求避开和免除痛苦，作为人要求在精神上不断发展、成长。

资料

赫茨伯格在匹兹堡的研究

赫茨伯格与同伴在号称"世界钢都"的工业城市匹兹堡选取了 11 个组织的 200 多个样本展开调查，主要对象是来自各行各业的工程师和会计师。研究人员与这 200 多名工程师、会计师逐一进行访谈，了解他们对于工作的态度是怎样的。在面谈中，询问访谈对象以下问题：

(1)在你过去的工作中，哪些事让你感到十分满意？

(2)让访谈对象对这种满意做出解释，为什么当时会感到满意？这种满意是否影响了工作状况？是否影响了自己与他人的关系？是否影响了个人的幸福？

(3)在你过去的工作中，令人特别不快的事情是什么？

(4)这种不快对你的工作、人际关系和个人幸福有什么影响？

为了保证调查资料的可靠性和客观性，赫茨伯格对访谈内容有着明确的限定，要求访谈对象所列举出的事件必须是与工作直接相关的，从而把工作以外的事件排除在外。谈到的事例必须是具体的、有时间的、有地点的以及有情节的，从而把由想象产生的幻觉排除在外。

赫茨伯格后来进行了更为广泛的补充调查。这个补充调查的范围扩展到国际领域，包括美国的工业、乡村、医疗等领域，欧洲(芬兰和匈牙利)的所有专业领域，一共进行了 16 次(在他的文章中用了 12 次的资料)，取样达 1685 人。调查对象所处的行业和阶层千差万别，不再是单一的白领，而是包括了形形色色的社会角色，有基层经理、职业妇女、农业管理人员、即将退休的管理者、医院服务人员、护士、制造业主管、食品从业人员、军官、工程师、科学家、管家、教师、技术人员、女装配工、会计师、芬兰的领班、匈牙利的工程师等。但调查方式和内容依然是匹兹堡式的，即请调查对象回答工作中令他们格外满意以及格外不满的事件。在赫茨伯格所做的12项调查中，影响工作态度的因素如图5-8所示。

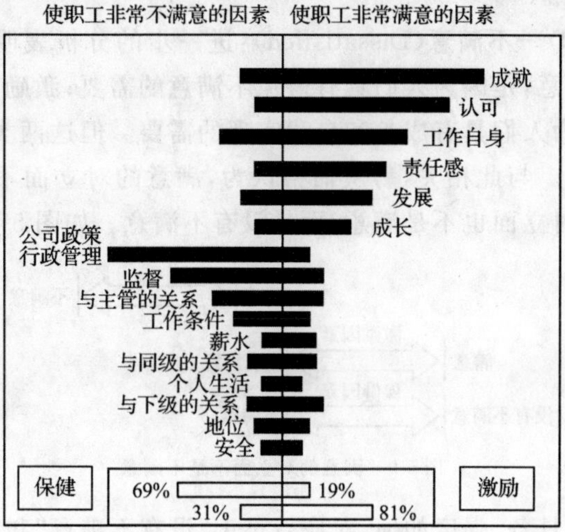

图5-8　满意因素与不满意因素比较

赫茨伯格根据试验研究的成果，提出了"双因素理论"，主要反映在《工作的激励因素》(1959年)和《工作与人性》(1966年)这两部著作中。

保健因素(Hygiene Factors)：赫茨伯格通过调查发现，使员工感到不满的有五种因素：

(1)公司政策与管理方式(Company Policies)；

(2)上司的监督(Supervisors)；

(3)工资(Pay and Security)；

(4)人际关系(Interpersonal Relationships)；

(5)工作条件(Working Conditions)。

这些是用于工作环境和工作条件方面的因素。这类因素不具备或强度太低，容易导致员工不满意，但即使完备、强度很高也很难使员工感到满意。因此，赫茨伯格将这类因素称为"保健因素"，又称为"维持因素"，也有人一度把它翻译为"卫生因素"。保健因素不能直接起激励员工的作用，但能预防员工的不满情绪。

激励因素(Motivation Factors)：使员工对工作感到满意的因素，往往有以下五种：

(1)工作中的成就(Achievement)；

(2)对工作成绩认可和赞赏(Recognition)；

(3)工作本身的魅力(Work Itself)；

(4)工作的责任感(Responsibility)；

(5)因工作取得的进步(Personal Growth)。

其中前两种因素的即时效应往往较为明显，而后三种因素的持久程度更强。这些是属于工作本身和工作内容方面的因素。这类因素具备后，可使员工感到满意，但员工感到不满时却很少是因为缺少这些因素。赫茨伯格将这类因素称为“激励因素”，因为只有这些因素才能激发起人们在工作中的积极性、创造性，产生使员工满意的积极效果。

满意(Satisfied)—不满意(Dissatisfied)：进一步的分析表明，保健因素之所以能导致人们的不满意，是因为人们具有避免不满意的需要；激励因素之所以能导致人们的满意，是因为人们具有成长和自我实现的需要。但这两类性质不同的因素，是彼此独立不同的。与此相关，赫茨伯格认为，满意的对立面不是不满意，而是没有满意；不满意的对立面也不是满意，而是没有不满意。如图 5-9 所示。

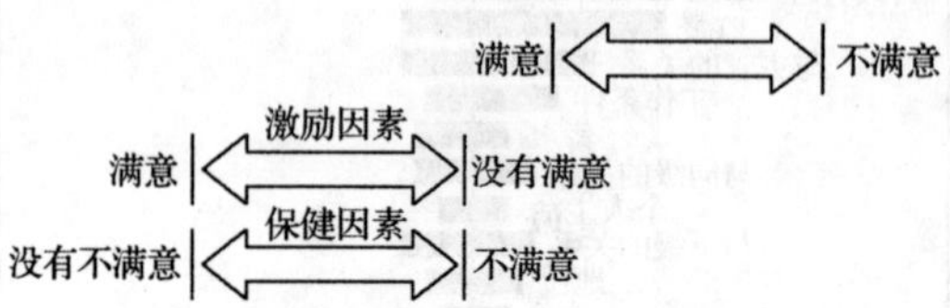

图 5-9 满意的对立面不是不满意

保健因素是否具备、强度如何，对应着员工“没有不满意”和“不满意”。激励因素是否具备、强度如何，对应着员工“满意”和“没有满意”双因素理论在实际工作中得到了广泛的应用。最主要的形式就是工作丰富化，其中心思想就是通过增加工作中的激励因素来充分发挥员工的积极性和创造性。

双因素理论也有一些不足之处，如运用的程序受到方法论的限制；研究方法的信度受到怀疑；没有对满意度进行整体的测量；忽视了环境变量等。而且许多专家认为赫茨伯格的调查对象的代表性也不够。这是因为在美国，工程师和会计师的工资、安全、工作条件等方面都比较好，因此这些因素对他们自然不会起激励作用，但这并不能代表一般员工的情况。实际上，对于激励因素和保健因素，人们的反应是不一样的，对一个人起激励作用的因素，对另一个人可能起保健作用，反之亦然。因此，在实际工作中要根据个人的不同情况具体分析。

四、成就理论(McClelland's Theory of Needs)

美国著名心理学家戴维·麦克利兰(McClelland)对马斯洛理论的普遍性提出了挑战，对该理论的核心概念“自我实现”有无充足的证据也表示怀疑。他经过 20 多年的研究得出结论说，人类的许多需要都不是生理的，而是社会性的，而且人的社会性需要不是先天的，而是后天的，得自于环境、经历和培养教育等，很难从单个人的角度归纳出共同的、与生俱来的心理。时代不同、社会不同、文化背景不同，人的需要当然就不同，所谓“自我实现”的标准也不同。

麦克利兰与温特尔共同出版了《激励经济成就》一书，在该书中系统地阐述了成就需要理论。他将人的需要归纳为三大类：对成就的需要、对亲和的需要和对权力的需要。

(1)成就需要者(need for achievement):渴望将事情做得更加完美,相信自己的能力,敢于做出决断,愿意承担责任,希望通过自己的努力获得成功,寻求能发挥独立处理问题能力的工作环境;他们对工作的结果非常关注,希望立即得到信息反馈,以便了解工作的成效;倾向于设定与自己能力相当的、中等难度的目标,对风险采取了一种现实主义的态度。

(2)权力需要者(need for power):热衷于"承担责任",喜欢竞争性强和存在地位取向的工作环境,希望影响他人,控制向下、向上的信息渠道,以便施加影响、掌握权力。他们对政治感兴趣,而不仅高成就需要的人关心改进自己的工作。

(3)亲和需要者(need for affiliation):寻求的是被他人喜爱和接纳。他们渴望友谊,喜欢合作,并希望彼此之间能沟通与理解。

成就需要可以创造出富有创业精神的人物,他们会促进社会经济的发展,因此,全社会都应当认识到这一问题的重要性,鼓励人们努力建功立业,取得成就。成就需要和权力需要都会使人们有杰出的表现,但二者还是有区别的。在高成就需要的人当中,很少产生率领众人前进的领导者。如果说成就需要对应着创业精神,那么权力需要就对应着各种领导,因为领导者的首要任务是影响别人,对权力的需要显然是他们的主要人格特征之一。亲和和权力需要与管理者的成功有密切关系,优秀的管理者有高权力需要和低亲和需要。

已经有成功的方法可以训练员工激发自己的成就需要。所以,如果工作需要高成就需要者,管理者可以选拔具有高成就需要的人,也可以通过成就培训来开发原有的下属。

第四节　激励的过程型理论

过程型模式研究"激励是怎样产生的"问题,激励理论包括:强化理论、公平理论、期望理论、目标设置理论等。

一、强化理论

(一)强化的概念

强化理论(Reinforcement Theory)是美国的心理学家斯金纳提出的以学习的强化原则为基础的关于理解和修正人的行为的一种学说。斯金纳认为:人或动物为了达到某种目的,会采取一定的行为作用于环境,当这种行为的后果对他有利时,这种行为就会在以后重复出现;不利时,这种行为就减弱或消失。人们可以用这种正强化或负强化的办法来影响行为的后果,从而修正其行为。所谓强化,从其最基本的形式来讲,指的是对一种行为的肯定或否定的后果(报酬或惩罚),它至少在一定程度上会决定这种行为在今后是否会重复发生。

行为强化原理最初是利用动物的实验结果阐述的,行为强化对人类行为的自然过程同样构成影响。行为强化是自然发生的,是我们日复一日地与自然环境和社会环境相互作用的结果。行为强化的原理也可用来改变人们的行为,由于操作性行为随着强化刺激的增强而增强,也会随着强化刺激的减弱而减弱,人们就可以通过控制强化物来控制行为,引起行为的改变。由于这一理论的中心思想在于通过强化刺激来改变人们的行为方向,故又称作行为矫正理论。管理人员可以通过强化手段,营造一种有利于组织目标实现的环境和氛围,使组织成员的行为符合组织的目标。

行为强化的定义是:行为被紧随其出现的直接结果加强的过程。当一个行为被加强时,它就更有可能在将来再次出现。行为强化必须是:一个具体行为的发生;有一个直接结果紧随着这个行为;导致了这个行为在将来被加强了,这个人更有可能在将来再次出现这种行为。通过行为强化过程得到增强的行为称作操作性行为,即操作性行为作用于环境,产生一个结果,它随后被这个直接结果所控制,或者作为这个直接结果的结果出现。而这个增强了操作性行为的结果就称作强化物。

资料

斯金纳

斯金纳(Burrhus Frederic Skinner,1904～1990)1904 年生于美国宾夕法尼亚州,他于 1931 年获得哈佛大学的心理学博士学位,并于 1943 年回到哈佛大学任教,直到 1975 年退休。1968 年曾获得美国全国科学奖章,是第二个获得这种奖章的心理学家。他在心理学的学术观点上属于极端的行为主义者,其目标在于预测和控制人的行为而不去推测人的内部心理过程和状态。

斯金纳是世界心理学史上最为著名的心理学家之一,直到今天,他的思想在管理、教育和心理治疗中仍然被广泛应用。斯金纳还提出了自己对理想社会的设想,在其名著《沃尔登第二》一书中,他描述了一个理想的乌托邦似的社会,在这个社会中,孩子从诞生之日起,就通过强化来进行严格的行为形成训练,孩子们要被训练成具有合作精神和社交能力的人,所有的训练都是为了社会全体成员的利益和幸福。这本书在美国极受推崇,大学生们尤其热衷于阅读此书,在弗吉尼亚州,甚至还有人真正根据《沃尔登第二》的模式建立起了一个公社。

(二)强化的取向

强化的过程存在目标期望的方向性,行为的状态与期望方向存在一致和不一致,称为积极行为和消极行为。强化的手段从行为者的接受倾向性上,同样存在奖励性强化和惩罚性强化两个极化的方向。因此,事实上关于行为及行为的强化的设计是个复杂的问题,行为表现的方向和程度不同,强化的具体运用也会有多重选择。问题得以简化的办法是如何划分出行为表现和强化方向的基本组合取向(表 5-3 和图 5-10)。

表 5-3 强化的四种取向

	消极行为	积极行为
奖励	消退 （撤销奖励）	正性强化 （给予奖励）
惩罚	惩罚 （施加惩罚）	负性强化 （撤销惩罚）

图 5-10 强化的四种取向

(1)正性强化和负性强化

正性强化和负性强化都是加强行为的过程，也就是说，它们都会增加这种行为在将来出现的可能性，这一点是极为重要的。正性强化和负性强化的区别仅仅在于行为结果的本质不一样。

正性强化的程序如下：一个行为的发生；随着这个行为出现了刺激的增加或者刺激强度的加强；导致了行为的增强。正强化是指奖励那些符合组织目标的行为，以便使这些行为得以进一步加强，重复出现，从而有利于组织目标的实现。正强化的内容多种多样，包括物质奖励和精神奖励，如增加薪金、提升职位、对其工作成果承认和赞赏等。

负性强化是这样进行的：一个行为的发生；随着这个行为出现了刺激的消除或者刺激强度的减弱；导致了行为的减弱。负强化就是对不符合组织目标的行为采取的惩罚措施，当行为出现积极转化时，逐步撤销惩罚措施，使危害行为或消极行为减少或根本不发生，从而保证组织目标的实现。这种强化方式能从反面促使人们重复符合要求的行为，达到与正强化同样的目的。

(2)正性惩罚和负性惩罚

从程序上可以分为两类：正性惩罚和负性惩罚。二者之间的区别是由行为的正性惩罚和负性惩罚结果所决定的。

正性惩罚的程序如下：一个行为的发生；行为之后跟随着一个刺激物的出现；作为结果，这个行为将来不太可能再次发生。正性惩罚，或称惩罚，是指以某种带有强制性、威胁性的控制技术，如用批评、降薪、降职、罚款、开除等来创造一种令人不快乃至痛苦的环境，减少直至完全消除这种行为重复出现的可能性。与正强化不同的是，惩罚要终止行为连续性，即对每一种不符合组织目标的行为都应该及时予以处罚，从而消除人们的侥幸心理。

负性惩罚的程序如下：一个行为的发生；行为之后跟随着一个刺激物的消除；作为结果，这个行为将来不太可能再次发生。负性惩罚，也称消退，即取消现有的令人愉快和满意的条件，以示对某一不符合要求的行为的否定，从而消除这种行为重复发生的可能性。或对某些行为不加理会，任其自然发展，既不给予正强化，也不给予负强化，使其自然消退。这时人会感到自己的行为得不到承认，便会使这种行为慢慢地自然消失掉。对小孩子的哭闹置之不理便是自然消退的例子。这都是减少不想要行为可用的方法，但这种消失的行为如果没有良好的行为置换有可能死灰复燃，所以该方法最好与其他方式结合使用。

过多地运用惩罚，往往会造成被惩罚者心理上的创伤，引起对抗情绪，乃至采取欺骗、隐瞒等手段来逃避惩罚。但是，有时又必须运用惩罚的方式。为了尽可能避免惩罚所引起的消极作用，应把惩罚同正强化结合起来。在执行惩罚时，应使被惩罚者了解受惩罚的原因和改正的办法，而当其一旦有所改正时，即应给以正强化，使其符合要求的行为得到巩固。

(三)行为强化的程序

正强化的科学方法是，应使其强化的方式保持间断性，强化的时间和数量也不固定。也就是说，管理人员应根据组织的需要和员工的行为状况，不定期、不定量地实施强化。那种连续、固定的正强化，久而久之就会使组织的成员感到组织的强化是理所当然的，甚至会产生越来越高的期望，而失去强化本身的作用。

1. 连续强化和间歇强化

某一具体行为的强化程序说明了强化刺激是跟随每个反应出现还是跟随部分反应出现。行为强化程序中，存在连续行为强化程序和间歇行为强化程序两种不同方法的使用，在连续行为强化程序中，每个反应都得到加强。与连续行为强化程序相反，在间歇行为强化程序中，不是每个反应都得到强化。或者说，反应只是有时或者间歇地被强化。连续行为强化程序通常用于行为获得。一旦这个人获得或学会了这个行为，就可以对其使用间歇行为强化程序，使这个人继续从事这种行为。对每一次正确行为都进行表扬，不仅不可能，而且也不必要。对于维持一个行为来说，间歇行为强化比连续行为强化更有效。

请看下面的例子：

> 马丽最近受雇于一家家具制造公司，她的工作内容是在柜橱的门上安装把手。马丽上班的第一天，主管向她演示如何正确地安装柜橱门的把手。在马丽开始工作的第一个小时里，主管观察马丽的工作情况，并在她每一次正确安装了一个把手之后夸奖她。这就是连续行为强化程序，因为每一个反应(正确安装门把手)都跟随着一个具有强化作用的结果(主管的夸奖)。在这一个小时以后，主管一天中只是偶尔回来看马丽的工作，并在她正确安装了门把手之后夸奖她。这就是间歇行为强化程序，因为马丽安装门把手的行为并不是每次都被强化。

斯金纳将多种类型的间歇行为程序归纳为四种基本的类型：固定比例、可变比例、固定间隔和可变间隔。虽然这些行为强化程序的研究最初都是使用实验室动物进行的，但是它们现在也应用于人类的行为。

2. 固定比例和可变比例

在行为强化的固定比例程序和可变比例程序中，强化物的提供是以发生反应的数量为基础的。在固定比例程序中，提供强化物之前必须发生一定数量的反应。换句话说，强化物是在一定数量的反应之后提供的。

固定比例程序：在固定比例程序中，提供强化物之前所需的反应数量是不变的。提供强化物前所需的反应数量较多时，反应的比率较高，产生出高比率的行为，但强化之后有短暂停顿。行为强化的固定比例程序有时在教学或工作环境中被用来维持人们适当的行为。如学生们正确地完成一定数量的题目或作业后向他们提供强化物。工厂中的计件工资，即工人们根据他们完成的数量取得报酬。

可变比例程序：与在固定比例程序中一样，在可变比例程序中，强化物的提供是以发出行为的总数为基础的，但是在这种情况下，每次提供强化物以前所需的反应数目都可能围绕着一个平均值而有所不同，换句话说，强化物是在多个反应之后进行的。可变比例程序产生出比率高且稳定的行为，而且强化之后没有停顿。通过打电话向客户推销商品的推销员，在客户购买他的产品（强化物）之前，他需要打的电话数量是不确定的。他打的电话越多，就越有可能发生交易。但是，到底哪个电话会导致交易是不可预见的。

在固定比例程序和可变比例程序中，强化物的提供是基于发生反应的数量的。因此，在这两种程序中，反应出现得越频繁，强化物出现得也越频繁。这就是比例程序和间歇程序在行为矫正程序中得到最多使用的原因。

3. 固定间隔和可变间隔

在间隔程序（固定间隔、可变间隔）中，反应只在一个时间间隔过去后才被强化。在这种程序中，到底发生了多少个反应并不重要，只要指定的时间间隔结束了，第一个发生的反应就被强化。

固定间隔程序：在固定间隔程序中，间隔的时间是固定的，或者每次都一样。例如，固定间隔为 30 天，在 30 天的强化程序中，30 天结束后发生的第一个行为会被强化，30 天之前发生的反应不被强化。这些反应对其后的强化没有影响（它们并不会使强化提早发生）。但是，工人在接受报酬后，可能降低工作速度或者停止工作一段时间，然后在 30 天间隔快结束时再开始工作，出现降低-升高的模式。因为他从没有在 30 天内的间隔期中间得到报酬，所以他的行为发生频率很自然地在间隔期的初期降低。这种在接近间隔结束时提高绩效行为模式是固定间隔行为强化程序的特点。正因为这一点，固定间隔程序很少在教学或训练项目中得到应用。为确保产生更高和更稳定的回应频率，应用更为普遍的是固定比例程序或可变比例程序。

可变间隔程序：与在固定间隔程序中一样，在可变间隔程序中，强化物是在时间间隔结束后对发生的第一个回应提供的。不同之处在于，在可变间隔程序中，每个时间间隔的长度是不同的或是不可预计的。间隔的长度在一个平均值周围变化。

在固定间隔程序中，行为的频率先是在间隔的初期下降，而后又在间隔的末期提高。而在可变间隔程序中，行为以一种稳定的频率发生，因为间隔的长度亦即强化物的提供是无法预计的，所以这种降低-升高的模式无法存在。

(四)强化理论的启示

强化理论较多地强调外部因素或环境刺激对行为的影响,忽略人的内在因素和主观能动性对环境的反作用,具有机械论的色彩。但是强化理论的一些具体做法对我们是有用的。

强化理论的应用原则可以归纳为下面几条:

(1)经过强化的行为趋向于重复发生。所谓强化因素就是会使某种行为在将来重复发生的可能性增加的任何一种"后果"。例如,当某种行为的后果是受人称赞时,就增加了这种行为重复发生的可能性。

(2)要依照强化对象的不同需要采用不同的强化措施。人们的年龄、性别、职业和文化不同,需要就不同,强化方式也应不一样。对一部分人有效的,对另一部分人不一定有效。

(3)小步子前进。分阶段设立目标,在鼓励人前进时,不仅要设立一个鼓舞人心而又切实可行的总目标,而且要将总目标分成许多小目标、小步子。完成每个小目标都及时给予强化,不仅易于目标的实现,而且通过不断的激励可以增强信心。如果目标一次定得太高,会使人感到不易达到或者说能够达到的期望很小,就很难充分调动他为达到目标而做出努力的积极性。

(4)及时反馈。所谓及时反馈就是通过某种形式和途径,及时将工作结果告诉行动者。无论结果好与坏,对行为都具有强化的作用,好的结果能鼓舞信心,继续努力,坏的结果能促使其分析原因,及时纠正。例如,让工人知道每天干了多少活,特别是在劳动竞赛中公布相互之间的进度和成绩,能起到很好的激励作用。因此,抓好信息反馈是激励和改变行为的重要环节。

(5)正强化比负强化更有效。正强化和负强化、奖励和惩罚都有激励作用,但应以积极激励为主,消极惩罚为辅,才会收到更好的效果。

二、公平理论(Equity Theory)

公平理论又称社会比较理论,美国心理学家、行为科学家斯塔西·亚当斯(John Stacey Adams)在《工人关于工资不公平的内心冲突同其生产率的关系》(1962,与罗森合写),《工资不公平对工作质量的影响》(1964,与雅各布森合写)、《社会交换中的不公平》(1965)等著作中提出来的一种激励理论。该理论侧重于研究工资报酬分配的合理性、公平性及其对职工生产积极性的影响。

公平理论认为,当一个人做出了成绩并取得报酬后,他不仅关心自己所得报酬的绝对量,而且关心自己所得报酬的相对量。也就是说,每个人都会自觉不自觉地把自己所获得的报酬与投入的比率,同参照对象的收支比率相比较,如下所示:

O(Outcome)代表报酬。如工资、奖金、提升、赏识、受人尊敬等,包括物质方面和精神方面所得。

I(Input)代表投入。如工作的数量和质量、技术水平、努力程度、能力、精力、时间等。

A代表当事人。

B代表参照对象(他人或自己过去)。

资料

两种比较:与他人的比较和与自己的过去比较

与他人的比较

与他人的比较称为社会比较或横向比较,参照对象B代表通常是自己的同事、同行、邻居、亲朋好友(一般是与自己状况相当的人)等。结果分三种情况:

• 如果(O/I)A=(O/I)B,当事人会觉得报酬是公平的,他可能会因此而保持工作的积极性和努力程度;

• 如果(O/I)A<(O/I)B,这时当事人就会感到不公平,此时他可能会要求增加报酬,或自动地减少投入以便达到心理上的平衡;

• 如果(O/I)A>(O/I)B,说明当事人得到了过高的报酬或投入较少。在这种情况下,一般来讲,当事人不会要求减少报酬,而有可能会自觉地增加投入量。但过一段时间后他就会因重新过高估计自己的投入而对高报酬心安理得,于是其投入又会恢复到原先的水平。还有另外一种情形,当事人开始可能心里一阵暗自高兴,但高兴之余,又会担心这种不公平会影响工作伙伴对自己的评价,从而影响自己在正式组织或非正式组织中的人际关系,因此会在以后的工作中谨慎小心,同样不利于调动其积极性。

与自己的过去比较

与自己的过去比较称为历史比较或纵向比较(B代表过去的当事人),也分三种情况:

• 如果(O/I)A=(O/I)B,当事人就会认为基本公平,积极性和努力程度可能会保持不变;

• 如果(O/I)A<(O/I)B,当事人会感到不公平,其工作积极性会下降(减少投入),除非给他增加报酬;

• 如果(O/I)A>(O/I)B,一般来讲,当事人不会觉得所获报酬过高,因为他可能会认为自己的能力和经验有了进一步的提高,其工作积极性不会因此而提高多少。

当人们感到自己的产出-投入比和其他人的产出-投入比不平衡时,就会产生紧张感。这种紧张感又会成为他们追求公平和公正的激励基础。

对于不公平,员工的选择有多种可能:

(1)改变自己的投入;

(2)改变自己的产出;

(3)改变自我认知;

(4)改变对其他人的看法；

(5)选择另一个不同的参照对象；

(6)离开工作场所。

公平理论提出的基本观点是客观存在的，公平理论强调组织建立和保持对待员工的公平方法的重要性。许多组织为了避免职工产生不公平感，往往采取各种手段，在企业中创造一种公平合理的气氛，使职工产生一种主观上的公平感。或采用秘密的单独发奖的办法，使职工相互不了解彼此的收支率，以免职工互相比较而产生不公平感。但公平本身却是一个相当复杂的问题。公平感与个人的主观判断有关，无论是自己的或他人的投入和报偿都是个人感觉。存在“自我服务偏差”，人们常常对自己的投入估计过高，对别人的投入估计过低。组织中的人际关系是相互依赖相互影响的，公平感也应有其组织共识，但采用何种评价标准难以达成一致意见，是采取贡献率，也有采取需要率、平均率的。公平理论可用于指导组织薪酬体系的设计与管理工作。如果按绩效付报酬，并且各人之间应相对均衡。但如何评定绩效就十分复杂，是以工作成果的数量和质量，还是按工作中的努力程度和付出的劳动量？是按工作的复杂、困难程度，还是按工作能力、技能、资历和学历？不同的评定办法会得到不同的结果。按照“效率原则”，最好是按工作成果的数量和质量，用明确、客观、易于核实的标准来度量，但这在实际工作中往往难以做到。如果绩效采用个人主观评定，是由领导者评定还是群众评定或自我评定，不同的评定人会得出不同的结果。由同一个人评定又会出现松紧不一、回避矛盾、姑息迁就、抱有成见等现象。

公平理论使人们意识到，组织不仅仅要公平地对待其成员，还必须让其成员认同组织的确是公平的。管理者还应当更多地注意实际工作绩效与报酬之间的合理性，同时应帮助当事人正确认识自己与别人的投入与报酬。从历史上看，公平理论着眼于分配公平，即个人间可见的报酬数量和分配的公平(distributive justice)。但是公平也应考虑程序公平(procedural justice)，即用来确定报酬分配的程序的公平。有证据表明，分配公平比程序公平对员工满意感有更大的影响；相反，程序公平更容易影响员工的组织承诺、对上司的信任和流动意图。所以，管理者需要考虑分配的决策过程，应公开化，应遵循一致和无偏见的程序，采取类似的措施增加程序公平感。通过增加程序公平感，员工即使对工资、晋升和其他个人产出不满意时，也可能以积极的态度看待上司和组织。世界银行将公平性定义为人人机会均等。在社会层面上，罗尔斯认为，一个社会所应该具有的伦理选择必须要考虑社会中最不幸的人的社会机会。只有机会均等的社会才是公平的社会。因此，公平的完整理解是起点公平(机会均等)、过程公平和结果公平。

另外要注意，虽然大多数关于公平理论的研究着眼于工资，但员工也从组织的其他报酬分配中寻求公平。例如，有证据表明，高社会地位的工作头衔和宽敞、装饰豪华的办公室在一些员工的公平方程中可能起到产出的作用。

三、期望理论(Expectancy Theory)

1964 年,美国心理学家弗鲁姆(Victor H. Vroom)在他的著作《工作与激励》一书中,首先提出了期望理论,也称为效价-工具-期望理论,简称 VIE 理论。这种理论一出现,就受到管理专家和实际管理工作者的普遍重视,已成为激励领域的主要理论之一。

期望理论的基础是,人之所以能够从事某项工作并达成组织目标,是因为这些工作和组织目标会帮助他们达成自己的目标,满足他们某方面的需要。弗鲁姆认为,一种激励因素(或目标),其激励作用的大小,受到个人从组织中取得报酬(或诱因)的价值判断以及对取得该报酬可能性的预期双重因素的影响,前者称为效价,后者称为期望值(期望概率),即某一活动对某人的激发力量取决于他所能得到结果的全部预期价值乘以他认为达成该结果的期望概率。可用下式表示:

$$激励力(M)=\sum 效价(V)\times 期望概率(E)$$

激励力:是一个人受激励的程度,愿意为达到目标而努力的程度。

效价:指一个人对行动的结果能满足其需要的程度的估计,其取值范围可由+1 到−1。结果对个人越是重要,效价值越接近+1;结果对个人无关紧要、是无所谓的事,效价值就接近于 0;个人很不希望发生而要尽力避免的结果,其效价值就接近于−1。

期望值:指个人对行为会导致某一预期结果的概率估计,其取值范围由 0 到 1。

也就是说,如果其中有一个变量为零(毫无意义或毫无可能),激励力也就等于零。

弗鲁姆认为,效价和期望值都是个人的一种主观判断,即对人的行为的激励力涉及三部分心理过程:报酬本身是否能够吸引人们为之付出努力?付出努力的行为是否能够取得预期的结果?努力和工作绩效的结果能否带来期望的报酬?这个公式实际上指出了在进行激励时要处理好三个方面的关系,这些也是调动人们工作积极性的三个条件。如图 5-11 所示。

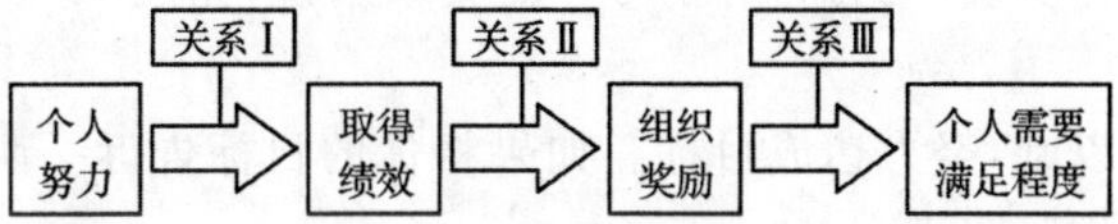

图 5-11　激励的三个条件

第一,努力与绩效的关系。人总是希望通过一定的努力能够达到预期的目标,如果个人主观认为通过自己的努力达到预期目标的概率较高,就会有信心,就可能激发出很强的工作力量。但是如果他认为目标太高,通过努力也不会有很好的绩效时,就失去了内在的动力,导致工作消极。这种关系可在公式的期望值这个变量中反映出来。

第二，绩效与奖励的关系。人总是希望取得成绩后能够得到奖励，这种奖励是广义的，既包括提高工资额、多发奖金等方面的物质奖励，也包括表扬、自我成就感、得到同事们的信赖、提高个人威望等精神方面的奖励，还包括像提拔到较重要的工作岗位上去等物质与精神兼而有之的奖励。如果他认为取得绩效后能够获得合理的奖励，就有可能产生工作热情，反之则就可能没有积极性。

第三，奖励与满足个人需要的关系。人总是希望自己所获得的奖励能满足自己某方面的需要。然而由于人们在年龄、性别、资历、社会地位和经济条件等方面都存在着差异，他们的各种需要要求实现后得到的满足程度就不同。因而对于不同的人，采用同一种办法给予奖励能满足的需要程度不同，能激发出来的工作动力也就不同。

期望理论揭示出对人的行为的激励，实际上是一种很复杂的过程。管理者在向员工下达任务时，必须考虑工作本身的挑战性，使其效价能产生重要的刺激作用。同时，也要考虑任务的合理性，使人们通过努力可以完成，员工在取得绩效之后，奖励又能及时兑现，这样才能使激励与绩效之间形成良性循环。

四、目标设置理论

美国马里兰大学管理学兼心理学教授爱德温·洛克(Edwin A. Locke)和休斯在研究中发现，外来的刺激(如奖励、工作反馈、监督的压力)都是通过目标来影响动机的。目标能引导活动指向与目标有关的行为，使人们根据难度的大小来调整努力的程度，并影响行为的持久性。于是，在一系列科学研究的基础上，他于1967年最先提出“目标设定理论”(Goal Setting Theory)，认为目标本身就具有激励作用，目标能把人的需要转变为动机，使人们的行为朝着一定的方向努力，并将自己的行为结果与既定的目标相对照，及时进行调整和修正，从而能实现目标。这种使需要转化为动机，再由动机支配行动以达成目标的过程就是目标激励。目标激励的效果受目标本身的性质和周围变量的影响。

在使用目标设置理论时应注意以下原则：

(1)目标要有一定难度，但又要在能力所及的范围之内。

(2)目标要具体明确。例如，对于写一篇文章来说，完成70%要比仅仅试着做做要好得多。

(3)必须全力以赴，努力达成目标。如果将你的目标告诉一两个亲近的朋友，那么，就会有助于你坚守诺言。

(4)短期或中期目标要比长期目标可能更有效。比如，下一星期学完某一章节，可能比两年内拿一个学位的目标好很多。

(5)要有定期反馈，或者说，需要了解自己向着预定目标前进了多少。

(6)应当对目标达成给予奖励，并用它作为将来设定更高目标的基础。

(7)在实现目标的过程中，对任何失败的原因都要抱现实的态度。人们有将失败归因于外部因素(如运气不好)，而不是内部因素(如没有努力工作)的倾向。只有诚实对待自己，将来成功的机会才能显著增加。

在目标设定与绩效之间还有其他一些重要的因素产生影响。这些因素包括对目标的承诺、反馈、自我效能感、任务策略、满意感等(如图 5-12 所示)。

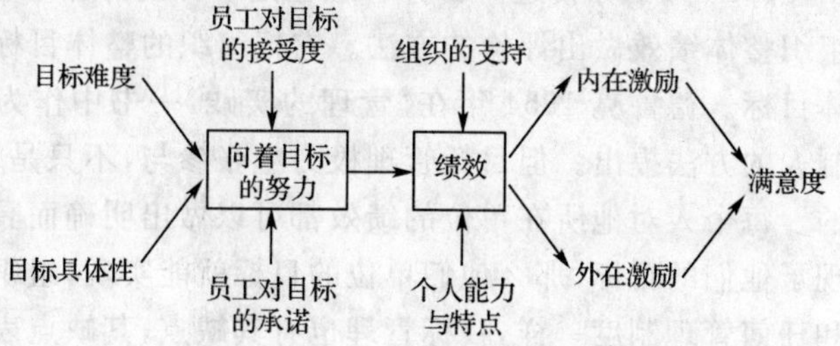

图 5-12　目标激励的各要素

(1)承诺

承诺是指个体被目标所吸引，认为目标重要，持之以恒地为达到目标而努力的程度。个体在最强烈地想解决一个问题的时候，最能产生对目标的承诺，并随后真正解决问题。

(2)反馈

目标与反馈结合在一起更能提高绩效。目标给人们指出应达到什么样的目的或结果，同时它也是个体评价自己绩效的标准。反馈则告诉人们这些标准满足得怎么样，哪些地方做得好，哪些地方有待于改进。反馈是组织里常用的激励策略和行为矫正手段。

(3)自我效能感

自我效能感的概念是由班杜拉(Bandura)提出的自我效能感就是个体在处理某种问题时能做得多好的一种自我判断，它是以对个体全部资源的评估为基础的，包括能力、经验、训练、过去的绩效、关于任务的信息等。当对某个任务的自我效能感强的时候，对这个目标的承诺就会提高。目标设定的难度影响自我效能感，当目标太难时，个体很难达到目标，这时他的自我评价可能就比较低。而一再失败就会削弱一个人的自我效能感。

(4)任务策略

任务策略是指个体在面对复杂问题时使用的有效的解决方法。相对于简单任务而言，在复杂任务环境中有着更多可能的策略，但这些策略有很多是不好的策略。要想完成任务，得到更好的绩效，选择一个良好的策略是至关重要的。当面临困难任务时，仅有努力、注意力和持久性是不够的，还需要有适当的任务策略。

(5)满意感

当个体经过种种努力终于达到目标后，如果能得到他所需要的报酬和奖赏，就会感到满意；如果没有得到预料中的奖赏，个体就会感到不满意。个体对他所得报酬是否公平的理解影响满意感，他感到所得的报酬是公平的，就会感到满意。反之，则会不满意。目标的难度也会影响满意感。当任务越容易时，越易取得成功，个体就会经常体验到伴随成功而来的满意感。当目标困难时，取得成功的可能性就要小，从而个体就很少体验到满意感。

洛克目标设置理论与彼得·德鲁克(Peter Drucker)提出目标管理(Management by Objective,MBO)十分接近。目标管理也是一种制订计划、进行控制、进行人事评价和对组织整体绩效做出评价的方法。它把组织的整体目标转化为组织单位和个人的具体目标。德鲁克1954年在《管理的实践》一书中作为一种运用目标激励而不是控制人的方法提出。但目标管理极力主张参与，不只是自上而下的，也应是自下而上的。每个人对他所在单位的绩效都可以做出明确而具体的贡献。如果所有人都实现了他们的目标，那么他们单位的目标就能实现，组织的总体目标也就成为现实。和任何管理制度一样，目标管理也有其缺点，其缺点表现为由于目标管理过分强调结果，往往不重视职工如何达到结果，因而职工个人可能采取不正当手段达到结果；由于每个人都有自己的目标，因此，在职工之间无法进行有效的比较；如果主管人员缺乏适当的训练，则无法对下级制定和执行目标进行有效的指导。

五、综合激励模型

综合激励模型是美国行为科学家爱德华·劳勒和莱曼·波特提出的一种激励理论。该模型自1968年在他们的合著《管理态度和成绩》一书中提出以来，受到国内外企业的追捧，应用广泛，效果显著。1967年，波特和劳勒在他们合作的《成绩对工作满足的影响》一文中描述了该模型的主要观点。模型认为，一个人在做出了成绩后，得到两类报酬：外在报酬和内在报酬。同时，达到"满足"至少还需要"所理解的公正报酬"要素来调节。

外在报酬，包括工资、地位、提升、安全感等，按照马斯洛需求层次理论，外在报酬往往满足的是一些低层次的需要。由于一个人的成绩，特别是非定量化的成绩往往难于精确衡量，而工资、地位、提升等报酬的取得也包含多种因素的考虑，不完全取决于个人成绩，所以二者并非直接的、必然的因果关系。

内在报酬，即一个人由于工作成绩良好而给予自己的报酬，如感到对社会做出了贡献，对自我存在意义及能力的肯定等等，它对应的是一些高层次需要的满足，而且与工作成绩是直接相关的。

所理解的公正报酬，指一个人要把自己所得到的报酬同自己认为应该得到的报酬相比较，如果相符合，他就会感到满足，并激励自己以后更好地努力；如果认为自己得到的报酬低于"所理解的公正报酬"，那么，即使事实上他得到的报酬量并不少，他也会感到不满足，甚至失落，从而影响他以后的努力。

综合激励模型(如图5-13所示)概括起来有四个特点：

(1)"激励"决定一个人是否努力及其努力的程度。

(2)工作的实际绩效取决于能力的大小、努力程度以及对所需完成任务理解的深度。具体地讲，"角色概念"就是一个人对自己扮演的角色认识是否明确，是否将自己的努力指向正确的方向，抓住了自己的主要职责或任务。

(3)奖励要以绩效为前提,不是先有奖励后有绩效,而是必须先完成组织任务才能导致精神的、物质的奖励。当员工看到他们的奖励与成绩关联性很差时,奖励将不能成为提高绩效的刺激物。

(4)奖惩措施是否会产生满意,取决于被激励者认为获得的报偿是否公正。如果他认为符合公平原则,当然会感到满意,否则就会感到不满。众所周知的事实是,满意将引发进一步的努力。

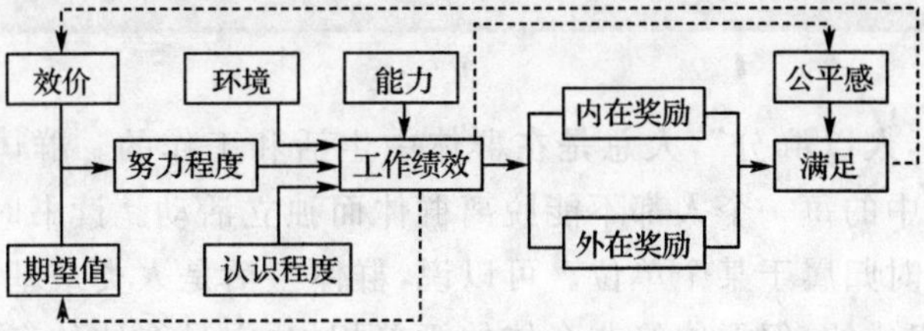

图 5-13　波特和劳勒的综合激励模型

波特-劳勒期望激励理论在 20 世纪 60 至 70 年代是非常有影响的激励理论,在今天看来仍具有现实意义。它告诉我们,不要以为设置了激励目标、采取了激励手段,就一定能获得所需的行动和努力,并使员工满意。要形成激励→努力→绩效→奖励→满足并从满足中回馈努力这样的良性循环。满足取决于奖励内容、奖惩制度、组织分工、目标导向行动的设置、管理水平、考核的公正性、领导作风及个人心理期望等多种综合性因素。

复习思考题

1. 对比激励的人性评价模式、内容型激励理论和过程型激励理论。
2. 简述 X 与 Y 理论的提出。
3. 简述自我实现人假说内容。
4. 简述复杂人假说的意义。
5. 简述不同人性假设的对应管理措施。
6. 简述马斯洛需要层次理论内容。
7. 简述双因素理论及启示。
8. 简述 ERG 理论和成就需要理论内容。
9. 简述期望理论、公平理论和强化理论及启示。
10. 简述目标设置理论的意义。

第六章

群体动力

“物以类聚，人以群分”，人总是在群体中生活和工作的。群体是一种社会现象，生活在社会中的每一个人都不能脱离群体而独立活动。读书时归属于某个学校和班级，工作时归属于某个单位。可以说，群体生活是人类最基本的生活方式。群体是由个体组成的，但群体绝非个体的简单相加，它是个体的有机组合，具有独特的结构、功能与特点，也有自己形成和发展的规律。因此，探讨群体形成的条件、群体心理规律和特征等问题，就成为组织行为学一项重要的研究内容。

第一节　群体的含义

一、群体的定义

群体是指具有以下特征的一群人：①群体成员彼此之间有频繁的相互作用；②群体成员都认为他们是本群体中的一员；③其他人也认为他们属于同一群体；④群体具有其成员应共同遵守的规范；⑤为完成共同的目标他们分工协作，贡献自己的力量。

要成为群体，必须具备下面几个条件：

(1)有一定数量的成员。群体必须由两个或两个以上的个体组成。通常为规模不超过 50 人的较小群体，许多研究集中在 3～20 个人的小群体之中。关于小群体的最低限度是 2 人还是 3 人，赞同 2 人的认为：两个人能够建立起来的纽带是独特的最小的可能性群体，两人组成的小群体能产生一种在许多更大的群体中所找不到的一致性和亲切感。但也有人认为，群体的最低限度应是 3 个人。两人组合无法构成群体，因为在两人组合中双方都会积极努力来维持这种互动关系，任何一方的退出都会导致关系的破裂，所以双方只有维持一致才能使这种联系持续下去。3 个人组合则不同，3 个成员无须总是保持一致，正所谓：两人为伴，三人为群。

(2)有一定的为成员所接受的共同目标。群体成员是否具有共同的行为目标，是维系群体生存的必要条件。为了实现共同目标，群体成员的行为可以高度一致。

(3)有一定的组织结构。群体是按照一定的规范建立起来的有机的组织系统。它不仅有一定的组织结构，并且每个成员都被按照一定的要求组织起来。在群体中每一个人都处于一定的地位，充当一定的角色，有一定的权利和义务。

(4)有一定的行为规范。这是保证群体成员行为一致、实现群体目标的重要条件。群体的组织纪律、作风、传统、守则、活动目标、操作规程等,都是群体规范的体现。

(5)成员心理上有依存关系和共同感,并产生一定的相互作用和相互影响。群体成员之间不仅能在生活、学习、工作方面相互帮助、团结协作,而且在思想、感情、观念上都趋于一致,对群体产生责任感、依恋感、荣誉感、自豪感等肯定的情感体验。

因此,我们将群体定义为:群体是为了实现某个特定的目标,两个或两个以上相互作用、相互依赖、遵守共同的行为规范的个体的组合。

二、群体的类型

(一)假设群体和实际群体

从群体是不是实际存在的角度,可以把群体分为假设群体和实际群体。假设群体是指实际上并不存在,但为了研究和分析的需要而假设其存在的群体。实际群体则是指现实生活中实际存在的群体,这类群体的成员之间有着一定的实际的联系。在统计等工作中,常使用假设群体。但我们所分析的群体都属于实际群体。

(二)大型群体和小型群体

按照群体规模的大小,可以把群体划分为大型群体和小型群体。但是,大与小是相对的,一个工厂对于它的车间而言是大的,相对于它所在的企业来说却是小的。这就使划分的界限显得模糊。社会心理学家对于大小的一个标准,就是看群体的成员之间是否有直接的、面对面的接触和联系。凡是群体成员彼此之间有直接的、面对面的接触和联系的是小型群体。由于这种直接的接触,建立起情感和心理上的联系,因此,小型群体中的心理因素的作用相对来说要大于大型群体。而在大型群体中,群体成员之间则只是以间接的方式(通过群体的共同目标、组织机构等)联结在一起。因此,相对来说,大型群体中社会因素要比心理因素有更大的作用。

(三)正式群体和非正式群体

根据构成群体的原则和方式不同,可把群体划分为正式群体和非正式群体。这种划分方法最早是由美国心理学家梅约(Mayo)在霍桑试验中提出来的。

正式群体是指由组织结构确定的、职务分配很明确的群体。在正式群体中,一个人的行为是由组织目标规定的,并且是指向组织目标的。它是由组织明文规定的,成员有固定的编制和组织形式,有明确的职责分工,有规定的权利和义务,为了保证组织目标的实现,有统一的规章制度和组织纪律,并具有明文规定的规范标准。

非正式群体是那些既没有正式结构,也不是由组织确定的群体。它是自然形成的一种无形组织,是人们为了满足某些心理需要而自发结成的群体,任何组织内部都必然存在这种群体。人们对于非正式群体的选择和参与主要基于自己情感上的好恶，往往以共同的利益、观点为基础，以情感联系为纽带，非正式群体有较强的凝聚力和较高的行为一致性，如学校里面的老乡会即是一个非正式群体。非正式群体通过满足人们的需要发挥着重要的作用，对于企业也是如此，它们对于员工的行为和绩效的影响也是非常深刻的。

非正式群体可以是在正式群体之内，也可以在正式群体之外，或者跨几个正式群体。有时一个正式群体之内有许多非正式群体。当正式群体的目标与成员的要求不一致，正式群体不能发挥正常功能时，非正式群体更容易产生。如果将正式群体和非正式群体进一步细分的话，还可以划分为命令型、任务型、利益型和友谊型群体。前两种群体多见于正式组织中，后两种则是非正式群体。

(四)实属群体和参照群体

实属群体又叫成员群体，是个体实际参加或隶属的群体，而参照群体是指以个人作为行动标准和指南，在心理上“向往”并加以模仿和效法的群体。参照群体的概念最早由美国社会学家海曼(H. H. Hyman，1942)提出。

参照群体也称榜样群体或标准群体。个体把这种群体的规范标准作为自己行动的参照和学习的榜样，会自觉地接受其规范准则并以此来指导自己的行为。例如，大学生群体往往是那些想考入大学的中学生的参照群体。参照群体在帮助成员形成信仰、态度、价值观和人格等方面有着特殊的意义。

参照群体一般来说与实属群体不属同一群体，也就是说，一个人往往身在一个群体，而将另外一个群体作为参照群体。如一些学生会把影视明星作为他们的参照群体，处处模仿明星们的言谈举止。参照群体可以是一个，也可以是多个；可以是现实的，也可以是虚构的。

每种群体都有其独特的作用，并有其缺点。一个有效的管理者，必须了解这些群体的行为规律。非正式群体有时违背组织的目标，对群体成员产生很大的消极作用。但如果非正式群体接受了组织的目标，它又可以帮助组织实现其目标。与正式群体一样，非正式群体既可以帮助也可以妨碍组织的行为。产生何种结果在一定程度上取决于作为群体一员的管理者如何进行工作。

三、群体的形成原因

人们加入群体的原因很多，其中最明显的原因之一是满足需要。除此之外，人们加入群体的原因还涉及亲近、相互作用和影响、趋同、群体的目标和活动，等等。

(1)需要。前面我们已经提到过，形成群体的一个主要原因是需求动机，它包括安全需要、地位需要、自尊需要、情感需要、权力需要、实现目标的需要，等等。

(2)亲近、相互作用和影响。人们加入群体最普遍的原因是：他们工作在一起。非正式群体中的人都是由工作上最亲近的人组成的，经常发生相互联系、相互作用的人们也极有可能形成群体。此外，如果某个人的行为能对其他一些人的行为产生影响，也有可能形成群体。

(3)趋同。相互吸引、志趣相同也是人们加入群体的原因。趋同的内容很多，观念、信念相同的人容易发生联系，常有可能参加同一群体。趋同的内容包括：人格、经济地位、种族、性别、能力等。

(4)群体活动和目标。尽管群体活动和群体目标难以明确分开，但有时个体加入群体的确是为了追求群体的目标。例如，许多人参加希望工程的群体，就是因为他们支持希望工程的事业。实际上，许多人在加入群体之前，并不知道群体其他成员的情况，但这丝毫不影响他们为群体的目标奉献自己的时间和精力。

资料

谢里夫群体形成的自然实验

美国心理学家谢里夫在1964年采用自然实验法，研究了群体的形成过程，以及群体之间由对立到合作的全过程。这一实验揭示了在群体形成的过程中，直接交往、共同活动、目标一致都是非常重要的条件。

研究请了22名12岁的互不相识的男孩参加为期3个星期的夏令营。

整个研究分为以下3个阶段：

第一阶段：建立两个互不相关的群体。把参加实验的被试分为两个独立人群，互相不知道对方的存在。分别安排两个人群进行一系列活动，如整理游泳池、安排郊游、野餐等。通过活动和交往，两个人群形成了各自的规范，有了非正式的领导者，成为组织化的群体。至第一阶段结束，群体每个成员的角色已发生明显分化，并且稳定下来。

第二阶段：开展两个群体之间的竞赛。安排两个群体相遇，并组织橄榄球、垒球等各种比赛，这些活动必然导致一方胜利而另一方失败，于是双方的纠纷也接踵而来，攻击言行明显增多，引起了对另一群体的敌意。两个群体形成了明显的“我们”意识，以与“他们”区分。这一阶段结束时，研究者让每个人在两个群体中择友，结果两组中绝大部分成员都选择了本组成员作为朋友，比例分别为92.5%和93.6%，说明群体内成员关系友好，而群体间关系紧张。

第三阶段：开展两个群体之间的合作。开始时，两个群体对立情绪严重，研究者创造机会，使双方多加联系与接触，安排他们一起活动，如共同劳动、看电影、进餐等，但并未减轻双方的敌对情绪，冲突时有发生。后来，研究者安排了必须由双方成员分工合作、齐心协力才能完成的活动，例如：

营地的蓄水池坏了，必须由双方投入大量人力才能修复；

卡车陷入泥淖，必须很多人去拉；

看电影钱不够，必须把所有成员的零钱凑起来等。

经过一系列合作后，两个群体的敌对情绪明显缓解。

夏令营结束后，再次进行择友选择，结果选择对方群体成员作为朋友的比例达到1/3，与第二阶段的选择相比，有了明显的变化。

四、群体发展的基本阶段模型(Stages of Team Development)

1965年,布鲁斯·塔克曼(Bruce Tuckman,1938～)发表了一篇短文,题为《小型团队的发展序列》(Developmental Sequence in Small Groups)。1977年,他在1965年提出的四阶段中加入第五阶段:休整期。被用来辨识团队构建与发展的关键性因素,并对团队的历史发展给以解释。

团队发展的五个阶段是:组建期(Forming)、激荡期(Storming)、规范期(Norming)、执行期(Performing)和休整期(Adjourning)。所有五个阶段都是必需的、不可逾越的,团队在成长、迎接挑战、处理问题、发现方案、规划、处置结果等一系列经历过程中必然要经过上述五个阶段(如图6-1所示)。

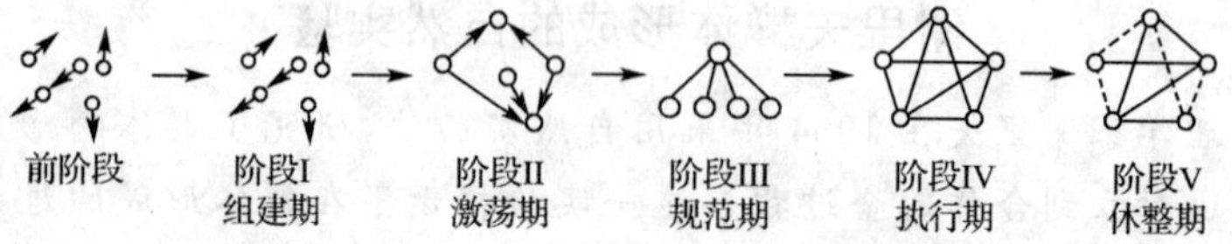

图6-1 群体发展的五个阶段

(1)第一阶段:组建期(Forming)。项目小组启蒙阶段。项目团队酝酿,形成测试。测试的目的是为了辨识团队的人际边界以及任务边界。通过测试,建立起团队成员的相互关系、团队成员与团队领导之间的关系,以及各项团队标准等。在这一阶段中,群体的目的、结构、领导都不确定。群体成员只是开始把自己看做是群体的一员,并且各自在逐渐摸索群体可以接受的行为规范。团队成员行为具有相当大的独立性。尽管他们有可能被促动,但普遍而言,这一时期他们缺乏团队目的、活动的相关信息。部分团队成员还有可能表现出不稳定、忧虑的特征。团队领导在带领团队的过程中,要确保团队成员之间建立起一种互信的工作关系。团队领导是指挥或"告知"式领导。与团队成员分享团队发展阶段的概念,达成共识。

(2)第二阶段:激荡期(Storming)。形成各种观念,激烈竞争、碰撞的局面。强调团队成员的差异,相互包容。群体进入激荡阶段后,会产生成员间的震荡。成员间由于立场、观念、方法、行为等方面的差异而产生各种冲突。而且,对于谁可以控制这个群体还存在争执。项目团队获取团队发展的信心,但是存在人际冲突、分化的问题。团队成员面对其他成员的观点、见解,更想要展现个人性格特征。对于团队目标、期望、角色以及责任的不满和挫折感被表露出来。项目领导是一种教练式领导,指引项目团队度过激荡转型期。这个阶段结束时,群体的领导层次就相对明确了。

(3)第三阶段:规范期(Norming)。规则、价值、行为、方法、工具均已建立。在这个阶段中,群体内部成员之间开始形成亲密的关系,接受不同的观点,彼此之间保持积极的态度。这时会产生强烈的群体身份感和友谊关系,群体结构稳定,群体成员之间达成了被彼此承诺的一些规范,而且这些规范得到不断巩固和发展。项目团队效能提高,团队开始形成自己的身份识别。团队成员调适自己的行为,以使得团队发展更加自然、流畅。动机水平增加,有意识地解决问题,实现组织和谐。团队领导是一种参与式领导,允许团队有更大的自治性。

(4)第四阶段:执行期(Performing)。在这个阶段中,群体结构已经开始充分地发挥作用,并已被群体成员完全接受。群体成员的注意力已经从试图相互认识和理解转移到完成手头的任务。项目团队运作如一个整体。工作顺利、高效完成,没有任何冲突,不需要外部监督。人际结构成为执行任务活动的工具,团队角色更为灵活和功能化,团队能量积聚于一体。团队成员对于任务层面的工作职责有清晰的理解,互助协作,积极工作,即便在没有监督的情况下自己也能做出决策。项目领导是委任式领导,让团队自己执行必要的决策。

(5)第五阶段:休整期(Adjourning)。任务完成,团队解散。对于长期性的工作群体而言,执行任务阶段是最后一个发展阶段,而对暂时性的委员会、团队、任务小组等工作群体而言,因为这类群体完成的任务是有限的,因此,还有一个中止阶段。在这个阶段中,群体成员开始放松情绪,群体也可能因任务完成而解散,团队成员动机水平下降,关于团队未来的不确定性开始回升。这时通常会划一个明确的"休止符",有些学者将第五阶段描述为"哀痛期",反映了团队成员的一种失落感。项目领导充当分离式领导,为了形成新的发展阶段,有必要介绍关于新项目的好点子。

该模型是用来描述小型团队的。实际上,团队发展轨迹不一定像塔克曼的描述一样是线性的,而有可能是循环式的。该模型描述的阶段特征并不可靠,因为它主要考量的是人的行为,而当团队从一个阶段跨向另一个阶段的时候,团队成员的行为特征变化并不明显,它们也很有可能会发生交叠。

五、群体结构及构成要素

群体结构是指群体成员的组成成分。群体成员的结构可以分为不同的方面,如年龄结构、能力结构、知识结构、专业结构、心理素质结构等。群体结构就是指这些结构的有机结合。

群体结构状况如何,对于群体的心理气氛、团结状况和工作效率有着深刻的影响。群体成员搭配得当,能使群体协调一致,从而提高工作效率;搭配不当,会使群体涣散,成员之间互相扯皮,经常发生冲突,影响群体功能的发挥。因此,无论是大型的跨国公司,还是企业中的车间、科室、工段,都需要有合理的结构,管理人员也必须树立群体结构的观念,合理安排群体结构。

(一)群体结构变量

群体结构塑造着群体成员的行为,使我们有可能解释和预测群体内部大部分的个体行为以及群体本身的绩效。群体结构有许多变量,主要包括:正式领导、角色、规范、地位、群体规模和群体构成。

(1)正式领导:几乎每个工作群体都有一个正式领导,群体领导对群体绩效具有巨大影响。领导是管理的一个基本职能。

(2)角色:这里的角色是指人们对在某个社会性单位中占有一个职位的人所期望的一系列行为模式。无论是在工作还是在生活中,我们都在扮演多种不同的角色。要理解一个人的行为,关键是弄清他现在扮演什么角色。

(3)规范:群体成员共同接受的一些行为标准。可能是正式的、明文规定的,但大部分规范是非正式的。不同的群体、社会,群体规范也不同,但不管怎样,所有的群体都有自己的规范。

(4)地位:地位是指个人在群体中所占有的社会地位。地位是一个重要的激励因素,一般认为,如果成员在群体中的地位取决于能力而不是资历,那么,成员们就会为了争取更高的地位而充分施展自己的才能,做出最大成就。

(5)群体规模:群体规模对于群体行为的影响取决于群体工作的目标。例如,小群体完成任务的速度比大群体快,而大群体在解决问题的过程方面要比小群体运行得好。

(6)群体构成:群体构成即群体的组成成分,也就是同质性和异质性组合。不同的群体应有不同的结构,这就涉及同质结构和异质结构的问题。同质指的是群体成员在知识、能力、性格、年龄等各方面都比较接近。异质指的是群体成员在上述各方面都存在着显著的不同。

(二)群体的同质性和异质性

同质和异质的问题只是相对而言的,不能绝对化。例如,说基层群体以同质结构为好,并不是要求基层群体成员在能力、性格、知识、年龄等方面都非常接近。实际上这种要求也是不可能实现的。这种分析对于搞好各类组织的管理工作有一定的意义,但也不能绝对化,因为人们在群体中的相互作用是一个动态的过程,分析同质和异质却是一种对静止状态的分析。在分析群体的同质和异质结构时,不包括基本观点、基本信念。

(1)在下面条件下,同质结构的群体可能达到最高的工作效率:

①工作比较单纯,不需要复杂的知识和技能;

②当完成一项工作需要大家密切配合时;

③如果一个工作群体成员从事连锁性的工作(如流水线上的操作工人)。

(2)在以下三种条件下,异质结构的群体将可能达到最高的工作效率:

①完成复杂的工作;

②当做出决策太快可能产生不利后果时(如异质结构的陪审团要有较长的时间才能做出决定,以便能对实情的证据作更细致的分析);

③凡需要有创造力的工作。

(三)社会惰化问题

一个与群体规模有关的重要发现是社会惰化问题。社会惰化是指一种倾向,一个人在群体中工作不如单独一个人工作时更努力。是什么原因导致了这种效应呢?一种解释是群体成员认为其他人没有尽到应尽的责任,因而产生不公平而导致的结果。另一种解释是群体责任的扩散。因为群体活动的结果不能归结为具体某个人的作用,个人投入与群体产出之间关系就很模糊了。

工作群体中这种社会惰化效应对于组织行为学来说,意义是重大的。如果管理人员想借助群体的力量来强化士气和工作团队,他们就必须提供衡量个人努力程度的手段。否则,管理人员就应该权衡一下群体可能带来的生产率的下降程度是否可以接受。

第二节　群体的规范、压力和内聚力

一、群体规范

所有群体都有自己的规范。所谓规范,就是群体成员共同接受的一些行为标准。群体规范(Group Norm)让群体成员知道自己在一定的环境条件下,应该做什么,不应该做什么。从个体的角度看,群体规范意味着在某种情境下群体对一个人的行为方式的期望。群体规范被群体成员认可并接受之后,它们就成为以最少的外部控制影响群体成员行为的手段。不同的群体、社会,群体规范也不同,但不管怎样,所有的群体都有自己的规范。

群体的规范可能是正式的、明文规定的,例如,企业的岗位职责、操作标准等,但大部分规范是非正式的,比如在求职面试时,谈到自己对以前的那份工作不满意的地方时,有些事情不应该谈(和同事或上级难以相处),但有些事情谈起来就比较合适(缺乏发展机会)。

(一)群体规范的形成

(1)规范形成的方式

一般来说,群体规范是在群体成员掌握使群体有效运作所必需的行为的过程中逐步形成的。当然,群体中的一些关键事件可能会缩短这个过程,并能迅速强化新规范。

大多数群体规范是通过以下四种方式中的一种或几种形成的:

①群体成员所做的明确的陈述,这名群体成员通常是群体的主管或某个有影响力的人物。

②群体历史上的关键事件。这种事件通常是群体制定某种重要规范的起因。比如,在工作中一个旁观者离机器太近而受伤,从这以后,群体就有了这样的规范:除操作者外,任何人不得进入离机器 30 m 之内的范围。

③私人交谊。群体内部出现的第一个行为模式,常常就为群体成员的期望定下了基调。

④过去经历中的保留行为。来自于其他群体的成员在进入一个新群体时,会带来在原群体中的某些行为期望。这就可以解释,为什么工作群体在添加新成员时,喜欢吸收那些原来的背景和经验与现在群体相近的成员。因为这种新成员所

带来的行为期望与现在群体中已经存在的行为期望可能比较一致。

(2)决定规范重要性的因素

群体并不是为每一种可能出现的情境都制定规范,群体主要制定一些对自己很重要的规范。决定规范重要性的因素有以下几种:

①促进群体生存的规范。群体总是坚持强化那些增加他们成功可能性的规范。

②增加群体成员行为可预测性的规范。这种规范可以使群体成员相互预测彼此的行为,从而做出适当的反应。

③减少群体成员间不和谐关系的规范。如果一种规范能够保证群体成员的满意感并减少不和谐成分,这种规范就是重要的。

④如果一种规范允许群体成员表达群体的中心价值观,澄清代表群体身份的标志,那么该规范就能够鼓励群体价值观和群体身份的表现,将有助于强化和维持群体的存在。

(二)群体规范的功能

一般来说,群体规范具有以下四方面的功能:

(1)群体支柱的功能。群体规范是一切社会群体得以维持、巩固和发展的支柱。群体规范越能被群体成员所一致接受,则群体成员之间的关系越密切,群体也越团结。

(2)评价准则的功能。群体规范是群体成员的行动准则,因此,群体成员要以群体规范来评价自己和其他成员的行为。

(3)对群体成员的约束功能。群体规范的约束作用主要表现在群体舆论中。这种群体舆论是大多数成员对某种行为的共同评论意见。当某些成员的行为举止与群体规范相矛盾时,多数成员会根据群体规范对这种行为做出一致的判断。这种带有情绪色彩的共同意见,对个人行为具有约束作用,使其不至于违反群体规范。

(4)行为矫正功能。群体成员如果违反了规范,就会受到群体舆论的压力,迫使他改变行为,与群体成员保持一致,因而群体规范具有行为矫正的功能。

群体规范有积极的,也有消极的。在管理工作中,要注意通过教育和引导,使工作群体形成积极的群体规范,克服消极的群体规范。

二、群体压力

作为群体的一个成员,肯定渴望被群体接受,这样,就会倾向于按照群体规范做事。大量事实表明,群体能够给予其成员巨大压力,使他们改变自己的态度和行为,与群体标准保持一致。个体对于他们所在的群体给予他们的从众压力,并不是全部都接受的。他们遵从自己认为重要的群体规范,这些群体可能是他们现在已经参与的,也是他们希望以后能够参与的;可能是实际的,也可能是想象的。这种个体认为很重要的群体是参照性群体,其特点是:个体了解群体中的其他人;个体认为自己是这个群体的一员或者渴望成为这个群体的一员；个体感到群体中其他成员对自己很重要。

(一)阿希实验

美国心理学家阿希(S. Asch，1956)在研究群体压力时，报告了一个经典的从众实验。

阿希将7个男大学生被试者组成一个小组，请他们围在一张会议桌周围，参加所谓的知觉判断实验。实验的真正目的是，考察群体压力对从众行为的影响。7名被试者中，只有编号为6的被试者是真被试者，其他均为实验助手，也就是同谋者。

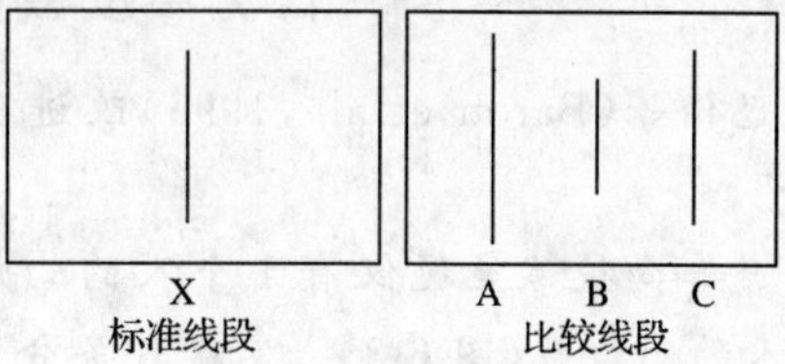

图6-2　阿希从众实验

实验者依次呈现50套卡片，每套卡片有两张。一张卡片画有一条标准直线，另一张画有3条直线，其中一条同标准直线一样长。被试者的任务是判断3条直线中哪条与标准直线一样长。

实验开始后，头两轮比较都很顺利，所有人的判断都一致，真被试者觉得判断很容易。但第三轮比较开始后，虽然正确答案还是很明显，但被试者的判断开始出现问题了。

首先1号做出了错误回答，接着2号也做出了同样错误的回答，这时真被试者有点紧张了，他端坐在椅子上，紧盯着卡片。

3号也表示赞同前两位的看法，真被试者开始出汗了。“为什么是这样，这些人眼睛有问题?”他开始问自己。

然后4号、5号，同样也“睁着眼睛说瞎话”，这时真被试者的立场开始动摇。

轮到6号，也就是真被试者判断了，结果怎样?

实验表明，数十名被试者自己判断时，正确率超过99%，但跟随他人一起判断时，做出错误判断的比例平均达到37%。76%的被试者至少有一次迫于群体的压力，做出了从众的判断。

阿希还发现，当卡片上线段的客观差异变小时，从众的比例开始上升。这意味着，情境很模糊时，人们进行客观判断的把握性下降，容易选择从众。另一方面，如果在群体中再加入一名真被试者，从众的比例会明显下降。这说明，如果个体的判断受到支持，哪怕是少数人的支持，他也能更好地抗拒群体的压力。

在阿希的实验之后，一些心理学家进一步分析了导致从众现象产生的因素。这些因素包括环境因素和人格因素。从环境因素来看，如果该群体是某个人的参照群体，群体的意见一贯比较一致，群体比较团结，那么，这个人就容易在群体压力之下产生从众行为；从人格因素来看，如果一个人的智力较差，情绪不稳定，缺乏自信心，则在群体中经常要依赖别人，也较容易产生从众现象。

资料

任务难度会使从众现象增加

巴伦等(Baron et al.,1996)改进了阿希的实验。

——向被试呈现仅有1个人的幻灯片和有4个人的幻灯片(图6-3)。实验任务分为比较简单的(被试用5秒钟时间来观察幻灯片上的4个人)和比较困难的(只让被试有半秒钟来观察)。

——向被试交代任务的重要性也不同，不重要的(仅仅是初步测试目击者的识别程序)或重要的(为一种真实的侦破程序建立常模，并给判断最准确者20美元奖励)。

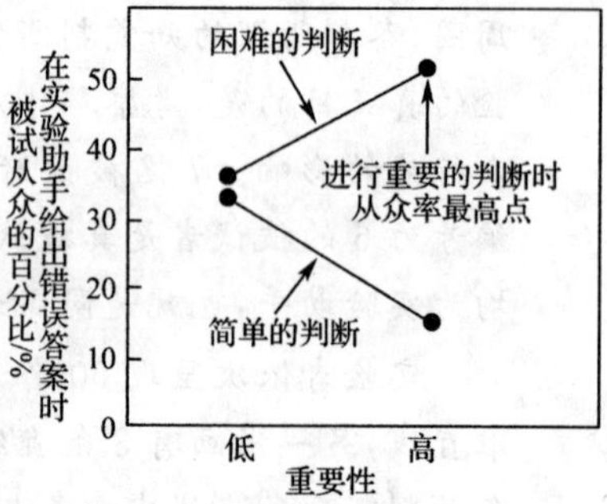

图6-3 任务难度和重要性

- 在任务不重要、有2名实验助手给出错误答案的条件下，有13个人倾向于从众；
- 任务重要但比较简单时，人们会很少从众；
- 任务重要又难以确定时，有一半的人可能会受从众影响。

心理学家对于从众现象的真相也进行了分析。虽然在群体的压力之下不少人会产生从众行为，但这些人的情况是很不同的。要区别从众行为的表面反应和内心反应，这两个方面并不一定是一致的。大致可以分为如下几种情况：①表面顺从，内心也顺从；②表面顺从，内心并不同意，即所谓口服心不服；③表面不顺从，但内心顺从；④表面和内心都不顺从。

(二)"集体主义的自决"

前苏联有关学者对群体压力和从众现象提出了不同的看法，认为把任何遵从群体意见的情况都看成是从众并不正确。如果两个人都同样接受群体的意见，并没有说明问题的实质。因为一个人接受意见可能是屈服于压力、怕被孤立，而另一个人可能是为了实现群体的理想和信念而与群体保持一致。他们把后一种情况称为"集体主义的自决"，同时也设计了实验。

被试是一些四年级、七年级和九年级的学生。给学生一张问卷，其中有几条关于道德问题的判断，学生应对这些判断表示赞成或反对。问题很简单，每个学生都能根据公认的准则做出回答。过了一段时间之后，把这些关于道德问题的判断列入一张更长的项目单之中,并在学生回答问题之前给予暗示,指明其他人都赞成错误的判断。在这种情况下只有极少数人接受暗示,屈从压力,改变了原来的意见,绝大多数人并没有改变意见。

这一实验表明,群体的压力并不是人们改变意见的关键因素。关键的因素是遵循集体的崇高理想、目的和价值观。因为实验中讨论的是伦理道德的是非问题,而不是阿希实验中对生活和工作没有什么意义的判断线条长短的问题。这表明具有"集体主义自决"品质的人只在非原则问题上表现出从众,目的是为了保持集体团结一致。

尽管上述研究与美国的研究有分歧,但都不否认群体压力和从众现象的存在,企业管理中应重视这种现象。

(三)对持异议者施加压力的方式

群体压力是群体借助规范的力量形成的一种对其成员心理上的强迫力量,以达到对其行为的约束作用。群体压力不是权威命令,它并不强制个体改变自己的行为,但它对于个体来说,却是一种难以违抗的力量。当一个人的意见与群体大多数人的意见不一致时,就会感到紧张,这种紧张来自对偏离群体的恐惧。因此,如果一个人不愿意处于孤立的境地,他就会在群体压力面前顺应大多数人的意见。

群体压力对个体有巨大影响。群体压力维护了群体的团结,有助于群体任务的完成,对多数成员内心安全感的形成具有积极作用,但对群体中少数固执己见的人而言,却是一种巨大的威胁,在一定程度上会抹杀成员的个性和创造性。

美国组织行为学家莱维特(H. J. Leavitt)提出了群体对持异议者施加压力的方式,分析了群体压力的形成过程,包括 4 个阶段:

(1)辩论阶段。理智讨论,先用讲道理的办法使个人顺从。群体成员充分发表自己的意见,并尽量耐心地听取别人的意见,经过讨论,成员会渐渐分成多数派和少数派。这时,少数派已经感到某种压力,但群体还是允许他们据理力争,少数派也抱有争取大多数的期望。

(2)规劝阶段。怀柔政策,用开玩笑或"和稀泥"的方式表示他与群体并无原则分歧。多数派已由听取意见转为劝解说服,力劝少数派放弃他们的主张。少数派受到越来越大的群体压力,有些人因而放弃原来的观点,顺从多数人的意见。

(3)攻击阶段。铁腕政策,公开施加压力。个别少数派仍然坚持己见,不肯妥协,多数人开始攻击其固执己见。此时,个别少数派感到压力极大,但可能为了脸面而不愿屈服。

(4)心理隔离阶段。开除政策,把这个人从群体中开除,或者对他的意见根本不予理睬。如果个别少数派仍不改初衷,大家便开始断绝与他的交往,孤立他。此时这个人要么屈服,要么在巨大的压力下脱离群体。

三、群体内聚力

群体成员之间的相互作用和感情,对于群体任务的完成起着重要作用。我们常常看到，有的群体意见有分歧，关系紧张，矛盾较多；有的群体意见比较一致，关系融洽，相互合作；还有一些群体，成员之间互相友爱，各成员以作为群体的一员而自豪，对群体工作有强烈的责任感和义务感，这种群体具有积极的群体规范。

(一)群体内聚力的含义

群体内聚力(group cohesiveness)是指群体成员之间相互吸引并愿意留在群体中的程度。它包括两个方面：一是群体对成员的吸引力，二是成员彼此之间的吸引力。当这种吸引力达到一定强度，而且群体成员资格具有一定的价值时，我们就说这个群体具有高内聚力。群体内聚力的概念类似于我们日常所说的群体团结性的概念。但严格地说，这两个概念是有区别的。内聚力主要是指群体内部的团结，而且可能出现排斥其他群体的倾向；而我们提倡的团结往往既包括群体内部的团结，也包括与其他群体的相互支持、相互协调。

群体内聚力对群体具有重要作用。首先，它是群体发展水平的重要标志。内聚力越高，群体对成员的吸引力和影响力越大，群体就越稳定，群体的发展水平也越高。其次，群体内聚力也是群体功能发挥的重要因素。一个高内聚力的群体，能充分调动成员的积极性，成员能自觉遵守群体规范和群体目标，从而使群体活动效率得到提高，群体功能得到很好的发挥。

群体内聚力对个体也具有重要意义。在内聚力高的群体中，个体具有更多的安全感、归属感，有更高的自尊心，表现出更低的焦虑。同时，由于成员之间关系融洽，沟通频繁，个体能从群体和其他成员那里获得更多的社会支持。

群体内聚力不仅包括由成员之间人际吸引所决定的正性力量，而且也包括由于离开团体要付出高代价所决定的负性力量。正性力量包括三个含义：①成员间的人际吸引，如成员之间彼此相互喜欢。②使成员留在群体中的动机，如成员想通过群体达到自己的某种目的，如获得文凭、挣钱养家等。③群体的有效性与和谐性，如群体能够有效地实现自己的目标。

负性力量包括两个含义：①成员离开群体必须付出更高的代价，这时成员就不能简单地决定是否离开。例如，一位员工想离开原单位，但合同期限未满，必须赔偿单位损失，这位员工觉得不合算，只好暂时留在原单位。②成员没有更多其他的选择，而不得不坚持留在原群体中。

(二)影响群体内聚力的因素

群体内聚力的高低受很多因素影响，下面讨论一些主要的因素。

(1)群体的领导方式

不同的领导方式对群体内聚力有不同的作用。心理学家勒温(K. Lewin)的实验，比较了“民主”、“专制”、“放任”这三种领导方式之下实验小组的效力和群体气氛。结果发现“民主”型领导方式的组比其他组成员之间更友爱，相互间感情更积极，因此内聚力更高。

资料

库尔特·勒温(K.Lewin,1890～1947)

勒温是德国心理学家,犹太人。1890 年 9 月出生在普鲁士的莫吉尔诺(今在波兰)。早年除了心理学,他还学习数学和物理学,并于 1914 年在柏林大学获得哲学博士学位。勒温 1922 年任教柏林大学,1932 年赴美国讲学,在斯坦福大学任教,1933 年定居美国,在康奈尔大学任教,1935 年转任衣阿华大学教授,1944 年到麻省理工学院,主持团体动力学研究中心的工作,并担任加州大学伯克利分校和哈佛大学的访问教授,1947 年 2 月去世。其主要心理学专著有《人格的动力理论》(1935)、《拓扑心理学原理》(1936)、《心理力的表达和测量》(1938)、《解决社会冲突》(1949)、《社会科学中的场论》(1951)等。

勒温是格式塔运动的早期成员,但他超越格式塔学派,提出了解释人类行为的场理论,并把场理论应用到群体动力学和社会心理学的研究中。他最早用实验方法研究社会冲突问题。勒温非常重视理论研究和社会行动的结合,他认为社会心理学不仅要指出有效解决问题的办法,还要参与把这种方法付诸行动,付诸社会政策的制定。

勒温一生桃李满天下,他培养的学生包括费斯廷格(L. Festinger)、赞德(A. Zander)、凯利(H. Kelley)等,至少占了 20 世纪 50 年代到 60 年代美国最著名的社会心理学家的一半。

(2)外部的影响

一些研究表明,外来的威胁会增强群体成员相互间的价值观念,从而提高群体的内聚力。例如,群体间的竞争往往可能使群体遭受损失,这就会使各群体增强内聚力,以对付这种竞争。

(3)群体内部的奖励方式和目标结构

许多研究比较了个人奖励与群体奖励两种方式的作用,发现不同的奖励方式影响群体成员的感情和期望。个人与群体相结合的奖励方式有利于增强群体的内聚力。与此有关的是工作任务的目标结构。群体成员的任务目标互不关联,就容易降低群体内聚力;相反,把个人与集体的目标有机地结合起来,就会增强集体观念和内聚力。

(4)以前的成功经验

如果群体一贯有成功的表现,它就容易建立起群体合作精神来吸引和团结群体成员。一般来说,成功的企业与不成功的企业相比,更容易吸引和招聘到新员工。

(5)其他因素

群体中信息交流的方式是重要的情景因素,不同的信息交流方式对于群体成员的满意感、士气和群体效力都有一定的作用。此外,群体成员的人格特征、兴趣、群体规模、加入群体的难度都会影响到群体的内聚力。

(三)群体内聚力对生产率的影响

群体内聚力高,是不是就一定能够有高的生产率呢?内聚力低,是不是就说明群体生产率低呢?研究表明,一般来说,内聚力高的群体比内聚力低的群体更有效,但内聚力与生产效率的关系比较复杂,不能简单地说内聚力高生产效率就高。首先,内聚力高既是高生产率的起因,又是其结果;其次,二者的关系受群体绩效规范的影响。

群体内聚力与群体生产率是相互影响的。群体成员之间的友好关系有助于缓解紧张情绪,提供一个顺利实现群体目标的良好环境。另一方面,成功的绩效导致成员间吸引力的提高,从而提高内聚力。但是,群体内聚力的提高并不总是带来正面的作用。一般情况下,群体内聚力高会提高工作效率,但有时也可以使工作效率降低。

沙赫特(S. Schachter)的实验证实了群体内聚力的负面作用。他把被试置于4种条件下:高、低内聚力和积极、消极诱导。诱导是以群体其他成员的名义给被试写条子,积极诱导是要求被试增加产量,消极诱导则要求被试降低产量。

实验分两个阶段,前16分钟诱导都是中性的,后16分钟才开始分为积极诱导和消极诱导。结果表明(图6-4),无论内聚力高低,积极诱导都提高了生产率,而内聚力高的组则生产率更高;消极诱导都会降低生产率,而内聚力高的组生产率更低。为什么会这样呢?这是因为内聚力越强,成员越遵守群体规范。如果群体规范是倡导高效的,那么内聚力越高,工作效率越高,如果群体规范是不鼓励高效的,那么内聚力越高,工作效率越低。

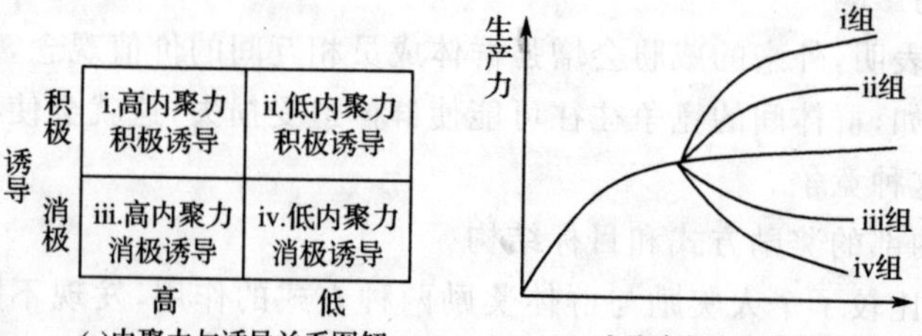

(a)内聚力与诱导关系图解　(b)内聚力与生产率的关系

图6-4　内聚力与生产率关系的结果

第三节　群体决策

一、群体决策的方法

传统的群体决策方式是互动群体法,即大家坐在一起相互讨论和协商,这种方法容易导致群体极化和群体思维。为了更有效地进行群体决策,人们在互动群体法的基础上,又发展出了一些行之有效的方法,主要有以下几种方法:头脑风暴法;德尔菲法;提喻法;名义群体法;电子会议法;阶梯技术;非交往型程式化决策。

(一)头脑风暴法(Brainstorming)

奥斯本(A. F. Osborn, 1957)提出的一种鼓励新奇思想和产生创见的讨论方法,能有效克服互动群体中容易产生的群体压力。实施原则如下:

(1)严禁批评:无论他人的想法多么荒唐,都禁止批评,对他人意见不作任何评价。

(2)随心所欲:鼓励自由想象,鼓励新奇想法,不要受任何限制。

(3)追求数量:想法越多越好,不要顾忌想法是否完美、可行。

(4)寻求改进:可以改进自己和他人的意见,也可以把不同的观点加以组合。

实施过程如下:6～12 人围坐在桌子旁,主持人提出一个需要解决的问题,让每个人都了解。然后,在给定的时间内,大家都可以自由发言,尽可能地想出各种解决问题的方案。在此过程中,任何人都不得对他人的观点加以评价。所有想法和方案都记录在案,最后才允许群体成员来分析这些方案。

一般来说,这种方法适用于比较单一明确的问题,或可将复杂问题细化分解成小问题,有利于创造观念。它的优点是集思广益,鼓励人们大胆设想,群体压力低;缺点是整理意见、分析意见要花很多时间,拖延决策,可能不容易获得最后方案。

从头脑风暴法中还派生出另一种方法,叫做反向头脑风暴法,它的含义是让人们对某个方案只提批评意见,尽量挑毛病,甚至吹毛求疵,从而根据批评意见修改这个方案,使之达到完美程度。

(二)德尔菲法(Delphi Method)

德尔菲法是一种集中各方面专家的意见,预测未来事件的方法。这是一种背靠背的决策技术,不需要群体成员面对面聚集在一起讨论,因此可以避免人际冲突与群体压力,但这一方法比较费时,无法快速作出决策。

这种方法的程序如下:

(1)就预测内容写成若干条含义明确的问题,规定统一的评估方法。

(2)根据情况,选择有关方面的专家数十人,将上述问题邮寄给他们,征求他们的意见。各专家互相之间不沟通,对专家的姓名要保密,避免因专家意见彼此不同而产生消极影响。

(3)将专家的意见收集起来,对每一问题进行统计处理,找出答案中的中位数和分布情况。

(4)将统计结果再反馈给专家,每个专家根据统计结果,考虑其他专家的意见,对自己的建议进行修改,但全部过程都需保密。

(5)将修改过的意见再寄给专家。这样经过几次反复,取得比较一致的意见。

由此可见,德尔菲法也可称之为有控制的反馈法。采用这种方法要求征求意见的问题需明确具体,问题不可过多,如实地反映专家意见,问题不能带有编拟者的主观倾向性。这种方法的好处在于一方面被调查者彼此不见面,不了解真名实姓,避免相互之间产生消极影响;另一方面,经过几次反馈,意见比较集中,便于决策者作决定。

（三）提喻法（Synectics）

提喻法是由哥顿（W. J. Gordon）提出的，故又称哥顿法。其做法是邀请5～7人参加会议进行讨论，但讨论的问题与即将进行的决策没有直接关系，而是运用类比的方式进行讨论。类比的方式是多种多样的，如拟人类比、象征类比、幻想类比等。如果决策的问题是研究某种夜视仪，则可邀请专家来讨论猫头鹰眼睛的夜视功能。如果决策的问题是关于某项人事任命，则可讨论担任某种职务的人员需要具备什么品质的问题。采用这种类比的方式，把熟悉的事情变成陌生的事情，有助于摆脱框框的束缚，充分利用自己的想象力开拓新的思路。

（四）名义群体法（Nominal Group Technique）

这是指在决策过程中对群体成员的讨论或人际沟通加以限制，这就是“名义”一词的含义。同互动群体法一样，群体成员都出席了会议，但提出问题后，先由群体成员进行个人决策。

具体步骤如下：

（1）群体成员聚在一起，但在进行讨论前，每个成员写下自己对于解决这个问题的看法或方案。

（2）把每个人提出的所有方案都记录下来，不做选择。

（3）群体讨论每个方案。

（4）对方案进行表决，每个成员独自对这些方案进行选择和排序，最终决策结果是累计得分最高的方案。

名义群体法的优点是允许群体成员正式聚在一起，但又不像互动群体那样限制个体的思维。

（五）电子会议法（Electronic Meetings）

这是名义群体法与计算机技术的结合。50个人围坐在马蹄形的桌子旁，每人一台电脑，通过大屏幕呈现给所有成员，要求每个成员把自己的意见输入电脑，每个人的意见和投票都会显示在屏幕上，但都是匿名的。电子会议法的主要优点是匿名、可靠、迅速。每个成员可以真实地表达自己的意见，而不会有任何压力。大家在同一时间里可以互不妨碍地发表意见，而不会打扰别人。因为没有闲聊，讨论不会离开主题，所以决策比较迅速。这种方法的不足在于通过电脑沟通毕竟不如面对面沟通顺畅和丰富；想出最好方案的人也得不到应有的奖励。

随着计算机、通信技术和互联网技术的迅速发展，计算机在群体决策中的应用越来越广泛，已经不仅仅局限于电子会议法了。目前已经开发出许多提出群体会议或群体决策的计算机产品和软件，例如，群体问题解决支持系统、计算机多媒体会议系统、群体决策支持系统等。这一系统通过计算机技术，允许远程的群体成员通过交换信息来分享各自的观点，计算机从个人和群体的反应中记录、分析和提取数据，并改变讨论过程中信息交流的性质，从而影响群体决策的结果。

(六)阶梯技术(Stepladder Technique)

这是一种群体成员依次加入,使讨论更为充分的方法,由罗格伯格(S. G. Rogeberg,1992)提出。在使用这种方法时,群体成员是一个一个加入的。比如一个由五个人组成的群体在决策时,先由两个成员讨论,等他们达成一致后,第三个成员加入。加入后先由他向前两个人讲述自己的观点,然后听取前两个人已经达成的一致意见,最后三个人一起讨论,直到达成共识。第四、第五个成员也以同样的方式依次加入,最后整个群体达成共识。这种方法使每个人都有充分发表自己意见的机会,但比较费时。

(七)非交往型程式化决策术(No-intercourse Proceeding Decision-making Method)

此法的程序及其设计的依据如下:

(1)主持者向与会者通知开会地点与时间,但不告知议题。这是因为根据调研,获通知者大多不能做认真准备,只是忙于自己的业务,想到会上见机行事。

(2)与会者到齐后,主持者宣布议题,一般每次只议一个题目,解决一个问题,通常不超过两个小时。

(3)主持专家宣布全体进行“沉默准备”,发给每人纸笔,并规定时限(10~20分钟)。此时限内不允许互相交谈,每人埋头就议题准备意见。在此条件下,人们不能不认真思考准备。据统计,在同样人数条件下,就同一议题,传统常规决策法一般可得7~8项意见或方案,此法则可得17~21项。

(4)到指定时间后,每人依次宣读自己准备好的意见,但每轮只读一条,并由记录员将发言要点记在大家可见的黑板或大白纸上。每轮发言的起点及顺序由主持者随机指定(包括他本人在内)。这样做,可使每人获得均等发言机会,不致或不易产生个人主宰会议等弊端。记录要点是因为方案很多,不记下则易忘。这样逐轮依次发言,至每人的意见全都陈述完为止。

(5)大家对不明白处提出问题,由原提议者解释澄清。但提问者不得对对方意见进行评价或批评,解答者不得鼓吹,只就事论事地予以补充说明。这便可避免因感情对立造成对抗僵局。相信每人都会冷静思考,并具有自己的分析判断力。

(6)每个人将各备选方案,按照各自对其质量高低的判断,列出顺序。如备选意见过多,主持者可限定选取方案数量。

(7)记录员将每条意见的获票数写在黑板上。获票最多者即为群体决策。如需拟定解决某问题的措施,则主持者可酌情决定人选标准,如获票过半(或2/3、1/3等,视所需措施多少而定)者即人选,成为群体选定的措施。

总之,为了使群体决策达到更好的效果,以上方法都有参考意义。这里还应指出,群体决策的方法并非只限于上述七种,还有一些其他的方法。

二、群体决策现象

(一)群体思维

群体思维(group thinking)又可称之为“小集团思想”,它与群体规范有关。在集体讨论过程中可能会产生一些失误,影响决策的质量。有时会看到这样的现象,由一些经验丰富、知识渊博的专家组成的群体,会作出一般人凭常识也不会作出的荒谬决策。最初的群体思维理论是由美国心理学家贾尼斯(B. Janis)于 1972 年提出并于 1977 年和 1982 年进一步扩展的。他在 1972 年通过对一些执行问题解决任务的小群体行为的观察,提出了一系列的假设,并将这些假设综合后称之为群体思维。随后,贾尼斯运用群体思维概念解释了一些美国历史上失败的高层政治和军事决策事件,例如 20 世纪 60 年代的越南战争、尼克松水门事件等。

群体思维是一种“参与一个统一群体中的人们的一种思想作风,在这个群体中,认为追求思想一致比现实地评价各种可能的行动方案更为重要”。这种思维使得群体成员由于受到从众的压力而对那些不寻常的、少数人的观点得不出客观的评价。这一群体的成员认为保持群体的统一、创造和谐的气氛有特殊意义。由于把这样的目的摆在首位,往往不能理智地分析各种可能的备选方案,使决策质量受到很大影响。

“小集团思想”有下述几个方面的特点:

(1)顺从性思维:在这种群体中顺从作风占主导地位。如果某一群体成员不接受领袖人物或多数人的意见,会受到孤立、嘲笑或排斥。在这种条件下即使群体成员对采取的决策有怀疑也不敢公开发表意见。因此,“小集团思想”会造成一批俯首帖耳的顺从者。

(2)有倾向性地选择信息:在具有“小集团思想”的群体中,其成员往往会封锁那些怀疑群体决策正确性的信息,尤其是对群体领导人封锁这种信息。这样,会严重影响群体决策的质量。

(3)盲目乐观情绪:在这种群体中往往过高估计成功的概率,过低估计失败的可能性,认为本群体的决策一定会成功,其结果却往往适得其反。

(4)相信群体无所不能:这种群体的成员往往认为,一切都决定于他们的行动,过高估计自己拥有的物质手段、自己的组织和专长,而对外部条件、敌方力量估计过低。

(5)首创精神的假象:这种群体认为自己在解决经济或政治问题上具有首创精神,人们或社会组织的命运取决于它的决策。而实际上,这种信念只不过是一种假象。

以上这些特点随处可见,如珍珠港事件、古巴的导弹危机等。群体思维现象似乎与阿希的实验结论一致。如果个人的观点与处于控制地位的大部分群体成员的观点不一致,在群体压力下,他就可能从众、退缩或掩盖自己的真实想法。这对于群体决策的效果是十分不利的。我们要注意这种现象,并采取适当的措施克服和防止这种不利影响,在组织中鼓励发表不同意见,群体领导要表现出公正无私和中立的态度,并且不断地强化群体的内聚力,才能使群体决策表现出应有的效果。

资料

挑战者号航天飞机失事

1986年1月是一个悲惨的日子,美国联邦宇航局做出了决定:发射挑战者号航天飞机。结果,飞机发射73秒后爆炸,机上7人全部遇难。其中,六位是职业宇航员,一位是教师。这是航天史上最严重的灾难之一,它打乱了美国的航天计划。通过对一项专门对总统委员会收集的资料研究发现:在当时温度低于安全允许的最低温度的情况下做出发射的决策是导致惨案发生的直接原因。

为什么会出现这样"草率"的决策呢?实际上,决策时有分歧:两位高级管理人员积极支持发射,其他的管理人员也支持发射。虽有人提出异议,不支持发射,但长时间没出事故的历史使支持者产生了一种无懈可击的幻觉,他们要求反对者拿出绝对证据证明发射是不安全的。当然,谁都知道,绝对的证据是不可能得到的。迫于压力,反对者保持沉默,于是出现了一致通过的假象。

应当指出,贾尼斯"小集团思想"的概念并不是以实验研究为基础的,而是在分析了美国国家以及历史上若干重大决策成败的案例之后所得出的结论,这种研究方法并不是十分可靠的。此外,贾尼斯过分夸大"小集团思想"在群体活动中的作用,而没有充分估计其他因素的作用。例如,珍珠港事件的发生实际上取决于政治、经济、军事等一系列因素,把它仅仅归结为"小集团思想"则是一种把一切社会现象简单地归结为心理因素的错误倾向。

尽管如此,"小集团思想"的特点确实在某些决策群体中出现。这提醒我们要注意这种现象,并采取适当的措施克服这种现象的不利影响。一般来说,在组织群体活动时应鼓励发表各种不同的意见,群体的领导者在作出最后决策之前应持中立态度,此外,还可以听取不属于本群体的各种专家的意见,等等。预防或减少群体思维的一个有效方法是在群体决策时指定一位成员专门对其他人的论点提出质疑,对其他人的逻辑提出挑战,并提供一系列建设性批评意见。这种方法保证了群体决策时保持理性的、清晰的思路。另外一些用以防止群体思维的措施包括轮流引入新成员,邀请局外人参与,在最终决定前作一暂停,给成员的最后一个机会来确定并说出自己的保留意见等。

(二)群体转移

群体转移(group shift)是指在讨论可选择的方案、进行决策过程中,群体成员倾向于夸大自己最初的立场或观点。在某些情况下,谨慎态度占上风,形成保守转移。但是,在大多数情况下,群体轻易向冒险转移。冒险转移现象的发现令人感到意外。通常的观点一般认为群体决策应更小心谨慎,更倾向于保守,但科学研究材料都证明群体行为有相反的趋向,群体决策与个人决策相比,往往更倾向于冒险。

群体倾向于冒险的原因多种多样,主要有几种假设:

(1)责任分摊的假设:每一种包含风险的决策都与一定的责任相联系。风险越大,失败的概率越高,决策者肩负的责任也越大。责任往往引起决策人的情绪紧张,焦虑不安,不敢贸然采取有较高风险的决策。而群体之所以采取有更大风险的决策,是因为对决策后果的责任可由群体全体人员分摊,万一决策失败,追究责任时不致独承其咎,这样就减轻了个人的心理负担。

(2)领导人物作用的假设:在群体中总会有领袖人物和有影响的人物,他们在群体活动中起着特殊的作用。他们为了显示自己的才能与胆略,往往会采取冒险水平较高的大胆决策。同时,由于对群体成员具有较大的影响力,在决策中有较大发言权,他们会用各种方式证明他们采取的决策是有根据的,因而他们的决策会被群体所接受,变成群体的决策。日常生活中确实也可以观察到这样的情况。

(3)社会比较作用的假设:在许多群体内,提出有根据的冒险决策会得到好评。因此,群体中的个人提出自己的决策意见时,往往要与别人的意见进行比较。如果个人的意见在冒险水平上低于群体其他成员的平均水平,则会感到不安,担心群体可能对他有不良的印象。基于这种考虑,个人在参加群体决策时提出意见的冒险水平往往要高于单独作决策时的冒险水平。这就是说,群体内各成员的相互比较可能产生冒险转移现象。

(4)效用改变的假设:这种假设是用效用理论的术语来解释群体决策的冒险转移现象。从这种假设来看,在群体中通过讨论彼此交换意见,会影响到个人选择方案效用的改变。同时,彼此相互影响也会改变冒险的效用,发生趋同现象,也就是说,群体中各成员对于冒险价值的主观意义会逐渐类似。但这种假设并不能全面解释冒险转移现象,不能解释为什么冒险会使效用增加,而不是减少,或者说,为什么在大多数情况下向增加冒险的方向转移而不是向保守方向转移。

(5)文化放大假设:这种假设认为,若一个国家或社会的文化中占主导地位的价值观是崇尚冒险,则这种价值观会被"放大",从而扩散与反映到该文化中的群体决策中来。

群体转移可以看做是群体思维的一种特殊形式。群体的决策结果反映了在群体讨论过程中形成的占主导地位的决策规范。我们不能认为冒险转移现象是群体决策的必然规律,这种现象相当复杂,其发生受多种因素制约,在不同的具体情况下可能不同的因素在起主导作用。群体决策结果是否变得更加保守还是激进,还取决于在群体讨论之前占主导地位的讨论规范。因此,这五种假设每一种都有一定意义,但不能以偏概全,而应相互补充。

群体决策中可能会有冒险转移现象,但不能认为群体决策向冒险方向转移是必然的规律。实际上,如果群体成员有较高的水平,团结一致,掌握充分的信息等等,一般会作出适当的决策。特别应当指出的是,近些年来组织行为学的研究发现,群体决策也有向保守方向转移的倾向,尽管这方面的研究资料尚不多见。因此,有人提出,要用两极化倾向的概念代替冒险转移,因为在某些情况下,群体决策也倾向于保守。

三、群体决策互补与并行原则

(一)群体决策的互补原则

群体中人与人之间在年龄、知识、专业、才能、性格、气质、作风等方面往往存在很大差异,各有所长,各有所短。群体决策的互补原则就是将群体各有所长的成员进行年龄、知识、智能、个性等方面的互补,以实现整体的最佳效能。

群体决策一般在四个方面进行互补:

(1)年龄结构。年龄与人的知识、经验之间存在着复杂的关系。一般来说,随着年龄的增长,经验越丰富,知识积累越多,理解能力越强。但年龄过大,又存在记忆力减退,对新事物反应迟缓,对新知识接受较慢和精力下降等弱点。因而,决策组织一般都是比例适当的老、中、青年龄结构,以发挥各自的长处。

(2)知识结构。知识结构包括一般知识和专业知识两种。领导层需要的知识结构主要包括三个部分:经营管理知识、工程技术知识、组织行为知识。但对于单个领导成员来说,一般都是单方面突出,全面优秀很少。因而领导组织的设计就必须要求成员之间知识互补。

(3)智能结构。智能结构包括人的逻辑思维能力、想象能力、创造能力、反应能力、表达能力、外交能力、协调能力,等等。不同的人,具有的能力或素质优势可能不同,有的人善于发现问题、分析问题,比常人超前,善于策划与构想,可称之为“思想家”;有的人善于根据任务和要求协调和指挥各方面力量去有效地完成任务,可称之为“组织家”;有的人实施能力和操作能力强,属于再现型,可称之为“实干家”。

(4)个性结构。个性是人的心理系统,它包括一个人的性格、气质、风度、毅力、魄力等。尽管都是优秀人才,但也有个性差异,这就必然要求在领导层建立或形成互补的个性结构。比如,有人是外向型性格,说话直爽,办事果断;有人雷厉风行,大刀阔斧;有人精雕细刻,有条不紊;有人对新事物反应敏感;有人处理问题老成持重。按传统观点,决策组织在各种“结构”上要达到相互补充和合理组合,即是一个多维、多要素的综合体。

(二)群体决策互补原则的弊端

群体决策的互补原则以及按这一原则建立的决策组织结构,似乎“完美无缺”,整体优化。而实际上,由于这种互补性设计,是以组织或团体为单位的,而不是以个体或成员为单位的,其“完美无缺”并不一定能使组织效能最佳。互补式决策组织中影响决策效果的主要因素是企业决策中的职位结构和专业结构。

群体内部各岗位之间都存在着纵向的隶属关系和横向的分工关系。这就是说,群体内的不同成员,其地位有可能不同,对决策的影响作用可能不同。如果有权威的领导人思想保守,而权威较弱的领导人思想开化,那么后者创新将要受到一定程度的限制;如果上级善于构想或策划,下级善于实干或组织,这样的组合就会比上级善于实干或组织和下级善于构想或策划更易于实现创新和探索。所以,在决策组织中,某种结构(如知识结构、智能结构等)会受到一定职位结构的限制,从而不易于产生组织效能。

群体决策方面,体现“互补原则”或“分工原则”的专业结构,却往往只能使决策有权威性和分摊责任,从而不能保证决策的正确性,不能发挥群体决策的最佳效能。一种专业性很强的议案,在群体决策时,与此案不直接相关的人员,可能会处于非理性状态,即由于专业性障碍和经验性障碍,在他的大脑中对方案正确与否缺乏明确的理性认识和判断,就会出现“群体思维”(group thinking)和“群体偏移”(group shift)等,即群体决策时倾向于冒险或保守的“极化现象”,使决策偏移,背离最佳决策。在“群体思维”严重的情形下,权威人物主张的方案得到多数(或全体)成员的盲目支持或被动赞成,因而这种群体决策就接近于个体决策。个体决策时,容易掉入自以为是的陷阱,即走向极端。又由于多数人员的赞同和附和(非理性),会使提案人产生信心和更为自信,这样形成的群体决策可能会比个体决策时更易于倾向于冒险和保守。在一定程度上个体意志在群体决策中常常起决定作用,从而出现“偏移”的可能性就较大。

(三)群体决策的并行原则

以“并行原则”代替“互补原则”来设计和构建群体决策组织是一种有效的做法。并行式组合在高层经理团体中意味着,在每一个方面,多数或全部成员都具有一定的专业知识和领导能力,或者说每一个成员不再是“偏才”,而是横向发展的多能型领导者。

按“并行原则”构建高层经理团体的意义(或必要性)是:

(1)在创新方面。一个组织的多维(或多能),不如个体多维有效,因为个体是创新思维的最基本单位。当代日本出现的新智能型领导,就是以个体多维为特征的。成长于日本高度经济成长期的新一代企业领导者,他们集经营者、技术者和研究者等职能于一身,且完美地结合。因此,其决策作风和领导风格尤以重视知识和创新著名。

(2)在群体决策方面。只有在水平相当或相接近的条件下,才能展开平等的讨论,从而有助于避免“群体偏移”现象。

(3)流程横向管理。在组织依流程进行重构后,领导工作也必须贯通整个流程,即进行横向管理。横向管理有时被称为“一个经理制”,就是由一个经理负责一项产品从开发研制到市场销售的全过程,或者是负责一项业务从订单到交货的全过程。打破分工界限的流程式管理组织,要求领导(如副总)具有横向管理的知识和能力,即要求在每个领导人员身上整合完成整个流程(在分工式组织中被分割)所需要的各种专有知识或领导能力。

(4)组织及时调整。市场多变会迫使企业内部经常调整,如产品结构调整、组织机构调整等,这些调整往往引致领导层的岗位或人事变动。由于领导能力单一是企业为适应外部而灵活多变的一个限制性因素，且在急需调整时，通过短期培训或市场选择以补团体能力之缺，也不一定应时和奏效，故由多能型领导人员构成的团体，便于以变应变所需的高层及时调整，从而益于企业的经营发展。

(5)系统性思考。领导人员的知识面宽度大，益于其系统性和结构性思考。在企业中，高层人员比低层人员更需要系统性思考，因为在某种程度上，他们是企业的系统动力之源。

四、群体决策的利与弊

(一)群体决策的优点

群体决策和个体决策各有其优势，但都不是可以适用于任何环境的。与个体决策相比，群体决策具有以下优点：

(1)更完全的信息和知识。通过综合多个个体的资源，可以在决策过程中投入更多的信息。

(2)增加观点的多样性。群体能够给决策过程带来异质性，这就为多种方法和方案的讨论提供了机会。

(3)提高了决策的可接受性。许多决策在做出之后，因为不为众人所接受而失败。但是，如果那些会受到决策影响的人和将来要执行决策的人参与决策过程，那么他们就会很容易地接受决策，并鼓励他人也接受决策。这样决策会受到更多的支持，员工的满意度也会相应提高。

(4)增加合法性。许多重视民主的国家认为群体决策比个体决策更合乎法律的要求。

(5)高质量。群体决策具有更大的准确性和更大的创造性。

(二)群体决策的缺点

群体决策也有一些缺点，主要有：

(1)浪费时间。组织一个群体需要时间。群体产生后，群体成员间的相互作用往往是低效率的。因此，群体决策所用的时间就比个体决策的时间多一些，对于需要快速反应的决策就会受到限制。

(2)从众压力。群体成员在决策中易受到群体压力的约束，为了留在群体中，或者受到群体的重视，群体成员往往压制自己的意见，在决策中寻求统一。

(3)少数人控制。群体讨论可能会被一两个人控制，如果这种控制是由低水平的成员掌握，那么群体绩效就会下降。

(4)责任不清。群体成员对于决策结果共同承担责任，但对于最终结果的责任人是不明确的，任何一个人的责任都会降低，造成群体成员的心态不正确。

以上列出了群体决策相对于个体决策的优势和劣势。但这并不是绝对的，对于某一情况下，是采用群体决策还是个体决策，要具体问题具体分析。比如，按一般理论，个体决策的效率高，对于一个需要快速反应的问题，宜采用个体决策。然而当该问题需要的信息量很大、考察范围很广时，群体决策能利用本身的资源优势，很好地弥补效率上的不足，反而能比个体决策的反应速度更快，准确性更高。因此，在决定是否采用群体决策时，应该权衡一下群体决策在决策效果上的优势能否超过它在效率上的损失。

复习思考题

1. 简述群体的定义与类型。
2. 简述群体结构及构成要素。
3. 简述群体的形成与发展。
4. 简述群体压力。
5. 简述群体凝聚力及作用。
6. 简述群体决策的方法并对其进行对比分析。
7. 简述群体决策现象与评价。
8. 简述群体决策互补与并行原则。
9. 简述群体决策的利与弊。

第七章

人际沟通与团队建设

第一节　群体的人际关系

一、人际关系的概念

人际关系(Interpersonal Relationships)的定义有广义和狭义之分。从广义上看,人际关系包括社会中所有的人与人之间的关系以及人与人之间关系的一切方面。包括经济关系、政治关系、法律关系、文化关系、心理关系等。显然,此种定义主要从社会学的角度进行概括,没有揭示出人际关系的特殊性。从狭义上看,人际关系是人与人之间通过交往与相互作用而形成的直接的心理关系。它反映了个人或群体满足其社会需要的心理状态,它的发展变化决定于双方对社会需要的满足程度。

(一)人际关系的特征

人际关系是指人与人在相互交往过程中形成的心理关系。它具有以下几个方面的特征:

(1)人际关系指的是人与人之间的心理关系。它反映人与人之间在相互交往过程中心理关系的亲密性、融洽性和协调性,如友好关系、亲密关系、敌对关系等。这种心理上的关系是由心理倾向性及其相应的行为反映出来的。

(2)人际关系三成分(认知成分、情感成分和行为成分)。认知成分是人际关系的基础,反映个体对人际关系状况的认知和理解。人际关系的发展变化往往是由于认知成分的改变而引起的,相互之间信息交流越多,了解越深刻,彼此之间的心理距离就越近。情感成分是对交往的评价态度的体验,人与人之间的情感如何是人际关系的动力成分。它可以分为促使彼此心里相容与促使人们疏远排斥的亲密性情感和分离性情感。行为成分是双方实际交往的外在表现和结果,如言谈举止、角色定位、仪表风度等。这些行为越相似,越易形成良好的人际关系。

(3)积极地进行交往是建立、巩固和发展良好的人际关系的重要条件。因为,人际关系是在彼此交往的过程中建立和发展起来的。没有人际交往,也就无所谓人际关系。人际关系建立之后,也需要通过不断的交往加以巩固和发展。人际关系是现实社会生活的产物，离开现实客观的生活活动是不可能产生人际关系的。

人际关系一经建立，对个人、群体、组织和社会，都有深刻的影响。

(1)对个人来说，良好的人际关系可以提高人们的工作情绪、劳动效率。一个人的工作效率，不仅取决于他的专业素质、技术水平和熟练程度，而且还取决于他的情绪状态。研究表明，和谐的人际关系会使人心情舒畅，能使人产生积极的情绪，从而提高人的活动能力，对工作效率起“增值”作用。反之，则会降低人的活动能力，使工作效率“减值”。

(2)良好的人际关系有助于人的身心健康。人有交往的需要，合群的需要。人都希望通过与他人的交往，有所“归属”，获得心理上的安全感。希望与人友好相处，获得友情和支持，得到他人的信任和尊重，看到自己在社会中的地位和自我价值。而所有这些都可以从良好的人际关系中得到满足。人对环境的适应是多方面的，其中一个很重要的方面就是人对心理环境的适应，尤其是对人际关系的适应。

(3)对群体和组织来说，良好的人际关系可以产生合力。若干人的力量放在一起，能否产生合力以及合力的大小，不仅仅取决于个人能力的大小，同时还取决于他们之间的人际结构。良好的人际关系是形成集体力的黏合剂。领导、群体、组织的效能寓于良好的人际关系之中。

(4)人际关系对社会也有很大的影响。人际关系是否正常、良好，人与人之间是否相互尊重、相互信任、团结互助、友好相处，是一个社会文明程度的表现。

(二)人际关系分类

人际关系作为一种社会关系的具体表现是十分复杂的，根据不同的标准可以分成多个种类，下面是几种常见的分类方法：

根据人际关系形成的基础媒介，人际关系可分为血缘人际关系、趣缘人际关系、业缘人际关系、地缘人际关系等。

根据人际关系的固定程度，人际关系可以分成固定的和非固定的人际关系。

根据人际关系的不同维度，人际关系可以分成纵向的人际关系和横向的人际关系。

根据人际关系的外部表现，人际关系可分为外露型、内涵型和伪装型3种。

根据人际关系的影响程度，人际关系可分为利害关系和非利害关系。

根据人际关系的需求，人际关系可以分为包容型、控制型和感情型3种。

人际关系的分类还有其他的方法，如按距离的远近可分为近距离与远距离的人际关系；按复杂程度可分为简单的和复杂的人际关系；按功能的多少可分为单功能关系、多功能关系和超功能关系；按性质的相容性可分为相容的人际关系和不相容的人际关系等。

二、人际关系的形成和发展

良好人际关系的建立，要经过一个从表面接触到亲密融合的发展过程。莱文格和斯诺克(G. Levinger&G. Snoek，1972)以图解的方式，对人际关系的各种状态及其相互作用水平的递增关系作了直观的描述。图 7-1 中圆圈表示人际关系涉及的双方。他们把共同心理领域和情感融合范围作为描述人际关系状态的指标。从图中可以看出，人际关系双方心理世界并没有完全重合的情况。无论人们的关系多么密切，情感多么融合，也无论人们主观上怎样感受彼此之间的完全拥有，两个人的心理世界完全重合是不存在的，每个人都保留有自己最隐私的部分。

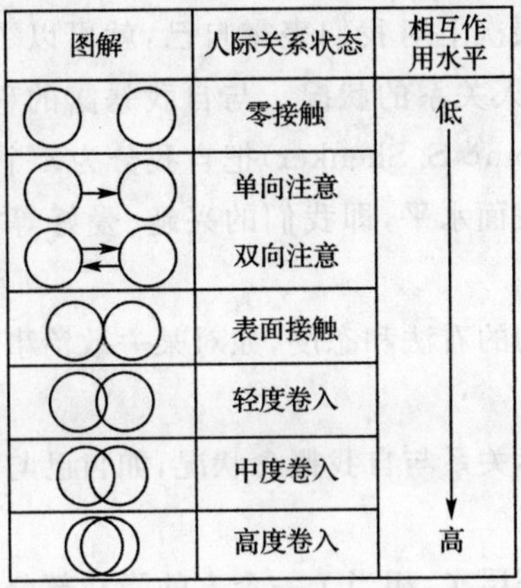

图 7-1　人际关系状态及其相互作用水平

引自：D. O. Sears 等(1985)，“Social Psychology”，第 5 版

(一)彼此接触

零接触状态。进行交往之前，两个人彼此并没有意识到对方存在，这时候双方关系处于零接触状态。此时双方是完全无关的，谈不上任何个人意义的情感联系。

注意到对方。只有一方开始注意到对方，或双方相互注意时，人们之间的相互交往才开始，彼此之间都获得了初步印象，不过这种状态还没有情感的卷入。因为双方还没有进行直接的语言沟通，彼此之间只能算是旁观。

表面接触才是人际沟通的真正开始。从双方开始直接交谈的那一刻起，彼此就产生了直接接触。当然，这种接触是表面的，彼此之间还没有共同的心理领域。

(二)情感融合

随着双方交往的深入和扩展，双方共同的心理领域也逐渐被发现，发现的共同心理领域的多少与情感融合的程度是相适应的。根据情感融合的程度，将人际关系分为轻度卷入、中度卷入和深度卷入三种。

轻度卷入阶段的特点是：交往双方所发现的共同的心理领域较少，双方的心理世界只有小部分重合，双方情感融合的范围也是与此相对应的。

中度卷入阶段的特点是：交往双方发现较大的共同心理领域，同样，双方的心理世界也有较大的重合，彼此的情感融合范围也比较大。

深度卷入阶段的特点是：双方发现的共同心理领域大于相异的心理领域，彼此的心理世界高度重合，情感融合的范围也覆盖了大多数的生活内容。在现实生活中，只有少数人能够达到这种人际关系状态，而且也只有与少数人达到这种状态。有些人则从来没有与任何人达到这种状态，也有些人一辈子与别人的关系都只处于比较肤浅的水平。

(三)自我暴露

知道别人在怎样的层次上对我们表露自己，就可以了解别人对我们的信任和接纳程度，了解我们与别人关系的状况。与自我暴露的程度相对应的是自我的层次理论，鲁宾等人(Z. Rubin&S. Shenker)把自我分为4个层次。

第一层是自我的最表面水平，即我们的兴趣、爱好等方面，如饮食、偏好、日常情趣、娱乐活动的选择等。

第二层是我们对事物的看法和态度，如对某一政治事件的评价、对某个人的看法等。

第三层是自我的人际关系与自我概念状况，如自己与父母的关系、自己的夫妻关系、自己的自卑情绪等。

第四层是自我的最深层次，相当于一个人的隐私部分，不会轻易向别人暴露。

三、人际吸引

(一)个体的特征与人际吸引

(1)才华的吸引。在其他条件相等的情况下，一个人越有才华，他就越受到人们的喜欢，也就是越有吸引力。

当我们周围都是才华出众的人，别人会认为我们也不是普通的人物，这也是一种"光环效应"；跟具有非凡才华的人交往，我们可以学到许多知识和经验，我们可以少犯错误。

但是，我们喜欢有才华的人是有一定的限度的，在人们可以接受的限度内，越有才华就越有吸引力，人们就越喜欢。超过一定限度的时候，人们便倾向于逃避或拒绝，其吸引力就会下降。因为当一个人的才华和我们相差很大，让我们感到可望而不可即的时候，这种差距就会变成一种压力，促使我们敬而远之。因为与这些人的交往总是衬托出我们自己的无能和低劣。这就不难理解为什么在一个群体中，最有才华、最有创造性的成员往往不是最受喜欢的人。

(2)外貌的吸引。美丽的外貌对人的吸引是很难抗拒的。

爱美是人类的天性，无论在哪种文化背景下，美貌都是一种财富，都令人向往。由于光环效应的影响，人们还常常把美貌与好的个性品质对应起来，如聪明、大方、活泼、开朗等，有吸引力的人即使犯了错误也容易得到人们的宽容。

同时，与漂亮的人进行交往，也会让我们觉得荣耀和光彩，特别是在与异性交往时表现尤其显著。心理学研究表明，一个男人与漂亮的女人在一起还是与不漂亮的女人在一起，他所得到的评价是不一样的，人们更喜欢与漂亮的女人在一起的男人。当然，如果评价者与被评价者有竞争的体验和感受又另当别论。按照这样的推理，我们就更愿意与漂亮者进行交往了。

(3)个性品质吸引。在其他方面一样的情况下，我们更愿意和诚实、正直、乐于助人、友好和善的人进行交往，与具有优良品质的人进行交往。与这种人交往使我们具有安全感，同时可以得到适当甚至很好的回报。具有良好个性特征的人的吸引力是持久、稳定和深刻的。

西方心理学家认为，待人热情是决定别人喜欢自己的一个特别重要的品质。安德森(M. Anderson)曾进行的研究表明：

——得到人们评价最高的品质：真诚、诚实、理解、忠诚、真实等；

——得到人们评价最低的品质：说谎、虚伪、作假、邪恶、冷酷、不诚实等。

(二)相似、互补与人际吸引

除了外貌与个性品质之外，人际吸引的深度和广度还要受到态度、信念、兴趣等的相似性和需要、气质等的互补性的影响。

(1)相似性。如果你了解到对方的观点与你的观点越接近，你就越喜欢这个人。行为动机、立场观点、处事态度、个人嗜好一致的人就比较容易建立亲密的人际关系。影响人际吸引相似性的因素有内部和外部两个方面。内部倾向性的方面，如态度、信念、兴趣、爱好、价值观等的相似；外部的身份特征，如年龄、性别、学历、经历、阶层、民族、宗教、行业、国籍等的相似。其中态度特征、对象身份、社会背景和文化程度的相似性是最重要的影响因素。

(2)互补性。交往的互补性是指双方在交往的过程中获得相互满足的心理状态，它是构成人际关系的重要因素之一。

互补性的吸引在生活中也是常见的。依赖性强的人会被喜欢照顾别人的人所吸引；害羞的人会喜欢外向而好交际的人；健谈的人会迷上相对安静的倾听者。当交往双方的需要和满足途径正好成为互补关系时，双方之间的喜爱程度也会增加。

与互补性相似的一种现象是补偿作用，当别人所拥有的正是我们所缺少的时候，我们会增加对这个人的喜欢程度。只有这样，当双方的需求或个性能互补时，才能形成强烈的吸引力。

(三)情境因素与人际吸引

人们之间的人际交往是在一定的社会背景下进行的，离不开情境因素的影响。这些情境因素主要包括人际间的空间距离、交往频率以及个体的情境体验等。

(1)空间距离。生活的时空性决定了我们只能与空间距离较近的人有密切的来往，距离越接近，交往的频率可能就越高，越容易建立良好的人际关系。在日常生活中我们也发现，大多数人选择的配偶或是邻居，或是同一单位的同事。在我们的交往对象中，机会最多的是自己的同学、同事、朋友、同乡、近邻等。

(2)交往频率。交往频率是伴随空间因素出现的影响因素之一,当人们的交往机会增多时,相互刺激的机会也会增多,重复呈现的次数越多,越容易形成较密切的人际关系。当我们彼此交往机会增多时,自我暴露和相互了解的程度也会增加,误解和偏见可以得到消除,形成共同的见解和经验,相互间的吸引自然得到加强。在人际关系中,我们强调多沟通的必要性正在于此,特别对于素不相识的人来说,交往频率在人际关系建立的初期起着特别重要的作用。

(3)交往氛围。交往的氛围与人际吸引是相互影响、互为因果的。在相互喜爱、相互吸引的交往对象之间自然形成融洽的社交氛围,处在平等、自由且具有安全感的人际情境中,我们更愿意进行主动的交流与沟通,起到中介作用的是人们对交往的情感体验。因此,人与人之间的交往体验也是导致人际吸引的一个重要因素,这种体验着重表现在交往者对交往对象的态度上,我们喜欢那些能给我们带来愉快或惬意体验的人。如果一个人的存在让你感到担心、失望甚至气愤,你会想办法尽快离开这样的情境,更不用说交往和吸引了。

个体的体验不仅受物理环境的影响,同时还受到个人的知识、经验、个性等因素的影响,总之带有强烈的个人主观色彩。在现实生活中,我们应当看到个体的主观体验确实影响着我们对一个人的评价。当我们作为社交活动的组织者或主导的一方时,应当注意环境布置的细节问题,使客人们能在清洁舒适、平等友好的场合中畅所欲言。同时,在具体的交往场合中,我们自己又要发挥理智的、能动的调节作用,尽量客观地评价交往对象,不要受环境氛围的困扰和迷惑。

四、莫雷诺人际关系的测量法(Moreno's Socialmetry Method)

20 世纪 30 年代美国精神病学家、社会心理学家莫雷诺(J. L. Moreno,1932)提出的一种测量群体内人际吸引和排斥的方法。这种方法向群体成员提出问题,让他们回答,通过面谈或问卷的形式来获得信息,可以比较直观地判断出群体中人们之间相互关系的状况。通过这种方法,可以在较短时间内确定群体中人们之间的关系是否融洽,什么人在群体中最受爱戴,群体中有没有非正式群体存在,谁与谁关系好,谁与谁关系对立,等等。它对于分析群体中人与人之间的心理距离比较实用。

这种测量法的具体步骤是:

(一)确定选择标准

在进行人际关系测量前,首先要确定让群体成员选择的问题。如:

"请你提出你所在的团体里你最喜欢同他们在一起工作的 3 个人,并按喜欢的程度顺次排列。"

"如果你们单位要派几个人出去学习,你最喜欢和谁一起去,其次喜欢和谁一起去?"

通过这种提问,群体内每个成员都选出了自己喜欢与之一起从事某种活动的一些人,也选出了自己不喜欢与之一起活动的一些人。

这些问题被称之为测量标准。测量标准要根据问卷调查的目的和要求来设计，同时，依群体工作性质的不同而有一定的差别。

问卷中的测量标准有强弱之分。

(1)强标准可以显示较为深厚和稳固的关系，如“你愿意与谁一起工作?”触及根本性的关系，将在很长一个时期中起作用的关系；

(2)弱标准只显示不稳固而表面的关系，如“你愿意与谁一起去郊游?”只触及某些时过境迁并不深入的临时性的关系。

在现代组织行为学的研究中，一般把下述标准称为强标准：

(1)角色标准——假定你是经理，你会选择什么样的员工?

(2)认知标准——假如你要竞选经理，你认为谁会投你的票?

(3)职能标准——假如你们要选举经理，你认为谁应作为候选人?

(4)用行动进行选择——请把这些礼物送给你想要祝福的人。

(二)确定选择的数量

这涉及两个问题:选择标准和选择的数量。

在一次社会测量中，用多少个选择标准。选择的标准不宜过多，有几个选择标准就可以有相应数目的测量图。

被测试者可作选择的数量。被测试者可作选择的人数，如果是限定的，这叫参量选择；不作限定可作自由选择的，这叫非参量选择。一般说来，当成员数不多时，如 10～15 人，可采取非参量选择；当群体成员较多时，如 30～40 人，则宜采取参量选择。但无论是参量还是非参量选择，在答卷时都要求反映出选择的顺序，作肯定选择时，首先选择谁，其次选择谁，最后选择谁。作否定选择时也是一样，从最不愿意，次不愿意……作顺序的回答。

(三)测量前的准备

在确定选择标准和选择数量后，还不能马上进行测量，在进行测量之前，还需要有一个准备过程。首先，确定测量的对象。接着，测试者与被测试者进行接触，以建立相互信任的关系，要向他们说明测试的意义、目的，以便取得他们的积极配合。

(四)结果的处理

对于所得结果，可以采取两种方法进行处理。

①列表法。列表的结果称为“社会矩阵”。社会矩阵是一个 $n \times n$ 的正方矩阵。n 为群体的人数，横行方向代表选择者，纵列方向代表被选择者，在选择者到被选择者的对应位置上标记选择结果，用分数表示喜欢或不喜欢的程度。例如，最喜欢为 3 分，其次的记 2 分，第三位的记 1 分；最不喜欢的记－3 分，其次的记－2 分，第三位的记－1 分。这样，就可以从表上数字相加的结果一目了然地知道该群体内人际关系的情况。它既反映了群体内各个成员之间的吸引或排斥程度，也反映了该群体内谁最受欢迎，谁最不受欢迎。所有的选择结果标记完毕就得到该群体的社会矩阵。

②图示法。图示的结果称为“社会图”或叫人际关系图，如图 7-2 所示。它是以图形综合群体在“标准”下的人际选择。图中每一小圆圈表示一个人，圆圈间的

实线箭头表示一方对另一方的肯定关系，虚线箭头表示否定关系，如果是相互选择则使用双向箭头。社会图中还有一种“箭靶社会图”(图 7-3)，由几个同心圆构成。根据各人获选数的多少分别置于适当的圆圈中，获选数最多的置于中心，最少的置于最外圈。箭靶社会图的优点是清楚地显示个人的选择地位，便于分析小群体内的沟通情况。

表 7-1　不同成员相互选择的结果

成员		J ①	J ②	J ③	J ④	J ⑤
I	①	0	1	0	0	1
	②	1	0	0	0	1
	③	0	0	0	1	1
	④	0	1	0	0	1
	⑤	1	1	0	0	0
合计		2	3	0	1	4

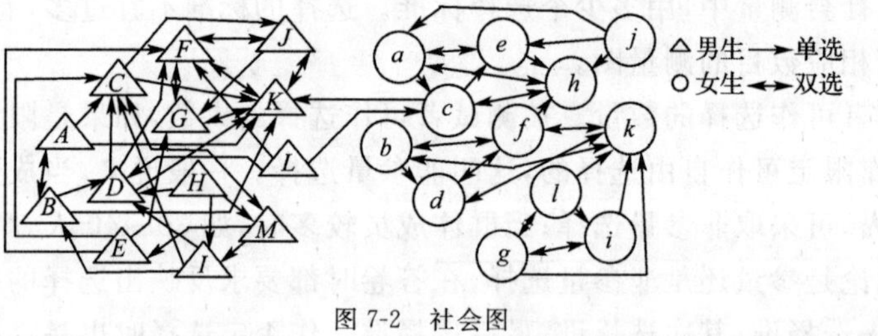

图 7-2　社会图

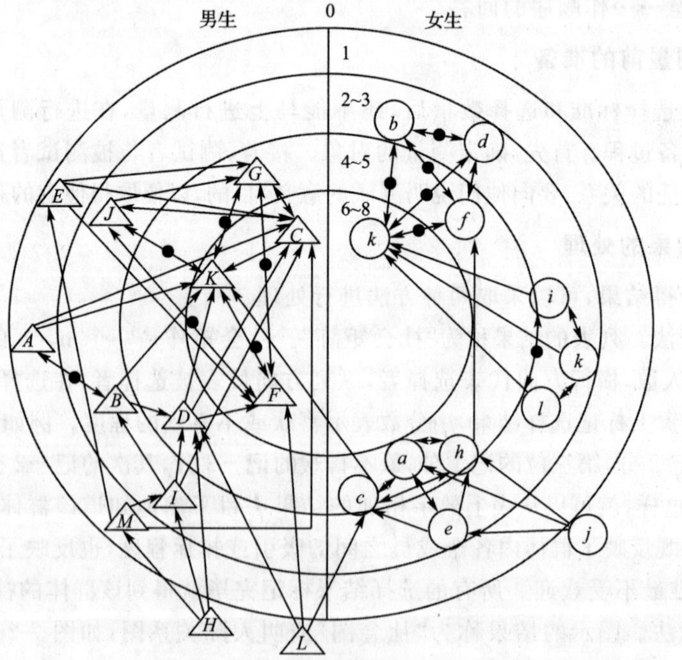

图 7-3　箭靶社会图

第二节　群体沟通

一、沟通的定义

沟通(Communications)是有效管理的重要途径和关键条件。在组织行为学的研究中,人们将组织中各种信息的发送和传递、接受称之为沟通。所谓沟通,是指两个或多位个体或群体之间交换信息和分享思想及感情的过程,是人与人之间传递信息、指令、感情或观念的过程。

斯蒂芬·P. 罗宾斯认为,沟通就是"意义的传递和理解"。心理学家赫伯特·西蒙(Herbert Simon)认为,沟通"可视为任何一种程序,借此程序,组织中的每一成员,将其所决定的意见或前提,传送给其他有关成员。"西蒙给信息沟通下的正式定义是:信息沟通指一位组织成员向另一成员传递决策前提信息的过程,在管理的全过程中,是不能缺少的。沟通活动对管理人员来说非常重要,计划、组织、领导、决策、监督、协调等管理职能,都须以有效的沟通作为前提。

组织沟通有三个主要目的:

• 协调行动,就像人类的神经系统,对刺激作出反应,并通过把信息发送到人体各个部位,沟通协调着组织各个部分的行动。

• 实现信息共享,尤其是有关组织目标、任务指导、管理决策等方面的信息。

• 表达情感与情绪,这在组织背景下尤其重要。

二、沟通的基本模式

沟通过程,或称沟通的基本模式,由信息的发出者、信息、通道、信息的接收者、反馈、障碍与背景等七个要素构成。

(1)信息的发出者(Sender):即信息源。在人际沟通中,信息源是具有信息并试图沟通的个体。它确定沟通对象,选择沟通目的,始发沟通过程。

(2)信息(Message):信息是沟通者试图传达给他人的观念和情感。个体的感受要为他人接受,就必须将它们转化为各种不同的可以为他人觉察的信号。在沟通使用的各种符号系统中,最重要的是语词。语词可以是声音信号,也可以是形象符号(文字);面对面沟通除了语词本身的信息外,还有沟通者的心理状态的信息,这些信息可以使沟通双方产生情绪的互相感染。

(3)信息传递的通道(Channel):通道是沟通过程的信息载体。人际沟通是以视听沟通为主的沟通,以面对面的沟通为主,但也可以通过广播电视、报刊、网络、电话等媒介进行沟通。在各种沟通方式中,影响力最大的还是面对面的沟通形式。因为面对面的沟通除了语词信息外,还有交流双方的整体心理状态的信息,并且沟通者和接收者还有互动和反馈,保证沟通的顺利进行。

(4)信息的接收者(Receiver):信息的接收者是沟通的另一方。个体在接受带有信息的各种音形符号后,会根据自己的已有经验把它"转译"为沟通者试图发送的信息或态度、情感。由于信息源和信息接受者是两个不同的经验主体，所以信息源发送的信息内容，与“转译”和理解后的信息内容是有差异的。沟通的质量取决于这种差异的大小。

(5)沟通反馈(Communication Feedback)：反馈使沟通成为一个双向的交互过程。在沟通中，双方都不断把信息回返给对方，这种信息回返过程叫反馈。反馈可告知发送者，接受者所接受和理解信息的状态。此外，反馈也可能来自自身，个体可以从发送的信息过程或已经发送的信息中获得反馈。这种自我反馈，也是沟通得以顺利进行、达到最终目的的重要前提。

(6)沟通障碍(Communication Barrier)：人际沟通常常发生障碍。例如，信息源的信息不充分或不明确，编码不正确，信息没有正确转化为沟通信号，误用载体及沟通方式，接受者的误解以及信息自然的增强与衰减等。此外，沟通双方的主观因素也可能造成障碍。如果彼此缺乏共同经验，会难以沟通。

(7)沟通当时的情景(Communication Context)：即沟通的背景。背景是沟通发生时的情境。它影响沟通的每一要素以及整个沟通过程。沟通中，许多意义是背景提供的，语词和表情等的意义也会随背景不同而改变。沟通的背景包括心理背景、物理背景、社会背景和文化背景。图 7-4 是沟通的基本程序即基本模式。

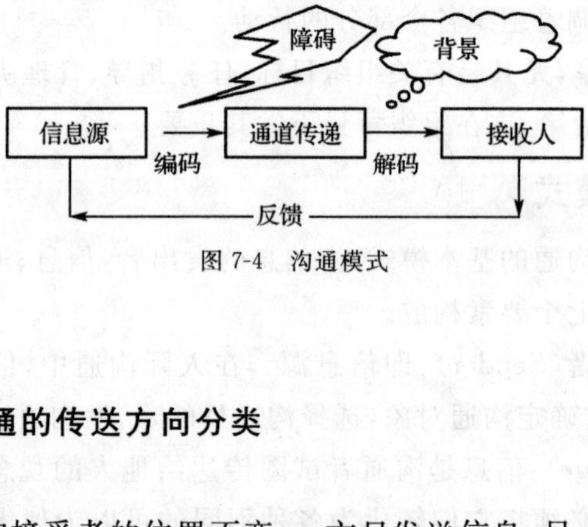

图 7-4　沟通模式

三、沟通的分类

(一)按信息沟通的传送方向分类

1. 单向沟通

信息的发送者和接受者的位置不变，一方只发送信息，另一方只接受信息。如做报告、演讲、上课等。优点是信息传递速度快，并易于保持传出信息的权威性；但准确性较差，并且较难把握沟通的实际效果，有时还容易使接受者产生抗拒心理。当工作任务急需布置，工作性质简单以及从事例行的工作时，多采用此种沟通方式。

2. 双向沟通

信息发送者发出信息后，还要及时听取反馈意见，直到双方对信息有共同的了解。信息的发送者和接收者的位置不断变换的沟通方式，如讨论、协商、会谈、交谈等。优点是信息的传递有反馈，准确性较高，易保持良好的气氛和人际关系，有助于意见沟通和建立双方的感情。但由于信息的发送者随时可能遭到接受者的质询、批评或挑剔，因而发送者的心理压力较大，对其要求也较高。同时，这种沟通方式比较费时，信息传递速度也较慢。一般来说，问题陌生、复杂、重要，工作任务不紧迫，传递信息准确性要求高，宜采用双向沟通方式。

（二）按信息沟通的媒介分类

1. 口头沟通

信息的传递和交流以口头表达的方式来进行。这种行为通常见于会议、会谈、对话、演讲、报告、电话联系、市场访问、街头宣传等。优点：比较灵活，简便易行，速度快，有亲切感；双方可以自由交换意见，便于双向沟通；在交谈时借助手势、体态、表情来表达思想，有利于双方更好地理解信息。缺点：受空间限制，人数众多的大群体无法直接对话，口头沟通后保留的信息较少。

2. 书面沟通

信息传递和交流以书面形式进行。例如，简报、文件、通讯、刊物、调查报告、书面通知等。优点：信息可以长期保存，便于查看，反复核对，倘有疑问据以查阅，可减少传递、解释所造成的失真。缺点：一旦以书面形式公开，不易随时修改，有时文字冗长不便于阅读，形成文字也较为费时。

3. 非语言沟通

信息沟通用语言以外的即非语言符号系统进行。如手势、表情动作、体态变化等非语言手段，目光接触（如眼神、眼色），辅助语言，如说话的语气、音调、节奏以及空间运用，如身体距离等。

（三）按信息沟通方向分类

1. 下行沟通（downward communication）

在组织或群体中，从高层次向低层次进行的沟通活动。通常出于控制、指导、激励和评价等目的，主要内容是指布置任务以及调动积极性等。

2. 上行沟通（upward communication）

组织或群体中，从低层次向高层次进行的沟通活动，多用于下属人员流向管理者的汇报或其他工作活动。基层组织向高级领导人传递信息只有向上沟通的渠道畅通，领导者才能全面了解下级情况，从而做出符合实际的决策。

3. 平行沟通（lateral communication）

组织内部同一阶层或职级的人员之间的横向沟通，多用于各部门的协调合作工作。平行组织之间的意见沟通是维持组织正常关系的重要条件。

4. 斜向沟通（diagonal communication）

发生在不同工作部门和组织层次的员工之间的沟通。

四、正式沟通与非正式沟通

（一）正式沟通（formal communication）

通过组织明文规定的渠道进行信息的传递和交流。如组织与组织之间的公函来往；在组织中，上级的命令、指示按系统逐级向下传送；下级的情况逐级向上报告;以及组织内部规定的会议、汇报、请示、报告制度等。正式沟通的优点是,沟通效果好,有较强的约束力,易于保密,一般重要的信息通常都采用这种沟通方式。缺点是,因为依靠组织系统层层传递,因而沟通速度比较慢,而且显得刻板。

社会心理学家莱维特(H. J. Leavitt,1951)较早时候进行的一项经典研究,揭示不同的群体沟通结构有明显不同的功能和适用范围。巴维拉斯等人(A. Bavalas, et al.,1965)的进一步研究发现,不同群体沟通网络,适合于不同性质的群体。巴维拉斯提出有五种不同的正式沟通网络,它们对信息沟通的效果有不同的影响。这五种沟通网络是:链式、轮式、环式、Y式、全通道式。见图7-5。

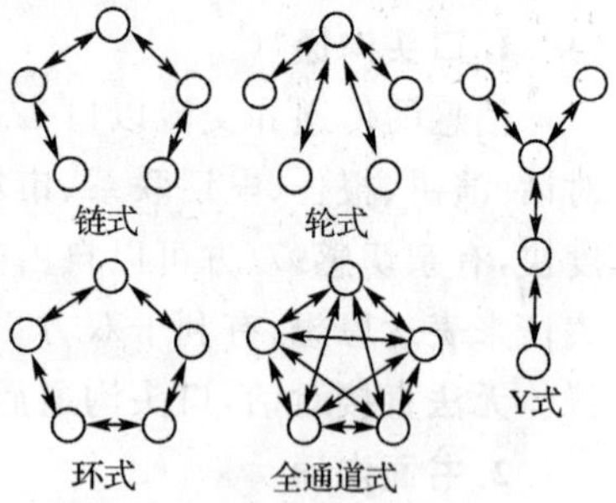

图7-5 五种沟通网络

不同的沟通网络对群体行为有不同影响效果,没有一个沟通网络对所有群体行为是最好的。群体应根据具体目标选择合适的沟通网络。

(1)链式沟通:这是一个平行网络,其中居于两端的人只能与内侧的一个成员联系,居中的人则可分别与两人沟通信息。在一个组织系统中,它相当于一个纵向沟通网络,代表一个五级层次,逐渐传递,信息可自上而下或自下而上进行传递。在这个网络中,信息经层层传递,筛选,容易失真,各个信息传递者所接收的信息差异很大,平均满意程度有较大差距。此外,这种网络还可表示组织中主管人员和下级部属之间中间管理者的组织系统,属控制型结构。在管理中,如果某一组织系统过于庞大,需要实行分权授权管理,那么,链式沟通网络是一种行之有效的方法。

(2)环式沟通:此形态可以看成是链式形态的一个封闭式控制结构,表示5个人之间依次联络和沟通。其中,每个人都可同时与两侧的人沟通信息。在这个网络中,组织的集中化程度和领导人的预测程度都较低;畅通渠道不多,组织中成员具有比较一致的满意度,组织士气高昂。如果在组织中需要创造出一种高昂的士气来实现组织目标,环式沟通是一种行之有效的措施。

(3)Y式沟通:这是一个纵向沟通网络,其中只有一个成员位于沟通内的中心,成为沟通的媒介。在组织中,这一网络大体相当于组织领导,秘书班子再到下级主管人员或一般成员之间的纵向关系。这种网络集中化程度高,解决问题速度快,组织中领导人员预测程度较高。除中心人员外,组织成员的平均满意程度较低。此网络适用于主管人员的工作任务十分繁重,需要有人选择信息,提供决策依据,节省时间,而又要对组织实行有效的控制。但此网络易导致信息曲解或失真,影响组织中成员的士气,阻碍组织提高工作效率。

(4)轮式沟通:属于控制型网络,其中只有一个成员是各种信息的汇集点与传递中心。在组织中,大体相当于一个主管领导直接管理几个部门的权威控制系统。此网络集中化程度高,解决问题的速度快。主管人员的预测程度很高,而沟通的渠道很少,组织成员的满意程度低,士气低落。轮式网络是加强组织控制、争时间、抢速度的一个有效方法。如果组织接受紧急攻关任务,要求进行严密控制,则可采取这种网络。

(5)全通道式沟通:这是一个开放式的网络系统,其中每个成员之间都有一定的联系,彼此了解。此网络中组织的集中化程度及主管人的预测程度均很低。由于沟通渠道很多,组织成员的平均满意程度高且差异小,所以士气高昂,合作气氛浓厚。这对于解决复杂问题,增强组织合作精神,提高士气均有很大作用。但是,由于这种网络沟通渠道太多,易造成混乱,且又费时,影响工作效率。

上述种种沟通形态和网络,都有其优缺点。作为一名主管人员,在管理工作实践中,要进行有效的人际沟通,就需发挥其优点,避免其缺点,使组织的管理工作水平逐步提高。

(二)非正式沟通(Informal Communication)

非正式沟通是在正式沟通渠道之外进行的信息传递和交流。如职工之间私下交换意见,背后议论别人,小道消息的传播等,均属于非正式沟通。群体中信息的传播,不仅通过正式沟通渠道进行,还通过非正式渠道传播。1953 年,美国心理学家戴维斯(K. Davis)在《管理传达和小道新闻》中发表了他对小道新闻的研究成果。他在一家皮革制品公司专门对 67 名管理人员进行调查研究,发现非正式沟通途径有单线式、闲聊式、随机式和簇式四种传播方式(见图 7-6)。

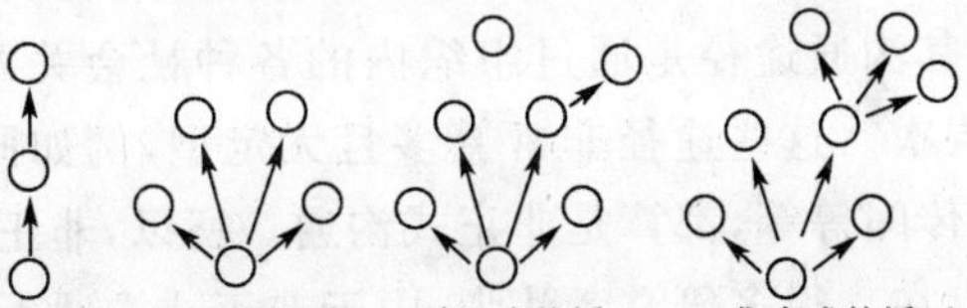

图 7-6　非正式沟通的形式

(1)单线型。指通过一串人,把消息传播给最终的接收者。单线式传播是一种线性传播,对信息的传递是直线式的。这种传播是接力式的,一级一级地逐次接递,是小道消息、马路新闻的传播模式之一。

(2)流言型。指由一个人主动把小道消息、马路新闻传给其他人,散布流言,充当义务宣传员。这种传播模式扩散面大,有主要的传播者。这种网络模型若连续使用,可使信息按几何级数扩散。如果是传播谣言,就会起很坏的作用。

(3)偶然型。指按照偶然的机会传播小道消息,由一个人将消息传给某一部分,这些人将消息随意传给其他人。这种传播是按偶然的机会传播的,把小道消息传播给有关人,有关人又将消息传播给别人。一个消息,一人传十,十人传百,很快为社会所知闻,往往添油加醋,命名消息越来越失真。

(4)集束型。指把小道消息有选择地传播给自己的亲戚朋友或其他人,这种模式是传播小道消息最普遍的形式,又叫葡萄藤式沟通系统。这种模式像葡萄藤一样,由一个人传给一些人,再由这些人传给另一些人,这种方式起消极作用,其在一部分人中散布的影响不可低估。这是运用最广泛的非正式沟通的风格模型。

戴维斯发现，小道消息传播的最普遍的形式是集束式，常常称为“葡萄藤”(grapevine)，用以形容它枝茂叶盛，随处延伸。戴维斯的研究表明，小道消息有五个特点：

第一，新闻越新鲜，人们议论越多；

第二，对人们工作越有影响，人们议论越多；

第三，越为人们熟悉的，人们议论越多；

第四，人与人在生活上有关系者，最可能牵涉到同一谣传中去；

第五，人与人在工作中常有接触者，最可能牵涉到同一谣传中去。

在一个单位里，大约只有10%的人是小道消息的传播者，而且多是固定的一群，其余的人往往姑且听之，听而不传。一个群体里，有的人是小道消息的“制造者”，有的人是小道消息的“传播者”，有的人是“夸大散播者”，而大多数人是只听不传或不听不传者。小道消息由于均以口头传播为主，故易于形成，也易于迅速消失，一般没有永久性的结构和成员。流言往往具有两种性质，好的流言应该加以利用，管理者为了了解下情，有时需要通过非正式沟通来了解情况；管理者对恶意的传言应该善于加以处理，改善的办法是使正式沟通渠道畅通，用正式消息驱除小道消息。

非正式沟通和正式沟通不同，因为它的沟通对象、时间及内容等各方面，都是未经计划和难以辨别的。已如上述，非正式组织是由于组织成员的感情和动机上的需要而形成的。其沟通途径是通过组织内的各种社会关系，这种社会关系超越了部门、单位以及层次。这些途径非常繁多且无定型，例如同事之间任意交谈，甚至透过家人之间的传闻等等，都算是非正式沟通。所以，非正式沟通和个人间非正式关系，往往平行存在。很多研究者认为，由于非正式沟通不必受到规定手续或形式的种种限制，因此其往往比正式沟通还要重要。

非正式沟通方式的优点是，沟通方便，内容广泛，方式灵活，沟通速度快，可用以传播一些不便正式沟通的信息。而且由于在这种沟通中比较容易把真实的思想、情绪、动机表露出来，因而能提供一些正式沟通中难以获得的信息。非正式沟通有很多缺点，如比较难以控制，传递的信息易于失真、曲解，容易传播流言蜚语而混淆视听，管理者应予以重视。此外，非正式沟通方式的优缺点常常是与正式沟通对比而言的(见表7-2)。

表7-2 非正式沟通渠道与正式沟通渠道对比

	正式沟通渠道	非正式沟通渠道
优点	1. 制度化 2. 传递信息的准确性、可靠性和系统性高 3. 可保存、评估、追究责任 4. 定期性	1. 非制度化，脱离企业的等级结构 2. 传递速度快，传递方式灵活 3. 面对面的沟通，信息反馈基本上同时进行 4. 目的性和针对性强，效率更高
缺点	速度较慢，效率较低 要整理起草正式的书面报告不太便利	信息准确性、可靠性和系统性程度较低或多或少地受人为因素的影响，难以追究责任

（续表）

	正式沟通渠道	非正式沟通渠道
地位	企业信息沟通的主体	信息沟通的补充渠道，难以消除
主要方式	例会制度、报告制度、文件、书面通知	谈话、座谈会、建议等
措施	建立和完善正式沟通渠道，提供有效的沟通方式	应加强引导和控制

非正式沟通是一种客观存在，任何组织都或多或少地存在着这种非正式沟通途径。对于这种沟通方式，主管者既不能完全依赖用以获得必需的信息，也不能完全加以忽视，而是应当密切注意错误或不实信息发生的原因，设法提供组织人员正确而清晰的事实，加以防止。在相当程度内，非正式沟通的发展也是配合决策对于信息的需要的。这种途径较正式途径具有较大弹性，它可以是横向流向或是斜角流向，一般也比较迅速。在许多情况下，来自非正式沟通的信息，反而获得接收者的重视。由于传递这种信息一般以口头方式，不留证据、不负责任，许多不愿通过正式沟通传递的信息，却可能在非正式沟通中透露。但是，过分依赖这种非正式沟通途径，也有很大危险，因为这种信息遭受歪曲或发生错误的可能性相当大，而且无从查证。尤其与员工个人关系较密切的问题，例如晋升、待遇、改组之类，常常发生所谓"谣言"。这种不实消息的散布，对于组织往往造成较大的困扰。

五、沟通的障碍和因素

在信息沟通过程中，会受到各种因素的影响而使沟通受到干扰或遇到障碍，这些因素有个人的，也有组织的；有工具性的，也有文化的。我们可以把它们划分为以下三个主要方面的障碍，即文化系统方面的、社会系统方面的、心理系统方面的。

（一）文化系统方面的障碍

文化系统方面的障碍是指来自文化、知识、经验等方面的因素所造成的沟通障碍。其中主要有：

（1）表达能力不佳。如用词不当，词不达意；口齿不清或字体难辨；观念含糊，逻辑混乱；大意疏漏，模棱两可等等，都会使对方难以了解发送者的意图。

（2）语义上的障碍。沟通容易产生语义上的障碍。语言只是作为交流思想（信息）的工具，但不是思想本身，它只是用以表达思想的符号系统。在日常生活中，一词多义的情况也是常见的。人们的语言修养不同，表达与理解水平不同。对同一组信息，有人能马上理解，有人听来听去还是不理解；有人知道后做这样解释，有人作那样解释。这种由于语义上的障碍而引起的对信息的误解、错译的情况是经常会发生的。

（3）传送形式不协调。当信息由几种形式传送时，如果相互之间不协调，就难以使对方正确理解所传送信息的内容。例如，当信息用语言、表情、手势等几种形式传递时，如果相互之间不协调，如笑容满面的训斥，怒气冲冲的表扬，都会使信息受到歪曲。

(4)知识经验水平的限制。发送者和接收者都是在自己的知识和经验范围内把自己的观念编成信息码的;也只是在他们自己的知识和经验基础上进行译解,理解对方传送的信息的含义。如果发送者与接收者的知识水平、经验水平相距很大时,双方没有"共同经验区",在发送者看来很简单的内容,而接收者却由于知识经验水平太低而理解不了;如果交往双方彼此间有很大的共同经验区,则信息就可以很容易地被传送和接收。沟通双方共同的经验越多,可能沟通的内容也就越多。

(二)社会系统方面的障碍

社会系统方面的障碍主要有组织结构、传递层次、社会角色、地位等因素所造成的沟通障碍。

(1)组织结构方面的障碍。如由于组织层次过多,部门设置不合理等。信息从最高层逐级向下传递到最低层,或从最低层逐级向上传递到最高层,每经过一个层次,往往都会出现失真,积累起来,便会给信息沟通的效果带来极大的影响。研究表明,信息从基层向高层沟通时,许多细节会被抽掉;而信息由高层向基层传递时,又会逐级添加许多细节。

(2)空间距离。一般来说,当发送者与接收者面对面地沟通时,有利于通过沟通搞清楚较为复杂的问题,而当交往双方相隔很远只能依靠通信或借助于通信设备传递信息时,要进行较为复杂问题的沟通,效果往往欠佳。

(3)讯道弱点。如通信技术落后,通信设备性能不佳,讯道中的噪声干扰(各种物理干扰),都会造成信息丢失、失真。此外,沟通方式选择不当,也会影响沟通效果。

(4)社会角色地位的影响。人们的社会角色、地位不同,有时也会影响人际的交往和沟通。一位班长常常和班组成员、车间主任进行交往和沟通,但不一定与厂长、经理进行直接交往和沟通,这是由于地位的差距而不能接触所造成的沟通障碍。研究还表明,上级主管容易存在一种"心理巨大性",而下级人员则容易产生一种"心理微小性"。"心理巨大性"易使上级满不在乎,"心理微小性"易使下级不敢畅所欲言,这些都会阻塞上下级之间的信息沟通。

(三)心理系统方面的障碍

心理系统方面的障碍主要有认知、情绪、人格方面的障碍。

认知方面的障碍是由双方认知失调而引起的。由于各人的认识水平不同,需求动机不同,看问题的角度不同,对同一信息往往会做出不同的理解和评价。知觉的选择性,对人的认知有着深刻的影响。接受信息是知觉的一种形式,人们的知觉选择性,往往使人习惯于接受某一部分信息而排斥其他的信息。

情绪对信息沟通的影响也是很明显的。接收者在接收信息时,有时会按照自己的需要对信息进行"过滤"。职工对某个上级怀有好感,对他的指示、意见爱听,乐意接受;反之,对某个领导有反感,对他的指示、意见往往会打折扣,接受程度就比较差。接收者对发送者的信任感是十分重要的心理因素。交往双方如果都处于不信任状态，就容易歪曲对方的信息，使信息无法沟通。即使是同一人，由于其接收信息时的情绪状态不同，也有可能对同一信息做出不同解释和行为反应。

人格对信息沟通的影响。性格、气质、价值观等的差异时常会成为意见沟通的障碍。人们在沟通意见时，由于价值观的不同，往往会按照自己的观点对信息进行筛选，符合自己观点和需要的，很容易听进去，不符合自己观点和需要的，就不大容易听进去。尽量使信息适合自己的"胃口"，或者从自己的需要出发猜测上级的意图，或者从上级的谈话中找"言外之意"，从文件中找"弦外之音"。

六、沟通技巧与沟通设计

要达到有效的信息沟通，应从主观和客观两方面入手克服障碍。相对来说，排除主观方面的干扰因素，要比排除客观方面的干扰因素要困难得多，复杂得多。归纳起来沟通中遇到的问题可以通过技术性、方法性和制度性的措施加以解决。

（一）信息发送者改善沟通的技术和方法

要达到有效的信息沟通，涉及信息的发送、传递、接收、反馈等许多环节。发送人要善于正确、完整地表达自己的意思、观念、事实，在使用信号和进行编码时要考察对方的情况，要设身处地地为接收者考虑，如何使接收者能更好地理解信息。还要及时了解对方是否了解和接收了信息，是否愿意付诸实行，实行得怎样，要有及时的反馈。在传递中，选择什么样的媒介，怎样使中间环节尽量减少，干扰与失真尽量减少，等等。为此，组织管理者可采取的改善沟通的办法和技巧有很多，最常用的有下列几个：

(1)培养和提高敏感性

对于管理者来说，培养和提高自己对下属需要的敏感性是改善沟通的重要技术之一。这也就是要使管理者自己尽量地了解并掌握下属人员的心理和行为的实际情况。为了获得一种正确的信息，并使这个信息能如实上达，管理者本身必须做到不仅愿意听取下属给他的报喜，而且要倾听下属的报忧。只有这样，其所属人员才可能做到既报喜又报忧，否则，必然是只报喜不报忧。

(2)运用通俗易懂的语言

发出的信息能否被接收者所理解，在很大程度上看发送者所使用的语言是否通俗易懂。鉴于接收者各不相同，所以发送者所使用的语言必须因人而异。总之，必须使用为接收者最易懂的语言才对。最好采取面对面的直接沟通，交换意见。这样，双方可畅所欲言，避免语言上的含糊与误解。应尽量多听取信息接收者的反馈意见。以了解接收者对传送的信息是否真正了解，便于及时调整，直到接收者完全准确掌握为止。

(3)提高信任度

管理人员是否赢得下属的信任，这种信任程度如何，对于改善沟通有重要的影响作用。有效的管理不仅要取得下属对他们的信任，而且必须保持这种信任，提高这种信任程度。假如一个发出信息的管理者在下属人员面前丧失了信任，那他的命令就难以执行，其任何沟通也只能是失灵。

(4)培养倾听的习惯

根据尼柯斯(Ralph G. Nichols)的研究表明，管理者一般听别人谈话时的效率往往不同。

表 7-3 管理者的沟通效率

管理者把一天70%的时间用于信息沟通	9%的时间用于撰写	——
	16%的时间用于阅读	——
	30%的时间用于谈话	——
	45%的时间用来听取别人谈话	一般只有25%的效率

尼柯斯认为，倾听低效对信息沟通来说是一种不良习惯，为了改善沟通，就必须克服这些不良习惯。具体而言，不良沟通习惯有：

(1)对谈话对方所谈的问题没有兴趣；

(2)被谈话对方的姿态所吸引，而忽略了对方所讲的内容；

(3)听到与自己意见不同的地方，就过分激动，致使不愿再听下去，对其余的价值也都抹杀；

(4)仅重视事实，不肯注意原则和推论；

(5)过分重视条理，而对欠条理者的讲话重视不够；过多注意造作掩饰，而不重视真情实质；

(6)分心干别的事情，心不在焉；

(7)对较难的言词不求甚解；

(8)当对方的言词带有感情时，则听力分散；

(9)在听别人讲话时还思考别的问题，顾此失彼。

资料

美国管理协会提出“良好沟通的10项建议”

(1)沟通前把概念澄清。管理者对一项信息事先要能作一个系统的分析，则沟通才明确清楚。

(2)检查沟通的真正目的。经理人员必须明确，做这次沟通真正希望得到的是什么。确定了沟通的目标，则沟通的内容就容易规划了。

(3)考虑沟通时的一切环境情况，包括沟通的背景、社会的环境、人际环境，以及过去的沟通情况等，以使信息的沟通得以配合环境情况，即与环境情况相适应。

(4)听取他人意见，计划沟通内容，与他人商议，既可以获得更深入的看法，也易于获得他们积极的支持。

(5)沟通时应注意内容，同时也应注意方式。接收者不但受信息内容的影响，而且还受如何表达这项信息的方式的影响，如声调的轻重、词句的选用、面部的表情、人体的动作等，均将影响接收者的反应。

(6)尽可能传递有效的信息，保持传送资料的准确可靠。大凡一件事情，对人有利者，最易记住。因而经理人员希望下属能记住他的信息，在表达时的措辞应考虑对方的需要和利益。

(7)及时获取下属的反馈。信息沟通后必须同时设法取得反馈，以弄清下属是否确已了解，是否愿意遵行，是否采取了相应的行动等。

(8)既要注意切合当前的需要，又要注意长远目标的配合。沟通时不仅要着眼于现在，还应着眼于未来。例如，一项有关如何改进绩效与促进士气的沟通，固然是为了处理眼前的问题，但也同时应该是为了长远的组织变革。

(9)言行一致。如果经理人员口头所说与实际所做的是两回事，那么，他自己就把自己的指令推翻了。

(10)听取他人意见要专心，要成为一名“好听众”，只有这样才能真正明了对方的原意。

(二)对改善沟通的制度性措施

沟通的技巧和方法固然重要，但沟通绝不仅仅是一种临时性的技巧和方法。沟通是一种组织制度，改善沟通必须有制度保障。这里讲的制度性措施，是从对原有沟通制度进行改进和重新设计意义上讲的。

(1)建立常用沟通形式。为使组织管理人员和全体职工更好地了解情况，可考虑建立组织内部的宣传通道，如内部报纸、工作简报等，还可建立定期的例会制度，使有关工作的情况能在会上得到及时沟通。

(2)职工会议。经常召开职工会议，让各类职工聚集在一起，发表意见和提出看法，是非常有价值的沟通形式。这种职工会议不是每年一两次的职工代表大会，而是针对具体问题，利用会议形式鼓励大家发表意见。例会制度在组织中一般都有，但绝大多数例会形同于同级人员的聚会，信息沟通因此而受到限制。相反，职工会议则由一定范围内的管理人员和普通职工共同参加，实现不同等级的成员直接接触、直接沟通。这类会议在国外也称为“垂直参谋会议”。

(3)建议制度。主要针对组织内的普通职工，鼓励他们就任何关心的问题提出意见。这实际上是为了避免向上沟通的信息被阻碍，采取了某种强行向上沟通的办法。因此，单纯的鼓励是不够的，因为等级和权力上的差别肯定会形成阻碍。组织必须建立起一套行之有效的建议制度，保证强行向上沟通，诸如接待日、领导者直接深入基层、物质奖励等。

(4)团队建设。在实现组织目标基础上，为改进有效的沟通方式，建立良好的组织内部员工的人际关系，开展团队建设，进行团队管理已经为现代企业所普遍重视。团队的管理与建设工作成为组织行为学关于人际关系、人际吸引、人际沟通等问题研究的实践体现。

除此之外，各种各样的参与管理、参与决策的制度，实际上也都起到了改善沟通的作用。

第三节 团队管理

一个成功的团队，其内部人际关系必然和谐，沟通必然非常畅达。现代组织是由知识型的专家组成的，所有知识型的成员之间必须是平等关系，没有一种知识比另一种更高明。对员工的评价，必须依据他（她）对组织的贡献大小，而不是固有地位的高低。相比传统部门结构或其他群体、个体，团队更加灵活有效、反应迅速，同时能够促进员工参与决策，并增强组织的民主氛围和提高员工的积极性。因此，现代组织以一个团队的形式出现，已经成为组织的基本单位，其重要性甚至高于组织本身。

一、团队的含义

（一）团队的定义

组织内部的团队是指以一定的工作任务为中心组建的由两个以上员工组成，知识技能互补、彼此承诺协作完成一项共同目标或一系列绩效目标的成员组成的特殊群体，每个成员都负有共同的责任。

定义中强调几部分要素：

（1）成员们有着共同的目标。为完成共同目标，成员间彼此合作，这是构成和维持团队的基本条件。也正是这个（些）共同的目标，才确定了团队的性质。团队的目标赋予团队一种高于团队成员个人总和的认同感。

（2）成员之间相互依赖，彼此承诺。在团队中，成员相互影响，彼此意识到团队中的其他个体，并形成一种默契和关心。不论何时，遇到怎样的条件，他们都会相互配合，完成所需完成的各项工作。

（3）每个成员负有共同的责任。所有团队的成员都要共同分担他们在达到共同目标中的责任。当进入一个团队执行一项任务的时候，那就是对团队做出了承诺。相应的，团队也付出了它的信任。

团队是相对部门或小组而言的。部门和小组的一个共同特点是：存在明确内部分工的同时，缺乏成员之间的紧密协作。团队则不同，队员之间没有明确的分工，彼此之间的工作内容交叉程度高，相互间的协作性强。团队可以随时组建，一旦完成工作，便可随时解散。团队可以把以前按顺序而又前后脱节的工作放在一起进行。它所完成的工作是用其他方法无法完成的。可以说，不管是从事新产品研发，还是改进工艺流程，团队均可把多种优势、技能和知识糅合在一起。同时，它还给我们一种重要启示：每个人都有一定的创造性，在合适的时候让他们的智慧共同闪光，将迸发出无穷的力量。

团队是高效组织应付环境变化的最好方法之一。团队在组织中的出现，根本上是组织适应快速变化环境要求的结果。为了适应环境变化，企业必须简化组织结构层级和提供客户服务的程序，将不同层级中提供同一服务的人员或服务于同一顾客的不同部门、不同工序人员结合在一起，从而在组织内形成各类跨部门的团队。IBM、GE、AT&T 等大公司，所拥有的团队均有百余个。

(二)团队与群体的区别

团队也有别于被称为“乌合之众”的群体：

(1)群体的绩效仅仅是每一个个体成员的贡献之和，而工作团队的绩效不仅依赖于个体的绩效，而且还依赖于集体的协作成果。

(2)对于群体来说，工作成果由个体自己负责，成员通常不对超出自己范围的结果负有责任。对于工作团队来说，工作成果既要由个体负责，又要共同负责。也就是说，团队成员对于团队生产出的结果(可能是产品、服务，或者是决策)，都必须共同分享责任。它们之间的关键区别就在于群体是对单个个体的管理，而团队则是将所有个体看作一个整体来管理的。

(3)群体成员一般是具有共同的兴趣目标，而工作团队的成员组合在一起，不仅仅是为了兴趣，也会为了共同的承诺。这些承诺可能会是为了在某一方面取得成功，或是在某个项目上赢得第一。团队成员为了这些目的，结合阶段性的绩效目标，对他们的行动产生了兴趣。实际上，团队总是提倡建立主人翁精神。像群体一样，团队用目标去监控过程。然而，团队更重要的是通过集体行动建立一种情感动力的源泉。

(4)在组织中，团队与群体的区别在于它与管理联系的方式上。群体通常由管理者按照严格标准进行监控，而相对于工作团队来说，一旦给予团队确定的使命，如何运行将有很大的灵活性，不会受到干涉。也可以说，团队是自我管理型的。它们可以自己设定阶段目标、完成时间和完成方法，不受到管理者的约束。因此，许多团队被描述成“自动”或“半自动”的性质。但这并不代表团队完全脱离了组织的管理和监控，事实上，它们还会受到上一级团队的指导和命令。

团队和群体还存在其他一些方面的区别，比如技能上是相互补充的，等等。由此可见，团队是一种特殊的群体。管理人员可以通过挖掘工作团队的积极协同作用，提高组织绩效。团队的广泛使用为组织创造了一种潜力，能够使组织在不增加投入的情况下，提高产出水平。

二、团队的类型

如果某种工作任务的完成需要多种技能、经验，那么由团队来做通常效果比个人好。团队是组织提高运行效率的可行方式，它有助于组织更好地利用雇员的才能。在多变的环境中，团队比传统的部门结构或其他形式的稳定性群体更灵活，反应更迅速，可以快速地组合、重组、解散。同时，团队有助于管理人员增强组织的民主氛围，提高工人的积极性。

(一)罗宾斯团队分类

根据团队的存在目的,罗宾斯(S. P. Robins)将团队分为三种类型:问题解决型团队、自我管理型团队、多功能型团队。

(1)问题解决型团队:这类团队致力于解决责任范围内的某一特殊问题,成员的任务是提出解决方案,但采取行动的权力有限。问题解决型团队最经常讨论的问题是质量或成本问题。成员通常是某一具体部门的员工,他们每周至少开一两次会,用几个小时的时间来交换看法或提供建议。团队有权执行自己的方案,但执行时不能有涉及其他部门的重大变化。在20世纪80年代,应用最广的一种问题解决型团队是质量圈。

(2)自我管理型团队:问题解决型团队在调动员工参与决策过程的积极性方面力度不够,自我管理型团队不仅注意问题的解决,而且执行解决问题的方案,并对工作结果承担全部责任。它一般由日常一起工作、生产一种完整产品或提供一项完整服务的员工组成,特点是承担一系列以前自己上司所承担的管理任务:制定工作计划日程;实行工作轮换;采购原材料;决定团队领导者;设置主要团队目标;编制预算;雇用新成员;评估成员工作绩效。自我管理型团队既能提高生产率,也可削减管理层次。

(3)多功能型团队:这种团队由来自同一等级、不同工作领域的员工组成,他们来到一起的目的是完成一项任务。多功能型团队的成员通常来自几个部门,任务是解决需各个部门共同协作才能解决的问题。多功能团队是一种有效的方式,它能使组织内(甚至组织之间)不同领域员工之间交换信息,激发出新的观点,解决所面临的问题,协调复杂的项目。由于团队成员需要学会处理复杂多样的工作任务,因此,在其形成的早期阶段往往要消耗大量的时间。

这几种团队形式都不是绝对的,它们可以是一种或是几种,而且它们还受到时间长短的限制。有些团队是临时性的,有些则是永久性的。没有一种形式的团队是绝对"正确的"形式,正确的策略是根据组织自身的竞争地位和行业的发展状况,制定出相应的模式。但是有一点必须强调的就是"变化":组织要学会在不同的时期采用不同形式的团队模式。

(二)德鲁克团队形式

彼得·德鲁克认为,棒球队、足球队、网球双打组合这三种形式的团体都是真正意义上的团队。但不论是在对队员及整个团队的行为的要求方面,在最擅长与最不擅长方面都有各自的特点。

第一种团队是棒球队。每个人有固定的位置,不能离开。每个成员都可以分别受到评估,他们各自有清晰、专一的目标,能够充分发挥作用,而且每个人都不需要与其他人相适应,非业务的时间投入较少。如果队员们充分掌握了动作程序之后,这支队伍就会取胜。缺点是不易变通,较少灵活性。特别是在当前急剧变动的信息时代,较难适应快速多变的市场环境。

第二种团队是足球队。在进行比赛时,队员各有各的固定位置,但足球队是作为整体一同进行比赛的。足球队的模式具有所需的灵活性,但队员所接受的指令、奖惩、评估和升迁都要听命于唯一的老板。足球队的缺点在于强调了组织的灵活性而忽视了个人的创造力。

第三种团队是网球双打组合。在进行比赛时,队员各有各的基本位置,但并非固定不变。这种团队对于操作性规范的要求更为严格,同时可以获得最大的灵活性。队员在以团队形式开始工作之前,必须在一起受训、一起工作一段时间,以期能够相互适应。整个队伍有很清晰的目标,同时个人工作内容又具有相当的弹性。网球双打的形式也有缺点:不能适用于规模较大的团队去完成较为复杂的任务。

资料

木桶效应

木桶理论是由美国管理学家彼得·德鲁克(Peter Ferdinand Drucker,1909~2005)提出的,又称水桶原理或短板理论,水桶短板管理理论,所谓"水桶理论"也即"水桶定律",其核心内容为:一只水桶盛水的多少,并不取决于桶壁上最高的那块木块,而恰恰取决于桶壁上最短的那块。要使一只水桶盛满水,必须每块木板都一样平齐且无破损,如果这只桶的木板中有一块不齐或者某块木板下面有破洞,这只桶就无法盛满水。

根据这一核心内容,"水桶理论"还有两个推论:其一,只有桶壁上的所有木板都足够高,那水桶才能盛满水。其二,只要这个水桶里有一块木板不够高度,水桶里的水就不可能是满的。

组成木桶的木板如果长短不齐,那么木桶的盛水量不是取决于最长的那一块木板,而是取决于最短的那一块木板。这就是说构成组织的各个部分往往是优劣不齐的,而劣势部分往往决定整个组织的水平。一个企业要想成为一个结实耐用的水桶,首先要想方设法提高所有板子的长度。只有让所有的板子都维持"足够高"的高度,才能充分体现团队精神,完全发挥团队作用。

三、建立成功团队的四要素

建立成功团队的四个基本要素有:

(1) 共同的愿景、目标。心理学家马斯洛说:杰出团队的显著特征,便是具有共同的愿景与目标。因此建立团队的要素,首先便是建立团队共同的愿景与目标,但是由于人的需求不同、动机不同、价值观不同、内心的恐惧不同,想让目标趋于一致,也是极为困难的,但是俗话说"人同此心,心同此理",只要能具有同理心,加上熟练的技巧,建立共同的目标还是不难的。

(2)组织协调与团队关系。关系方面,存在着正式关系与非正式关系,例如经理与部属,这是正式关系,他们两人是同乡,这是非正式关系。团队关系的挑战,需要领导者创造环境与机会,协调、沟通、安抚、调整、启发、教育,让团队成员从生疏到熟悉,从防卫到开放,从不稳定到很稳定,甚至从排斥到接纳、从怀疑到信任,关系愈稳定,愈信赖,组织内耗愈小,团队效能就愈大。

(3)规章制度。没有规矩无以成方圆,车子不按照车道驾驶,马路上会一片混乱,组织中缺乏规范更会引起各种不同的问题。报销缺乏制度、休假没有清晰的规定、奖惩没有标准,不仅会造成困扰、混乱,也会引起猜测、不信任,当然写下制度规矩很容易,如何推行彻底则很困难。领导者必须有能力建立合理、有利于组织的规范,并且促使团队成员认同规范,遵从规范。

(4)领导力(称职的团队领导)。将以上三种要素有效地运用,并能判断情况,决定何时、何处、针对何人提出何种对策的能力,便是第四要素——领导力,所以领导能力可以说是在动态情况中,运用各种方式,以促使团队目标趋于一致、建立良好团队关系,以及树立规范的能力。使用的技巧有沟通、协调、任务分配、目标设定、激励、教导、评价、适当批评、建议、授权、开会、奖惩等。

四、高效团队的特征

高效是团队建设的基本诉求,成功的团队必然是高效的团队。一个高效的团队应该呈现出自身与常规群体和组织不同的特征:

(1)清晰具体的目标。高效的团队对于主要达到的目标有清楚的了解,并坚信这一目标包含着重大的意义和价值。同时还会把这一目标转变为具体的、可衡量的、现实可行的绩效目标。而且,这种目标的重要性还激励着团队成员把个人目标升华到群体目标中去。在有效的团队中,成员愿意为团队目标做出承诺,清楚地知道团队希望他们做什么工作以及他们怎样共同工作最后完成任务。

(2)相关的技能和高度的创造力。高效的团队是由一群有能力的成员组成的。他们需要具备一定的技术专长,还需要具有解决问题和决策的能力,最后还要求他们善于聆听、反馈、解决冲突以及掌握其他人际关系的技能。高效团队中成员的人际关系技能、精湛技术能力往往兼而有之,并常常利用成员的创造力来提高生产作业水平以及开发新产品、新服务、新市场的能力。

(3)相互的信任。有效团队的每个成员对其他人的人格和能力都深信不疑。信任的关系需要花大量的时间去培养但又很容易被破坏。而且,只有信任他人才能换来他人的信任。组织文化和管理层的行为对形成相互信任的群体内氛围很有影响。如果组织崇尚开放、诚实、协作的办事原则,同时鼓励员工的参与和自主性,它就比较容易形成信任的环境。

(4)一致的承诺。高效团队的关键在于对共同目标的认同。一个优秀的团队是被管理者给予重大挑战任务的,并且团队成员对团队表现出高度的忠诚和承诺,为了能使群体获得成功,他们愿意去做任何事情。成功团队成员对他们的群体具有认同感,他们把自己属于该群体的身份看做是自我的一个重要方面,愿意为实现这个目标而最大限度地调动和发挥自己的才能。

(5)良好的沟通。这是高效团队一个必不可少的特点。群体成员通过畅通的渠道交换信息,包括各种言语和非言语信息。此外,管理层与团队成员之间健康的信息反馈也是良好沟通的重要特征,有助于管理者指导团队成员的行动,消除误解,并能迅速、准确地了解一致的想法和情感。

(6)恰当的领导和结构。有效的领导能使团队明晰如何安排日程,需要开发哪些技能,如何解决冲突,如何做出决定和修改决定,鼓舞团队成员自信心,帮助他们更充分地了解自己的潜力。优秀的领导者不一定非得指示或控制,往往担任的是教练和后盾的角色,他们对团队提供指导和支持,但并不试图去控制它。

(7)团队激励。激励的方式适当,目标对员工来说并非高不可攀,而且成员能感受到这些激励的效用,这时激励的效果最显著。此外,组织也需要在鼓励和表彰个人创新和发展及鼓励他们为团队成功竭尽全力方面保持微妙的平等。

(8)适当的绩效评估与奖酬体系。团队的一般目的可以解释成具体的、可测量的绩效目标。高效的团队衡量系统会向高层管理者通知团队的绩效,帮助团队了解自己的进步,检查自己的进度。在理想状态下,团队在设计自己的衡量系统时居于主导地位,这是团队是否真正被授权的很好的指示器。团队与个人一样,也需要对绩效的反馈,有时这比个体绩效评估更能强化团队的精神和承诺。

(9)分配角色以及增强多样性。高效团队能够给员工适当地分配不同的角色,使工作性质与员工的人格特点相匹配。管理人员有必要了解个体能够给团队带来贡献的个人优势,根据这一原则来选择团队成员,并使工作任务分配与团队成员偏好的风格相一致。

第四节 团队训练

企业以"制度管人",订立了严格的规章制度,奖惩分明。但是在许多公司里,当人的因素被忽略时常常导致员工产生不安全感、士气低落、缺乏愿景和热情,虽在财务上投入大量精力,可是却忽略了沟通、相互信任,而这些因素恰恰影响着生产率。严律固然可以正人,但不一定能使企业上下同心,形成高度的凝聚力,而凝聚力是企业发展的强大精神武器。历史已经走出了"理性经济人"的时代,现代管理开始以"社会人"和"复杂人"作为人性假设。作为"社会人"的员工,除了有履行生产经营的责任外,还有归属与爱、受尊重、自我实现的需要,这就要求企业打破僵硬的管理手段,培育健康的人际关系,既要有严明的制度,又要有温情的管理,二者相辅相成,才能相得益彰。

团队训练就是为企业搭建的温情管理的平台。远离僵化而冷漠的官僚组织,大家不分高低,只有一个互相信任、协调默契的团队。实践证明,这些温情管理方式都有利于凝聚员工的企业精神,减少员工的可能性流动,增强团队的稳定性和员工的归属感、事业心、向心力,从而赢得企业持续的竞争优势。

一、T 小组训练(T-Groups)

所谓 T 小组(T-group)即训练小组(training group),也叫敏感训练小组(sensitivity training group)。1946 年,团体动力心理学家科特·勒温(Kurt Lewin,1890～1947)创办了“敏感训练小组”。最初只是他的一个研究课题,借助于较自由的集体讨论活动,而使集体成员对人际关系问题变得敏感的训练。其目的在于帮助受训练者提高和改善其处理人际知觉和人际交往的技能或能力,以便使其修正自己的行为方式,建立良好的人际关系和共同语言,促进工作效率的提高。其后美国心理学家雅各布·莫雷诺(Jacob Moreno,1890～1974)所创立的会心群体(encounter group),就是以勒温团体动力理论为依据的。

这种训练最初只有一些感兴趣的人参加,后来发现它可以帮助成员改善人际关系,很快就为产业界的企业家、经理、董事以及管理人员所接受,并作为训练的对象。在美国精神病学家和心理学家布雷德福(L. P. Bradford)等人率先倡导下,推向了社会。20 世纪六七十年代,敏感训练小组在美国成为一种社会运动。此时,T 小组有时也叫做人类关系小组(human relations group)。

这种训练使其成员了解集体和自身职务功能、工作方法和对他人的影响,以提高对别人的敏感性,改善其处理人际关系的技能,从而使其同他人之间的关系更加良好,并具有更多的共同语言。此外,相互憎恶的气氛无益于做出好的决策。很少交流的管理人员一般不愿进行合作或共享信息。如果高管人员学会和睦相处,而不进行人身攻击、放冷箭、搞斗争,则会更好。

其方法是:先将互不相识的受训练者组成一个训练小组,然后让他们在 1～2 周内总共聚会 90 小时,进行既无议题又无议程的无指导的集体讨论,想方设法提倡一种公开、坦诚的管理风格。其间要求经理们袒露胸襟,解决他们最棘手的问题。研究人员认为,一旦经历了在充满信赖的氛围下开诚布公交流的感觉,经理们就不会重蹈覆辙。问题可以坦率地提出,但不带恶意。这样的讨论为他们提供了充分暴露自我、认识自我、观察他人和思考人际关系问题的机会;促使他们在相互感应、相互诱导的心理气氛中,改变自己对他人、集体和人际关系问题的看法和态度。

到 20 世纪 60 年代中叶,T 小组培训已成为发展成熟的管理时尚,非常契合乐观的时代精神。美国国家训练实验室(US National Training Laboratory)与伦敦塔维斯托克诊所(Tavistock Clinic)成为特殊的管理研究中心。虽然勒温在他 57 岁时去世,但他所倡导的“非指示性、敏感性”的观察训练小组,却开了 20 世纪六七十年代敏感训练运动的先河。遗憾的是,许多公司发现,虽然 T 小组培训似乎确实在受训经理间建立起信任与团结的关系,但效果往往很短暂。一旦外来人士进入团队,或者外部情况发生变化,管理层就会逐渐故态复萌,派系倾轧与钩心斗角就会重现。

但心理学家没有放弃。建设健康、有效的管理团队,如此伟大的目标不容忽视。哈佛大学商学院助理教授莱斯利·珀洛(Leslie Perlow)指出,一些理智的人在不确定情形下作出艰难决定,必然会有不同的观点。就此而言,冲突不可避免。珀洛教授指出,试图遏制冲突的组织将会失败。人们在观点不同时通常会提出新的见解。这有助于推进更佳决策的产生。就其他选择而言，最极端的形式是"群体思维"，在这种情况下，没人肯表达异议，以免损害集体团结。

从上述研究中获取的经验是，各公司可以采取措施，改变工作方式，从而逐渐减少不健康的人际冲突。此外，在提高正常争议及辩论的水平的同时，也可以达到这个目标。

资料

敏感性训练

所谓敏感性训练是指一种组织变革和发展的途径，它通过人们自己由讨论和交流意见，提供各自对问题的理解，以便增加彼此观察和分析问题的敏感性。

敏感训练主要适用于管理人员的人际关系与沟通训练，让学员在培训活动中通过亲身体验来提高他们处理人际关系的能力。其优点是可明显提高人际关系与沟通的能力，但其效果在很大程度上依赖于培训教师的水平。

敏感训练的目的：

(1)增强自我意识，了解自己对别人的影响及别人对自己的看法。

(2)增强对别人行为的敏感性。

(3)通过讨论活动，更具体地了解别人的思想和情感，善于发现和听取别人的不同意见。

(4)理解和认识群体活动和群体之间相互作用过程，了解影响群体效率和功能的各种因素。

(5)提高诊断人际关系及群体间关系中问题的技能，提高人们的满意感和工作成效。

敏感性训练的具体做法是：通常由5～6个训练小组同时进行，每个小组包括10～15位成员，训练时间一般为3～14天。

敏感训练一般分为四个阶段：

(1)不规定正式议题，让参加者自由讨论，相互启发，增进了解。

(2)训练者鼓励参加人员充分发表看法，认识自己行为，体验自己对其他人的影响。

(3)充分敞开思想，相互学习，增强新的合作行为。

(4)进入工作阶段，强调群体活动的作用，重视整个小组解决问题的效率。

二、拓展训练(Outward Bound)

(一)什么是拓展训练

拓展训练也称"外展训练"，"户外拓展"，"野外拓展"。从字眼上来看，可解释为船要离港招集船员的旗语，在后来被人们解释为：一艘小船在暴风雨来临之际抛锚起航，投向未知的旅程，去迎接一次次没有未来的挑战。利用户外自然环境对人进行培养的户外训练方式起源于第二次世界大战期间的海上生存训练，战后逐渐演变成一种面向现代社会的户外训练方式。拓展训练通常利用崇山峻岭、瀚海大川等自然环境，通过精心设计的活动达到“磨炼意志、陶冶情操、完善人格、熔炼团队”的培训目的。

拓展训练起源于第二次世界大战。当时，盟军在大西洋的船队屡遭德国潜艇的袭击，只有极少数人得以生还。研究发现，这些生还者并不是年轻力壮的水手，而是意志坚定懂得互相支持的中年人。这些人之所以能活下来，关键在于这些人有良好的心理素质。德国人库尔特·汉恩提议让那些年轻的海员做一些具有心理挑战的活动和项目，以训练和提高他们的心理素质。后来，劳伦斯在1942年成立了“阿德伯威海上训练学校”，这是拓展训练最早的一个雏形。第二次世界大战后，英国出现了一种叫做 Outward Bound 的管理培训，这种训练利用户外活动的形式，模拟真实管理情境，对管理者和企业家进行心理和管理两方面的培训。由于拓展训练这种非常新颖的培训形式和良好的培训效果，很快就风靡了整个欧洲的教育培训领域并在其后的半个世纪中发展到全世界。训练对象也由最初的海员扩大到军人、学生、工商业人员等各类群体。训练目标也由单纯的体能、生存训练扩展到心理训练、人格训练、管理训练等。

拓展训练的意义：

(1)团队合作训练：拓展训练是一套塑造团队活力、推动组织成长的不断增值的训练课程，是专门配合现代企业进行团队建设需要而设计的一套户外体验式模拟训练，这是当今欧美及亚洲大型商业机构所采纳的一种有效的训练模式；训练内容丰富生动，寓意深刻，以体验启发作为教育手段，学员参与的训练将成为他们终生难忘的经历，从而让每一系列活动中所寓意的深刻的道理和观念，能牢牢地扎根在团队和每个成员的潜意识中，并且能在日后的工作合作中发挥应有的效用。

(2)员工成功心理训练：拓展训练是一项旨在协助企业提升员工核心价值的训练过程，通过训练课程能够有效地拓展企业人员的潜能，提升和强化个人心理素质，帮助企业人员建立高尚而有尊严的人格；同时让团队成员能更深刻地体验个人与企业之间，下级与上级之间，员工与员工之间唇齿相依的关系，从而激发出团队更高昂的工作热诚和拼搏创新的动力，使团队更富凝聚力。

良好的团队精神和积极进取的人生态度，是现代人应有的基本素质，也是现代人人格特质的两大核心内涵。在现代社会，人类的智慧和技能只有在这种人格力量的驾驭下，才会迸发出耀眼的光芒，拓展训练应运而生。通过拓展训练，参训者在如下方面有显著的提高：

(1)学习欣赏、关注和爱护大自然，体验野外探险乐趣、领略大自然中各种各样的挑战与刺激，学习到基本的野外探险技术和生存技巧。

(2)克服心理惰性，磨炼战胜困难的毅力；调适身心状态，乐观面对工作与生活的挑战；增强自信心，改善自身形象。

(3)认识自身潜能，启发想象力与创造力，提高解决问题的能力。

(4)认识群体的作用,增进对集体的参与意识与责任心;改善人际关系,学会关心他人,更为融洽地与群体合作。

(二)团队拓展活动课程

野外拓展训练是借鉴先进的团队培训理论,由传统外展训练发展而来的。它利用大自然的各种条件,通过设定具体的任务与规则,结合大自然环境本身存在的各种险阻、艰辛、挫折等困难来提升个人意志力、团队的沟通能力、协作能力、应变能力等为目的的挑战式拓展训练,从而达到激发潜能,熔炼团队的目的。

拓展训练的课程主要由陆、海、空三类课程组成。

(1)水上课程包括:游泳、跳水、扎筏、划艇等。

(2)野外课程包括:远足露营、登山攀岩、野外定向、伞翼滑翔、户外生存技能等。

(3)场地课程是在专门的训练场地上,利用各种训练设施,如高架绳网等,开展各种团队组合课程及攀岩、跳越等心理训练活动。

资料

拓展训练:野战游戏

野战游戏强调的是个人荣誉感和团队合作精神,其规则是依场地、任务的不同而定,但其他规则基本相同。

(1)中弹:是指在游戏中被敌军击中身体头盔、马甲上激光接收点一个部位即视为死亡。

(2)自动投降:个人于强大火力下被包围或发生枪支故障情形时自动放弃比赛者,视为阵亡。

(3)阵亡:阵亡者的全部生命值被敌人击毙,生命值为零,己方卫生兵应迅速赶到将阵亡队员救回己方阵地,否则,敌方可实施抓捕俘虏。

(4)阵亡者撤出:举枪过头顶随己方卫生兵一起,迅速退至己方阵地,不可逗留观战和偷报军情,并在教官、保障兵的协助下迅速将装备拆卸下来交给预备队员。

(5)不可对已经阵亡的人员射击,阵亡人员在没有己方卫生兵的救护下,应站在原地高喊我阵亡了,不得走动,否则教官可判该阵亡队员出局。

(6)游戏中白天两人距离2米,夜间1米以内不得开火。激光枪支出现故障,队员应撤出战斗,回到大本营请教官协助处理,敌方不可实施抓捕俘虏。

(7)安全规则:在野战过程中,应绝对保证人员及设备的安全,患有高血压、心脏病、哮喘病等严重疾病者不得参加野战游戏,双方不得近身肉搏,做危险攀爬、跳跃,活动范围不得超越野战场地,不准持枪格斗、以枪支撑、严禁手握弹夹、猛烈拉枪栓、扣动扳机,激光枪支的拆卸必须找教官和基地工作人员,严禁自行拆卸,埋伏者埋伏时间不得超过15分钟,安全线是雷区、高压线,违规者无论任何情况一律罚出场。

(8)每场战斗时间:将依据游戏类别,设置为30～50分钟,到时间必须撤出战斗，将视伤亡数量由教官宣布胜负。

(9)生命值：玩——6～10条生命，体验级——5条生命，拓展级——3条生命，战争级——1条生命。

(10)注意事项：队员来到野战基地应严格执行教官和己方各级指挥员的命令，认真学习，深刻理解野战游戏规则、激光枪支使用方法、野战拓展技巧、安全注意事项，傲慢、粗暴、不执行游戏规则者，不得参加野战，教官可视情况将违规队员判出局。

拓展训练课程设计的显著特点：

(1)综合活动性——拓展训练的所有项目都以体能活动为引导，引发出认知活动、情感活动、意志活动和交往活动，有明确的操作过程，要求学员全身心投入。

(2)挑战极限——拓展训练的项目都具有一定的难度，特别是高空拓展训练项目，主要表现在心理考验上，需要学员向自己的能力极限挑战，跨越“极限”。

(3)集体中的个性——拓展训练实行分组活动，强调集体合作。力图使每一名学员竭尽全力为集体争取荣誉，同时从集体中吸取巨大的力量和信心，在集体中显示个性。

(4)高峰体验——在克服困难，顺利完成课程要求以后，学员能够体会到发自内心的胜利感和自豪感，获得人生难得的高峰体验。

(5)自我教育——教练只是在课前把课程的内容、目的、要求以及必要的安全注意事项向学员讲清楚，活动中一般不进行讲述，也不参与讨论，充分尊重学员的主体地位和主观能动性。即使在课后的总结中，教练也只是点到为止，主要让学员自己来讲，以达到自我教育的目的。

(三)团队训练的程序

(1)团队热身——在培训开始时，团队热身活动将有助于加深学员之间的相互了解，消除紧张，建立团队，以便轻松愉悦地投入到各项培训活动中去。

(2)个人项目——本着心理挑战最大、体能冒险最小的原则设计，每项活动对受训者的心理承受力都是一次极大的考验。

(3)团队项目——团队项目以改善受训者的合作意识和受训集体的团队精神为目标，通过复杂而艰巨的活动项目，促进学员之间的相互信任、理解、默契和配合。

(4)回顾总结——回顾将帮助学员消化、整理、提升训练中的体验，以便达到活动的具体目的。总结，使学员能将培训的收获迁移到工作中去，以实现整体培训目标。

资料

体验式学习拓展训练五步循环

体验式学习是××团体训练公司用以激发个人潜能，提高企业生产力的新型学习方式。这种学习方法的前提是：体验先于学识，同时，学识与意义来自参加者的体验。每个参加者的体验都是独特的，因为这个学习过程运用的是归纳法而不是演绎法，是由参加者自己去发现、归纳体验过程中提供的知识。

第一步：体验。此乃过程的开端。参加者投入一项活动，并以观察、表达和行动的形式进行。这种初始的体验是整个过程的基础。

第二步：分享。有了体验以后，很重要的就是，参加者要与其他体验过或观察过相同活动的人分享他们的感受或观察结果。

第三步：交流。分享个人的感受只是第一步。循环的关键部分则是把这些分享的东西结合起来。与其他人参加探讨、交流以及反映自己的内在生活模式。

第四步：整合。按逻辑的程序，下一步是要从经历中总结出原则并归纳提取出精华。再用某种方式去整合，以帮助参加者进一步定义和认清体验中得出的结果。

第五步：应用。最后一步是策划如何将这些体验应用在工作及生活中。而应用本身也成为一种体验，有了新的体验，循环又开始了。因此参加者可以不断进步。

表 7-4　××公司的团体训练项目

<table>
<tr><th></th><th>项目名称</th><th>类型</th><th>项目描述</th><th>培训目的</th><th>训练器材</th></tr>
<tr><td rowspan="5">空中项目</td><td>空中单杠</td><td>个人挑战</td><td>在培训师的指导下，从独立杆爬上顶端，站在小圆盘上，纵身向前跃起，双手抓住上前方的三角杠。</td><td>培养个人勇气、信念；跨越心理障碍；挖掘个人潜能；摆正自己的位置；敬业奉献；正确对待不同意见和挫折；当机立断，抓住机遇；忍耐；体验友爱支持。</td><td rowspan="5">巨人梯
高空断桥
空中抓杆
泸定桥
天使之手
空中相依
高空绳网
软梯
合力制胜
绝壁逢生
高空天平
高空独木
缅甸桥
极限攀岩</td></tr>
<tr><td>空中断桥</td><td>个人挑战</td><td>在培训师的指导下，学员从断桥一侧立杆蹬上断桥小平台，迈步跨到对面木板上。</td><td>目标管理；善于抓住各种机遇，果断行动；坚持忍耐；挑战体能极限；克服逃避本性和自我惰性；激发个人潜能；学会关爱他人；学会正确面对困境，积极处理危机。</td></tr>
<tr><td>天梯</td><td>双人合作</td><td>参训的两名队员在进行安全保护的情况下，相互配合，从天梯底端一直上到最高处。</td><td>学会群体决策；角色定位；面对困境寻求解决问题的科学方法；人力资源合理利用；演绎人生苦旅，一步一个脚印扎实工作；工作目标的确定与实现；为他人奉献；双人条件下的沟通交流。</td></tr>
<tr><td>飞夺泸定桥</td><td>个人挑战</td><td>模拟当年红军“飞夺泸定桥”的情景，站在 10 米的高空处，凭借人体自我平衡，跨过一段相隔半米有一个木板的软“桥”。</td><td>战胜你心里看不见的敌人；挑战个人生理、心理极限；学会处变不惊，泰然应对挑战；体验朋友的支持和关爱；掌握寻找科学解决问题的办法和方法。</td></tr>
<tr><td>合力桥</td><td>团队合作</td><td>一人或两人一组，登上 9 米高吊板（共 3 块）。每块板下方由 4～6 人控制绳索以保证吊板平衡。上方人员靠自己的努力和相互配合踩过每一块吊板，最终到达成功彼岸。</td><td>团队的合作和协作；岗位奉献；角色定位；做好本职工作就是对团队的最大奉献；友爱、关怀、支持；方法技巧；创造和谐团结的氛围和工作环境。</td></tr>
</table>

（续表）

	项目名称	类型	项目描述	培训目的	训练器材
空中项目	天使之手	单人或双人合作	参训学员靠自己的努力或二人间的相互支持帮助，在一条钢丝上走到成功的彼岸。	心理极限的挑战；工作的方法与技巧；不同条件下的沟通；团队的支持鼓励；决策、角色分工与协作。角色定位；面对困境寻求解决问题的科学方法；人力资源合理利用；演绎人生苦旅，一步一个脚印扎实工作；工作目标的确定与实现；为他人奉献；双人条件下的沟通交流。	
	空中相依	二人合作	两名学员面对面、手推手，在两条钢缆上横向前进到另一端。	团队合作；依靠；资源的有效利用；肢体语言的沟通；科学的方法与技巧；激发个人潜能；挑战心理极限。	
	悬崖绝壁	单位或双人合作	参训学员靠自己的勇气和技巧，在一面无任何抓手的绝壁墙上从一边攀登到另一边。	个人自信心的建立，潜能激发；调适人的心理舒适区；科学的方法与技巧；学会掌握把握自我；团队的支持与鼓励。	
场地项目	毕业墙	团队合作	所有的参训队员，相互帮助，全部攀登到四米高的墙顶。	提高学员的互助和协作能力，合理安排人力资源，群策群力寻找解决问题的科学方法；为团队自觉奉献；个人在团队中的角色定位；吃苦耐劳；处理局部与大局的关系；正确面对人生和工作中遇到的困境和坎坷；向共同的目标冲刺。	毕业墙 信任背摔 模拟电网 有轨电车 移花接木 罐头鞋 梅花桩 孤岛求生 盲目障碍 礼让通行 齐心协力
	模拟电网	团队协作	在大家的配合下，所有人员在规定时间内，从网的一边前进到网的另一边，在完成过程中，人的所有部位不得碰触网的任何部位，且一个网眼只能使用一次。	计划的重要性；组织纪律；学习方法；合理利用资源；学会倾听；摆正自己的位置；领导者作用；计划、草案、行动；确立规则，精心操作；正确对待不同意见和挫折；细节决定成败。	
	信任背摔	个人心理挑战与团队合作	队员依次站到一米四的小平台上，背向后倒在下面队员用胳膊交叉的网上。	挑战自我；相互信任；换位思考；学会包容。	
	有轨电车	团队激励	队员适当分组，两脚站在木板上，手拉提绳，共同前进。	培养团队精神及协调配合的理念；步调一致才能取得胜利；计划的重要性；领导艺术；团队执行力。	
	孤岛求生	团队合作	将参训队员分成三组，分别置于太平岛、盲人岛和哑巴岛，尔后将所有人员救助到太平岛上。	群体决策；领导作用的发挥；合理安排人力资源；团队合作；寻求解决问题的科学方法；主要矛盾和次要矛盾的处理。	
	雷阵	团队合作		沟通；组织纪律，学习方法（合理利用工具）；突破思维定式（创新）；学会倾听；策划、决策；尝试（有效操作）；预见性（工作监督）。	

（续表）

	项目名称	类型	项目描述	培训目的	训练器材
场地项目	穿越沼泽	团队合作		策划及决策；团队学习；大胆尝试及有监督体制的有效工作；沟通；预见性（工作监督）。	
场地项目	罗马战车		是一个激情、深刻的一个大型模拟管理体验培训活动，通过竹竿和绳索组合完成任务的过程，它演绎了一个公司、单位项目开发的全过程。		
水上项目	抢滩登陆		团队队员利用有限的资源（油桶若干，竹竿若干，绳子）以最快的速度造成一艘船，搭载本队队员在规定的时间内划过规定水域夺得对岸的目标。	1. 培养领导与分工协作的能力，掌握资源的合理利用与分配。2. 目标的设定，在明确目标后一个团队要通过彼此共同的努力才能达到成功的彼岸。3. 培养一个团体的竞争能力，培养全体成员同心协力共同战胜困难的决心与信心。	油桶若干 竹竿若干 绳子 救生衣 水塘 吊索桥 情侣桥 水上漂 搭板过河 板桥 缅甸桥 溜索过河 滚筒桥 秋千桥 云梯桥 栈道桥 索道桥
水上项目	建桥过河		团队利用有限的资源建设一座桥，将所有人成功转移至河对岸。	团队合作，时间管理，计划性	
水上项目	水上过桥抽板		所有队员利用若干块木板在悬挂在水面上的绳索上搭桥从一端过到另一端	团队合作分工、信任	
水上项目	水上独木桥		所有队员走过一条没有任何扶手的水上独木桥	平衡感、团队的支持与鼓励	
水上项目	涉水爆破		团队利用有限的资源将漂浮在离岸 3.5 米远的气球戳破	计划，分工，沟通与合作	

复习思考题

1. 简述人际关系的概念及影响作用。
2. 分析人际关系的形成和发展过程。
3. 简述人际吸引的影响因素。
4. 简述莫雷诺人际关系的测量法。
5. 简述沟通的基本模式分析。
6. 简述沟通的分类分析。
7. 简述沟通障碍和因素的分析。
8. 简述团队的含义及与群体的区别。
9. 简述团队的类型及建设。

第八章 群体间关系

群体间关系指的是群体与群体之间的关系。群体间关系是群体行为研究的一个重要内容,因为它涉及群体间行为。群体间行为是指组织内部的两个或两个以上群体之间的相互作用。这些相互作用的群体可以同处一个部门,也可以分处不同部门。对于群体间行为来说,最重要的是如何协调来提高其成效,因为这些群体共处于同一组织内部,其相互作用的成效直接影响着组织的运行状况及其目标的实现。

第一节 群体间关系概述

在群体之间的相互作用中,由于各群体的工作性质及看问题的角度不同,它们在目标、达到目标的手段以及相互评价等方面经常会出现误解、猜忌、不一致以及不合作,致使各个群体在行为上相互矛盾、相互掣肘、相互妨碍,降低了群体间行为的绩效。群体间行为的矛盾是普遍存在的,是相互作用日趋复杂化带来的不可避免的结果。它对组织行为绩效确有弊端,但是如能及时发现和加以调解,又能促进群体之间的相互了解与合作,引发人们对组织变革的探索。

一、群体间的依存与制约关系

(一)群体间的依存关系

在同一个组织内部的群体之间必然存在相互依赖关系,这种相互依赖关系就是群体协调它们的各种活动以达到所希望能够达到的绩效水平的程度。群体之间的相互依赖性同相互依存方式有着密切关系。

群体之间的依存模式可分为以下三种类型:

(1)合作或联营型相互依存关系

合作型相互依存关系是指两个或两个以上群体在行为上各自独立,即它们之间在行为及行为结果上并不存在直接的输入、输出关系。如果说合作型关系也是一种相互依赖,那么这种相互依赖仅仅在它们共同为组织系统的总体目标做出贡献上体现出来。

(2)顺序型相互依存关系

顺序型相互依存关系是指一个群体的输出项部分地或全部地构成了另一个群体的输入项,即后者在实现自身目标时依赖于前者的协作,比如在一个生产企业中,原材料供应、生产加工、销售等群体之间就构成了单向型依赖关系,在这个序列中,后者的输入受到前者的输出量制约,如果前者的输出量不能满足后者的需求,则会妨碍后者完成工作目标。之所以说顺序型序列是单向依赖,是因为只有在总体目标(如企业以较高效率完成的利润总额)中才能体现出它们之间关系的相互依赖(缺一不可)性。如果仅就这些群体活动的具体关系来看,前者在实现自身目标时并不需要直接从后者一方取得输入;而后者则不得不依赖于前者。

(3)互惠型相互依存关系

互惠型相互依存关系是指两个或两个以上群体之间在行为及行为结果方面存在着对流交换式的输入、输出关系,即自己一方的输出部分地或全部地构成了对方的一人,同时对方的输出亦部分或全部构成自己一方中的人。互惠型相互依存指群体之间的这种功能互补的耦合性。比如在一个企业中,产品开发部门和销售部门之间就存在这种双方依赖关系,产品开发部门向销售部门提供试销产品,销售部门则将销售结果作为重要参数反馈给开发部门。

(二)群体间行为的制约因素

群体间行为的成效取决于协调,而在制订和实施协调措施之前,必须先确认那些制约着协调过程的重要因素。这些因素有:目标、不确定性、可替代性、工作任务关系、资源并用性和彼此看法等,它们是影响群体之间的行为和工作成果的主要因素。

(1)目标

各群体的目标会对他们之间的行为与工作成果产生很大的影响。最理想的情况是,每个群体把它们的目标和整个组织的目标看做是个整体,并把他们的目标同其他群体的目标看做是互相一致和互相补充的。这样,我们就会看到各群体之间的互相通气、合作、关心、相互尊重,对对方所提出的要求能给予迅速解决,这是一种对各方都有利的情况,每个群体都能实现他们的目标。

(2)不确定性

不确定性是指已了解到的情况和为正确决策还需要了解的情况之间的差距。为了做出正确的决策就必须有确切的情况,为此就应建立一些专门小组或指定一些专人去加强调查研究工作。情况了解得如何,直接影响着群体之间的行为和工作成果。

(3)可替代性

可替代性是指一个群体能从另一个或更多个群体中取得所必需的资源和服务的可能程度。这种可替代性和群体间的影响力是一个反比关系,也就是说,某个群体所必需的资源愈是不易被代替,那么这个群体对它所供应的群体行为的影响能力就愈大,即群体间的权力愈大;反之,可替代性大,则群体间的权力愈小,即对别的群体行为的影响能力愈小。为了充分利用资源,应当大大地提倡各群体充分利用本组织内部的其他群体所提供的资源和服务。为了争取别的群体为本群体积极地提供资源和服务,一般都应给予对方群体一些额外的奖励。

(4)工作任务关系

工作任务关系也就是同一组织中不同群体间的相互依存度与可替代性有关,如果群体之间没有工作任务关系,可替代性的问题也就不存在了。一个组织内部的任何两个群体之间可能的工作任务关系有三种相互联系的基本类型:独立的、相互依存的和从属的分别对应着的群体间相互依赖性的三种模式:合作型、顺序型和互惠型。

(5)资源并用性

资源并用性是指两个或两个以上的群体,必须同时使用一个资源。比如,两个群体合用同一个打字机打印文件。这两个或两个以上的群体合用一个共同的人力和物力资源,会在他们之间产生竞争或合作。企业领导者的责任在于鼓励群体之间在合用一个较缺乏的资源方面尽力合作,并尽可能减少和避免不必要的竞争以及破坏性的冲突。

(6)彼此看法

彼此看法是两个或两个以上群体相互之间的思想和感情的表现。一个群体的成员对另一个群体怀有的总看法,可能是他们彼此间关系的本质,不能说只有一种最好的群体关系。好不好要看有关群体的目标和他们的观点而定。

总而言之,彼此看法的重要性不在于这个组织是怎样解决问题的,而在于它能够影响群体之间的行为和工作成果的本质。无论是合作的还是冲突的,都能对两个群体是否能够和愿意为达到组织的目标而一起工作产生很大的影响。如果两个群体是相互依存的,很可能冲突的相互看法会降低达到目标的程度,因为一个群体最终压倒另一个群体,需消耗很多的时间和精力。

二、群体间行为矛盾的常见原因

在组织内部,群体间矛盾是普遍存在的,它既可以在同一层次的群体之间出现,也可以在不同层次群体之间发生。尽管矛盾的具体内容和性质千差万别,但究其根源,可以归纳为三个普遍性原因。

(一)扩大影响力

通常在群体相互作用中,每个群体都会自觉不自觉地寻求各种途径,以此获得对其他群体的更大影响力或支配权,从而提高自身的群体地位。由于某个群体的地位提高的同时意味着其他群体的地位下降,群体间矛盾也就常常因各群体影响力对比的变化和地位升降而产生。

扩大影响力和支配权的一个主要方法,就是获取和掌握那些同其他群体不能自我满足但又必须满足的需求相关联的重要职能,即通过提供垄断型或紧缺型服务的方式建立群体之间的支配—依赖型关系:自身取得支配性地位,迫使其他群体处于依赖性地位。例如，组织中人事部门掌握的聘任及审核权就属于这类职能，它负责补充其他群体的职位空缺，对应聘人员进行筛选。正是由于它掌握着与其他群体息息相关的人事权，因而在群体关系中处于较高地位，拥有较大影响力。

（二）提高综合性地位

每个群体努力提高自身在组织中的综合性地位，也很容易导致群体间矛盾的发生。在群体间相互作用关系中，各个群体的地位的综合性程度并不完全相同。群体地位的综合性程度是由组织行为的最终成效同群体人数的比值来测定的，即某一促成组织行为成效的群体，其人数越少，就越具有难以置换性，它对群体间行为绩效的作用就越突出和重要，因而其地位综合性程度就越高。比如，在一个企业中，维修人员的综合地位通常就高于普通生产作业人员。一般来说，在整个组织的各个群体的综合行为流程中，处于“瓶颈”地位的群体具有较高的综合性地位。

提高自身的综合性地位，既是各个群体在处理相互关系时的内在动机和行为趋势，也是引发群体之间行为矛盾的一个普遍性原因。在它的推动下，每个群体都倾向于争夺组织中的稀有资源，向其他群体虚饰、夸大自身的重要性，凡此种种都是引起群体间误解、猜忌、矛盾、冲突的导火索。

（三）增加资源份额

各个群体在组织的资源分配中努力增加自身的份额，也是产生群体间矛盾的常见原因。任何组织的资源都是有限的。在这一前提下，大多数群体都会感到自己得到的份额远远不足以满足其需求，这样就常常由于资源的有限性而埋下群体间矛盾的种子。

各个群体争夺资源的矛盾常常集中出现在预算分配中。当组织的整体预算水平增长时，各个群体要求增加的预算幅度往往会超出总预算增长幅度；而在总预算水平下降时，各群体却要求保持原有的预算数字。很显然，在组织的预算总额已定的情况下，增加一个群体的预算比例，只能以减少其他群体的预算比例为代价。

为了争取增加预算，在预算分配中，每个群体都尽力显示自己的工作更重要、做得更好。比如，生产性群体尽力论证增加预算能够带来生产成本与产量之间的最优化，而销售性群体则强调增加预算对于提高销售量的重要性、必要性。从各自的工作目标来看，它们都有道理，但联系到预算总量已定的前提，则群体间矛盾势必由此而产生。

三、群体间关系的二维模式

合作、竞争与冲突是群体间基本的关系类型。传统上，合作、竞争与冲突行为往往是在一维空间来表述的，这一维空间是：从竞争到合作，认为有的人倾向合作，有的人倾向竞争，有的人介于两者之间。近年来许多研究说明这种看法不能全面反映人的冲突行为。其中最受人瞩目的是托马斯（Thomas）和他的同事们提出的二维空间模式，如图 8-1 所示。

群体间关系共有五种典型模式：

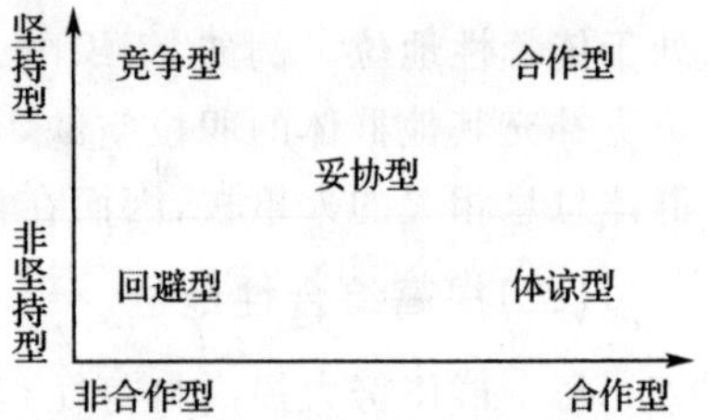

图 8-1 处理冲突的典型策略

(1)竞争型模式。采取这种策略时一方与对方激烈竞争,寸土不让,坚持己方利益要求。当处于紧急情况下,问题要求采取非常行动、觉得己方完全正确或己方对对方有很大影响力时,这种策略常能奏效。

(2)回避型模式。采取这种策略时,一方退出冲突处境,既不满足对方也不满足己方的利益。在问题为细枝末节性的、情况不大可能满足己方利益要求、冲突的解决很可能带来严重破坏或对方能把问题解决得较好时,可采取这种策略。

(3)体谅型模式。采取这种策略时一方愿意满足对方的利益而对己方利益则不甚坚持,忍让为怀,息事宁人。这种策略用于发现自己确有不对之处、冲突的问题对对方比对己方更重要、在和谐与稳定特别重要、己方输了又想尽量减少损失或是想让己方的人从错误中吸取有益教训时,可采取此策略。它能使己方在今后又遇到类似问题时,在公众中有较好的名声。

(4)合作型模式。采取这种策略时,一方强调建设性地把冲突问题解决掉,目的在于最大限度地满足双方的愿望。双方表现出的行为兼有坚持与合作两种成分。基本态度是认为有冲突和矛盾是很自然的,对对方表现出信任与诚恳,鼓励人人畅所欲言,把态度与感情都和盘托出。采用此策略的目的在于学习、利用多方面来源的信息和找到一种综合性的解决问题的方案。

(5)妥协型模式。这是在坚持与合作之间的一种中庸之道,双方共享对方的观点,既不偏于坚持也不偏于合作的极端。此方式不能使任何一方得到最大限度的满足。只有在目标虽然重要但却未重要到需要寸步不让,双方势均力敌或情况紧迫,有时间压力要求速决时,才采取此策略。

第二节　合作与竞争

合作与竞争是群体内两种主要的互动方式,是社会生活中最为常见的现象之一,也一直是社会心理学家热衷讨论的问题。围绕合作与竞争,心理学家进行了大量的实验研究并进行了深入的分析和思考。

一、合作与竞争的含义

(一)合作的含义

合作(cooperation)是指不同的个体为了共同的目标而协同活动。这些目标通常是无法通过个人努力而实现的。在合作中,目标的实现既有利于自己,又有利于他人。合作可分为无分工合作和有分工合作、直接合作与间接合作、结构性合作与非结构性合作等。

成功的合作应该具备以下条件:

(1)目标一致。这是合作的前提,只有目标相同才能在行动中相互配合。

(2)行动配合。为了实现目标,需要借助于具体的行动方案,合作者都能了解和认可行动方案,清楚地知道自己该干什么,并且具备行动所需的知识和技能。

(3)相互信任。成功的合作还有赖于相互信任,如果相互猜疑,就会发生冲突甚至中断合作。

(4)共享成果。如果合作的一方意识到即使目标实现也无法分享利益,就会退出合作。

合作是人类生存和发展的必要方式。人类社会的形成、人类文明的出现,都是人类合作的结果。为什么人类需要合作呢?

首先,在自然面前,个人的力量是渺小的。人类要想保护自己,克服自己的自然弱点,保证自己的生存与发展,就必须通过个体间的合作来抵御敌害和征服自然。

其次,在社会生活中,人们具有很多共同的利益。很多目标无法单靠个人的努力而实现,必须与他人合作,在一个发展越来越快、分工越来越精细的现代社会更是如此。很多时候,合作是实现自我目标、获得个人利益的必经之路。

再次,合作也能满足人们的很多心理需求,如获得安全感、归属感、支持感,减少恐惧、焦虑、孤独和寂寞等。

(二)竞争的含义

竞争(competition)是指不同的个体为了同一目标而展开争夺。在竞争中,因为争夺同一目标,一方的成功必然会导致另一方的失败。竞争广泛地存在于我们的社会生活之中,如学习成绩排名、体育运动竞赛、产品的市场竞争、各种评优评奖等。任何竞争都存在一个根本法则,即优胜劣败。人们想要在竞争中获胜就必须打破均势,使自己处于优势而对方处于劣势。一种方法是提高和发展自己,另一种方法是破坏和贬低对方。前者我们称为积极的竞争,后者我们称为消极的竞争。

积极的竞争应该具备以下条件:

(1)目的正确。竞争的目的在于实现自己的目标,虽然竞争中的一方会因另一方的成功而失败,但这是竞争本身的特点,竞争双方并不直接形成对抗和排斥的关系,一旦把对抗和排斥作为主要目的,竞争就会变成冲突。

(2)手段合理。竞争者要采取正当的手段,着眼于提高和发展自己,而不要采取破坏、贬低、欺诈等方式。

(3)遵守规则。竞争双方需要遵守一定的规则,这样才能保证竞争的顺利进行。

(4)竞争适度。过于频繁和激烈的竞争使人长期处于紧张、焦虑之中,不利于个体的身心健康,也不利于良好人际关系的建立,要注意避免。

竞争同样是人类生存和发展的必要方式。

首先,资源的有限使人们经常陷入利益冲突之中,从而直接导致竞争。人有各种各样的物质和精神需要,但社会无法完全满足每个人的需要,因此只有通过竞争才能分配有限的资源。

其次,竞争是确定自我价值的必要途径。人们都试图在社会比较中来确定自我价值,超越别人是一个人获得自我价值肯定的重要途径。因此,人们在很多社会情境中都有超越他人,同时又担心被他人超越的倾向。这种超越意识直接转化成了竞争意识。

(三)合作与竞争

合作与竞争在形式上是对立的,但在社会生活中却常常是相伴相随的。事实上,很多活动既有合作成分又有竞争成分。例如,为了企业共同的发展,生产、开发、销售人员相互配合,共同努力,这是合作;但彼此之间常常比较贡献大小,都希望自己能比别人做得更好,这是竞争。一个球队要战胜对方,必须密切合作,但每个球员之间也在暗暗比较,都希望自己是球队中最出色的。为什么合作与竞争经常并存呢?这是因为在社会生活中,很难有绝对的利益一致或利益冲突,大多数情况下,都是利害并存,是一种混合的动机关系,从而使人们既有合作的行为倾向,又有竞争的行为倾向。

正因为合作与竞争都是人类生存和发展的必要方式,所以它们都具有重要的社会功能,两者不可偏废。片面强调合作与片面强调竞争都是不恰当的。合作能使人克服个体的局限性,完成复杂的任务,实现长远的目标,促进个人和社会的发展;竞争使人不满足于现状,能激发个体的动机,发挥潜能,不断超越和创造,同样有利于个人和社会的进步。因此,在一个群体中,我们既要鼓励成员之间开展有效的合作,又要引导成员之间进行积极的竞争。只有这样,才能更好地发挥群体的功能。

二、合作与竞争的行为实验研究

在合作与竞争的研究中,有一项得到广泛关注并普遍采用的技术是两难问题的使用。

(一)"囚徒困境"(Prisoner's Dilemma)

1950年,兰德公司的梅里尔·弗勒德(Merrill Flood)和梅尔文·德雷希尔(Melvin Dresher)提出相关困境的理论,顾问艾伯特·塔克(Albert Tucker)以囚徒方式阐述,并命名为"囚徒困境"。经济学家保罗·萨缪尔森(Paul Samuelson)对其作了通俗易懂的解说,使"囚徒困境"流行于世。

囚徒困境是指这样一种情形,此时两个人(或厂商)合作要比不合作好,但是每个人都觉得不合作符合自己的利益,因此每个人的状况都要坏于他们合作时的境况。

两难问题具有两个特征:

(1)对于任何一方,如果采取不合作的策略,都有可能取得比采取合作的策略更多的利益。

(2)如果所有人都采取合作的策略,个体获得的利益要比个体都采取不合作策略时多。

经典的囚徒困境：

A与B因共同作案而被捕，检察官与两囚犯分别单独谈话。

检察官对A说："我已有足够证据判你们俩人1年的监禁。如果你单独交代应该被判为10年监禁的罪行，我就能给你达成一笔交易，你可以只判3个月的监禁，而你的同伙要被监禁10年。但是，如果你俩都坦白交代，那么你俩都要被判处5年的监禁。"

检察官对B也是如此说。

当两个囚犯都出于自私动机而坦白交代时，他们两人都被判处5年监禁。

只有当他们进行"合作"或按利他主义行事时，才能得到1年的短期监禁。

在心理学中，关于合作与竞争的实验非常多，探讨的就是在这种双方既有利益冲突，又有共同利益的混合动机情况下，人们究竟是倾向于合作还是竞争。其中最经典的实验有鲁斯等人(R. Luce& H. Raiffa，1957)的"囚徒困境实验"、弗里德曼的"赌博游戏实验"、米纳斯等人(J. S. Minasetal，1960)的"鼓励合作实验"、多伊奇等人(M. Deutsch& R. Krauss，1960)的"卡车运输实验"等。在以后的研究中，发展了它们的许多变式，如权力游戏、懦夫游戏、分解游戏等。这些实验都证实了在合作与竞争中，人们更倾向于优先选择竞争的行为方式。

(二)囚徒困境的现实应用

"囚徒困境"在经济生活中是一种常见现象。利他所得到的好处往往要比追逐自利的结果好得多，恶性竞争只能是两败俱伤，"经济人"在交换中遵循某些合作规则要比不合作更有利。"世界贸易组织"、"石油输出国组织"等都是基于合作要求而作出的组织安排，并且也确实在减少恶性竞争、保证成员利益上很有成效。囚徒困境博弈广为使用，社会科学中的经济学、政治学和社会学以及自然科学的动物行动学、进化生物学等学科，都可以用囚徒困境分析，模拟生物面对无止境的囚徒困境博弈。

军备竞赛

政治上两国之间的军备竞赛可以用囚犯困境来描述。两国都可以声称有两种选择：增加军备或是达成削减武器协议(冲突或合作)。但两国都无法肯定对方会遵守协议，因此两国最终会倾向增加军备。遏制理论的推论就是以强大的军事力量来遏制对方的进攻，以达到和平。似乎自相矛盾的是，增加军备会是两国基于自己一方的"理性"行为，但结果却显得"非理性"，人类生存状态受到普遍的威胁。

关税战

经济上两个国家的关税在两个选择之间决定。冲突选择:提高关税,以保护自己的商品。合作选择:与对方达成关税协定,降低关税以利各自商品流通。事实上往往是,当一国因某些因素不遵守关税协定,独自提高关税,另一国也会作出同样反应,这就引发了关税战。冲突的结果,两国的商品失去了对方的市场,对本身经济也造成损害。最终,两国发现共同合作利益最大,又重新达成关税协定。

广告战

互相竞争的两个公司广告互相影响,即A公司的广告较被顾客接受则会夺取对方的部分收入。但若二者同时期发出质量类似的广告,收入增加很少但成本增加。但若不提高广告质量,生意又会被对方夺走。增加广告开支,设法提升广告的质量,压倒对方。若B公司不信任对方,无法合作,背叛成为支配性策略时,B公司将陷入广告战,而广告成本的增加损害了B公司的收益,这就是陷入囚徒困境。两个公司合理的选择:互相达成协议,减少广告的开支。但在现实中,要两互相竞争的公司达成合作协议是较为困难的,多数都会陷入囚徒困境中。

第三节 群体冲突

一、冲突的理解

处在组织中的人们,由于相互间的交往,总要形成人与人以及群体与群体间的关系。因为这样或那样的原因,就常常会产生意见分歧、争论、冲突和对抗,使彼此间关系出现紧张状态。在组织行为学中把它们统称为"冲突"。实质上,冲突是指两个或两个以上的社会单元在目标上互不相容或互相排斥,从而产生心理上的或行为上的矛盾。冲突的产生不仅会使个体体验到一种过分紧张的情绪,而且还会影响正常的群体内人与人之间的关系,也包括群体与群体之间的关系。

冲突和竞争不同。冲突的对象是目标不同的另一方。而竞争的双方则具有同一个目标,不需要发生势不两立的争夺。如果双方都能从他们的竞争结果中获益,那么竞争就不大可能变为冲突。例如,在工作单位里,如果符合标准就能晋升,没有名额限制,那么职员之间只有竞争而不会发生冲突。实质上,竞争和冲突的区别在于一方所采取的行动是否会影响另一方目标的实现。这种区别表明,要想防止竞争演化为冲突,有效的管理策略是消除共同介入的机会。

对冲突有害有益的看法在变化。20世纪40年代中期之前,大多数人认为冲突是有害无益的。冲突的存在被认为是管理不善的结果。根据这一传统的观点应当避免冲突。近年来,管理学家们改变了对冲突的看法。冲突被认为是任何组织都不可避免的，且往往是保证高绩效所必需的。当然不否认冲突有时是有害的，但更重要的是有些冲突非常有益。

1. 功能正常的冲突

功能正常的冲突(functional conflict)是指群体之间面对的能够提高组织的工作业绩的冲突。例如，一家医院的两个部门可能为如何以最有效的方法向低收入农村家庭提供医疗保健服务产生冲突，两个部门目标一致，但对实现目标的方法意见不同。一旦矛盾冲突解决，不论是什么样的结果，农村低收入家庭都有可能得到更好的医疗保健。在组织中没有这样的冲突，对变革就不会有认同感，大多数群体就可能成为死水一潭。因此，功能正常的冲突可以被认为是一种创造性的紧张状态。

2. 功能失调的冲突

功能失调的冲突(disfunctional conflict)是指群体之间的对峙或者相互作用，它们伤害组织利益或者妨碍组织目标的实现。管理者必须设法消除功能失调的冲突。有利的冲突也常常会转为有害的冲突。在大多数情况下，功能正常的冲突转变成功能失调冲突的转折点是不可能精确确定的。同样的应激水平和冲突在一个群体内可能创造一项健康的、积极的实现目标的运动，在另一个群体(或者同一个群体不同的时间)就有可能成为非常有破坏性和功能失调的冲突。群体对压力和冲突的耐受力取决于群体所在组织的类型。

3. 冲突与组织业绩

冲突对组织的工作业绩可能会有积极的影响，也可能有消极的影响，这取决于冲突的特性和处理冲突的方式。对每个组织，合理水平的冲突可能被认为是功能正常的，能够帮助产生积极的工作业绩。一方面，当冲突水平太低，工作业绩可能下降，革新和变革在组织中是很困难的，组织可能难以适应改变的环境。如果这种低水平的冲突继续，组织的生存就会受到威胁。另一方面，如果冲突水平太高，导致的混乱也可能威胁组织的生存。

4. 实践中的群体冲突观

一些组织学研究者认为应该消除功能失调的冲突，鼓励功能正常的冲突。但是在大多数组织中这种情况并没有发生。实际上，很多管理者试图消除所有的冲突，不论是功能失调的冲突还是功能正常的冲突。管理者通常因为他们负责的区域没有冲突而受到较高评价和奖励。事实上，反对冲突的价值观已经成为组织文化的一部分。和谐和满意被认为是积极的，冲突和不满意被认为是消极的。在这样的情况下，管理者总是试图回避冲突而不论是功能正常的或功能失调的，因为冲突打破了平衡。

现代观点认为，冲突可以促使组织寻求新的策略和方针，帮助克服停滞和自满情绪。所以，冲突应该加以适当地处理而不是消除。要想成功地处理冲突，首先要确认一个适宜的冲突水平，然后选择一个减少冲突的策略。当然，在冲突程度不够强烈的地方，管理者也可以有意识地引起冲突。例如，在那些需要有创造性和直率讨论(而不是群体意识)的场合，就需要挑起冲突。

二、群体间功能障碍的冲突后果

(一)群体内的变化

涉及群体之间的冲突可能导致群体内部发生很多变化。这些变化通常导致冲突继续和加剧。

(1)群体内聚力增加。竞争、冲突和外部威胁通常会导致群体成员将个体之间的差异放在一边,成员变得对群体更加忠诚,群体也变得更加有吸引力。

(2)独裁专制领导的崛起。在严重的冲突情况下,当知觉到威胁时,民主的领导方式可能就不适用了,成员们希望出现强有力的领导。因此,领导者可能转变为独裁和专制的领导。

(3)对活动的关注。当一个群体处于冲突中,其成员通常强调做群体所做的,并且把它做好。群体变得更具有任务取向性。对发生错误成员的容忍降低,对个体成员的满意度的关心也降低。关注的重点是完成群体的任务、打败敌人。

(4)强调忠诚。与群体的规范保持一致对处于冲突中的群体显得尤为重要。群体目标优先于个体的满意度,成员被期望表现出对群体的忠诚。在较大冲突情况下,成员与其他群体成员之间的相互作用可能被认为是违法的。

(二)群体间的变化

在冲突中,群体之间也会发生一些变化。

(1)扭曲的知觉。在冲突中,每一个群体成员的知觉都被扭曲了。群体成员对他们的单位的重要性形成较强烈的认识。每一个群体都认为自己的工作业绩优于其他群体,对组织生存的重要性也比其他群体重要。实际上,没有任何一个群体更加重要,但是冲突导致他们的成员形成对现实知觉的错误。

(2)消极刻板印象。当冲突增加、知觉扭曲时,所有的消极的刻板印象都会得到强化。每一个群体的成员就会较少地看到他们单位内存在的差异,而较多地看到群体之间存在的差异。

(3)沟通减少。处于冲突中的群体之间的沟通常会中断。这种功能失调可能是最严重的,尤其是群体之间存在序列性相互依赖或互惠式相互依赖关系时,决策制定过程可能被中断,顾客或组织为之服务的其他人可能受到影响。

群体之间的冲突不仅仅导致功能失调的后果,而且也会导致其他的后果,如暴力和攻击,尽管发生的可能性较少。当群体之间发生冲突时,通常需要某些形式的管理干预。

三、群体间冲突的原因

每一个群体与其他任何一个与之作用的群体都存在一些冲突,原因是多方面的。

(1)工作相互依赖。当两个或者更多的群体为完成他们的任务时发生了工作相互依赖。所有组织在其群体中都有共享的相互依赖关系,较复杂的组织有序列性的相互依赖关系,只有最复杂的组织才能体验到群体之间存在共享的、序列性的和互惠式的相互依赖关系。组织的复杂程度越高,存在潜在冲突的可能性就越大,管理者面对的任务就越复杂。

(2)目标的差异。当组织的单位越来越专业化时,它们形成的目标是各不相同的。这些不同的目标就会导致每一个部门成员不同的期望,当这两个群体相互作用时就有可能发生冲突。由于目标的差异,某些条件(如可利用的资源和奖励结构)会引发群体间的冲突。

(3)有限的资源。当对有限的资源进行分配时,彼此依赖关系增加,群体目标之间的差异就会更加明显。如果金钱、场地、劳力和物资都是有限的,每一个群体都会追求它自己的目标。在资源有限的情况下,通常发生的是求赢或输的竞争,如果群体拒绝合作,就很容易导致功能失调的冲突。

(4)奖励的结构。当奖励机制与每一个群体的工作业绩有关,而不是与整个组织的总体业绩有关时,群体之间的冲突就很容易发生。当一个群体为分配奖励负主要责任时,潜在的冲突就会更加强烈。群体在分配有利益的结果时可能对它的成员存在强烈的偏向,而在分配消极性的结果时就会偏向其他群体成员。

(5)知觉的差异。目标上的差异可能伴随着对现实知觉的差异,对什么是现实构成的意见不一致也可能导致冲突。很多因素可能导致在组织中形成对现实知觉的差异,包括不同的目标、不同的时间维度、地位的不一致以及不正确的知觉。

(6)不同的目标。不同的目标可明显地导致不同的知觉。例如,如果市场部的目标是增加国际市场份额,积极开展跨国经营,那么减少公司的产品销售半径,主打国内市场的建议就不受本部门的欢迎。而管理部则认为另一边与总部离得太远,不容易控制和管理。

(7)时间范围的差异。时间知觉影响一个群体对现实的认识。时间期限影响群体分配各种活动时考虑的优先性和重要性。由于这种时间范围上的差异,对一个群体很关心的问题可能对另一个群体根本不重要,这就为冲突提供了舞台。

(8)不协调状态。通常在一个组织中存在很多相对地位的差异,而不是绝对地位的差异。结果存在很多等级与不同群体的相对地位有关的冲突是常见的,也影响到了知觉。

(9)知觉错误。不正确的知觉可能导致一个群体形成对另一个群体的刻板印象。当群体之间的差异很小时,每一个群体都倾向于夸大这种差异。当群体之间的差异被强调时,刻板印象被强化,相互关系恶化,冲突就形成。

(10)对专家需求的增加。参谋专家与直线管理之间的冲突也是群体之间常见的冲突形式。参谋人员和直线管理者对他们在组织中的作用和地位的知觉视角不同。随着组织中所有领域对技术经验要求的增加,参谋专家的地位可能得到提高,而参谋专家与直线管理者之间的冲突也就会增加。随着大多数组织复杂性、专业化程度增加,参谋专家与直线管理者之间的冲突在组织行为管理中已成为一个需要主要考虑的问题。

四、引起冲突的策略

在许多情况下，确实需要有一定程度的冲突存在。有一些冲突是有益的，是群体间一些功能正常的冲突。也就是说，在某些情境中，只有当冲突存在，效率才会更高。如果发现人员流动率低，缺乏新思想，缺乏竞争意识，对改革进行阻挠等情况存在时，管理人员就需要挑起冲突。

(1)沟通。通过明智地利用组织的沟通渠道，管理者能够刺激有益的冲突。将信息仔细地放入正确渠道以创造含糊不清、重新评价或对峙。具有威胁性的信息可能刺激一个部门产生功能正常的冲突，从而导致工作业绩的改善。谨慎地散布谣言也能够起到一定的作用。如，刺激员工产生如何更有效地完成使命的新思想，改变员工冷漠的工作态度。

(2)将组织外个体纳入群体内。有一种广泛使用的方法可以将一个停滞不前的组织恢复“原有的生命”，即聘用或调入态度、价值观和背景与现有群体成员完全不同的个体。很多大学机构有意识地寻找不同背景的新成员，不鼓励聘用他们自己的毕业生，这是为了保证教师队伍观点的多样性。带进外来者的技术在政府和企业中也得到广泛运用。

(3)改变组织的结构。改变组织的结构不仅有助于解决群体之间的冲突，而且也可以创造冲突。重组的原因是因为这种方式能够创造竞争，使得这些群体为了争夺资源进行激烈的竞争，而这是以前没有的，因为以前只有一个体系存在。

(4)刺激竞争。很多管理者运用各种技术来刺激群体之间的竞争，如对突出贡献者进行奖励和颁发奖金，通常会刺激竞争。如果动作适当，这样的刺激能够帮助保持一个健康的竞争氛围，能够导致冲突处于功能正常的水平上。刺激可以给予缺陷最少的部门、销售量最大的群体、最好的教师、最新的顾客以及任何冲突的增加能够导致更有效的工作的地方。

对管理者来说，通过刺激来处理群体冲突是一项困难的挑战，很可能引起“后院失火”，而很快导致功能失调的冲突。

资料

鲶鱼效应

鲶鱼效应(Catfish Effect)，也称鲇鱼效应。挪威人爱吃沙丁鱼，尤其是活鱼，挪威人在海上捕得沙丁鱼后，如果能让它活着抵港，卖价就会比死鱼高好几倍。但是，由于沙丁鱼生性懒惰，不爱运动，返航的路途又很长，因此捕捞到的沙丁鱼往往一回到码头就死了，即使有些活的，也是奄奄一息。只有一位渔民的沙丁鱼总是活的，而且很生猛，所以他赚的钱也比别人的多。该渔民严守成功秘密，直到他死后，人们才打开他的鱼槽，发现只不过是多了一条鲶鱼。原来鲶鱼以鱼为主要食物，装入鱼槽后，由于环境陌生，就会四处游动，而沙丁鱼发现这一异己分子后，也会紧张起来，加速游动，如此一来，沙丁鱼便活着回到港口。

这种被对手激活的现象在组织行为学上被称作“鲶鱼效应”。在适当的时候引入一条“鲶鱼”放到一个老团队里面，是可以在很大程度上刺激团队战斗力重新爆发的。

五、管理群体间冲突的技术方法

由于管理者必须与群体冲突共存，他们就需要面对和处理这些问题。处理不当就会导致严重的后果。冲突可能将组织分裂，在员工之间筑起墙壁，导致不良工作业绩，甚至员工的辞职。管理者必须认识到由于冲突形成的原因不同，解决冲突的方式可根据当时的情境而不同。

解决群体之间发生的导致组织产生功能失调的冲突的技术方法有：

(1)问题解决。问题解决的方式试图通过冲突群体之间面对面的会议来缓和彼此之间的紧张关系。冲突中的群体公开争论各种问题，相互交流各种相关信息，直到做出决策。对因为误解或语言障碍而形成的冲突，面对面的方法被证明是很有效的。对解决更复杂的问题，这种方法可能就不会成功。

(2)设置超常目标。发展一个公开的目标系统，这些目标没有群体之间的合作和协作就不可能实现。如果这些目标不是一个群体能实现的，就超越了冲突中任何个体群体的其他所有目标。

(3)资源的拓展。一个群体在资源获得上如何成功，都是以其他群体资源获得资源的减少为代价的。稀缺的资源如资金和地位可能处于一个特殊的位置(如企业的总裁的位置)。拓展资源就是通过建立附属企业，增加它的执行官职位，尽量让每一个人都满意。但是在现实中资源通常是不能被拓展的。

(4)回避。寻找各种方法回避冲突。虽然回避冲突不会带来任何长期利益，但回避的确在短期内起作用。然而，回避冲突既没有实际有效地解决冲突，也没有消除它的存在，最后还是要面对冲突。但是在有些情况下，回避可能是暂时最好的选择。

(5)润滑。润滑的技术强调冲突群体的共同利益，否定他们的差异。通过在某些问题上强调共同的观点能够促进朝向一个共同的目标努力，如向冲突中的群体解释如果群体相互不能够合作，组织就会处于危险境界。只要两个群体看到管理者没有偏向另一方，他们就有可能会握手言和，至少暂时休战。但是如果群体之间的差异很大，润滑也是一个暂时的解决方案。

(6)妥协。通过妥协，就没有了明显的赢家或输家，达成的决策可能对任何一方都不是理想的。当群体寻找的资源(如资金)能够平均分配时，妥协的方法就比较有效。如果不可能，一个群体就必须放弃一些价值作为退让。如果使用有效，管理者就可能主动地提出解决冲突方案，同时表现出对有关方面的关切。

(7)权威命令。下属通常遵守上司的决策,不论他们是否同意。因此,权威命令通常只能维持较短时间。然而,同回避、润滑、妥协一样,权威没有关注冲突的原因,而主要是其结果。如果原因仍然存在,冲突就可能复发。

(8)改变人的变量。关注冲突的原因以及涉及人的态度,努力改变群体成员的行为。虽然这种方法难度较大,但它的确集中关注了冲突的原因。这种方法虽然比其他速度慢、成本大,但改变人的变量能够获得明显的长期效果。

(9)改变结构变量。改变组织中工作之间固定的相互关系,包括工作设计和部门设计。通过改变组织的结构来解决群体之间的冲突,涉及转换、交换或群体成员的工作轮转,或任命一个协调员、一名联络员,以便在群体之间不断地进行沟通。

(10)明确一个共同敌人。在某些方面,寻找一个共同的敌人是超常目标方法的消极方面,如刚刚将性能优越的新产品打入市场的竞争者。处于冲突中的群体可能暂时缓和了他们的冲突,并组织在一起与共同的敌人战斗。

这些解决群体之间冲突的最常用的方法都有各自的优点和缺点,在一定的条件下都有一定的效果。不论解决群体冲突采用什么样的方法,管理者必须学习承认群体冲突的存在及其原因,也必须有效地处理它。

六、冲突的组织制度协调办法

在不同的制约因素作用下,各群体间行为的协调需求也是不同的。为了提高群体间行为的成效,必须依据各群体之间行为的实际协调需求,采用不同的协调手段。常用的协调手段可以按照所要满足协调需求的依次递增而排列如下:规章制度和活动程序、统一领导、规划、联络人员、特别委员会、常设委员会等。

(1)制定规章制度和活动程序。规章制度的最大作用是将各个群体的活动加以固定化、稳定化,降低群体活动的不确定性,各个群体所做的仅仅是在规定的范围内进行自己的日常活动,而无须同其他群体过多地打交道,要求协调任务也因而得到减轻。但它在协调群体间行为方面的作用也是有限度的。如果群体的工作环境本身变化迅速,极不稳定,那么群体的任务确定性程度就极低,从而要求其行为必须具有灵活性、变化性的时候,规章制度和固定活动程序对群体间行为的协调作用也将大打折扣。

(2)统一领导。在相关群体之上设立统一领导,最大优点是具有灵活性、权变性,他可以不拘泥于固定的行为方式,根据环境变化,随时对各个群体行为加以调整。这时,领导人员将群体之间的信息交流、相互作用和整合等项功能集中承担起来,以制定决策、发布命令的方式协调各群体间的关系,仲裁它们之间的矛盾。这一手段的实际效力受到领导人员自身的能力、经理和工作时间的制约,当协调需求增长到一定限度以上,就要考虑其他后续协调手段。

(3)规划。规划是在对组织的共同目标通盘考虑和加以分解的前提下,对各个群体的活动内容、任务数量和质量标准、时限进行明确划分和规定,从而为各个群体设立具体目标。规划是规章制度和活动程序的进一步深化和具体化,适于协调那些任务环境变动性不大、任务确定性高的群体之间的行为。

(4)联络人员。联络人员或联络机构构建水平渠道，能使信息分流，减轻领导者的工作压力，缩短信息传输距离和时间，提高传输中信息内容的保真度，并能及时提供反馈；能够为相关群体提供具体的专业性指导；对各个群体之间的误解、不满、怨恨进行澄清、解释和调停。

(5)委员会。委员会能在一定程度上有效地提高群体间行为的成效，满足日益增长的群体间交往、信息和整合方面的需求，协调群体间关系，促成其行为配合。委员会有临时委员会、项目委员会、常设委员会三种形式。

委员会也经常遭受来自各方面的批评。主要批评意见有：委员会工作效率过低，经常议而不决，浪费了大量时间和精力；委员会会议上常常充斥着相互指责、争执不休的场面，反倒会引起各个群体之间的不满和不和；集体决策导致责任分摊，容易形成无人负责和决而不行的结果；委员会会议经常出现对峙和僵局，在这一局势下勉强通过的决议往往是折中、妥协的产物，其质量往往最低。

为了克服委员会活动中的通病，使其最大限度地发挥其协调功能，可以考虑采用下述改进方法：

成员资格的审查。在建立委员会之前，必须把选择成员的标准同委员会工作目标联系起来，选择那些熟悉有关情况的内行参加委员会。

成员人数的限制。委员会不宜过大，其规模以完成有关工作之必需为限。规模如果过大，则每个成员发表意见便会占用大部分时间，以致难以形成决策。

在委员会召开会议前做好充分准备。包括事先制订具体的议事日程，并将其连同有关书面资料、文件分发给成员，使每个成员心中有数。开会时则尽量避免因宣读文件而占用时间，以发表意见为主，为提高会议效率，可以考虑把会议分为两类：有关行动的务实问题和有待于进一步研究讨论的务虚问题。

主持人应遵照预定目标把握会议方向，当讨论偏离正题时，要及时引导会议回到正轨上来。

以上介绍的是协调群体间行为的常用手段，它们的顺序是依协调需求由低向高的增长来排列的。应该注意，各个协调手段之间并非完全孤立和无关，它们常常具有相辅相成的功效，即在运用高一级的协调手段时，可以而且应该同时辅之以低层协调手段。

第四节　群体关系的谈判

一个被广泛使用但很少得到承认的解决群体间冲突的方法是谈判过程。尽管谈判很重要，但谈判过程常常被误解，使得谈判过程进行得很糟糕。如果谈判过程能够有效地进行，谈判过程就被称为共同利益的合作追求，一次创造过去从不存在的价值的合作努力。如果谈判过程进行得很糟糕，谈判过程就可能被描述为一场街头打斗。

一、谈判的含义

谈判使得不同利益或利益冲突的双方走到一起达成一项协议。通常谈判的任何一方在谈判过程中都要提出很多建议、方案在谈判中进行讨论，然后执行。每个人都对解决劳资冲突、制定贸易章程、处理人质危机、达成商业协议等讨价还价的重要性很熟悉。组织中的管理者也执行同样的功能，每天连续不断地与下属、上司、零售商和顾客进行谈判。

谈判与妥协不同，真正成功的谈判所有参与方在谈判结束时都感到自己是赢家。在谈判之前和谈判过程中管理者必须完成几项任务，采取一定的策略，增加实现对双方都有利的结果的可能性。

影响谈判的因素是多方面的。谈判是一件系统的工作，涉及方方面面，从组织的后勤保障到谈判人员的临场发挥都会影响谈判的最终结果。我们把影响谈判的因素分成两部分：外部因素和内部因素。其中内部因素还可以分成个体因素和组织因素两类。

外部因素主要是指组织外部环境变化对谈判造成的影响，如市场上同种商品的供求关系变化，造成该产品价格的起伏，这会对谈判的双方造成不同的影响。此外，这类因素还有经济形势、政治形势、环境状况、文化差异、技术水平等。

内部因素主要是指组织内部对谈判结果造成影响的因素。其中，个体因素包括谈判人员的思想素养、心理状态、知识技能情况、语言的运用能力和人际交往的能力等诸多方面。组织因素包括谈判的分工、谈判人员的权力状况、谈判的前期准备情况、谈判中的策略应用情况、对谈判人员的激励指导和心理状态的调整等。

可见，进行谈判，必须做好各个方面的工作，充分理解各种因素对于谈判结果的影响情况，为己方争取最大的利益，实现己方的目标。

二、谈判的过程

谈判是指多方式多方法实现自己的目标而进行协商的过程。谈判是双方自愿的活动，任何一方都可以拒绝进入谈判或在任何时间退出谈判。谈判始于双方（或一方）希望改变现状并认为必须达成某种双方均满意的协商后才能行动。此外，只有当结果是各有所得时，谈判才算成功。尽管许多人仍然把谈判误认为是谈判人员的职业活动，然而谈判已经成为一种生活现实：每个人都是谈判者。所有的管理者都必须了解谈判的过程，熟悉谈判的策略，掌握谈判的技巧。

谈判者在谈判中将面临各种问题，往往将谈判划分为若干阶段，并针对不同阶段的具体情况采取不同的策略与技巧，于是逐渐形成了具体、完备的谈判程序。

正规的谈判多数划分为以下几个阶段：

1. 准备

准备阶段包括以下几个方面的工作：

(1)收集信息。即摸清对方的实际情况，以求“百战不殆”，这是进行谈判的必要条件和重要步骤。

(2)拟定谈判策略。即在收集信息的基础上,对自己和对方的情况进行充分的估计和认真的分析,确定在谈判过程中所要采取的策略。

(3)制订谈判计划。首先,制订计划要用精练的语言形象地描述谈判的主要议题;其次是确定谈判要点,如目标、人选、对策等;再次是安排谈判的日程和进度。

(4)做好物质准备。主要是指谈判场所的布置,各种资料的准备,谈判人员的食宿安排以及安全保卫等工作。

2. 开局

开局阶段的主要任务是创造谈判气氛和作开场白。

(1)谈判气氛。真诚、合作、轻松的谈判气氛对谈判的成功十分有用。为了创造一个良好的谈判气氛,应注意以下几点:①以友好的态度出现在对方面前;②着装仪表要符合身份;③说话要轻松活泼;④使用自己的非语言动作。

(2)开场白。开场白表明谈判双方各自对相关问题和利益的看法。主要内容包括:①双方对问题的理解,即谈判应涉及哪些问题;②双方的利益,即希望通过谈判取得哪些利益;③双方的首要利益,即哪些是双方最重要的方面等。

3. 报价

报价是指谈判一方向对方提出自己的所有要求。报价阶段应认真考虑的策略有:

(1)报价次序。报价先后对谈判结果有重要影响。先报价等于为谈判提供了一个框架。如果谈判能够根据此框架进行,则极为有利。但是,报价容易过早暴露自己的交易条件。尽管先报价、后报价各有利弊,但如果自己的谈判力强于对手,谈判预计将会非常激烈。对方是外行时,先报价有利。

(2)报价策略。在国际商务谈判中,存在以下两种报价策略:①西欧式。首先报出一个比较虚的价格,然后根据双方的实力对比和该交易的外部竞争状况,通过给予各种优惠,如放量折扣、价格折扣来进一步软化和接近买方的市场和条件,最终达成交易。②日本式。将最低价格列在表上,在这种低价格交易条件下,其他方面都很难全部满足买方的需求,如果买主要求改变有关条件,卖主就会相应地提高价格。因此,买卖双方最后成交的价格往往高于价格表中的价格。

(3)报价解释。报价后,对方一般会要求进行价格解释。解释的原则是:不问不答,有问必答,避虚就实、能言不书。

4. 讨价还价

讨价还价阶段的主要内容包括相互让步和打破僵局。

(1)相互让步。让步是讨价还价过程的关键行为,应遵循以下让步原则:让步后要换取对方的相应让步;让步幅度不宜过大,不要做无价让步;用较小的让步给对方以较大的满足;多在次要问题上让步,以求对方在主要问题上让步;不要以同等幅度让步,对方若大幅度让步,我方则以小幅度让步回应。

(2)打破僵局。谈判僵局是指由于某些原因而出现的双方各不相让而使谈判陷入进退两难的境地。打破僵局的方法有:①撇开争执问题,讨论下一个问题;

②重新搜集信息,加强沟通,提出新方案;③改变谈判气氛,如双方一同参加游览、文娱活动;④更换谈判人员;⑤请第三者做调解或仲裁等。

5. 收尾

收尾阶段的主要内容包括制定协议、落实协议和谈判总结等。

(1)制定协议。制定协议前,双方应确认所有问题均达成一致;要核实协议的所有条款;要确保双方都充分理解达成的协议,对谈判结果进行记录;要努力使协议内容明确;不要匆匆忙忙地结束谈判。

(2)落实协议。应在谈判协议中包含一项落实协议的条款,该条款明确规定做什么、何时做、谁来做。

(3)谈判总结。回顾在谈判中的得失、经验教训并及时总结。

三、谈判的技能和策略

以下是几种实际谈判中常用的技能策略:

(1)避免争论策略。谈判人员在开谈之前,要明确自己的谈判意图,在思想上进行必要的准备,以创造融洽、活跃的谈判气氛。然而,谈判双方为了谋求各自的利益,必然要在一些问题上发生分歧。分歧出现以后,要防止感情冲动,保持冷静,尽可能地避免争论。最好的方法是采取下列态度进行协商:冷静地倾听对方的意见;婉转地提出不同意见;分歧产生之后谈判无法进行时应马上休会。

(2)抛砖引玉策略。所谓抛砖引玉的策略,就是在谈判中,一方主动地摆出各种问题,但不提解决的办法,让对方去解决。这种策略一方面可以达到尊重对方的目的,使对方感觉到自己是谈判的主角和中心;另一方面,自己又可以摸清对方底细,争得主动。

(3)留有余地策略。这种策略实际上是"留一手"的做法。它要求谈判人员对所要陈述的内容应留有余地,以备讨价还价之用。在实际谈判中,不管你是否留有余地,对方总是认为你会留一手的,你的报价即使是分文不赚,他也会认为你会赚一笔大钱,总要与你讨价还价,你不做出让步,他不会满意。因此,为了使双方利益都不受到损失,报价时必须留有让步余地。同样,对方提出任何要求,即使你能百分之百地满足对方,也不要一口承诺,要让对方觉得你是做了让步后才满足他的要求的,这样以增加自己要求对方在其他方面做出让步的筹码。

(4)避实就虚策略。该策略是指我方为达到某种目的和需要,有意识地将洽谈的议题引导到无关紧要的问题上故作声势,转移对方的注意力,以求实现自己的谈判目标。具体做法是在无关紧要的事情上纠缠不休,或在自己不成问题的问题上大做文章,以分散对方对自己真正要解决的问题上的注意力,从而在对方无警觉的情况下,顺利实现自己的谈判意图。

(5)沉默策略。谈判开始就保持沉默,迫使对方先发言。沉默是处于被动地位的谈判者常用的一种策略。这种策略主要就是给对方造成心理压力,使之失去冷静,不知所措,甚至乱了方寸,发言时就有可能言不由衷,泄露出对方想急于获得的信息。同时还会干扰对方的谈判计划,从而达到削弱对方力量的目的。运用沉默策略要注意审时度势，运用不当，谈判效果会适得其反。例如，在还价中沉默，对方会认为你方是默认。又如，沉默的时间较短，对方会认为你是慑服于他的恐吓，反而增添了对手的谈判力量。所以，运用这一策略的前提是，头脑要清醒，忍耐力要强，情绪要平稳。

(6)忍耐策略。在谈判中，占主动地位的一方会以一种咄咄逼人的姿态表现自己。这时如果表现反抗或不满，对方会更加骄横，甚至退出谈判。在这种情况下，对对方的态度不做反应，采取忍耐的策略，以我之静待“敌”之动，以我方的忍耐磨平对方的棱角，挫其锐气，使其筋疲力尽之后，我方再做反应，以柔克刚，反弱为强。忍耐的作用是复杂的，它可以使对方最终无法应付，也可以赢得同情和支持，可以等待时机，也可以感动他人。总之，只要忍耐，奇迹就有可能出现。

(7)多听少讲策略。一个处于被动地位的谈判者，除了忍耐之外，还要多听少讲。让对方尽可能多发言，充分表明他的观点，说明他的问题，这样做既表示出对对方的尊重，也使自己可以根据对方的要求，确定自己对付对方的具体策略。

(8)情感沟通策略。如果与对方直接谈判的希望不大，就应采取迂回的策略。所谓迂回策略，就是先通过其他途径接近对方，彼此了解，联络感情，沟通了感情之后，再进行谈判。人都有七情六欲，满足人的感情和欲望是人的一种基本需要。因此，在谈判中利用感情的因素去影响对手是一种可取的策略。

灵活运用该策略的方法很多，可以有意识地利用空暇时间，主动与谈判对手一起聊天、娱乐、谈论对方感兴趣的问题，也可以馈赠小礼品，请客吃饭，提供交通食宿的方便；还可以通过帮助解决一些私人的疑难问题，从而达到增进了解、联系感情、建立友谊，从侧面促进谈判的顺利进行。

(9)最后期限策略。处于被动地位的谈判者，总有希望谈判成功达成协议的心理。当谈判双方各持己见，争执不下时，处于主动地位的一方可以利用这一心理，提出解决问题的最后期限和解决条件。最后期限既给对方造成压力，又给对方一定的时间考虑，随着最后期限的到来，对方的焦虑会与日俱增。因为，谈判不成损失最大的还是自己，因而，最后期限压力，迫使对手快速做出决策。一旦他们接受了这个最后期限，交易就会很快且顺利结束。

(10)先苦后甜策略。在谈判中先给对方提出全面苛刻的条件，造成一种艰苦的局面，在这一先决条件下再做出退让，使对方感到欣慰和满足。这就是该策略的基本含义。比如，买方想要卖方在价格上多打些折扣，但估计到如果自己不增加数量，对方难以接受这个要求，而自己又不想在购买数量上做出让步。于是买方在价格、数量、包装、运输、条件、交货等一系列问题上提出了一个较为苛刻的方案，作为谈判的蓝本。在讨价还价的过程中，再逐步让步。卖方鉴于买方的慷慨表现，在比较满意的情况下往往会同意买方在价格上多打些折扣的要求。而事实上，这些“让步”是卖方本来就打算给予买方的。所以，先苦后甜的策略可以使自己获得更多的利益，也使对方感到互有得失，公平合理，使主要目标不受丝毫损失。

复习思考题

1. 简述群体间的依存与制约关系。
2. 简述群体间关系的二维模式。
3. 简述合作与竞争的含义的比较。
4. 简述合作与竞争的行为实验研究。
5. 简述群体冲突的理解。
6. 简述群体冲突的管理。
7. 简述群体冲突的制度协调。
8. 简述谈判的含义与过程。
9. 简述谈判的技能和策略。

第九章

权力及领导行为

在组织行为理论中，领导行为已越来越引起人们的极大重视。领导者作为整个组织有机体的中枢，领导行为的科学有效性对组织目标的实现具有极其重要的意义。在现代企业组织中，多元化的资产关系使组织内领导者的产生同样出现了复杂的关系，这使组织内的领导者可以是出资人、股东，被认命或被授权人，可以是智能知识拥有者，可以是根据制度安排产生者，或者是选举人"投票者"。权力主体的复杂性决定了领导者和领导的问题都需要重新审视。

第一节　组织管理主体的权力

一、组织管理权力主体的理论

关于领导者、管理者，或者说权力主体的管理决策理性特征的讨论，区分了企业组织研究的传统意义和现代价值。组织行为学在研究领导者如何管理员工之前，权力和权力主体自身的问题首先需要研究。

（一）理性经济人假说

按照西方组织行为学理论，在传统管理活动中，领导者，或者说权力主体被赋予了理性假设，组织管理制度的安排基于三个基本命题：

（1）管理者个人是自治的、有自觉意识的理性管理主体，这也是组织理论分析的基础和起点。社会组织被视为一种无数的个人追求自身利益的无意识的产物。

（2）管理的真理是可以通过经验和知识认知的。组织中的一切现象均可通过以经验观察为基础的科学原则和定律来解释，管理学可以成为一种科学。

（3）组织的管理是一个由各种对立统一的事物组成的从低级向高级不断进步的有机体。管理学注定要沿着理性轨迹和理性模式发展，理性主义的管理最终完全取代非理性的管理，成为技术发达的现代企业的基础。这似乎就是管理学所谓科学的唯一的未来。

管理主体被看成是不偏不倚的"理性经济人"，通过在管理实践中扮演着决策者的角色，并要求达到决策的最大满足和效用最大的结果。在"理性经济人假说"看来，组织管理主体的各种活动目的只有一个，那就是追求效用最大，而不管这些人的职业或这些人的活动是否具有商业性质。换句话说，人类的一切活动都蕴含着效用最大化动机，都可以通过管理科学的分析加以研究和说明。

(二)有限理性的管理人假设

现代组织行为学则认为，管理主体是具有有限决策能力和选择能力的决策人。每个正常的、身体健康的、适合于合作的人是具有选择能力、决定能力、自由意志的管理主体，不是被动的“生产工具”。这种选择能力是有限的，只能具有在一个有限的范围内进行自由选择的能力。通过连续决策，在一系列的阶段中反复影响、不断精细化，管理主体以有限的决策能力无意识地起作用，实现看起来合乎逻辑的有意识的企业组织目标。

西蒙认为，完美的理性决策必须满足以下几个条件：能找出所有可行的行动方案；能对每个方案的结果预先估计；有价值体系对每个方案的结果给予连续而一贯的排序。如果管理主体是“经济人”和“理性人”，他们所具备的环境知识应该相当丰富甚至是绝对完备，完美的理性决策方有可能。但管理主体在决策过程中还存在一个很有条理的、稳定的偏好体系。由于他所必须寻找的备选方案复杂纷繁，评价方案所需信息量太大，因此，个人行为难以达到较高程度的理性，即使近似的客观理性，也是令人难以置信的。对于个体来说，抉择模式与其说是在备选方案中进行选择，不如说是更近于刺激-反应模式。人不可能考虑一项决策的价值、知识和行为的所有方面。决定过程中人们寻找的并非是“最大”或“最优”的标准，而只是“满意”的标准。人的行为动机是“愿意理性，但只能有限地做到”。追求令人满意的利益比追求利益最大化更接近现实。管理的主体是“有限理性的管理人”和“寻求满意的人”。

“有限理性的管理人”的假设建立在普通人都有的成就感上，人们能够在自己的范围内自主工作、创造成就，这本身就是一种巨大的激励。传统的管理集权在上级领导手中，下级人员没有自主权，束缚了下级员工的创造性的发挥。恰当分权，让每个人在他所接受的授权范围内独立自主创造性地工作、决策，发挥个人的最大潜能，并从中塑造人本身。现代意义上的管理真正的价值正在于此。

(三)管理主体的后现代观

组织行为学正面对着后现代管理学思潮。后现代管理学认为管理的主体是多元的，不是自然的和自洽的，是被管理理论制造出来的。管理理论创造了权力主体的个人形式，同时也创造了资本主义的现代管理制度。组织决策通常并不是由管理者个人作为管理主体做出的，而涉及许多管理者，甚至包括经营人员以及外部其他相关机构与人员。管理主体远远超出了以个体的方式来行事和决策的企业家、领导者的范畴。而整体系统的决策必须通过有效的组织机制，让各方面的力量都参与到组织管理主体的系统决策中来。企业目标是由其成员间的交易和协商形成的复杂的东西，不是单一的。企业通过短期不断反馈探索决策方案，反复进行决策，而不是一次性地作出满意或最优决策。

组织决策最终的选择取决于管理主体联盟，包括主管人员、职能专家，甚至还包括外部团体，如有影响力的顾客、银行、政府、群团组织、工会代表。超出个体管理者范畴的管理主体联盟不仅促进了有关个体决策的有限理性观的产生，而且对组织层次的决策也提供了许多新见解，如目标不一致、权力冲突、价值判断、管理者结盟行为以及讨价还价的政治行为。

二、组织的权力

(一)权力的概念

权力问题是许多学科研究的问题。例如，政治学、法学等都从各自的角度研究权力问题。组织行为学则是要研究工作组织中组织的领导者和管理者如何掌好权、用好权的问题，或者说，要研究工作组织中领导者和管理者的权力行为问题。

不同的行为学家对权力进行了不同的定义。有一种说法是：权力是一种能导致行为发生变化的力量，这种行为在此力量不存在时，彼是不会发生的。还有另一种说法：权力就是一个人或群体影响其他人或群体的行为的能力。因此权力的定义是：权力实施者(个人或群体)对接受权力的对象(个人或群体)所具有的影响力，或者是实施者改变所处的情景，使对象能按实施者意愿去行事的能力。此定义有三种深层的意义：

(1)权力具有情景性，一个管理者在甲情景下有权力不等于在乙情景下一定也有权力。

(2)权力是一种能力，此能力真正使用起来，就会造成影响。

(3)权力可涉及个人之间、个人与群体之间以及群体相互间的交往过程，所以权力是可以应用于群体内和群体间行为的概念上的。

更简单些说，权力就是一种影响力，一种控制力。影响就是实施权力以改变他人行为的过程；反过来也可以说，权力就是施加影响的能力。所以从一定意义上说，权力几乎与影响同义，实施权力便是施加影响。控制则指的是一种特殊的影响，把受影响对象的行为限制在一定的预设范围之内。

(二)权力形成的条件

当你拥有他人需要的某种东西，而你又是唯一的控制者时，你就使他们依赖于你，你便因此而获得了对他们的权力。如果某种资源充足，拥有此种资源不会增加你的权力。如果你掌握的资源是重要的、稀缺且不可替代的，那么人们对你的依赖将会增加。

(1)重要性：要想产生依赖，必须使他们感觉到你掌握的资源很重要，如果没人对你掌握的资源感兴趣，那就谈不上什么依赖。例如，减少不确定性的能力确实能提高一个群体的重要性进而提高其权力。一项对工业组织的研究发现，一些公司的市场部总是被评价为最有权威的。研究者由此得出结论，公司面临的最大不确定性就是卖出产品。组织总是力图避免不确定性的发生。那些能够减少组织不确定性的个人或群体往往被认为控制了重要资源。

(2)稀缺性：当一种资源必须被认为稀缺时，才能使他人产生依赖。如果某种资源充足，那么拥有这种资源并不能增加权力。组织中拥有重要知识的低级别员工能在高级别员工面前获得权威，因为高级别员工缺乏这种重要的知识。当低级别员工拥有稀缺资源时，知识使高级别员工不得不依赖于他。这就不难理解为什么低级别员工会出现那些可能被认为是不符合逻辑的行为，例如，毁坏描述工作程序的工作手册；拒绝为本职位培训新员工，甚至敢于公开这些行为。

(3)不可替代性：当一种资源倾向于没有替代物时，实现对它的控制而带来的权力就开始增加。例如，一个员工确信除目前的工作外，他在组织外部还有大量的就业机会可选择，担心被解雇对于他来说影响很小。因为他知道还有很多的选择余地，所以他的上司就会发现，用解雇来威胁他，对他行为的影响是很小的。

(三)权力来源

权力从何而来，是什么赋予个体或集体以影响他人的能力？有关学者提出了五种范畴分类法来回答这些问题，他们提出了权力的五个基础或源泉：强制、奖赏、法定、专家、参照。

(1)强制性权力：强制性权力是建立在惧怕基础上的。一个人如果不服从的话就可能产生消极的后果，出于对这种后果的惧怕，这个人就对强制性权力做出了反应。这种权力取决于使用或威胁使用生理的处罚，如肉体的痛苦，精神的打击，对基本的生理及安全需要的控制。从组织的角度来讲，如果A能解雇B或使其停职、降级，并且B很在乎他的工作，那么A对B就拥有了强制性权力。同样，如果A能给B分派他不喜欢的工作或以B感到尴尬的方式对待B，那么A对B也拥有强制性权力。

(2)奖赏性权力：与强制性权力相反的是奖赏性权力。人们服从个人的愿望或指示是因为这种服从能给他们带来益处。因此，那些能给人们带来他们所期望的报酬的人就拥有了权力。这些报偿可以是人们认为有价值的任何东西。在组织情境中，我们考虑的是金钱、良好的绩效、评估、晋升、有趣的工作任务、友好的同事、重要的信息、有利的工作调整等。

强制性权力与奖赏性权力实际上是一对相对的概念。如果你能剥夺他人的有价值的东西或给他造成不良的影响，那么你对他就拥有了强制性权力。如果你能带给他人某种积极的利益或帮助他免于消极的影响，那么你对他就拥有了奖赏性权力。与强制性权力一样，你不一定非要成为管理者就能通过奖赏性权力来施加影响，组织中的任何一个人都可以使用，如友好、接受和赞扬之类的奖赏。由于人们在组织中追求这些东西，如果你具有给予或取消这些奖赏的能力，你就拥有了权力，权力大小取决于人们追求这些东西的程度。

(3)法定性权力：在正式的群体或组织中，最经常获取一种或多种权力的途径大概要算一个人在组织结构中的职位了，由此获得的权力就是法定性权力。它代表一个人通过组织中正式层级结构中的职位获得的权力。职位的权威包括强制性和奖赏性权力。但法定性权力的涵盖面比强制性权力和奖赏性权力更为宽泛，这种权力包括组织成员对职位权威的接受和认可。当学校的校长、银行总裁和军队里的军官在他们的职权范围内发话时,老师、出纳员和副手只有洗耳恭听和服从。

(4)专家性权力:专家性权力来源于专长、技能和知识。世界的发展日益取决于技术的发展,专门的知识技能也由此成为权力的主要来源之一。工作分工越细,专业化趋强,我们目标的实现就越依赖专家。正由于我们知道医生具有特殊的技能,他们也就具有了专家性权力,因此我们大多数人都听从于医嘱。税收会计师、太阳能工程师、工业心理学家以及各种专家都会因为他们的技能而获得一定的专家性权力。

(5)参照性权力:参照性权力的形成是由于对他人的崇拜以及希望自己成为那样的人。从某种意义上讲,这也是一种超凡的权力。如果你敬仰一个人到了要模仿他的行为和态度的地步,那么这个人就拥有了参照性权力。参照性权力影响力的人应该拥有理想的资源或独特的个性。可能的结果是,如果我崇拜并认同你,那么,你就可以对我施加权力,因为我想取悦于你。

(四)授权与分权

授权亦能增强雇员的工作动力。研究显示,个体均需要一种自我效用,这是产生自我、感觉自身效能的能力。增加雇员的权力能提高完成工作所需的动力。当人们能决定如何开展其任务和如何利用自己的创造力时,他们就能提高工作有效性。人们在加入组织时都希望做好工作,而授权就使他们释放出了已有的动力。对自身控制能力和工作胜任的感觉就是他们得到的回报。

许多组织都在实施授权计划,但授权给下属的程度不同。在一些公司,授权意味着鼓励雇员参与管理而管理者们又保有最终决策权威;在另外的公司里,授权则意味着几乎完全地把权力分给一线雇员,让他们自己做决策,发挥自己的主动性和创造力。

当雇员被充分授权时,他们就拥有了决定如何做自己的工作的自主性。他们的这些权力也能影响或改变如组织目标、结构和薪酬体系等领域。例如,自我管理团队被赋予自行雇用、约束、解雇其成员和制定报酬标准的权力。

研究表明,并不是在所有的情况下都需要授权。是否授权给雇员取决于四个要素:信息、知识和技能、权力、奖赏。

(1)信息。授权给雇员意味着给予他们分享组织活动的更多信息要素,使他们更加自由地、主动地采取行动以完成工作。

(2)知识和技能。公司通过培训计划教给雇员们必需的知识和技能,使他们能够为公司做出自己的最大贡献。

(3)权力。许多具有极强竞争力的公司都在授权给工人,从而通过质量小组和自我管理团队等方式影响工作过程和组织的指导。

(4)奖赏。奖赏的内容可以是其他人看重的任何东西。从组织的角度看,如金钱、职务的晋升、良好的工作评价、有趣的任务、满意的工作环境等。今天许多企业组织中,基于公司业绩的组织奖励雇员的两种方式是利润分享和职工持股计划。因此,薪酬系统包含三种激励方式:工薪、利润共享、股票所有权共享。

(五)影响力:权力性影响力与非权力性影响力

管理是通过其他人将事情完成的过程。领导寓于管理之中,它是影响人们努力完成一些特定目标的过程。领导者之所以能在组织中发挥引导、控制作用,带领成员去实现组织目标,是因为他们有着常人所没有的影响力。这种影响力构成了领导的基础。领导者的影响力是指领导者在组织实现目标过程中,改变被领导者的心理和行为的能力。但是,并非所有的领导者都是管理者,也不是所有的管理者都是领导者,仅仅由组织提供给管理者某些正式权力并不能保证他们实施有效的领导。一个群体的领导者可以通过正式任命的方式出现,也可以从群体中自发产生出来。

领导者的影响力从其内容和构成上看,可分为两种:权力性影响力和非权力性影响力,具体包括强制权、奖赏权、法定权、专家权、参照权五种。前三种影响力属于权力性影响力,后两种影响力属于非权力性影响力。

(1)权力性影响力

权力性影响力是指担任一定领导职务的领导者,因掌握权力大小而对被领导者产生的影响力,具体包括强制权、奖赏权、法定权。这种影响力的特征是,由社会组织赋予领导者的一种权力,伴随着一个工作岗位的正常权力。它以外部压力的形式发生作用,对被领导者的影响带有强制性和不可抗拒性。这种影响力存在的时间开始于领导者接受权力,终止于领导者交出权力。一所医院的行政领导、一个大学校长、一个工厂的厂长都有合法的权力对他们的下属发号施令。在某种程度上说,领导者是依靠他们地位的力量产生影响的。

(2)非权力性影响力

非权力性影响力是相对于权力性影响力而存在的,具体包括专家权和参照认同权,它不受法定权力的约束,是由领导者自身的素质而产生的影响力。它能使领导者的意志自觉地为被领导者所接受。它的特征是内在的、非强制性,与领导者拥有权力大小、地位高低无关。从时间上来讲,它往往在领导者未担任领导职务前就存在,即使领导者不再担任领导职务也不会立刻消失,具有稳定性和长期性。

构成这种非权力性影响力的因素主要有四个方面:

①品德作风:所谓领导者的品德,主要指领导者的道德、品行、人格等,优秀出色的品德会给领导者带来巨大的影响力,使人由衷地产生敬佩感。

②知识专长:领导者的知识专长应该是比较突出的,因为知识本身就是一种力量。一个领导者有了丰富的知识和突出的专长,不仅在工作中可以运用和发挥出来,而且还会与被领导者有较多的共同语言,使人们产生一种认同感,从而转化为影响力。

③工作能力:领导者不仅要有丰富的知识,还应该有较强的能力,能运用已有的知识去分析和解决实际问题。一个有非凡能力的领导者能够不断地做出最优化的决策,给组织带来蓬勃向上的生机和成功的希望。有了这种能力,即使在非常困难和极端危机的情况下,也会使被领导者与之同心同德、团结奋斗、共渡难关。

④情感因素：领导者的情感主要表现为对被领导者的同情、理解，尊重被领导者的人格、特长，与被领导者保持平等、亲切的关系，从而使二者产生心理相容。

由于权力性影响力和非权力性影响力是两种本质上有着根本区别的影响力，因而决定其在实现有效领导的过程中所处的地位和所起的作用也是不同的。

权力性影响力是领导者行使职权的保证和前提。尽管这种影响力是由于领导者手中拥有权力、身居要职这一客观事实而对被领导者产生的影响，但它却是领导者完成组织、指挥、协调、实现目标的重要基础。因为只有依靠这种影响力，才能在生产过程中使被领导者统一目标，统一意志，统一企业精神。

非权力性影响力直接关系到领导者工作成效的高低。一个成功而优秀的领导者总是把这种影响力看得比权力更重要。领导活动的最主要因素是人的因素，领导者必须以自己优秀的品质、渊博的专业知识而被人们接受，这样才能使被领导者由对领导者的消极服从转化为自觉自愿的接受，也就是把那种外在的强制性的力量经过自我调整转化为内在追求目标，这种作用是权力性影响力所望尘莫及的。从这个意义上讲，非权力性影响力要比权力性影响力重要得多。

第二节 组织内部的政治活动

政治活动是权力的运用，来影响为获得其结果所做的决策。组织政治可以笼统地认为是组织内各种经济关系的总和。组织政治游戏中的各方虽然都有着各自冠冕堂皇的理由，但是利益和资源才是他们的最终目标。工作中的政治行为是一种在存在不确定性及选择方案意见不一致时，获取、开发和使用权力及其他资源以取得期望结果的行为。组织政治行为是企业中一种经常的决策过程，任何组织中都存在着政治。

一、政治行为的含义

(一)组织内部活动模式

对组织内部活动的看法，往往是把政治活动与组织内更富理性的过程相比较，大致有理性模式、政治模式和混合模式三种类型：

1. 理性模式

理性组织的行为其目标是明确的，其选择是合乎逻辑的，不是偶然、随意的。当需要进行决策时，目标已经是相当明确的，识别可选方案后，最有可能达到既定结果的选择就被挑选出来。组织中的理性模式取决于组织决策制定方法的理性。组织理性模式的一个特征是决策制定的活动的信息系统、中心权力等准确可靠、最佳业绩准则、统一的跨部门价值观、冲突很少和有效的文化导向。

2. 政治性模式

政治性模式将组织定义为有着各自利益、目标和价值观的团体的集合。这种模式假设组织是由各联合团体组成，这些联合团体对组织目标观点各异，对可选方案的了解甚少。大多数组织并不是以逻辑化、理性的方法作出决策。决策过程以冲突、建立联合团体、尝试试错法、可能的决策错误为特征。决策的结果是冲突的解决方式，组织是各种冲突利益的联合体。

3. 混合模式

在许多组织里，理性模式和政治性模式都不能充分体现组织决策的特征，但它们都能在某种情况下显现出来，这被称为混合模式。管理者们都尽力想采取理性过程，但那种认为一个组织无需政治活动便可很好运作的假定只是一厢情愿，不应只是认为分歧与磋商不尽完美就去竭力避免。政治性模式是一种有效的机制，有助于在存在不确定因素及反对意见的情况下达成某项决策。隐藏政治性模式只是作为正常理性模式的补充而存在。

理性过程和政治性过程在组织中都很常用。理性模式最适于确定的环境、易于理解的技术的组织。许多管理者都认为理性的过程要比政治活动行为更加客观、可靠，能使管理者们更好地决策。理性过程通常要依存于特定的条件才能十分有效，理想的是人们一起为某个明确的目标和谐地工作。但这基本不可能实现，一旦这种平衡因变化而被打破，争端四起，紊乱发生，政治就成为显性的意识和手段。即，当组织中存在不确定因素及冲突时，理性模式不足以解决问题时，人们就会考虑到利用权力和政治活动影响。

(二)组织政治行为及产生范畴

组织政治，无非是在各个利益关系和谐共处不可能的前提下，建立起一套真正有效的控制系统。对于正邪相倚的组织政治而言，能否成功驾驭，正是衡量组织管理者功力高下的重要指标。为了充分理解组织中权力的运用，重要的一点就是既要看结构性的因素，又要注意个人行为。当权力的基础来自于较大的组织形式和过程时，权力的政治性使用中就包括个人层次的活动。

从某种意义上说，组织政治是组织的"成人仪式"，是因为在那些初创的组织中，主导一切行为的通常是一元文化，或者是多元密切合作目的的文化，其正式与非正式的秩序都非常简单。但当规模日渐增大的时候，曾经完美的组织决策模式被破坏掉了，一种为建立新秩序而进行的博弈就自然开始了。

组织中的政治行为常常是为了升职或获取权力而采取的策略性手段，以下分别列举为升职和获取权力而采取的策略：

(1)靠工作表现赢得竞争。职位的晋升与良好的绩效是有联系的，在任何组织中，工作的胜任能力是个人取得事业上成功的首要因素。

(2)利用工作流动性。个人想晋升到最高职位，最佳的途径是经常变换工作。从一个部门到另一个部门，或从一个公司到另一个公司。在现今的组织里，守旧的老实人可能被善于更换工作的狡猾的人所制胜或挫败。

(3)协助上司取得成功。任何下级都能协助上级取得更好的工作绩效，而且下级的行为将直接影响到上级的绩效评价。任何组织中想承担更大责任并期望晋升的下级，都应当记住这一点。

(4)依靠推荐人。要政治手腕,最根本的是在本组织找一个有威望的上级作为推荐人,由他推荐晋升。一般而言,由别人推荐晋升比靠自己的力量要有效得多。

(5)表示忠诚。对上级或公司表示忠诚,要比不表示忠诚所得到的晋升机会多。

(6)破坏别人名誉或排挤别人。这是常见的升职竞争中的情景,虽然对于有道德观念的人来说是不屑的,但这也是一种现实存在的策略性手段。

虽然以上列举了一些升职的策略性手段,但任何组织中期望升职获得权力的人都须牢记,不能够关心自己的利益甚于关心组织或老板的利益。凡是能够做到的事,应当尽快作出成绩,而不能仅计较个人利益。

人与人之间的关系还可以理解为对资源的占有和分配关系,政治行为在高层发生的概率比低层高。围绕资源安排所形成的心理契约、势力范围、影响力、指挥链、习惯与传统,都可以在组织政治的范畴中见到。

(三)组织政治行为的产生

政治行为多产生于某些特定的决策范畴:

(1)组织结构变动。结构重组直接作用于职权关系和权力的核心,并从战略应变方面影响权力的根基。重大的结构重组能够导致政治活动的突发,管理者们会激烈地磋商以求保住自己的权力基础。因此,如果没有高层领导的介入,结构变动会因阻力太大而难以推进。

(2)部门间协调。各部门之间的关系是很复杂的,任何部门的目标也需要同其他部门的目标协调。部门间的协调缺乏规则和先例,不确定性和冲突经常出现,特别是当问题跨部门时,政治活动将有助于确定权威和责权界限。当相关的问题出现时,部门领导就需进行会晤提出解决方案。

(3)管理连续。管理连续包括聘用、提升和调动主管人员。当不确定性高时,主管人员之间相互信任和协调以及沟通网络很重要。通常,具有新价值观的新来的管理者可能打乱稳定的工作关系和原有的协作关系,如果这时出现变动,对组织高层的政治意义极大,管理人员可通过聘用提拔同盟者来加强自己的网络联盟,但却容易导致混乱和分歧。

(4)资源分配。资源包括薪水、预算、雇员、设施、仪器等。资源分配是一个难题,因为这类决策既能由理性方式又能以政治模式形成。但政治模式常常起作用,因为资源非常重要,优先权的争夺只有靠政治模式才能解决。

个人在组织中的政治行为,除了人们对权力的追求外,还具有以下原因:

许多人对领导能否客观地衡量下级人员工作绩效的能力持根本的怀疑态度。他们认为,如果领导能够客观地衡量工作绩效,要政治手腕就不必要。

工作流动性使经理人员在任何一个工作岗位上都很难显示出其工作深度,在做出成绩之前,常会被提升或调离,这样就使经理人员感到有施展政治手腕的必要。

在最高一级领导中,晋升之快超过其行政才能,有些人的信心受到损害,因而需要政治行为来弥补管理绩效上的不足。

现代管理思想强调民主,许多经理人员利用各种委员会、会议和非正式组织作为施展各种手段和政治策略的场所。

工作动机差、权力需求低的人常常靠政治手腕回避某些责任，以较小的付出得到较大的利益。

二、政治行为的评价与控制

(一)组织政治行为的两种界定

权力和影响的实践导致了两种界定政治活动的方法：自利性行为或组织决策的自然程序。

(1)政治活动是一种自利性行为：它包括不被组织认可的活动。政治活动在实际中表现为个人追逐权力、满足自己的绩效评价，为个人目的去欺骗或对人不诚实，这就导致了与工作环境的冲突或不和谐。

这种对政治活动所持的消极观点是人们普遍持有的，持这种观点的人认为：组织机构属于政治机构，因为它为主管者专业的发展和个人兴趣动机的表现提供基础。组织的政治结构中，越往上能够提供的职位越少，而人们的事业成就常常是以他们承担的责任和权力来衡量的，因而组织中的权力之争是非常激烈的。当然，关于这种因素对于组织中的政治手段的解释的充分性，还由个人对权力的需求来决定。具有强烈权力动机的人往往不易得到满足，这就促使他们不断地施展政治策略，以实现个人的权力愿望。

(2)政治活动是一种自然的组织程序：用于解决组织内不同利益群体的分歧。政治活动其实是讨价还价和磋商的一个过程，用以应付不同观点间的分歧与冲突。尽管政治活动可以依自利性的消极方式运用，但政治活动行为的适当使用亦可有助于组织目标的实现。

持这种观点的人认为：政治行为是自然的组织决策过程，其先决条件是不确定性和分歧。因为理性模式并不能使各方都感到最优，在这种情况下，政治行为是组织过程中解决争议和分歧必不可少的手段。不确定性程度高时，政治行为是一种达成一致的机制。高层管理者比低层面临的不确定性还要高，因此必然要采取更多的政治行为。有些事物同组织内在的不一致相联系，以资源为例，资源对部门的生存和效率是至关重要的，因此资源分配常成为政治问题"理性"的分配方法。

(二)组织政治行为的合法性

要对政治行为说明的是它的合法性。合法的政治行为指符合规范的日常的政治行为，如通过正常的程序向上级提意见，通过消极怠工或过度坚持原则来阻碍组织的政策或决策，通过个人的专业活动与组织外部建立关系。然而，也存在着违反隐含的游戏规则的非法的政治行为，追逐这种极端活动的人常常被描述为玩弄手段的人。这类行为包括阴谋破坏、揭发、象征性抵抗行为，如着奇装异服或佩戴抗议徽章、一批员工同时请病假等等。

政治行为是组织生活普遍存在的，忽视它将面临一定的危险。组织是由具有不同的价值观、目标和利益的个人及群体组成的，这就形成了对于资源的潜在冲突，如部门预算、工作空间的分配、项目的责任、薪金调整等。

组织中的资源是有限的,这常常使潜在的冲突转变成现实的冲突。如果资源充足,那么组织中各种不同成分都可以实现他们的目标。但由于资源是有限的,不是组织中任何人的利益都能满足,而且,不管正确与否,一个人或一个群体获得了什么利益往往会被认为是以牺牲其他人的利益为代价的。这种压力导致群体成员为了争取组织中有限的资源而展开激烈的竞争。

因为决策的环境充满不确定性,用以决策的事实很少是完全客观的,从而有了讨价还价的余地。组织成员将充分运用他们能够施加的影响来支持他们的目标和利益,这就自然而然地产生了所谓的政治行为。

各个组织中的绝大多数政治行为都同于合法行为。原因是很现实的:使用极端的非法政治行为的人会承受失掉组织成员身份的严峻风险,或受到严厉的制度惩罚,从而使其权力很难奏效。

(三)政治行为的伦理原则

权力问题和政治问题通常也涉及道德问题。如果权力的使用在管理者的正式权力范围之内,在组织政策、工作描述、组织程序和组织目标框架之内,它就不是政治权力,也不大可能涉及道德问题。但是如果权力的使用在正式权力、政治、程序、工作描述和组织目标之外时,它就是政治性的权力。当这种权力发生时,就可能出现道德问题。一些例子包括贿赂政府官员、对员工和顾客撒谎、污染环境等。虽然没有明确的界限来区别道德的和非道德的政治行为,但有几个问题是应该考虑的:

第一个需要回答的问题:政治行为是否出于个人利益,是否符合组织目标,管理者的行为是否导致组织内外的人们都得到合理的满意。

第二个需要回答的问题:政治行为是否尊重所要影响的人的个人权利。换言之,尊重人的基本权利如言论自由、良知、隐私等。

第三个需要回答的问题:政治行为是否符合公正或公平的原则。管理者尊重公平的规则,平等地、公正地对待人们,而不是独断专行。

对第三个问题的回答经常被有些人认为是"使不道德的行为看起来道德"的一种手段。例如,部门领导对自己喜欢的员工夸大其绩效,而对不喜欢的员工则贬低其绩效,然后以这些绩效考核结果为理由给前者大幅度提薪,而后者什么也得不到。那么这种行为就是典型的不公正行为。有权力的人很善于把"自我服务"的行为解释成为组织的利益。同样,他还能说服别人相信不道德的行为是公正的、公平的。不道德的人可以为任何行为进行辩解。那些有权力、巧舌如簧、极富说服力的人最不容易受到攻击,因为他们总是能成功地运用不道德行为而平安无事。

无权力的人轻而易举地就可以符合道德,只不过是因为他们通常可以利用的政治自主性太少。如果你的权力基础很强,那就要认识到权力是容易腐败的。

三、运用权力的技巧

(一)增强权力基础的组织策略

组织中的权力并非只是一种个体现象,管理者所处的职位和所担负的职责决定了他对组织活动结果的影响程度，而非管理者个人的品质与行为。因此，增强权力基础的策略应从组织结构本身入手。组织内权力的获得并不是随机的，一个人减少不确定性、增强自主性、获取资源、应对战略权变事件的能力等，都能够增强权力。

杰弗瑞·茨弗认为，增强权力基础的组织策略主要有：

(1)进入不确定性的领域。识别、处理和消除关键的不确定性因素是增强权力的重要基础。如果部门管理者能够识别不确定性并能采取措施消除这些不确定性，那么该部门的权力基础将得以稳固。一般说来，不确定性的任务因其不确定的性质不可能马上得以解决，此时就需要反复试错，这样实际上对该管理者或部门有利。反复试错的过程给该管理者或部门提供了经验和专业知识，其他管理者或部门无法轻而易举地复制这些经验和专业知识。

(2)创造依赖关系。依从关系是另一种权力来源，当组织依赖于某一管理者或部门而得到信息、材料、知识和技能时，这个管理者或部门就掌握了支配其他部门的权力。个人掌握了对他人来说是不可或缺的信息，他人就对这个人有一种依赖关系，这是一种重要的权力来源。从另一方面讲，与此同等有效的相关策略是通过获取必要的信息和技能来减少自己对其他部门的依赖。

(3)提供资源。资源对于组织的生存总是很重要的。汇集资源，以资金、信息或便利条件等方式提供组织的部门总是拥有相当大的权力。管理者个人主要是要掌握各种信息通道便可以拥有权力。

(4)圆满地解决战略权变。战略权变理论认为，组织内部或外部环境的某些因素对组织的成功至关重要。一个权变事件可能是一件关键的事件，一项不存在替代方案的任务，或者是一项不需要许多人协同完成的任务。对组织及其环境变化的分析将揭示战略权变，战略权变具有新奇性，难以评说，一旦进入这些关键的领域，就会增强个人的重要性和权力的空间。

(二)使用权力的个人技巧

在组织管理的实践中，关于领导者如何运用权力和影响支配别人的技巧，除了要具有各种权力之外，还要懂得各种运用权力和影响支配别人的技巧。

为影响决策结果，使用权力的个人技巧主要有以下六个方面：

(1)建立联盟。建立联盟需要同其他管理者对话，很多重要决策都是在正式会议之外制定的，管理者们相互磋商并在一致基础上达成协议。建立联盟的一个重要方面是建立良好的人际关系。良好的人际关系要建立在共同志趣、相互信任和尊重的基础上，信任和乐于互利合作是建立联盟的一部分，而不是利用他人。

(2)扩充网络。扩充网络主要有两种方法：同已有网络外的管理者建立联系，或者使不同意见者改变观点，再做选择。第一种方法是通过聘用、调动和提拔建立新联盟，把观点一致的人放在关键职位上有助于达到预定目标。第二种方法是把持不同观点者引入网络，当他们成为网络成员时，可能重新作出决定。

(3)控制决策前提。控制决策前提指限制决策界限。一个手段是选择和控制提供给其他管理者的信息，通常的办法是只提供对自己有利的情况。在重要会议上提出的各项议题，甚至议题的讨论顺序都可能影响决策。

(4)增强法定权和专长权。管理者在具有法定权和专长权的领域中能最大限度地发挥影响力。如果需求是在部门的工作范围中产生的，并和部门被授予的权力相符，其他部门是不会拒绝的，还可以同组织外部顾问和内部专家合作。

(5)明确表述倾向。只有当目标和需求明确时，组织才能作出反应，政治活动才是有效的。管理者同别人谈判时应当带有进取性和劝说性。一个自信的建议能够被接受，因为其他管理者没有更好的选择方案。

(6)含蓄使用权力。权力的运用不应该太明显，武断地使用权力意味着失去权力。如果说："我有权，你们必须照我说的做。"这是不合适的。

从某种程度上说，重要的事情并不是领导人是否受到喜爱，而是与这些领导人合作得到的成果质量是否高。我们每个人都是潜在的领导，而领导的能力和技巧是可以学习的。尽管关于领导行为没有简单的公式，没有严格的科学，但是组织行为学还是进行了长期的研究，并使研究形成不同的理论模式。

第三节　领导的理论

自 20 世纪 30 年代以来，人们对有关领导问题的研究大体集中在这三个方面：①研究领导者的性格特征：认为关于领导者的个人特性是与成功的领导密切相关的。②研究领导者的行为：这种研究比较领导者在行为上的差异，从中总结出一套最有效的方法。③研究领导环境对领导方式的作用：这种研究从研究环境角度出发，观察环境对人格、行为的影响，强调领导环境的作用，认为有效的领导是人格、行为和环境三种因素共同作用的结果。这三个问题对领导理论是十分重要的。因为从始至终，它们都与三种基本理论有关，这三种基本理论一直是领导理论研究的对象，它们是：特质理论、行为理论、权变理论。

一、领导的特质理论

特质理论研究是领导者应具备的素质。这一理论的出发点是：领导效率的高低主要取决于领导者的特质，也就是研究怎样的人，才能成为良好的、有效的领导者，那些成功的领导者也一定有某些共同点。根据领导效果的好坏，找出好的领导者与差的领导者在个人品质或特性方面有哪些差异，由此就可确定优秀的领导者应具备哪些特性。研究者总结成功的领导者应具备的特点，再考察某个组织中的领导者是否与这些相近，就能断定他是不是一个优秀的领导者。分析领导者与非领导者在个性、社会、生理或智力因素方面的差异，这种归纳分析法成了研究领导特质理论的方法。

早期的领导理论研究都着重在找出杰出领导者所具有的某些共同的特性或品质上，称为特性论(或品质论)。传统的领导特质论认为，领导特质是天生的，弗朗西斯·高尔顿(Francis Galton，1822～1911)早在 1869 年就认为领导者的特性来源于生理遗传,是与生俱来的。特性理论的创始人阿尔波特(C. W. Allport)及其同事们曾分析过17953个用来描写人的特点的形容词,开始了特质的研究,只有具备这些特性才能成为有效的领导者。现代特性理论认为领导者的特性和品质并非全是与生俱来的,而可以在领导实践中形成,也可以通过训练和培养的方式予以造就。主张现代特性理论的学者提出了不少富有见地的观点。

(一)亨利的12种品质

亨利(W. Henry)1949年在调查研究的基础上指出,成功的领导者应具备12种品质:

(1)成就需要强烈,他把工作成就看成是最大的乐趣;

(2)干劲大,工作积极努力,希望承担富有挑战性的工作;

(3)用积极的态度对待上级,尊重上级,与上级关系较好;

(4)组织能力强,有较强的预测能力;

(5)决断力强;

(6)自信心强;

(7)思维敏捷,富于进取心;

(8)竭力避免失败,不断地接受新的任务,树立新的奋斗目标,驱使自己前进;

(9)讲求实际,重视现在;

(10)对上级亲近而对下级较疏远;

(11)对父母没有情感上的牵扯;

(12)效力于组织,忠于职守。

(二)吉赛利的8种个性特征和5种激励特征

美国管理学家吉赛利(Edwin E. Ghiselli)在其《管理才能探索》一书中,研究领导者的个性特征和激励特征。

表9-1　吉赛利8种个性特征和5种激励特征

个性特征	激励特征	重要性
才智:语言与文辞方面的才能; 决断能力; 督察能力:指导别人的能力; 自信心:自我评价较高。	对自我实现的需求; 对事业成就的需求。	非常重要
适应性:为下属所亲近; 首创精神:开拓新方向、创新的愿望; 成熟程度。	对工作稳定的需求; 对金钱奖励的需求; 对指挥别人的权力需求;	中等重要
性别(男性或女性)		不重要

吉赛利的这些性格的研究,由于有严密的科学性而受到尊重。他的研究结果指出了这些个性特征的相对重要性。表9-1为他研究的总结。需要说明的是:①才智和自我实现对于取得成功关系重大。②指挥别人的权力的概念并不很重要。

③督察能力基本上是指运用管理职能来指导下级的能力。④性别这一特征与管理成功与否没有多大关系。

吉赛利对这些特征的研究，由于有严密的科学性而受到尊重。他的研究结果指出了这些人格特征的相对重要性。需要说明的是，后来发现，才智和自我实现对于取得成功关系重大；指挥别人的权力的概念并不很重要；督察能力基本上是指运用管理职能来指导下级的能力；性别这一特征与管理成功与否没有多大关系。

（三）吉伯：领导者具有 7 项特性

美国心理学家吉伯（C. A. Gibb）于 1954 年指出，天才的领导者具有 7 项特性：

（1）智力过人；

（2）英俊潇洒；

（3）能言善辩；

（4）心理健康；

（5）外向而敏感；

（6）有较强的自信心；

（7）有支配他人的倾向。

（四）斯托格迪尔的特质论

美国俄亥俄州立大学工商研究所斯托格迪尔（Ralph M. Stogdill，1948～1974）认为个人的先天特性、品质，对于区分领导人和非领导人，有效领导与无效领导是有一定意义的。斯托格迪尔的领导特质理论：5 种身体特征，社会背景特征，4 种智能特征，16 种个性特征，6 种与工作有关的特征以及 9 种社交特征。

（1）身份特征，5 种，如精力、身高、外貌等。这方面迄今的发现还是很矛盾的，不足以服人。

（2）社会背景特性，如社会经济地位、学历等，这方面的发现也缺乏一致性和说服力。

（3）智能特征：4 种。判断力、果断力、知识的深度和广度、口才等研究确实证明成功的领导者在这些方面较突出，但相关性还较弱，说明还需要考虑一些附加因素。

（4）个性特质：16 种，有良心；可靠；勇敢；责任心强；有胆略；力求革新进步；直率；自律；有理想；有良好的人际关系；风度优雅；胜任愉快；身体强壮；智力过人；有组织能力；有判断能力。

（5）与工作有关的特质：6 种，例如高成就的需要、愿承担责任、毅力、首创性、工作主动、重视任务的完成等。

（6）社交特征：9 种。成功的领导者具有善交际、广交游、积极参加各种活动、愿意与人合作等特点。

斯托格迪尔曾对有效领导者的心理特质进行了两次比较系统的调查研究，其研究结果具有重要的参考价值。

(五)鲍莫尔的领导特质论

美国普林斯顿大学教授威廉·杰克·鲍莫尔(William Jack Baumol)认为,一个领导者应该具备下述10项条件才是合格的。这10项条件是:

(1)合作精神,即愿与他人一起工作,能赢得人们的合作,对人不是压服,而是感动和说服。

(2)决策能力,即依赖事实而非想象进行决策,具有高瞻远瞩的能力。

(3)组织能力,即能发掘部属的才能,善于组织人力、物力和财力。

(4)精于授权,即能大权独揽,小权分散。

(5)善于应变,即机动灵活,善于进取,而不抱残守缺、墨守成规。

(6)敢于求新,即对新事物、新环境和新观念有敏锐的感受能力。

(7)勇于负责,即对上级、下级的产品用户及整个社会抱有高度的责任心。

(8)敢担风险,即敢于承担企业发展不景气的风险,有创造新局面的雄心和信心。

(9)尊重他人,即重视和采纳别人的意见,不盛气凌人。

(10)品德高尚,即品德上为社会人士和企业员工所敬仰。

(六)日本企业界的10项品德和10项能力

日本企业界认为有效的领导者应具备的条件:

表9-2　领导者的10项品德和10项才能

10项品德		10项才能	
1.使命感	6.公平	1.判断能力	6.劝说能力
2.责任感	7.热情	2.创造能力	7.对人理解能力
3.依赖性	8.勇气	3.思维能力	8.解决问题能力
4.积极性	9.忠诚老实	4.规划能力	9.培养下级能力
5.进取心	10.忍耐性	5.洞察能力	10.调动积极性能力

(七)美国管理协会20种品质和能力

美国管理协会曾对在事业上取得成功的1800名管理人员进行了调查,发现成功的管理人员一般具有下列品质和能力:

①工作效率高;

②有主动进取精神;

③善于分析问题;

④有概括能力;

⑤有很强的判断能力;

⑥有自信心;

⑦能帮助别人提高工作的能力;

⑧能以自己的行为影响别人;

⑨善于用权;

⑩善于调动他人的积极性；

⑪善于利用谈心做工作；

⑫热情关心别人；

⑬能使别人积极而乐观地工作；

⑭能实行集体领导；

⑮能自我克制；

⑯能自主做出决策；

⑰能客观地听取各方面的意见；

⑱对自己有正确估价，能以他人之长补自己之短；

⑲勤俭；

⑳具有管理领域的专业技能和管理知识。

(八)特质理论评价

特质理论把领导者的各种人格和特征作为描述和预测其领导成效的标准，是争议较大的理论：人们在特质理论研究中发现，研究中找出的特质对一些人有效，对另一些人就无效；在一种情境下有效，在另一种情境下就无效。已有的大量研究基本上能够说明：具备某些特质可以提高领导者成功的可能性，但没有一种特质是成功的保证。随着研究的展开和深入，被当做领导者的特性的条目越来越多，而且有不断增多之势，这导致理论上的争执和混乱。事实上，特质理论所涉及的身体特征、才智和人格对管理成功的影响不是绝对重要的，其中大多数实际上也只不过是人们对于某一个领导者，特别是一个从事上层领导工作者的期望。

总结起来，这种研究的缺陷在于：

(1)领导特质理论完全忽略了领导环境，忽略了被领导者的地位和影响，而下级对领导者成功与否有着重要影响。

(2)没有具体指出不同的品质和特性在领导工作中的相对重要性。

(3)领导者的性格特征内容过于复杂，且随不同情况而变化，难以寻求由此获得成功的真正因素。

(4)没有考虑环境对人格的影响，包括改变人格与否及其改变的程度。

(5)这些特质难以度量，人们还无法去衡量领导者人格所应具有的程度。

(6)不同的理论依靠的证据不一致，这些人格特征既不完善也不全面。

从1940年以来，这类利用领导者个人性格或人格特征来解释或预测领导效能的理论，不再处于主导地位，逐渐被人们放弃，研究者们开始把目光从领导者的内在特征转向对领导行为、领导环境的研究上。不过，最近十几年来，对特质理论的研究又表现出复苏的迹象。从实践来看，这一理论对于领导者的选拔、培养和发展还是有一定作用的，这也许正是一种理论的生命力所在。现代特质理论认为，应该抛弃“遗传决定论”，认识到领导是一个动态过程。领导者的人格特征和品质是在实践中形成的，可以通过训练和培养加以造就。不同的国情特点，不同的社会历史条件，对一个合格的领导者的个性特征的要求是不一样的。

二、领导的行为理论

根据行为理论的观点进行的领导研究,对考察领导者行为与工作群体绩效和满意度之间的关系感兴趣,许多人开始从研究领导者的内在特征转移到外在行为上。如果特质理论是试图以领导者所具有的个体特性为基础来描述领导,而领导行为理论则是以领导所做的事来谋求解释领导。行为模式研究大多数体现了两个主要方面:领导者对于完成工作的兴趣和领导者对人自身的关怀。换句话说,领导者在多大程度上是工作导向型的,在多大程度上是人际导向型的。这种理论认为,依据个人行为方式可以对领导者进行最好的分类。然而,至今还没有一个公认的"最好的"分类。

(一)领导行为四分图理论

最全面而且被研究较多的行为理论是美国俄亥俄州立大学提出来的,研究者希望确定领导行为的独立维度。亨普希尔(J. K. Hemphill,1941)等因素分析的方法,从多种领导行为因素中抽出了两个基本因素,发现了领导行为的两个互相独立的维度(抓组织和关心人),并采用了量表作为测量工具来评定这两个维度的领导行为。第二次世界大战以后,1945 年,俄亥俄州立大学斯托格迪尔(Ralph M. Stogdill)和弗莱西曼(Edwin A. Fleishman)以及同事沙特尔(Carroll L. Shartle)等人进行了这一研究。研究人员收集了大量的 10 个维度的下属对领导行为的描述,开始时列出了 1790 多个问题,通过逐步概括,编制成"领导者行为描述问卷"(Leader Behavior Description Questionnaire,LBDQ),他们对所测结果进行因素分析,得到了两个基本领导行为维度"关心人员"(体谅)和"关心工作"(结构)。每个方面又分为高与低两个区域,并由此设计出了著名的"领导行为四分图"(即高体谅高结构、高体谅低结构,低体谅高结构、低体谅低结构四个象限)。

表 9-3　管理者行为描述问卷

关心人	抓组织
1.给部下以私人帮助	1.对部下清楚地表明自己的态度
2.做一些使部下感到愉快的小事情	2.在本单位中试验自己的新设想
3.容易让人了解自己	3.以严格的手段管理
4.时常听取部下的意见	4.对工作表现不好的进行批评
5.信守诺言	5.以不容人质疑的口气讲话
6.关心部下的福利	6.分派部下做特别的工作
7.拒绝解释自己行为的原因	7.做事没有计划
8.不与部下磋商而自行行动	8.坚持一定的作业标准
9.接受新构想缓慢	9.强调在一定期限内完成工作
10.以平等的态度对待每个部下	10.要求遵循有规律的程序
11.愿意有新改变	11.要求所有的部下都应了解自己在组织中的地位
12.更迭	12.要求部下遵守标准化的规则和法令
13.与下属谈话时能使他们觉得轻松自然	13.让部下都知道对他们的要求是什么
14.接受部下的建议并付诸行动	14.注意部下是否已尽自己所能
15.在推行重要的事项之前,先取得部下的赞同	15.注意部下的工作是否协调

"抓组织",或称"主动结构型"(Initiating Structure)。这种行为主要以工作为中心,领导者通过设计组织机构、明确职责、权力、相互关系和沟通办法,确定工作目标与要求、制定工作程序、工作方法与制度来引导和控制下属的行为表现。

"关心人",或称"体贴型"(Consideration)。这种行为主要以人际关系为中心,关心和强调下属个人的需要,尊重下属意见,给下属以较多的工作主动权,注意建立同事之间、上下级之间的互信气氛。

俄亥俄州立大学的研究结果发现:两种领导行为在一个领导者身上可能一致,也可能不一致,它们并不是相互矛盾、相互排斥的。领导者可以是单一的组织型或体贴型,也可以是两者的任意组合,具体组合方式可用领导行为四分图表示(见图 9-1)。

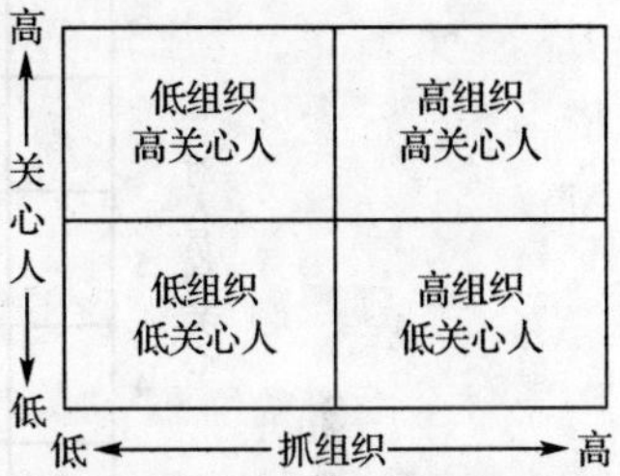

图 9-1　领导行为四分图

由此,领导行为理论的研究热潮兴起,一直持续到 20 世纪 60 年代,它极大地推动了领导理论的发展。但是由于它没有考虑环境因素,导致了研究的局限性。不过领导行为因其具有良好的可测量性,它一直成为管理学家、领导学家研究的重要内容。

(二)美国管理学家布莱克和莫顿的管理方格图

在领导行为四分图基础上,罗伯特·布莱克和简·莫顿于 1964 年合著了《管理方格》(*The Managerial Grid*)一书,提出了研究领导方式及其有效性的管理方格理论。这本书出版后得到学界的广泛重视和业界的高度欢迎,十多年时间,在美国就销出近百万册。1978 年,他们把这本书修订再版,更名为《新管理方格》。

资料

罗伯特·布莱克和简·莫顿

罗伯特·布莱克(Robert R. Blake,1918～2004)和简·莫顿(Jane S. Mouton)都是得克萨斯大学的教授。布莱克生于马萨诸塞州的布鲁克林,于 1941 年在弗吉尼亚大学获得心理学硕士学位,1947 年在得克萨斯大学获得心理学博士学位,毕业后留在得克萨斯任教,从事心理学和行为科学研究。莫顿于 1957 年在得克萨斯大学获得心理学博士学位,毕业不久即在该校任副教授,从事组织与管理领域的行为科学应用研究。共同合作以下著作:《新管理方格》(*The New Managerial Grid*)、《秘书方格》(*The Secretary Grid*)、《生产力的人性面》(*Productivity: The Human Side*)、《教育行政方格》(*The Academic Administrator Grid*)。

布莱克和莫顿(Black & Mouten,1964)设计了一个巧妙的管理方格图,把俄亥俄州立大学的双维模型发展成为一整套诊断和改进领导效能的实用性技术。如图9-2所示，他们的双维分为对人的关心程度(Concern for People)和对工作的关心程度(Concern for Production)，他们把每一维度划分为9等份，组成了81个单元。

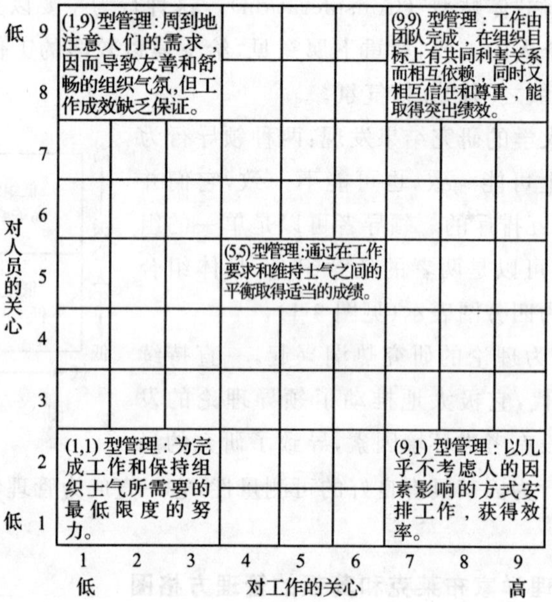

图 9-2 管理方格图

图9-2的横坐标表示领导人对工作的关心程度，纵坐标表示领导人对人员的关心程度。评价领导人时，就按这两个方面的行为寻找交叉点。这个交叉点便是他的领导行为(方式)类型。例如，某领导人关心人的程度高达9，而关心工作的程度很低，只有1，这样两者交叉点就是(1,9)，他就是(1,9)型的领导人。

布莱克和莫顿认为，领导者可以自由选择任何一种两维度不同组合的领导风格。他们列举了下列五种典型风格并分别命名以显示它们的特征：

(1)(1,1)型领导者/"贫乏管理"型风格。特征是领导者几乎放弃其职责，对职工和工作都不关心。这种领导者，实际是一种饱食终日、无所用心的人。

(2)(9,1)型领导者/"权威服从"型风格。这是一个任务第一的领导者，通过权力与控制的运用，着重抓工作，不关心职工。

(3)(1,9)型领导者/"乡村俱乐部"型风格。特征是领导者只关心人，注意搞好人际关系，使人感到满意，但不抓工作。

(4)(9,9)型领导者/"团队管理"风格。这是一个有战斗性的领导者，抓工作和关心人的工作做得都好。因而职工的关系协调，士气旺盛，工作任务完成得很出色。

(5)(5,5)型领导者/"组织人"型风格。这是一个一般化的领导者，对职工的关心一般化，工作任务过得去。

绝大多数参加这项研究工作的专家认为，五种类型的领导者中，(9,9)型领导者最好，其次是(5,5)型领导者。而布莱克和莫顿则认为，不能一概而论，应根据环境的变化而定，以最能获得工作效果的类型为最好，而这正是领导权变理论的要点所在。

(三)美国管理学家利克特的行为系统理论

根据伦西斯·利克特(Rensis Likert，1903～1981)及密执安大学社会研究所的研究，领导者分为两种基本类型，即"以工作为中心"(Job-centered)与"以员工为中心"(Employee-centered)的领导。

(1)"以工作为中心"的特点是：任务分配结构化、严密监督、工作激励、依照详尽的规定行事。

(2)"以员工为中心"的特点是：重视人员行为反应及问题、利用群体实现目标、给予组织成员较大的自由选择的范围。

利克特于1967年提出了领导的四系统模型，即把领导方式分成四类系统：利用-命令式领导、温和-命令式领导、商议式的民主领导和集体参与的民主领导。利克特假设了四种管理方法，以此作为研究和阐明他的领导原则：

表 9-4 领导的四系统模型

利用-命令式	温和-命令式	商议式	集体参与
主管人员发布指令，决策中没有下属参与； 主要用恐吓和处分，有时也偶尔用奖赏去激励人们； 只允许由上而下地传达信息，把决策权局限于最高层。	用奖赏某些恐吓及处罚的方法去鼓励下属； 允许一些自下而上传递的信息； 向下属征求一些想法与意见，并允许把某些决策权授予下属，但加以严格的政策控制。	主管人员在做决策时征求、接受和采用下属的建议，通常试图酌情利用下属的想法和意见，让员工参与管理的办法来激励下属； 既使下情上达，又使上情下达； 由上级主管部门制定主要的政策，下级的主管部门做出具体的决定，并采用其他一些方法商洽办事。	主管人员向下属提出工作目标，并对他们能够达到目标表示有信心； 在诸如制定目标与评价目标所取的进展方面，让群众参与并给予物质奖励； 保持上下级和同级人员之间的信息沟通； 鼓励各级组织做出决定。

利克特认为只有第四系统——集体参与式的民主领导才能实现真正有效的领导，才能正确地为组织设定目标和有效地达到目标。以集体参与方法来管理的组织，在制定目标和实现目标方面是最有成绩的。据此，利克特倡议员工参与管理。他认为有效的领导者注重面向下属，他们依靠信息沟通使所有部门像一个整体那样行事。在这种关系中，他们感到在需求价值、愿望、目标与期望方面有真正共同利益。

(四)领导作风理论

关于领导作风(Average Leadership Style，ALS)的研究最早是由心理学家勒温(P. Lewin)进行的，他于1938年和1939年在衣荷华大学做了一个关于"专制气氛"和"民主气氛"的实验。通过试验研究不同的工作作风对下属群体行为的影响，他认为存在三种极端的领导工作作风，即专制作风、民主作风和放任自流作风。

(1)专制型领导(Authoritarian Leadership):具有专制作风的领导人,是指以力服人,即靠权力和强制命令让人服从。

具体的特点是:

①独断专行,从不考虑别人意见,所有的决策都由领导者自己决定。

②从不把任何消息告诉下级,下级没有任何参与决策的机会,而只能察言观色,见机行事。

③主要依靠行政命令,纪律约束,训斥和惩罚,而只有偶尔的奖励,有人统计具有专制作风的领导人和别人谈话时,有60%左右采取命令和指示的口吻。

④领导者预先安排一切工作的程序和方法,下级只能服从。

⑤领导者很少参加群体的社会活动,与下级保持相当的心理距离。

(2)民主型领导(Democratic Leadership):具有民主作风的领导人,是指那些理解人,以身作则的领导人。他们使每个人做出自觉的有计划的努力,各施其长,各尽所能,分工合作。

其特点为:

①所有的政策是在领导者的鼓励和协作下由群体讨论而决定,而不是由领导单独决定的。政策是领导者和其下级共同智慧的结晶。

②分配工作时尽量照顾到个人的能力、兴趣和爱好。

③对下属的工作,不安排得那么具体,个人有相当大的工作自由、较多的选择性与灵活性。

④主要应用个人权力和威信,而不是靠职位权力和命令使人服从。谈话时多使用商量、建议和请求的口气,下命令仅占5%左右。

⑤领导者积极参加团体活动,与下级无任何心理上的距离。

(3)放任型领导(Laissez-Faire Leadership, Free-Rein Leadership):放任自流的领导作风,是指工作事先无布置,事后无检查,权力完全给予个人,一切悉听自便,毫无规章制度。

表 9-5　三种极端的领导工作作风

	专制型领导	民主型领导	放任型领导
权力分配	权力集中于领导者个人手中	权力在团体之中	权力分散在每个员工手中,采取无为而治的态度
决策方式	领导者独断专行,所有的决策都由领导者自己做出,不重视下属成员的意见	社团参与决策,所有的方针政策由集体讨论做出决策,领导者加以指导、鼓励和协助	团队成员具有完全的决策自由,领导者自己几乎不参与
对待下属的方式	领导者介入到具体的工作任务中,对员工在工作中的组合加以干预,不让下属知道工作的全过程和最终目标	员工可以自由选择与谁共同工作,任务的分工也由员工的团队来决定。让下属员工了解整体的目标	为员工提供必要的信息和材料,回答员工提出的问题

（续表）

	专制型领导	民主型领导	放任型领导
影响力	领导者以权力、地位等因素强制性地影响被领导者。	领导者以自己的能力、个性等心理品质影响被领导者，被领导者愿意听从领导者的指挥和领导。	领导者对被领导者缺乏影响力。
对员工评价和反馈的方式	采取"个人化"的方式，根据个人的情感对员工的工作进行评价。采用惩罚性的反馈方式。	根据客观事实对员工进行评价。将反馈作为对员工训练的机会。	不对员工的工作进行评价和反馈。

勒温在试验中发现：

(1)在专制型领导的团体中，各团员攻击性言论很多，而在民主型团体中则彼此比较友好。

(2)在专制型领导的团体中，团员对领导者服从，但表现自我或引人注目的行为多。

(3)在民主型领导的团体中，则彼此以工作为中心的接触多。

(4)专制型团体中的成员多以"我"为中心，而民主型领导的团体中"我"字使用频率较低且具有我们的感觉。

(5)当试验领导人"挫折"时，专制型团体彼此推卸责任或人身攻击，民主型团体则团结一致，试图解决问题。

(6)在领导者不在场时，专制型团体工作动机大为降低，也无人出来组织作业，民主型团体则像领导在场一样继续工作。

(7)专制型团体对团体活动没有满意感，民主型团体的成员则对团体活动有较高的满意感。

勒温根据试验认为放任自流的领导工作作风工作效率最低，只达到社交目标，而完不成工作目标。专制作风的领导虽然通过严格管理达到了工作目标，但群体成员没有责任感，情绪消极，士气低落，争吵较多。民主型领导作风工作效率最高，不但完成工作目标，而且群体成员关系融洽，工作主动积极，有创造性。如图 9-3 所示：

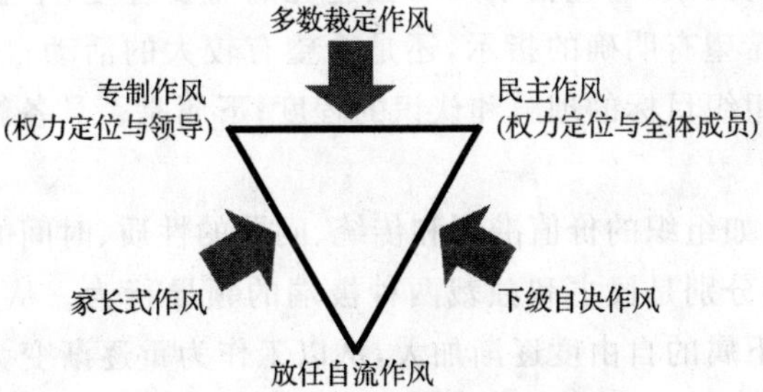

图 9-3 勒温领导作风理论剖视图

与勒温研究相似，美国管理学家怀特（Ralph K. Wbite）和李皮特（Ronald Lippett）同样提出的三种领导方式理论：权威（Authoritarian）\民主式（Democratic）及放任式（Laissez-faine），也是人们所熟悉的分类。

（五）领导行为连续统一体理论

由美国管理学家坦南鲍姆（Robert Tannenbaum）和沃伦·施密特（Warren H. Schmidt）1958年合著的《如何选择领导模式》，提出的领导行为连续统一体理论（Leader-ship as continuum），也称为“领导模式连续分布场”，认为领导方式是多种多样的，这些领导方式形成了一个连续统一体，其中的两个极端是独裁的领导方式和民主的领导方式，中间则是领导者权力同下属权力多种不同的结合方式。如图9-4所示。

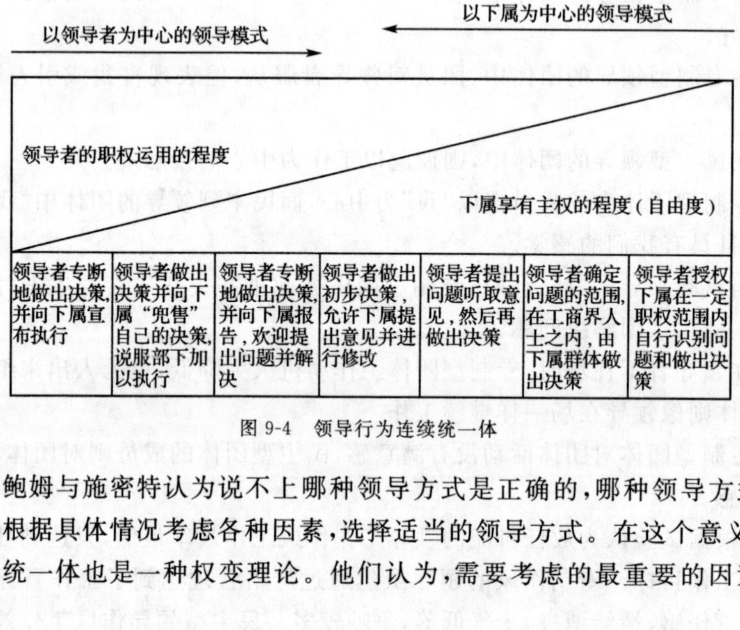

图9-4　领导行为连续统一体

坦南鲍姆与施密特认为说不上哪种领导方式是正确的，哪种领导方式是错误的。应当根据具体情况考虑各种因素，选择适当的领导方式。在这个意义上，领导行为连续统一体也是一种权变理论。他们认为，需要考虑的最重要的因素有三个方面：

(1)上级方面的因素，包括领导者的价值观体系、对下属的信任程度、对某些领导方式的偏好以及对不确定情况的安全感等。

(2)下属方面的因素，这包括下属对独立性的需要程度；下属是否准备承担决策的责任；下属是希望有明确的指示，还是希望有较大的活动自由；下属是否对问题感兴趣；下属对组织目标的理解和认识的程度；下属是否具备解决问题所必需的经验和知识等等。

(3)环境因素，如组织的价值准则和传统、问题的性质、时间的压力等。

连续体的两端分别是民主和独裁两种极端的领导行为。从左至右，领导者运用职权逐渐减少，下属的自由度逐渐加大，从以工作为重逐渐变为以关系为重。随着领导与下属之间关系的不同，就形成了一系列的领导方式。他们在这个连续统一体中举出了7种有代表性的方式。

①领导做出决策并宣布实施。在这种模式中，领导者确定一个问题，并考虑各种可供选择的方案，从中选择一种，然后向下属宣布执行，不给下属直接参与决策的机会。

②领导者说服下属执行决策。在这种模式中，同前一种模式一样，领导者承担确认问题和做出决策的责任。但他不是简单地宣布实施这个决策，而是认识到下属中可能会存在反对意见，于是试图通过阐明这个决策可能给下属带来的利益来说服下属接受这个决策，消除下属的反对。

③领导者提出计划并征求下属的意见。在这种模式中，领导者提出了一个决策，并希望下属接受这个决策，他向下属提出一个有关自己的计划的详细说明，并允许下属提出问题。这样，下属就能更好地理解领导者的计划和意图，领导者和下属能够共同讨论决策的意义和作用。

④领导者提出可修改的计划。在这种模式中，下属可以对决策发挥某些影响作用，但确认和分析问题的主动权仍在领导者手中。领导者先对问题进行思考，提出一个暂时的可修改的计划，并把这个暂定的计划交给有关人员进行征求意见。

⑤领导者提出问题，征求意见做决策。在以上几种模式中，领导者在征求下属意见之前就提出了自己的解决方案，而在这个模式中，下属有机会在决策做出以前就提出自己的建议。领导者的主动作用体现在确定问题，下属的作用在于提出各种解决的方案，最后，领导者从他们自己和下属所提出的解决方案中选择一种他认为最好的解决方案。

⑥领导者界定问题范围，下属集体做出决策。在这种模式中，领导者已经将决策权交给了下属的群体。领导者的工作是弄清所要解决的问题，并为下属提出做决策的条件和要求，下属按照领导者界定的问题范围进行决策。

⑦领导者允许下属在上司规定的范围内发挥作用。这种模式表示了极度的团体自由。如果领导者参加了决策的过程，他应力图使自己与团队中的其他成员处于平等的地位，并事先声明遵守团体所做出的任何决策。

在上述各种模式中，坦南鲍姆和施米特认为，不能抽象地认为哪一种模式一定是好的，哪一种模式一定是差的。成功的领导者应该是在一定的具体条件下，善于考虑各种因素的影响，采取最恰当行动的人。当需要果断指挥时，他应善于指挥；当需要员工参与决策时，他能适当放权。领导者应根据具体的情况，如领导者自身的能力，下属及环境状况、工作性质、工作时间等，适当选择连续体中的某种领导风格，才能达到领导行为的有效性。因坦南鲍姆与施米特在研究领导作风与领导方式时摆脱了较为绝对的“两极化”倾向，反映出领导模式的多样性与情景因素，研究成果显示出了良好的适应性与生命力，所以其理论受到了西方管理学界的普遍重视。

三、领导行为的权变理论

权变理论是西方国家于20世纪70年代形成的一种管理理论。通俗地讲，权变就是权宜应变。这个理论认为，企业的管理方式要根据企业的内外环境随机应变，没有什么一成不变、普遍适用的最好的管理理论和方法。权变理论认为，并不存在一种普遍适用的最好的或普遍不适用、不好的领导方式，一切以企业的任务、个人和小组的行为特点，以及领导者和职工的关系而定。

(一)菲德勒权变理论

有效领导的权变模式(Fiedler's Contingency Theory)也称作“菲德勒模式”，是由菲德勒(F. E. Fiedeer)经过15年的调查研究于20世纪初提出来的一种领导行为理论。这种理论认为，任何领导类型不可能十全十美，也不会一无是处，要达到领导行为的有效性，关键是要与环境相适应。有效的群体绩效取决于以下两个因素的合理配合：与下属相互作用的领导者的风格，情境对领导者的控制和影响程度。

友善——	87654321	——不友善
拒绝——	12345678	——接纳
有益——	87654321	——无益
不热情——	12345678	——热情
紧张——	12345678	——轻松
疏远——	12345678	——亲密
冷漠——	12345678	——热心
合作——	87654321	——不合作
助人——	87654321	——敌意
无聊——	12345678	——有趣
好争——	12345678	——融洽
自信——	87654321	——犹豫
高效——	87654321	——低效
郁闷——	12345678	——开朗
开放——	87654321	——防备

图9-5 菲德勒的PC问卷内容

资料

弗雷德·菲德勒

弗雷德·菲德勒(Fred E. Fiedler)，美国当代著名心理学和管理专家，于芝加哥大学获得博士学位，现为美国西雅图华盛顿大学心理学与管理学教授。他从1951年起由管理心理学和实证环境分析两方面研究领导学，提出了“权变领导理论”，开创了西方领导学理论的一个新阶段，使以往盛行的领导形态学理论研究转向了领导动态学研究的新轨道，对以后的管理思想发展产生了重要影响。他的主要著作和论文包括《一种领导效能理论》(1967)，《让工作适应管理者》(1965)《权变模型——领导效用的新方向》(1974)，以及《领导游戏：人与环境的匹配》等。

菲德勒开发了一种工具，叫做“最不愿与之共事者量表”(Least Preferred Co-worker Questionnaire)，通过表中16个评价的得分用以测量个体是任务取向型还是关系取向型。

如果你的总分是73或更多，便是一个高LPC者，这种人被称为人际关系取向者。

如果你的总分是65或更少，便是一个低LPC者，这种人被称为工作取向者；平均值得分在1.2～2.2，领导人为任务导向型。

如果你的总分在65～72，是一个中间LPC者，这种人被称为不受社会影响者。

不论高或低LPC，都没有好坏之分，只是风格不同，在不同条件下，各有其适宜性。

考虑条件，即情境因素，正是权变理论的核心思想，菲德勒提出对一个领导者的工作最有影响作用的“情景因素”有三个。

(1)领导者与被领导者的关系。这是指下属对其领导人的信任、喜爱、忠诚和希望追随的程度以及领导者对下属的吸引力。菲德勒认为在这个方面,从领导者的角度看是最重要的。因为职位权力与任务结构大多可以置于组织控制之下,而上下级关系可影响下级对上级领导者的信任和爱戴,从而决定是否乐于追随他工作。

(2)工作任务的结构。这是指下属担任的工作任务的明确程度和对这些任务的负责程度(分为高与低两种程度)。当下属人员对所担任的任务的性质清晰明确而且例行化,则领导者对工作质量较易控制。当然,群体成员也有可能对自己所担任的任务性质模糊不清或其任务多有变化,这时领导者就能更好地担负起他们的工作职责。

(3)领导者所处职位的固有权力。这是指与领导者职位相关联的正式职权以及领导者从上级和整个组织各个方面所取得的支持的程度。这个职位权力是由领导者对其下属的实有权力,包括所拥有的奖惩权力所决定的。当领导者拥有一定的明确的职位权力(分为强与弱两类)时,则更容易使群体成员遵从他的指导。

菲德勒按照三种因素的情况,把领导者所处的环境从最有利到最不利分成八种类型。其中,领导者与下属关系好,工作结构明确而且职位权力强,具有最大的控制与影响力,属于最有利的领导情境;反之,上下关系不好,任务结构不明确而职权又弱,对情境控制与影响最小,属于最不利的情境。菲德勒根据调查了12个工作群体之后的结果指出了八种情境类型下何种领导方式为好的情况(图9-6)。

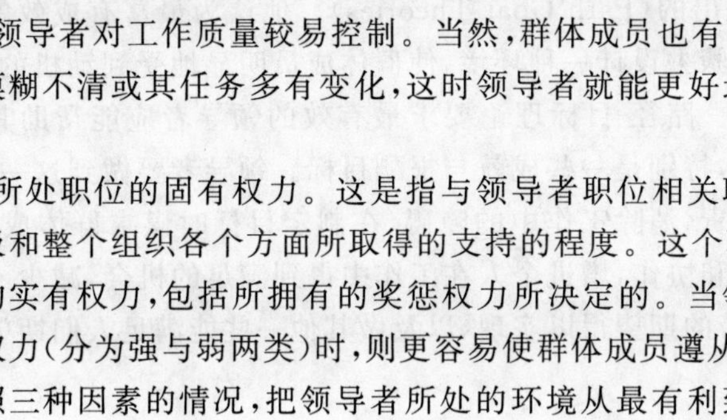

情境组合	1	2	3	4	5	6	7	8
上级下级关系	好	好	好	好	差	差	差	差
工作结构	明确		不明确		明确		不明确	
职位权力	强	弱	强	弱	强	弱	强	弱

图9-6　菲德勒模型

他从上述研究中得出两个结论:

任务取向的领导者(LPC分低)在非常有利的情境(情境1、3)和非常不利的情境(情境7、8)下工作更有利。而关系取向的领导者则在中等有利的情境(情境4、5)中干得更好。所以,不能说哪种领导方式最好或不好,而必须把环境、领导者和下属的情况、工作类型等方面的因素综合起来考虑,不同的情况采用不同的领导方式。

要提高领导的有效性,可以从两个方面入手:改变领导者的个性和领导方式;

改变领导者所处的环境。其中,改变领导者所处的环境包括:①改变领导者同下属的关系;②改变工作结构程度的高低;③改变领导者的职位权力。尽管有人批评菲德勒未能考虑情境有利性的所有成分,但权变模式却是对领导过程的最恰当的描述。

(二)路径-目标理论

这一理论是20世纪70年代初,由加拿大多伦多大学教授罗伯特·豪斯(Robert J. House)提出的(Path Goal Theories)。他认为最富有成效的领导方式是领导者采取种种步骤去设计一种环境,使群体成员明显地受到动机的激励,并能对它做出有效的响应。路径-目标理论要求最有效的领导者应能帮助其下属实现组织目标和个人目标,特别是一些成就与报酬目标。领导者要做到这一点,就要明确规定职位与工作职责,消除工作中的障碍,在制定目标时谋求群体成员的帮助,促进群体内部的团结和协作,增进个人在工作中得到满足的机会,减少不必要的紧张与外部控制,使酬劳的期望得以实现,以及做其他一些能满足人们期望的事情。

资料

罗伯特·豪斯

罗伯特·豪斯出生于1936年,曾经就读于底特律大学,获理学学士学位,后又在底特律大学获工商管理硕士学位。在24岁时(1960年),他获得俄亥俄州立大学的哲学博士学位。豪斯曾在多所高校任教,先后执教于纽约市立大学(CUNY)的伯纳德·巴鲁克学院(Bernard M. Baruch college)、密歇根大学和俄亥俄州立大学,后来落脚于加拿大的多伦多大学。他在1965～1968年,曾出任麦金瑟管理学研究基金会的执行理事。

豪斯在企业管理和学术研究刊物上发表过数十篇论文,出版了五部著作。其中以1976年出版的《管理过程及组织行为》(与艾伦·菲利、斯蒂芬·克尔合著)最为出名,被许多院校采用作为教科书。此外,他还兼任美国管理科学院研究员和美国心理学会特别会员,是《管理科学院评论》、《加拿大行为科学》与《组织行为学教学杂志》等刊物的编委。豪斯于1971年在《行政科学季刊》上发表了《有关领导效率的目标-途径理论》一文,后来,他又与米切尔合作,于1974年秋发表了《关于领导方式的目标-途径理论》(Path-Goal Theory of Leadership),这两篇文章在管理学界产生了很大影响。在20世纪90年代中期,豪斯又对这一理论进行了进一步补充和完善。学界普遍认为,在各种领导理论中,豪斯和米切尔的目标-途径理论的学理性是较强的,影响也是较大的。

随着时代的发展,豪斯也没有固守着"目标-途径理论"而止步不前。20世纪90年代中期,豪斯和他的同事们根据多年的实证研究,在"目标-途径"理论的基础上,综合了领导特质理论、领导行为理论以及权变理论的特点,以组织愿景替换并充实原来的"目标-途径"，围绕着价值这个核心概念，阐述了什么样的行为能有效地帮助领导者形成组织的共同价值，以及这些行为的实施条件，提出了以价值为基础的领导理论。

豪斯通过实验认为，领导方式有四种可供选择的类型：

(1)指示型。由领导者发布指示，下属不参与决策。

(2)支持型。领导者对下属很友善，更多地考虑职工的要求。

(3)成就指向型。领导者为下属树立挑战性的目标，并表示相信职工能达到这些目标。

(4)参与型。下属参与决策和管理。

这四种类型的领导方式可供领导者在不同情况下选择使用。这是它不同于菲德勒的权变领导模式的地方。豪斯认为，至于采用哪种类型的领导方式，要取决于权变因素，主要有以下两个方面：

①下属的个人特点。如受教育程度、对成就的需要、领悟的能力、愿意承担责任的程度、对独立的需求程度等。

②环境因素。包括工作性质、正式权力组织和非正式权力组织的特点等。当工作任务模糊不清、职工无所适从时，他们希望"高工作"型的领导。而对例行性工作或内容已明确的工作，就希望有"高关系"型的领导。

路径-目标理论的各要素如图 9-7 所示。

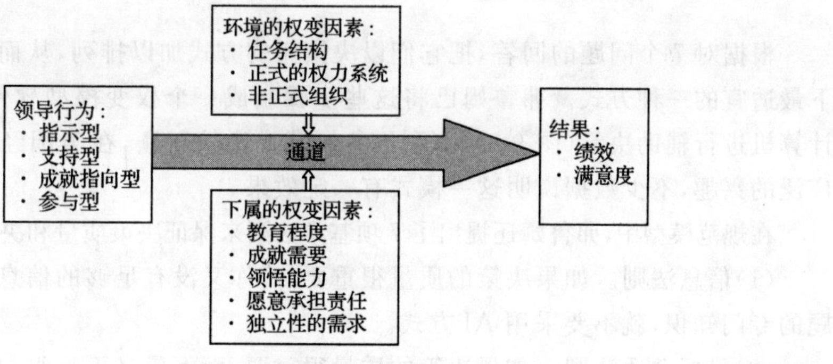

图 9-7　路径-目标理论的各要素

研究结果表明，路径-目标对于上层职位和专业性工作特别有用，因为在这些岗位上的领导者的行为，能对工作环境的设计工作施加相当大的影响。但它用于常规生产工作则不明显，这也许因为领导者很难再做什么事情使这些日常工作更令人满意。

(三)领导-参与模式

领导-参与模式是美国行为科学家维克多·弗鲁姆(V. H. Vroom)和菲利普·叶顿(P. Yetton)于 1973 年提出的一种权变领导模式。这种模式认为，一个领导者应当采用最适合于客观条件的领导方式。他们提出了五种典型方式：

(1)领导者根据掌握的信息自已做出决策并解决问题。

(2)领导者从下属得到信息,然后自己决策,下属是否提供信息,要看领导者对获取信息的要求。

(3)领导与下属个别接触,听取他们的意见,然后领导做出决策,可以反映下属意见,也可以不反映。

(4)让下属集体了解问题,讨论问题,听取他们的意见,然后由领导决策,可以反映,也可以不反映下属意见。

(5)让下属与领导者集体讨论研究可能的各种方案,并努力达成一致的看法,领导者并不设法影响集体怎么决定,不强求接受他们的解决办法。

领导-参与模式认为,影响决策效果的有3项因素和7个问题。7个问题,即7种情境因素,也就是7个可以用“是”或“否”回答的问题。

表 9-6　影响决策效率的因素与问题

3项因素	7个问题
①决策的质量或合理性。	A. 是否存在能使某一解决办法更为合理的质量要求?
②下属接受决策和对有效地实施决策所承担责任程度。	B. 是否有足够的信息做出高质量的决策?
	C. 问题是否明确?
③制定决策所需时间的长短。	D. 下属对解决办法的接受程度是否会严重影响有效决策?
	E. 如果领导者独自做出决策,下属肯定会接受吗?
	F. 下属知道这种解决办法所要达到的组织目标吗?
	G. 准备选用的解决办法是否会在下属中引起冲突?

根据对7个问题的回答,把它们以决策树的方式加以排列,从而找出某种条件下最适宜的一种方式。弗鲁姆已将这些步骤制成一个权变模型软件,以利用电子计算机进行辅助决策(图9-8)。领导-参与模式比较新颖,在美国经理阶层已引起广泛的兴趣,不少数据说明这一模式有一定效果。

在规范模型中,弗鲁姆还提出了7项基本法则来保证决策质量和决策的可接受性。

(1)信息法则。如果决策的质量很重要,而你又没有足够的信息或单独解决问题的专门知识,就不要采用AI方式。

(2)目标合适法则。如果决策的质量很重要,而下属又不将组织目标当做大家的共同目标,就不要采用Gll方式。

(3)非结构性工作问题法则。如果决策的质量是重要的,但你却缺乏足够的信息和专门知识独立地解决问题,而工作问题又是非结构性的,就排除采用AI、AII、CI这三种方式。

(4)接受性法则。如果下属对决策的接受是有效执行决策的关键,而由领导者单独做出的决策不一定能得到下属接受的话,就不要采取AI、AII方式。

(5)冲度法则。如果决策的可接受性很重要,而领导者的个人决策不一定被下属接受,下属对于何种方案更适合可能抱有相反的看法。这时不要采取AI、AII、CI方式。

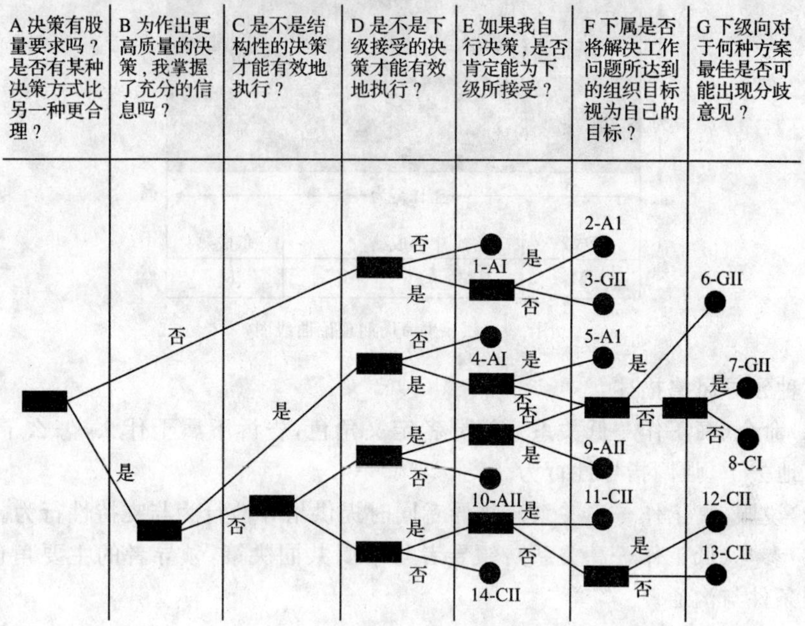

图 9-8 领导-参与模型的决策树

(6)公平合理法则。决策的质量并不重要，而决策的可接受性却是关键，这种情况下最好采用 GII 方式。

(7)可接受性优先法则。如果决策的可接受性是关键，专制决策又保证不了可接受性，如果下属是值得信赖的，应采用 GII 方式。

对某一个特定的工作问题，如果应用这些基本法则进行选择，决策者可以得到一组可行的决策方式。这恰恰是弗鲁姆的规范理论与其他领导理论相比的优势所在：更接近实际，更具有实用价值。该模型在任何决策环境中，均能满足决策者的要求，具有满意的实用效果。

(四)生命周期理论

领导生命周期理论是由美国俄亥俄州立大学心理学家卡曼首创的“领导行为四分图理论”而来，后由保罗·赫塞(P. Hersey)和肯尼斯·布兰查德(K. Blanchard)予以发展的领导生命周期理论，也称情景领导理论，这是一个重视下属的权变理论。此理论注意到时间或下级所处职业生涯发展阶段对适应领导风格的影响，并为此引进了阿吉里斯(Chris Argyris)“成熟-不成熟理论”，提出“下属成熟度”的概念。对于成熟度，赫塞和布兰查德将其定义为：个体完成某一具体任务的能力和意愿的程度。赫塞和布兰查德认为，依据下属的成熟度，选择正确的领导风格，就会取得领导的成功。该理论认为领导方式应由工作行为、关系行为、下属的成熟度这三个因素来决定，并随着下属成熟程度的由低到高，形成四种具体的领导风格：命令、说服、参与、授权(如图 9-9 所示)。

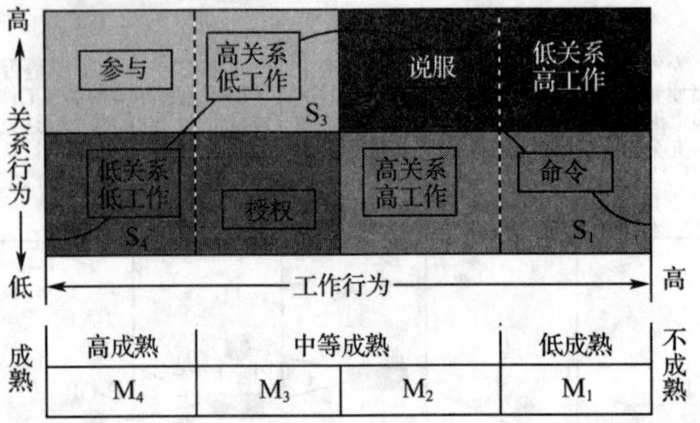

图 9-9　领导生命周期理论曲线图

四种领导风格描述：

(1)命令(高工作—低关系)：领导者定义角色，告诉下属干什么，怎么干，以及何时何地去干，强调指导性行为。

(2)说服(高工作—高关系)：领导者同时提供指导性行为与支持性行为。

(3)参与(低工作—高关系)：领导者与下属共同决策，领导者的主要角色是提供便利条件与沟通。

(4)授权(低工作—低关系)：领导者提供极少的指导或支持。

下属成熟度的四个阶段：

M_1：下属对执行某任务既无能力又不情愿。他们既不胜任工作又不能被信任。

M_2：下属缺乏能力，但却愿意从事必要的工作任务。他们有积极性，但目前尚缺乏足够的技能。

M_3：下属有能力了却不愿意干领导者希望他们做的工作。

M_4：下属既有能力又愿意干、领导者让他们做的工作。

有效领导方式的选择方法：

当下属的成熟水平不断提高时，领导者不但可以不断减少对下属行为和活动的控制，还可以不断减少关系行为。

当下属成熟程度为第一阶段时(M_1)，需要得到具体而明确的指导，选择命令型领导方式。

当下属成熟程度为第二阶段时(M_2)，选择说服型领导方式。领导者需要采取高工作—高关系行为；高工作行为能够弥补下属能力的欠缺；高关系行为则试图使下属在心理上"领会"领导者的意图。

当下属成熟程度为第三阶段时(M_3)，选择参与型领导方式，这个阶段出现的激励问题，领导者运用支持性、非领导性的参与风格可获最佳解决。

当下属成熟程度为第四阶段时(M_4)，选择授权型领导方式。领导者不需要做太多事，因为下属愿意又有能力担负责任。

西方不少企业在培训其管理者的领导艺术时常使用这一理论，如《财富》杂志500家企业中的北美银行、IBM公司、美孚石油公司、施乐公司等都采用此理论模型，甚至美国军队中的一些部门也采用这一模型培训其军官。

四、领导理论的新发展

(一)超凡魅力的领导理论(Charismatic Leadership Theory)

超凡魅力的领导是指领导者利用其自身的魅力鼓励追随者并作出重大组织变革的一种领导理论。提出者是以路径-目标理论而著名的罗伯特·豪斯。早在20世纪初期,古典组织学派奠基者,德国社会学家韦伯(Max Weber)提出“charisma”,即“魅力”这一概念,意指领导者对下属的一种天然的吸引力、感染力和影响力。

豪斯于1977年指出,魅力型领导者有三种个人特征,即高度自信、支配他人的倾向和对自己的信念坚定不移。超凡魅力的领导者拥有非常大的权力,其中部分来自于他影响其他人的五种需求,他应具备强烈的自信心,强大的支配力以及对于信念的坚定性,并使下属确认跟随他是正确的。豪斯还指出,超凡魅力的领导者能提出一个有想象力的更远大的目标,从而赢得追随者的支持。这样的领导者还应该细心地创造一个成功而又能胜任的形象,并以自己的榜样来表达他所坚持的价值观,以便使追随者确信能实现领导者的期望。

从20世纪80年代起,随着经济全球化的发展,市场竞争日趋激烈,各类组织,尤其是企业组织迫切需要魅力型领导者的改革和创新精神,以对应环境的挑战,魅力型领导理论日益受到研究者的重视。

(二)变革型领导(Transformational Leadership)

在20世纪80年代由美国政治社会学家詹姆斯·麦格雷戈·伯恩斯(Burns)在他的经典著作《领袖论》中对政治领导类型的划分最早提出“交易型领导”和“变革型领导”两个概念,他认为前者的特征是强调交换,后者的特征是强调改变。

伯纳德·巴斯(B. M. Bass)将伯恩斯的理论进一步深化,他认为,变革型领导的主要特征包括“4个I”。

(1)理想化的影响(Idealized Influence):领导者具有令下属心悦诚服的特质或行为,因而成为被下属崇拜学习的理想对象,下属心甘情愿遵照其指令完成任务。变革型领导在领导员工时,以伦理和道德为准则,与下属共同分担风险,考虑下属的需求胜过自己的需求。他们还向下属提供思想观念,解释任务的意义,引发自豪感,由此获得下属的钦佩、尊重与信任。下属对领导怀有强烈的认同,领导者与追随者之间存在深厚的情感关系。

(2)心理的鼓舞(Inspirational Motivation):变革型领导善于激发员工的工作动机。通过为下属提供有意义且具富于挑战性的工作、明确告诉对下属的工作期望、展示对企业总体目标的承诺、采取积极和乐观的工作态度等方式,变革型领导充分调动员工的工作积极性,使员工在乐观与希望中展望未来的发展,并因之产生强烈的向心力和团队精神。领导者善于用简单方式表达重要含义,包括使用一些强有力的象征以增加说服力。

(3)才智的启发(Intellectual Stimulation):即不断用新观念、新手段和新方法对下属进行挑战。变革型领导认为员工能力的发挥是组织发展的关键,所以他们鼓励下属采用全新的思想和革新性的方法解决问题。他们提出新主意,从下属那里得到创造性的回应,通过问题假设和挑战自我使员工的创造力获得积累。

(4)个性化的关怀(Individualized Considerations):即给下属以个别的关心,区别性地对待每一个员工,提供培育和指导,赋予他们责任,使其觉得深受重视而更加努力。变革型领导注意听取下属的心声,尤其关注下属的成就和成长需求。针对员工的能力、个性等个别差异,领导者充当教练角色,促进员工的思想与行为的改变。

在巴斯理论的基础上,美国管理学家博伊德提出具有"改革精神"者必须具备五种新的领导技能:

(1)预见技能。对经常不断变化的内外部环境能深谋远虑。

(2)想象技能。运用说服和榜样诱导下属按领导者或整个组织的意图行事。

(3)价值观综合技能。把员工在经济、安全、心理、精神、美学和物质等方面的需求统合起来,以便使人们有共同的动机、价值观和目标。

(4)授权技能。乐意并且有效地与下属分享权力。

(5)自知或反省技能。既明白自己的需求与目标,也了解下属的需求与目标。

博伊德理论的一个重要观点是,上述这些新的领导技能并不是生来就具备的,而是要在时间中锻炼、培养、学习和提高。

总之,变革型领导制定明确的愿景,与下属有效沟通使愿景深入人心,引导他们为了达成组织的目标而超越自身利益,激发下属更高阶层的需求。有证据表明,与交易型领导的下属相比,变革型领导的下属工作绩效更好、对工作的满意度更高、角色冲突更少。巴斯在《领导行为手册》一书中写到:许多经验性的研究都集中于交易型领导行为的研究,这是非常遗憾的,其实真正的原动力和撼动者是变革型领导。

(三)交易理论(Transactional Leadership)

领导的交易模式(Transactional Model)系 1978 年贺兰德(Hollander)所提出。Hollander 认为领导行为乃发生在特定情境之下时,领导者和被领导者相互满足的交易过程,即领导者借由明确的任务及角色的需求来引导与激励部属完成组织目标。

伯恩斯(Burns)认为"交易型领导"领导的效果要视领导者与下属之间的心理契约的状况而定。交易型领导建立在一个人在组织中的与位置相关的官僚制权威和合法性基础上。它强调任务目标、工作标准和产出,往往关注任务的完成和员工的顺从,更多地依靠组织的奖励和惩罚手段来影响员工。

交易型领导的特征是强调交换，在领导者与部下之间存在着一种契约式的交易。在交换中，领导给部下提供报酬、实物奖励、晋升机会、荣誉等，以满足部下的需要与愿望；而部下则以服从领导的命令指挥，完成其所交给的任务作为回报。在交易型领导中，你实际和组员达成的是交易："如果你做这份工作，我会付给你报酬、加薪或其他一些补偿。"

交易型领导的突出特点在于，它十分强调绩效。通过明确的角色分工和任务分配，交易型领导可以带领或动员下属实现既定目标。此种领导方式的关键词包括：控制、评估、调度、结果，等等。对可预测的、可持续的结果的追求，是所有交易型领导的内生动力。

（四）领导-成员交换理论（Leader-member Exchange）

在实际生活中，许多领导者在对待不同的下属时其方式有明显的不同，可以说，领导者对自己的局内人尤为优惠。乔治·格里奥（George Graeo）在1976年提出领导-成员交换理论（Leader-member Exchange，简称LMX理论），他们在研究过程中得到了这样一个结论：领导者对待下属的方式是有差别的；组织成员关系的集合中往往会包括一小部分高质量的交换关系（圈内成员之间）和大部分低质量的交换关系（圈外成员与圈内成员之间）。

LMX理论指出，由于时间压力，领导者与下属中的少部分人建立了特殊的关系。这些个体成为局内人士，他们受到过多的信任，得到领导更多的关照，也更可能享有特权。而其他下属则成为局外人士，他们占用领导的时间较少，获得满意的奖励机会也较少，他们的领导与下属的关系是在正式的权力系统基础上形成的。

LMX理论模型如图9-10所示。

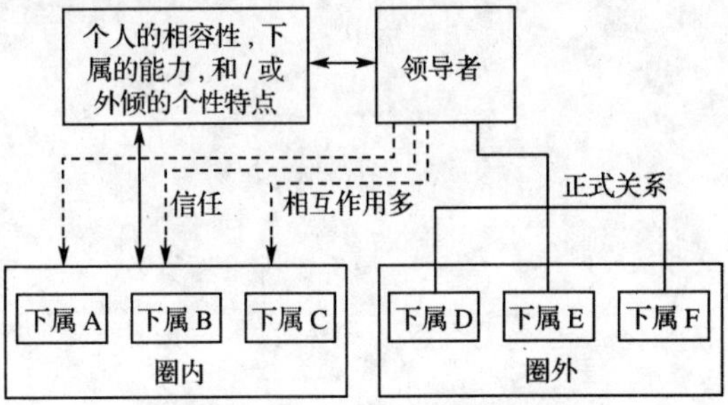

图9-10 LMX理论模型

该理论指出，当领导者与某一下属进行相互作用的初期，领导者就暗自将其划入局内或局外，并且这种关系是相对稳固不变的。领导者到底如何将某人划为局内或局外尚不清楚，但有证据表明领导者倾向于将具有下面这些特点的人员选入局内：如年龄、性别、态度与领导者相似，有能力，具有外向的个性特点。LMX理论认为，局内地位的下属得到的绩效评估等级更高，离职率更低，对主管更满意。

对LMX理论进行的考察总体上提供了支持性证据。领导者对待下属的方式是有差异的，相比较而言，差异绝对不是随机的。另外，局内和局外的不同地位与下属的绩效和满意感有关。

复习思考题

1. 简述权力的主体观。
2. 简述权力的概念及形成的条件。
3. 简述政治行为的含义。
4. 简述权力来源。
5. 简述评价组织内的政治行为。
6. 简述领导者的权力性影响力和非权力性影响力。
7. 简述运用权力的技巧。
8. 简述领导理论研究的基本问题。
9. 简述特质理论及问题。
10. 简述行为理论的模式及评价。
11. 简述权变理论的模式。

第十章

组织发展与设计

第一节　组织发展的生命周期理论

在一定意义上,企业就像产品一样,也有生命周期。企业生命周期可以延续几十年甚至上百年,而实际上很多企业没有走完这条完美的曲线就消失了。有的仅仅几年、十几年还在成长期就夭亡了。原因是企业成长中会遇到许多陷阱,企业没有跳过去。许多研究者对企业生命周期进行了研究,总结出了一些有利于企业发展的生命周期理论。企业生命周期的理论和方法,把企业看成一个机体,而不仅仅是一个组织,从把握全程到注重阶段提出动态管理的思想,对于思考企业的战略管理,提供了一个新的视角。

一、邱吉尔和刘易斯的成长模型

邱吉尔和刘易斯(Churchill N. C 和 Lewis V. L,1983)从企业规模和管理因素两个维度描述了企业各个发展阶段的特征,提出了一个五阶段成长模型,即企业生命周期包括创立阶段、生存阶段、发展阶段、起飞阶段和成熟阶段(如图 10-1 所示)。根据这个模型,企业整体发展一般会呈现"暂时或永久维持现状"、"持续增长"、"战略性转变"和"出售或破产歇业"等典型特征。

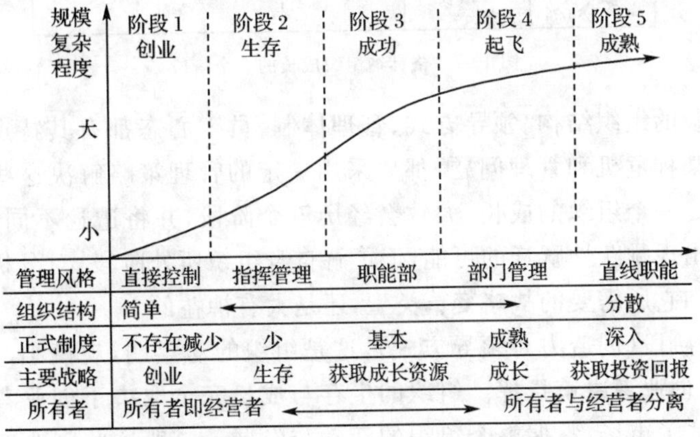

管理风格	直接控制	指挥管理	职能部	部门管理	直线职能
组织结构	简单 ←→				分散
正式制度	不存在减少	少	基本	成熟	深入
主要战略	创业	生存	获取成长资源	成长	获取投资回报
所有者	所有者即经营者 ←→			所有者与经营者分离	

图 10-1　邱吉尔-刘易斯的企业成长模型

当企业组织在法律上被认可后，那么也就开始了企业的产生阶段。在产生阶段，企业的战略性目标是确保企业组织的生存。然而，刚成立的公司往往缺乏确保组织生存的关键内部资源和能力。因此，公司在产生阶段的最重要特征是关于资源、路线、产品以及环境的高度不确定性。此外，新建企业最初阶段的声誉和合法性都比以后成长阶段要低，它们需要获取那些在内部不能产生的资源和技能。在公司的早期成长阶段，或者说起飞阶段，企业作出明确的决策以求进一步发展，放弃了以往仅仅为了生存的发展需要，这也是企业的努力方向。企业从生产之初走向早期成长阶段将遇到获取资源时的三个挑战：来源、接受条件、可预测性，因此建立企业战略很有必要。

二、格林纳五阶段成长模型

组织和任何有机体一样有其生命周期，每个组织都处于不同的生命周期或发展周期，而不同时期组织对自身结构的要求也各不相同。1972 年，管理学者格林纳(Larry E. Greiner)发表在《哈佛商业评论》上“组织成长的进化与变革”一文提出了组织成长与发展的五阶段模型(后又补充了一个阶段)，在不同阶段必须有不同的组织战略和组织结构与之相适应。他认为，一个组织的成长大致可以分为创业、聚合、规范化、成熟、再发展或衰退五个阶段(如图 10-2 所示)。1985 年，格林纳以销售收入和雇员人数为指标，根据它们在组织规模和年龄两方面的不同表现组合成一个五阶段成长模型：创立阶段、指导阶段、分权阶段、协调阶段和合作阶段。

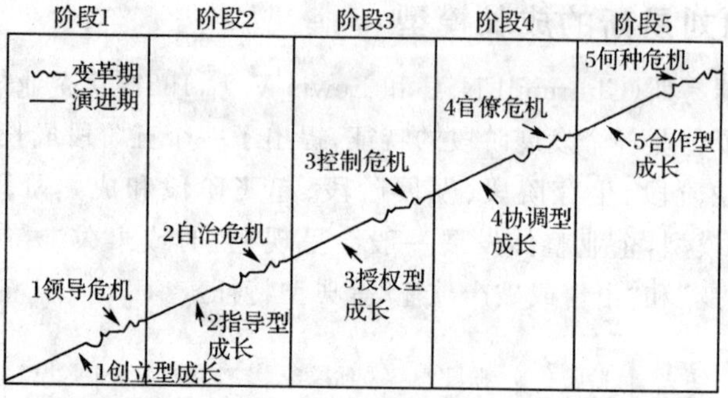

图 10-2　格林纳组织成长的五个阶段

每个阶段的组织结构、领导方式、管理体制、员工心态都有其特点。每一阶段最后都面临某种危机和管理问题，都要采用一定的管理策略解决这些危机以达到成长的目的。一个组织的成长，大致会经历五个阶段，并将遭遇不同种类的危机。尽管有可能出现跳跃性跃迁的可能，但了解自身组织所处阶段，对分析组织所遇到的主要问题和它所需要的战略变革类型，还是大有裨益的。

(1)创业阶段(创造力对领导方式)：这是组织的幼年期，规模小，人心齐，关系简单，一切由创业者决策指挥。组织的生存与成长完全取决于创业者的素质与创造力。他创造了市场，掌握整个组织的活动与发展。一般这些创业者属技术业务型，不重视管理，决定组织成长的是“创造力”。随着组织的发展，管理问题日趋复杂，使创业者感到无法以个人的非正式方式来解决问题，因此到了创业的后期，组织内部管理问题层出不穷，从而产生“领导危机”。

(2)聚合阶段(指导对自主性)：这是组织的青年时期，企业在市场上取得成功，人员迅速增多，组织不断扩大，职工情绪饱满，对组织有较强的归属感。创业者经过锤炼，自己成为管理者，或引进了有经验的专门管理人才。这时陷入混乱状态的组织，必须重新确立发展目标，以铁腕作风和集权“命令”管理方式来指挥各级管理者。在这种管理方式下，中下层管理者对事事都必须请示，听命于上级而感到不满，要求获得较大的自主决定权。但是，高层主管已经习惯于集权管理，一时难以改变，从而产生“自主性危机”。

(3)规范化阶段(授权对控制)：这是组织的中年时期，这时企业已有相当规模，增加了许多生产经营单位，甚至形成了跨地区经营和多元化发展。如果组织要继续成长就要采取“授权”的管理方式，采用分权式组织结构，容许各级管理者有较大的决策权力。但是日久又使高层主管感到由于采取过分分权与自主管理，企业业务发展分散，各层级、各部门各自为政，本位主义盛行，使整个组织产生了“失控危机”。

(4)成熟阶段(协调对官僚化)：为了防止“失控危机”，组织又有采取集权管理的必要，将许多原属中基层管理的决策权重新收归总公司或高层管理者。但是由于组织已采取过分分权的办法，不可能重新恢复到第二阶段的命令式管理。解决问题的办法是强调“协调”的作用，加强各部门之间的协调、配合，加强整体规划，建立管理信息系统、成立委员会组织，或实行矩阵式组织。为此就必须拟定许多规章制度、工作程序和手续。随着业务的发展和复杂，这些规定、制度成了妨碍效率的官样文章，文牍主义盛行，产生了“官僚主义危机”或“僵硬化危机”。

(5)成熟后的阶段(合作对其他)：又称再发展或衰退阶段。此阶段组织的发展前景既可以通过组织变革与创新重新获得再发展，也可以更趋向成熟、稳定，但也可能由于不适应环境的变化而走向衰退。为了避免过分地依赖正式规章制度和刻板的手续所形成的文牍主义，必须培养管理者和各部门之间的“合作精神”，通过团队合作与自我控制以达到协调配合的目的。另外，要进一步增加组织的弹性，采取新的变革措施，如精简机构，划出核算单位，开拓新的经营项目，更换高级管理人员等。

该模型突出了创立者或经营者在企业成长过程中的决策方式和管理机制构建的变化过程，认为企业的每个成长阶段都由前期的演进和后期的变革或危机组成，而这些变革能否顺利进行直接关系到企业的持续成长问题。格林纳认为企业通过演变和变革而不断交替向前发展，企业的历史比外界力量更能决定企业的未来。

三、艾迪思企业生命周期阶段模型

1989年，美国艾迪思研究所伊查克.艾迪思(Ichak Adizes)用20多年的时间研究企业如何发展、老化和衰亡。艾迪思认为企业成长的每个阶段都可以通过灵活性和可控性两个指标来体现(如图10-3所示)：当企业初建或年轻时，充满灵活性，做出变革相对容易,但可控性较差,行为难以预测;当企业进入老化期,企业对行为的控制力较强,但缺乏灵活性,直到最终走向死亡。

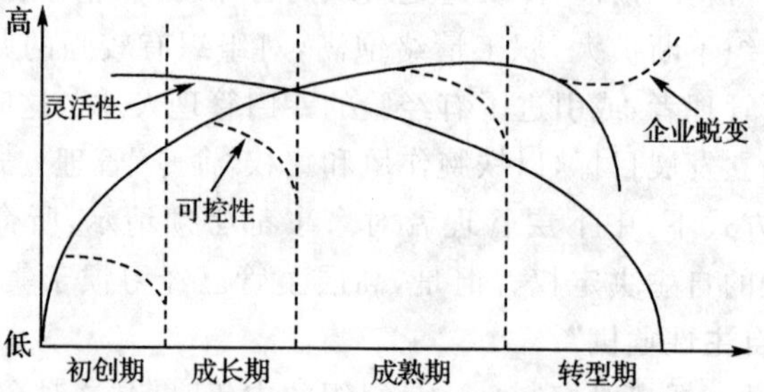

图 10-3 企业生命周期的两个维度:灵活性和可控性

艾迪思在《企业生命周期》一书中,分析了企业成长与老化的本质及特征,把企业生命周期形象地比作人的成长与老化过程,认为企业的生命周期包括三个阶段十个时期(如图 10-4 所示):

(1)成长阶段,包括孕育期、婴儿期、学步期,青春期;

(2)再生和成熟阶段,包括盛年期、稳定期;

(3)老化阶段,包括贵族期、内耗期或官僚初期、官僚期和死亡期。

每个阶段的特点都非常鲜明,并且都面临着死亡的威胁(如图 10-4 所示)。

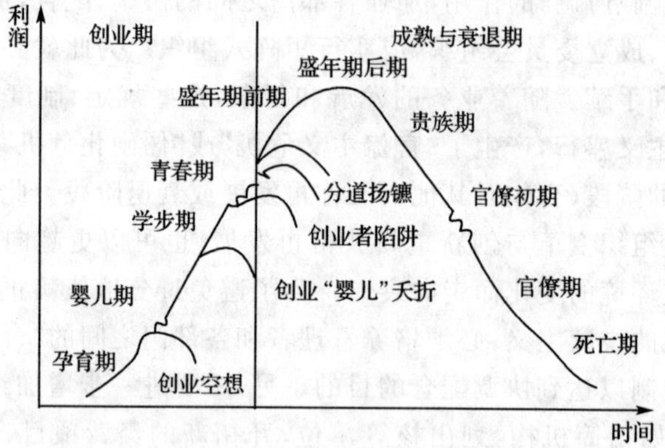

图 10-4 艾迪思企业的生命周期

(1)第一阶段:成长阶段,包括孕育期、婴儿期、学步期、青春期。

孕育期:是指创办企业的人都拥有雄心勃勃的创业计划,并且愿意对风险做出承诺,这样一个企业就诞生了。孕育期强调的是创业意图和未来能否实现的可能性,创业者的动机不应当只是投资回报率,而更应当注意满足市场某种需求、创造附加值。关键是创建什么样的平台,大家的游戏规则是否一致。

婴儿期:企业诞生后,进入婴儿期,一般来说,这时的关键问题是资金不足,因为一旦企业失去资金的支持,婴儿期企业将难逃夭折的命运。如果说孕育期关注的是你在想什么,企业意图是什么,那么婴儿期所关注的是你在干什么,企业需要更多的是脚踏实地的创业，这时所承担风险也越来越大。此时如果企业缺乏规章制度，创始人在经营管理上大权独揽，唱“独角戏”，并且常常出差错，因而控制力很弱，往往头疼医头脚疼医脚，也就是根据危机进行管理。但这还不是婴儿期企业存在的主要问题。

学步期：是企业迅速成长的阶段，销售额节节上升，而且日见繁荣。这里创业者和整个企业的全体员工都会豪情万丈，相信他们做什么都是对的，把所有的事情都看作机会，这常常会种下祸根。创始人仍然是决策的中心人物，他们更愿意按照人而不是职能组织企业。但是学步期的企业控制力很弱成为主要矛盾，表现在三个方面：缺乏战略眼光；缺乏一种系统化的制度；缺乏一种科学化的授权体系。那些未能建立管理、领导制度的学步期企业将会掉入“创始人家族陷阱”。

青春期：是企业成长最快的阶段，规模效益开始出现，市场开拓能力也迅速加强，市场份额扩大，产品品牌和企业的名声已为世人所知晓。在这个阶段，公司采取新格局。创始人雇请职业管理人员，并逐步实现授权管理、制度化和规范化管理。这个时期对企业创始人是个极大的考验。青春期过渡顺利的家族企业产权结构可能发生了变化，股权开始出现多元化或社会化，创始人逐渐从管理层淡化，经营工作逐步由职业经理人承担。但是这一切并非易事。往往是创始人自己仍然参与很多管理工作，与管理层发生矛盾；创始人、管理层和董事会之间发生矛盾，家族成员之间发生矛盾，以及老人和新人之间冲突不断。这些矛盾和冲突成为这一时期企业的主要问题。如果处理不当，企业内部可能发生政变，由职业经理人全面接管，创始人被迫出局，要么职业经理人被赶走（企业倒退到学步阶段），要么家族成员之间反目为仇，家庭破裂等等。

(2)第二阶段：再生和成熟阶段，包括盛年期、稳定期。

企业度过青春期，终于进入盛年期和稳定期，这是企业生命周期中最理想的状态。

盛年期：在盛年期，企业的灵活性和可控性达到平衡，企业非常重视顾客需求、注意顾客满意度，并且对未来趋势的判断能力突出。在这一阶段的企业得以摆脱了创始人的影响而获再生，并不断走向成熟。在青春期，创始人在经历了多次的危机后，开始学会了授权。职业型的企业家也开始步入企业。企业也从以量取胜转向以质取胜，从苦干转向巧干。企业在盛年期，艾迪思认为企业的灵活性和可控性达到平衡，出现了一些企业运作的理想化特征：企业的制度和组织结构完善；企业者的创造力、开拓精神得到制度化保障；企业非常重视顾客需求、注意顾客满意度；计划能够得到不折不扣的执行；企业对未来趋势的判断能力突出；企业完全能够承受增长所带来的压力；企业开始分化出新的事业和组织。总体上说，盛年期的企业富有进取心，具有奋发蓬勃的扭力，但是，这种巅峰状态需要精心呵护才能持久。否则，背离了创新精神，尽管企业还很强健，但内部却隐藏着衰退倾向。

这一阶段的企业得以摆脱创业者的影响而获再生，并不断走向成熟，在盛年后期企业开始稳步发展，进入稳定期。

在再生和成熟阶段，企业容易进入的陷阱有：

一是企业控制权的窝里斗。如果企业接受了来自外部的职业型经理，极有可能出现创业者与新来经理间的控制权争夺，如果富有创新精神的创业者掌握控制主动权，他可能会炒掉新来的但与创业者思路不合的经理；如果企业的外部董事掌握着控制权，新来的经理与董事会结成同盟，极有可能将富有创新开拓精神的创业者排挤出局。

二是企业文化的重塑困难。企业文化变革意味着对根深蒂固的观念、习俗和行为提出挑战。在青春期，新来的职业型经理具备与原先创业者迥然不同的风格。为了弥补创业者的不足，他可能会变得重视制度、政策或者行政管理等，此时，新的企业文化的形成必然会对旧的企业文化产生强烈冲击，创业者会感到威胁，原来的企业员工更是会感到不可接受，于是冲突的结果使走马灯似的经理更换便成为现实。

三是企业骄傲自满产生的冲动。由于盛年期资金不再缺乏，企业越来越重视兼并扩张，倘若事先不能认真评估被兼并企业，极可能会拖累自己，迅速进入未老先衰的地步。

(3)第三阶段：老化阶段，包括贵族期、官僚初期(内耗期)、官僚期和死亡期。

企业一旦进入老化阶段，企业和员工的自我保护意识不断增强，与客户的距离越来越疏远，体现企业活力的行为不见了。

贵族期：企业开始以自我为中心，给人以自以为是的感觉。它具有以下特征：一是钱越来越多地花在控制系统、福利措施和一般设备上；二是人们越来越强调做事方式，而不问所做的内容和原因；三是人们越来越拘泥于传统、注重于形式；四是企业内部越来越缺乏创新机制；五是越来越多的人信奉“别兴风作浪、少惹麻烦”。

官僚初期(内耗期)：最为明显的行为特征是：企业内部冲突不断、谣言四起，企业各部门注意力集中到内部地位之争，人们强调更多的是谁造成了问题，而很少考虑去采取补救性措施以解决问题。官僚化早期爆发的问题如果日趋严重，企业自己把自己局限于一个狭窄的空间，最终进入死胡同。

官僚期和死亡期：企业老化衰退的危险信号本来是可以被人们所认识的。一些情形必须引起警惕：危机逐步升级；妨碍了正常业务开展；损害了公司形象；影响公司净利润。许多企业对老化危机信号和老化危机的发生并没能引起足够重视，没有作出预见性对策。许多企业往往只是在濒临灭亡之际，期待着“救世主”降临以力挽狂澜。在老化阶段，企业容易进入的陷阱有：一是过于关注形式。贵族期的企业不愿承担风险，以企业安全为导向，企业极端讲究仪式，如衣着、称呼等。公司内部完全变得依赖于传统的能力(即我们办事的方式)，而无法作出适应性的调整(即做正确的事)。那种把哪怕错的事也做得很好，是非常危险的恶兆；二是创新精神受到排斥。企业老化往往是由创新精神的减少引起的，创新精神的遏止、禁锢，只会加速企业老化的进程，长此以往，企业只有死亡。

艾迪思还提出了相应的对策，指示了企业生命周期的基本规律，提示了企业生存过程中基本发展与制约的关系。他在 1988 年出版的《企业管理周期》中指出"由于企业生命周期各阶段的循环往复是可以预测的,所以只要弄清企业所处于生命周期的哪一阶段,管理人员就能对未来的问题及早采取积极的预防性措施,甚至能够完全避免这些问题。"企业生命周期的发展过程就是解决问题、出现问题、再解决问题的不断循环的过程。

一个组织并不一定都按上述的阶段顺序发展,但企业生命周期理论至少为我们提供如下启示:

(1)企业有生有灭,是一个客观规律;

(2)不同的企业具有不同的生命周期;

(3)特定的时空条件下,特定的企业处在生命周期特定的阶段;

(4)企业生命周期的不同阶段,应当采取不同的管理方法;

(5)通过企业文化的变革,人们可以让企业的盛年期驻留。

组织在不同的时期面临不同的问题需要采用不同的管理方式。任何组织要生存和发展都需要变革。组织发展及变革,就是一种有计划地、系统地诊断组织改革的需要,制定改革计划,并动员资源以实行组织变革的活动。这项活动的目标,在于增进组织的效率和健康发展,使组织具有明确的目标、合理的结构、适宜的决策水平、畅通的沟通渠道、和谐的人际关系以及开放的组织活动等。正因为如此,在世界形势的推动下,组织发展这项活动便很快为许多组织和企业所采用,并迅速得到推广。

第二节　组织发展的结构

在现代社会,由于组织的发展壮大与兼并重组,组织规模开始扩大,管理层次逐渐增多,工作分工更加细化,部门数量大幅增加,职能和技能日益专业化,进而引起整个组织系统效能和作用的变化。适应成长周期的不同要求,协调部门之间的合作,提高生产与服务的效率,组织必须调整管理幅度与层次,重新设计组织结构,进行组织不同层次与等级的变革。

一、组织发展的结构形式

各种组织结构都是在实践中发展形成的,实际生活中它们常常是互相交叉的。一个组织中可能同时存在多种组织结构形式。这些组织结构都有各自的优缺点,也都只适用于某种特定的环境。一种环境中有效的结构形式,搬到另一种环境中,也许就不那么有效了,不存在适合所有环境的最佳结构形式。随着社会的发展,环境的变化,在实践中还会出现更多新的形式来。

经过长期的实践和发展,组织结构已经形成了多种形式。常见的组织结构形式有:

(一)直线制结构

直线制结构(如图 10-5 所示)是出现最早,也是最简单的组织结构形式。它的特点是：组织中各种职位是按垂直系统直线排列的，指挥与管理职能由领导者自己执行，不设职能机构。直线式结构的优点是极度集中，决策迅速，有利于控制和指挥。它适用于规模小的企业，而当组织规模扩大时，这种结构就不适应了。

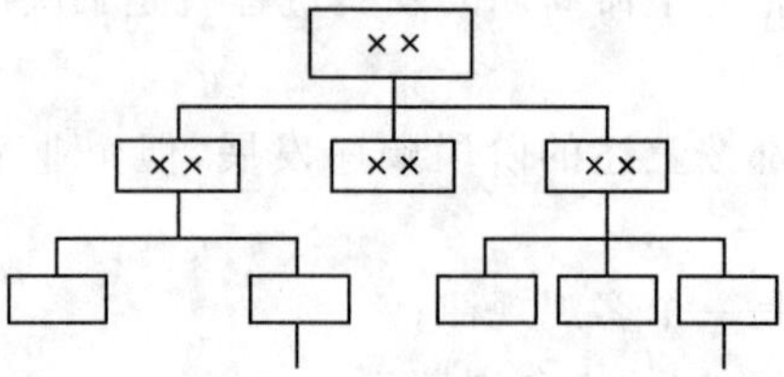

图 10-5　直线制结构图

(二)直线职能制结构

直线职能制结构(如图 10-6 所示)在直线制结构的基础上，设置专业职能部门作为领导的参谋机构，这些参谋机构对下级无直接指挥权和决策权。这种结构既能统一指挥又能充分发挥专业人员的才能、智慧和积极性。但由于它过于正规化，影响了职工主动性和创造性的发挥，机构不够灵活，环境变化越来越激烈的情况下，它就不能完全适应了。

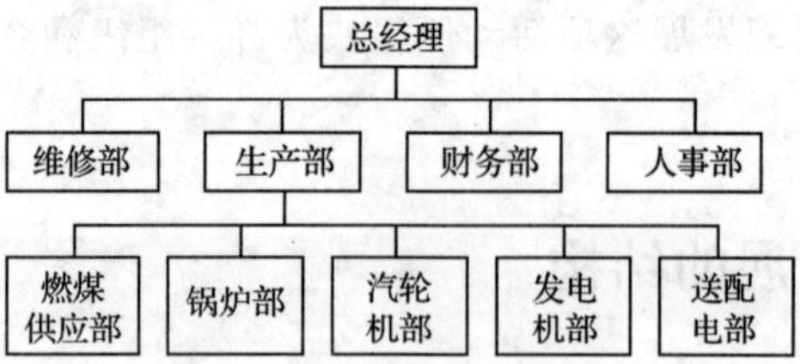

图 10-6　直线职能制结构图

(三)矩阵结构

矩阵结构(如图 10-7 所示)是由纵横两套管理系统组成的长方形组织结构，纵向为已有的直线职能系统，横向为完成某一特定的项目而组成的系统。这个组织结构的特点是打破了传统的一个成员只有一个领导的模式，使每一个成员属于两个甚至两个以上的部门。

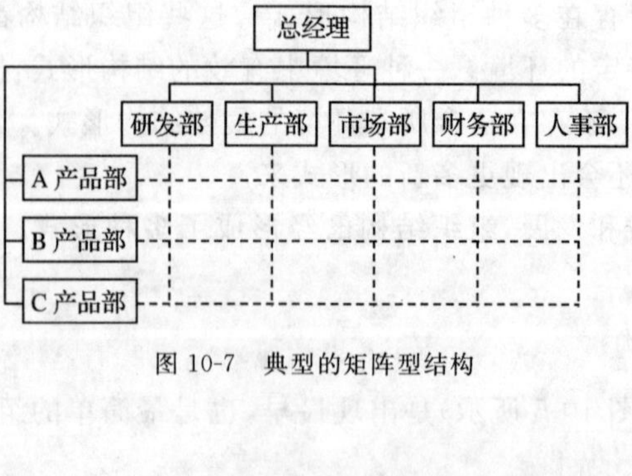

图 10-7　典型的矩阵型结构

这种结构有利于集中资源，密切合作，有利于解决复杂技术问题，提高效率。不足之处是对职能人员实行双重或多头领导，处理不当会造成责任不清，矛盾重重。

（四）事业部制结构

事业部制结构（如图 10-8 所示）是企业内对于具有独立的产品和市场、独立的责任和利益的部门实行分权管理的一种组织形态。各事业部能自主处理职责范围内的日常工作，高层部门实行有限的控制。

事业部门必须具备三个要素：

（1）具有独立的产品和市场，是产品责任或市场责任单位。

（2）具有独立的利益，实行独立核算，是一个利润中心。

（3）是一个分权单位，具有足够的权力，能自主经营。

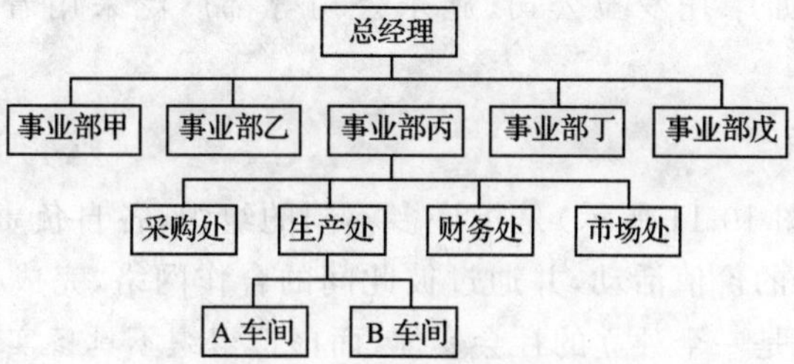

图 10-8　典型的事业部制

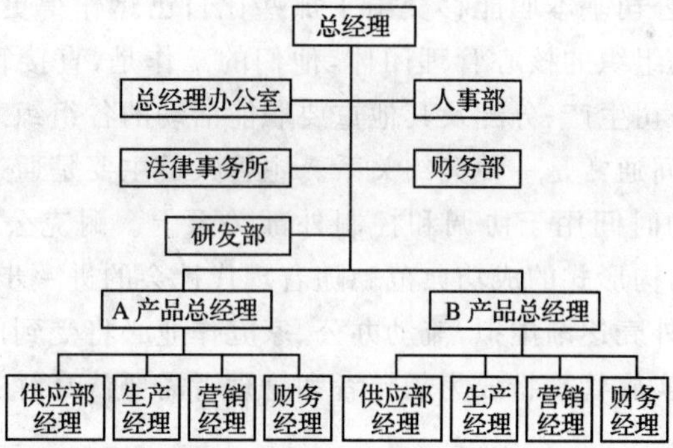

图 10-9　产品事业部制

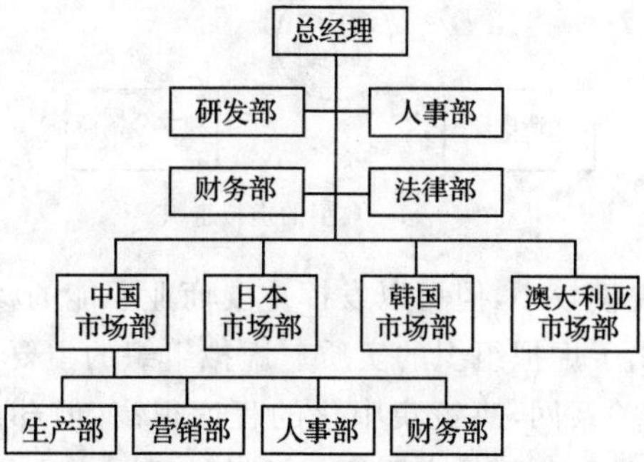

图 10-10　区域事业部制

事业部制的优点是:各事业部门责权分明,拥有相当自主权,能适应市场变化,积极灵活地开展生产经营活动。其缺点是:事业部权力较大,如果经理不适当地运用权力,有可能导致总公司职能机构作用被削弱,不利于公司的统一决策和指导。

(五)团队结构

团队已成为当今组织工作活动的最流行的方式之一。这种结构方式的主要特点是,打破部门界限,把工作决策权下放到工作团队员工手中,因此,这种结构形式要求员工既是全才又是专才。

在小型组织中,团队结构可以作为整个组织形式,但在一些大型组织中,团队结构一般作为传统的直线职能制结构形式的补充,这样的组织既能得到直线职能制结构标准化的好处,提高运行效率,又能因团队的存在而增强灵活性。当今的一些大型跨国公司,如摩托罗拉公司、施乐公司等都广泛采用着自我管理的团队结构。

(六)虚拟组织

虚拟组织(如图 10-11 所示)是指许多不同的组织,各自负责整个生产流程中具有比较竞争优势的价值活动,并通过彼此间的合作网络,完成全部的生产成果。通常意义上的组织是一个独立的社会实体,而虚拟组织不具备实体特征,但这种非实体性的虚拟组织却能充分地行使组织的各种功能,同时更符合全球分工合作的要求。管理人员把公司基本职能移交给了那些比自己运作得更好、成本更低的外部组织,留下来的是组织的核心管理团体,他们的工作是,直接管理公司内部的经营活动,协调为本公司生产、分配及其他重要职能活动的各组织之间的关系。公司同其他外部组织之间通常是一种契约关系。主管人员主要是通过计算机网络联系的方式,把大部分的时间用于协调和控制外部关系上。耐克公司、戴尔计算机公司,都是这种组织结构形式的成功典范。随着现代社会的进一步发展,组织形式必然将庞大合理化的外壳逐渐虚拟,流动办公、家庭作业必将受到广泛青睐,那么,如何利用网络技术来实施管理将成为领导者和管理者需要认真解决的新课题。

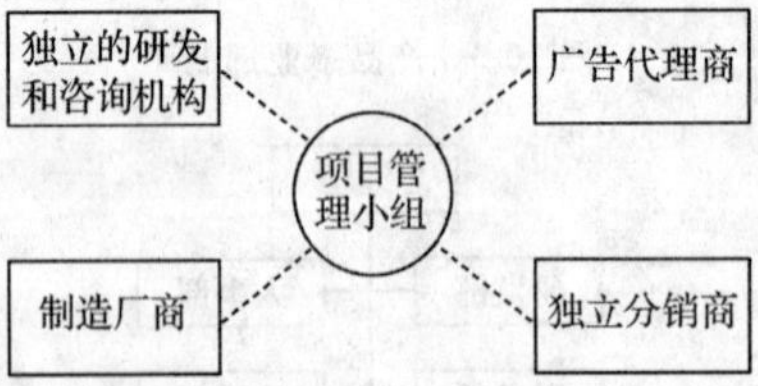

图 10-11 典型的虚拟组织

虚拟组织是一种规模较小,但可以发挥主要商业职能的核心组织,“可以租借,何必拥有?”这句话道出了虚拟组织的实质。虚拟组织的主要优势在于追求的最大的灵活性,创造了各种关系网,决策集中化的程度很高,但部门化的程度很低。主要不足是,公司主管人员对公司的主要职能活动缺乏强有力的控制。

(七)无边界组织

20 世纪 80 年代,通用电气公司(GE)前执行总裁杰克·韦尔奇提倡并实践"无边界"(boundaryless)的管理理念,主张用一种平面管理代替传统流水线管理,要求组织从内部到外部建立平等、平和、民主、合作、协调、高效的管理氛围与机制。无边界组织减少命令链,对控制跨度不加限制,取消各种职能部门,代之以授权的团队。管理人员通过取消组织垂直界限而使组织趋向扁平化,等级秩序作用降到了最低限度,个人身份与头衔的地位也一落千丈。组织看上去更像一个粮仓筒,而不是金字塔,最上层的谷粒和最下层的谷粒差别不大。无边界组织结构突破了组织内部不同职能部门、不同产品系列或经营活动的阻隔,穿越部门边界的工作流程和结构,使得信息和资源随工作进程在部门之间顺畅流动和快速交接,把被分割的职能重新融为一体。实际上,团队工作就是无边界思想实践的代表性模式。无论是"项目团队",还是"工作团队",员工可以打破原有的部门边界,绕开中间各管理层,重新组合起来直接面对顾客和组织的总体目标,从而以群体协作赢得组织发展的竞争优势。同时,计算机网络化的发展,也使人们能够超越组织内外的界线进行交流,为这种组织结构形式的存在提供了广阔的空间。

21 世纪,科学技术的日新月异,公司的结构和管理系统正在形成新的组织模型。组织必须变得精干、扁平、灵活,否则必将危及自身的生存发展。组织规模不断扩大,技术和产品不断更新,竞争的不断加强,面对如此巨大的变化,组织的变革势在必行。组织发展由最初在一般意义上对组织某些部分或某些方面进行变革和修正,发展到对全部组织进行有计划的系统的长远的变革和开发,并形成了一系列开发和变革的战略、措施和方法,成为一个专门的领域。

二、组织结构模式分析

企业组织结构自产生以来,一直处在变化之中。这是因为生产力发展的水平,决定着企业组织结构模式的发展。当企业只是个人企业时,谈不上企业组织结构问题。以后个人企业变为合伙企业进而变成公司,由小公司变成大公司进而变成跨国大公司,在这一过程中,企业组织结构经历了从低级向高级形式的演进。

与企业组织形式发展相联系,现代企业的内部结构模式大体经历了三种类型变化:一是 U 型结构,即职能型结构,这是一种典型的集权制。二是 M 型结构,即分权型结构,代表模式是事业部制。三是 H 型结构,即控股公司制。这种结构是对 M 型结构的进一步发展,分权更为彻底。核心特点是,母公司以控股的方式协调与各子公司的关系,子公司比事业部具有更强的独立性。

(一)U 型组织结构(Unity form)

U 型组织结构,又称为一元结构,即所谓的"职能式组织"。它的最大特点是权力集中于企业最高层,实行等级化的集中控制。企业的生产经营活动,按照职能的不同,分成若干垂直管理的部门,每个部门实行职能分工并直接由最高主管协调控制。

U型组织结构，以职能分工和权力集中为特征，反映了亲手缔造企业的第一代创业者在个性上喜欢直接操作的特征。但从更深层次看，集权型的U型组织结构广泛流传着，还有技术经济上的原因。U型组织结构有利于企业集中有限的资源，投资到最有效的方面上。尤其当企业的规模还不是很大时，企业自身产生的内部资金有限，如果分散使用，形成多头投资，就很难抓住市场机遇，及时形成市场能力。U型组织结构有利于产供销各环节紧密协调。这对于实行垂直联合的企业和产品相关度很高的企业尤为重要。U型组织结构还能把原材料供应、产成品制造以及销售的不同环节统一到一个企业，可以克服市场机制所引起的高额交易费用，享受财务、广告等业务方面的规模经济效益。

然而，U型组织结构有着明显的缺陷和漏洞：

(1)U型组织内没有一个单位可以独立存在。研究开发部门本身没有可销售的产品，生产部门不从事产品设计，销售部门本身是一个空壳子。就生产部门而言，工厂的产品设计与制造，生产设备的投资改造，以及工艺流程等，不是由工厂自行决定，而是需由最高主管部门统一安排与指挥。这种组织结构适应社会各种变化的能力较弱。

(2)U型组织要求最高主管是"全能型"人物，必须详细了解每一部门的信息。随着企业行政机构越来越庞大，各部门的协调越来越困难，最高主管很难把注意力集中到企业的长远发展上，抓不住整体的大方向与总目标，极易导致企业误入歧途。

(3)U型组织内没有一个部门可以用清楚而简单的方法衡量经济效益。财务集中控制，各职能部门不是自负盈亏的经济实体，不利于各部门主动性和创造性的发挥。

(4)U型组织只适合于产品单调、技术简单的小规模企业。随着企业规模的扩张，经营环境的复杂，这种金字塔式纵向等级制已经无法适应信息技术和社会环境变化的要求，正在走向衰落。

(二)M型组织结构(Multi-divisional Form)

M型组织结构，又称为多元结构，事业部制结构，或多部门分权结构。主要特点是：企业的生产经营活动，按产品大类或地区的不同划分部门，设立经营事业部。各事业部在公司统一领导下实行独立经营，独立核算，自负盈亏。总公司主要负责研究和制定各项政策，规划公司总体目标，规定价格幅度，并对事业部的经营、人事、财务实行监督，但不插手日常的具体行政事务。各事业部拥有相当的自主权，并可根据生产经营活动的需要建立自己的管理职能部门。

M型组织结构能在各事业部独立自主与实施中央控制之间取得均衡，公司最高管理层能集中精力于企业重大问题的决策，各事业部能及时调整经营方向和产品结构，对各种压力做出反应，通过联合化与专业化相结合，企业可经营多种产品，形成一个大企业集团。而每个事业部可集中生产经营有优势的拳头产品，各事业部经理能从整体利益出发去安排组织本部工作，并诱使各事业部之间的比较与竞争，增强团体合作精神。

M型组织结构也同样存在着一些弱点：

(1)M型组织结构的每一事业部并非真正独立自主，如果事业部片面追求本部门的利润，就会导致共享财产滥用过度。

(2)公司领导如果不注意协调事业部之间的关系，易滋生部门本位主义，被局部利益替代长远的整体利益。

(3)公司与事业部各自设立众多的职能机构，规模过于冗大，趋向官僚体制。

(4)事业部之间的竞争，若缺乏统一协调，容易导致事业部之间在人员、信息、技术等方面的争夺。

M型组织结构是企业生产经营不断发展的产物。一般适用于经营多样化、规模大、产品类项多和要求市场反应灵敏度高的企业。

(三)H型组织结构(Holding Company, H-form)

H型组织结构又称控股型组织，较多地出现在由横向合并而形成的企业之中，这种结构使合并后的各子公司保持了较大的独立性。它通过母公司对子公司的参股和控股，形成更大程度的分权制组织结构。H型组织结构可以由生产经营完全不同产品的多个独立企业组成，主要以产权关系为纽带，通过股权的渗透结成命运共同体。实际上，H型组织结构是分权组织结构的一种创新。

H型组织结构的突出优点是，最高决策层只通过资金参与管理所控公司，无需为公司的具体细节分神。由于总部对各子公司上层主管的能力相当清楚，且总部有权力在财务方面控制子公司，因此，总部被誉为"内部银行家"和"内部投资人"，能在资金运用上做到优化。在外部，则能利用增股，不断收集社会上的闲散资金，发展自己的事业。但是，这种结构的子公司往往独立性过强，缺乏必要的战略联系和协调，运用存在一定的难度。

三、组织形式的发展趋势分析

(一)传统科层制组织的转变

19世纪50年代以后，铁路、电报、电话的发展，为人类社会提供了迅速、高效、安全和有保障的运输通讯服务，开辟了前所未有的国内、国际市场，机敏的企业家意识到市场扩大带来的商机，结合了大量生产与大量分配的现代工业企业由此而生。

现代工业企业产生于19世纪80年代的美国，到第二次世界大战时，现代工业企业在发达国家的许多领域成为最强大的企业机构。伴随着现代工业企业的发展，产生了"金字塔"式的层级组织结构。在此后近一个世纪的时期里，这种组织结构成为世界各国现代工业企业普遍适用的组织惯例。

20世纪中期以来，信息技术飞速发展并广泛运用于社会生活的各个方面的同时，也给传统的科层制组织注入了新的变量。信息技术的运用改变了信息分布和信息获取状况，使组织成员和组织领导一样，能够很快从网络上获得关于组织的信息，这必然要消解传统科层制组织的权力结构和组织结构，改造科层制社会组织，使组织结构趋向网络化。

20 世纪 90 年代以来，随着企业经营环境的巨大改变，“金字塔”式的组织结构显现出了诸多的不适应性，现代工业企业的组织结构已经越来越不能适应形势的发展，并正在经历着新的发展演变。科层制组织暴露出不适应知识经济发展的一系列弊端。科层制组织是适应工业经济以物的管理为中心的一种非人格化的组织，这为官僚主义的产生提供了温床，使它可能像对待组织内部的成员一样对待服务的对象；另一方面，科层制组织正规而严格的组织形式确实提高了组织的工作效率，但同时也抑制了组织的创新能力，使组织日益表现出僵化的趋势。

从知识经济的发展看，知识经济有许多科层制组织不能适应的新特点：

(1)生产方式小规模、个性化，使管理过程简单化。同时，严格按照标准程序的工作方式也不能适应个性化生产的需要。

(2)个性化的生产使人们的工作主要成为一种创造性的工作，这与科层制组织要求严格按照标准化的程序工作的工作方式格格不入。

(3)知识经济时代绝大多数工作都是知识性工作，这使知识工作者成为社会的主体。知识性工作及知识工作者的特点要求指挥者不能像科层制组织中那样对下属发号施令。

(4)以大规模细分化的社会分工为基础的工作是重复性的工作，而个性化的工作则要求人们不断创新，创新是知识经济时代人们工作的最主要的任务。

(5)自我协调。知识经济时代由于信息联系的密切性，使几乎每一个工作都成为跨职能部门的工作，需要工作人员之间不断进行跨职能部门联络。

(6)科层制组织的信息流通是由上而下分层流动的，而且其流动是单向的，这使信息流动的速度十分缓慢，信息失真也很严重。知识经济时代是以信息为基础资源的时代，信息流动成为工作成败的关键。因此，要求信息能够快速、高效传递，这也要求改变科层制的组织形式。

科学技术获得了突飞猛进的发展，并在社会生活的各个方面得到了广泛运用，社会发展呈现出信息化的趋势，开始了由工业社会向知识经济时代的转化。与社会整体转型相适应，社会结构和人的活动发生了许多实质性的变化。美国麻省理工学院心理学家和工业管理学教授，组织发展理论创始人沃伦·本尼斯(Warren G Bennis，1925～)早在 20 世纪 60 年代就断然预见到：在未来的 25 到 50 年间，我们都将加入官僚科层组织送葬的行列。尽管科层组织的根基依然存在，但毕竟其适应的空间正在逐步萎缩。当知识经济来临后，那些刻板、僵化的传统组织模式将被淘汰，取而代之的将是灵活、敏捷、极具适应性的学习型管理组织模式。

(二)新型工业企业集团的兴起

20 世纪后期，世界经济发展的一体化、信息化和市场化，使企业间的竞争更加激烈，单纯依靠某一个企业的人力、物力、财力和技术，已经很难取胜。只有联合起来，形成新型企业集团，才能提升国际竞争力。西方发达国家的一些企业开始改变竞争策略，由对抗转为合作，组建大型企业集团或实施战略联盟，工业企业掀起了联合重组热潮，通过各种形式的重组，形成超大型联合公司。

1. 四种新型企业集团类型

新型企业集团的四种类型是：

(1)联盟型。它是企业集团或某公司为了实现自己的战略目标，通过协议、契约而结成的各种形式的合作模式。可以表现为产权联盟，实现长期合资合作，也可以表现为短期的契约合作。要根据企业集团的实际情况，确定自己的战略目标。有的是为了扩大自身规模，增加市场份额；有的是为了迅速提升本集团技术水平，增强核心竞争力；有的是为了补充自己的不足，降低风险。

(2)网络型。它是现代企业集团的重要特征。现代企业集团的运行，是一种网络经济形态。就是说，它是建立在计算机网络基础上的、以现代信息技术为核心的高级经济发展形态。新型企业集团的网络型经济，导致了范围经济、差异经济、成长经济和时效经济的迅猛发展，从而为提高集团经济效益增加了新途径。

(3)流程型。它是企业组织变革的方向。未来的企业集团应该是以流程为中心，而非职能部门为中心，组织实现扁平化，控制机制建立在作业流程中，组织机构快速适应市场变化，企业目标以顾客为导向。未来的企业流程再造包括企业内部的业务重组和外部的供应链重组两个部分。进行流程的再造必须与企业的计算机网络及信息化工作基础相互协调。

(4)知识型。知识经济时代的企业集团，必须有助于知识的获取、交流、创新、应用和管理，企业之间的竞争实质是知识竞争，这就需要新型企业集团成为知识型企业集团。在这样的组织模式中，员工已成为知识型劳动者，决策群体已成为专家型群体，组织已成为学习型组织，资本运营方式为人力资本运营与非人力资本运营相结合，员工具有充分自主权，知识资本发挥了主导作用。

2. 新型企业集团的一体化链接

企业集团存在五种一体化链接：

(1)产权链。为使企业集团内的各个合作企业真正发挥应有的作用，实现企业集团高速、有效运行，必须解决产权链接问题。企业组织模式再造的本质问题，仍然是产权问题。组织再造的过程和再造后的运行都离不开产权的链接，产权链接是组建新型企业集团的核心。

(2)产业链。企业组织再造的过程也是产业结构调整的过程，打造链条长、关联度强、科技含量高的产业链是企业组织结构调整的重要组成部分。只有这样，才能实现以信息化带动工业化，全面提高产业层次，促进产业升级、产业融合和产业创新，从而使企业集团的产业结构实现高级化和具有可持续性。

(3)物流链。它为产业链发挥其功能搭建平台。可以说，缺少物流链的组织模式，是没有桥梁、纽带的组织。因此，组建新型企业集团应大力发展物流业，整合供应链,将产业运行中的上下游企业间相互脱节的买卖关系,通过第三方物流连贯成统一整体,建立高效的、绿色的物流网络。

(4)研发链。科技创新是决定企业集团成败的关键。企业集团必须建立"共性技术研发中心"。它是联合攻克技术难关、提供共性技术服务、具有自主创新能力的战略性技术创新团队。它实现了集中使用先进技术设备、集中使用研发资金和集中使用创新型人才,从而使企业集团发挥研发优势,增强国际竞争力和实现可持续发展。

(5)机制链。它是推动企业集团高效运行的动力因素。新型企业集团,应构建以调动人力资本积极性为重点,以决策机制、激励机制、约束机制、市场机制、协调机制和文化机制为主要内容的机制体系。

第三节 组织的变革

一、组织的成长与变革的动因

(一)促使组织变革的内外动因

现在,越来越多的组织面临动态易变的环境。反过来,又要求组织为了生存而进行变革。促使组织变革的动因可以分为外部和内部两个方面。

1.外部的动因

外部的动因指市场、资源、技术和环境的变化,社会经济、政治、文化所发生的巨大变化,成为促进各类组织发生相应变革的巨大压力和动力。这部分因素是管理者控制不了的。

(1)市场的变化。国民的收入、价值观念、偏好发生变化,竞争者推出了新产品或产品增添了功能,加强广泛宣传、降低价格、改进服务,从而使公司的产品不再具有吸引力。全球化的加速,缩小了过去由地域而造成的竞争差别,使得本国的企业除了要面对本国的竞争者外,还要同时面对国外的竞争者。竞争的形势也日趋激烈,组织不但要应付传统的竞争者,还要应付善于革新的小企业的竞争。成功的企业应当是能对竞争迅速做出反应的组织,应该走在别人的前面,能够快速研发新产品,迅速地把新产品投入市场,不断地开发新产品。

(2)技术的变化。如新工艺、新材料、新技术、新设备的出现,这些不仅会影响到产品,而且会出现新的职业和部门,带来管理上、责权分工和人与人关系的变化。伴随新技术的发展,特别是信息技术的迅猛发展,对组织的运作、组织中的权力关系、管理人员和一般员工的工作方式,甚至企业如何发展、完善其战略等方面都有深刻的影响。

(3)一般社会环境变化。包括政治形势、经济形势、制度、投资、贸易、税收、产业政策与企业政策的变化。环境的变化特别是市场任务环境的变化是促使组织变革产生的最重要动因。20 世纪 70 年代的石油危机,90 年代美国经济的强劲增长,亚洲经济的崛起，1998 年东南亚金融危机等这些经济形势的动荡，无疑会对经济生活造成重大的影响，此外利率和汇率的变动情况同样影响着组织的方方面面，为适应环境，组织必须进行变革。

(4)资源的变化。包括人力资源、能源、资金、原材料供应的质量、数量以及价格的变化同样要求组织为了生存而进行变革。

2. 内部的动因

内部的动因主要是由人的变化、组织运行和成长中的矛盾所引起的。任何一个组织都存在着使这个组织成长的因素，同时也存在着使这个组织衰败的因素。如：

(1)管理者与组织缺乏弹性，对外界环境的变化反应迟钝、决策缓慢，决策质量不高或做不出决策。

(2)企业内部不协调，组织目标与个人目标、各部门之间目标分歧、摩擦冲突太多，指挥不灵。

(3)职工的价值观念、工作态度产生变化，工作效率不高，怠工、士气低落、不满与抱怨增加。

(4)新的领导者上任或原有领导人采用了新的思想观念，组织高层制定了新的战略和目标。

(5)职工队伍增加了新的成分和思想发生变化。

(6)在组织成长的每个阶段所具有的特殊矛盾。

这些都促使管理者采取变革的措施，以保证组织的生存与发展。随着员工文化背景的日趋多元化、老龄化问题日益严重、妇女和少数民族在劳动力中的比重越来越高、劳动力受教育的程度越来越高，组织不得不改变其人力资源策略来适应关于劳动力方面的变化。

(二)组织老化与组织变革

组织也有衰老、老化问题。组织老化的标志有：

(1)机构臃肿：机构的设置越多，机关管理人员越来越多，无事生非，人浮于事，协调工作量大增。

(2)反应迟钝：庞大的管理机构失去了对新事物的敏感性，也失去了雷厉风行的作风。推诿扯皮、效率低下。

(3)文山会海：机构越多，协调工作量越大，会议越多，文件越多。不开会、不发文件，就会受到怀疑：他们是否在工作？于是文山会海汹涌而来。

(4)模式僵化：经过几十年的延续，组织模式难以改变，刚性很大。僵化的典型表现是："存在即合理"，思维模式也开始僵化；抱残守缺，墨守成规，难以接受外界的新鲜思路；办事拖拉，互相扯皮，该办不办。

防止和克服组织老化，是组织变革的重要课题。组织经过变革，增加弹性和活力、返老还童、焕发青春，是可以做到的。常见的对策有：

(1)定期审议。把组织结构的重塑列入议事日程,定期进行。在美国、日本的许多企业里,每年审查和调整一次组织机构,包括职能部门的撤并,也包括事业部的合并和改组。

(2)破格行为。为了冲破僵化的组织及其官僚主义作风的阻碍,可以采用一些破格行为,焕发组织活力。在中国常见的有"现场办公"、"一个公章"制度、突破旧章先改后立等做法。

(3)走动管理。为了克服组织的老化和官僚化,促使管理人员了解下情,在欧美日等国家,流行着一种"走动管理"方式,即规定机关管理人员不得只靠会议和文件办公,而要深入第一线,走到现场去调查研究,了解真实情况,修改和完善政策,还可以在现场进行面对面的指导。

(4)越级建议。一些著名公司实行"开门政策",鼓励越级建议。总裁办公室的门永远向全体职工敞开,鼓励普通职工反映问题、提出建议、参与管理,这些措施都取得了良好的效果。

(5)人员平行流动。一个人久在一个部门工作,久干一件工作,容易造成思想僵化、行为老化,以及形成非正式群体,不利于组织的变革。实行管理人员、经理人员的平调制度,不仅可以防止和克服这种现象,而且还有利于培养多面手和全面管理人才。

(6)灵活用工方式。采用诸如全日制、一周两天、一天两小时等多种用工方式的组合,可以使组织增加弹性,防止组织的老化。

(7)组建团队组织。根据工作需要,组建一些精干的团队组织,是组织焕发活力的有效方法。

二、组织变革的个体态度

组织还应该对变革中人们的一般反应规律有所认识。对于变革组织而言,知道这些阶段和规律,理解个体的特征,对于采取何种处理这类行为的行动,从而适应组织变革,具有重要指导意义。

(一)两种看待变革的模式

个体对待变革的两种态度模式主要指消极地看待变革模式与积极地看待变革模式。哈林顿、康纳和霍尼认为,在最后接受变革之前,积极与消极看待变革的组织个体可能总会在不同阶段摇摆不定,表现不同。

1. 消极看待变革模式

消极看待变革是指人们最初消极看待变革时,以否定的态度对待变革,不想要且不能控制。他们会经历七个主要的阶段(见图 10-12)。

(1)难以动员阶段:消极看待变革的最初反应通常是震惊。组织个体表现出恐惧、迷惑不解、不知所措。

(2)否定阶段:不能适应新信息,甚至拒绝接受,个体开始抵制变革。

(3)愤怒阶段:因变革而受到挫折,经常伴有非理性的、不分青红皂白的猛烈抨击。组织个体企图重新回到现行状态,想要重获控制。

(4)讨价还价阶段:组织个体开始看到变革已成现实,但仍试图尽量减轻影响,求助于谈判,争取避免变革造成的消极影响。如要求推迟或重新安排工作。或可能会主动表示接受新的职位,但又向原上级汇报工作,对变革带来反作用。

(5)沮丧阶段:完全的沮丧、无助以及绝望在组织中不常发生,但可能的症状是屈服于失败,产生被当做牺牲品的感觉,生理和心理上都表现得无精打采以及出现怠工现象等。组织个体开始明白,留恋现行状态是不可能的,现状正开始"收缩"。

(6)试探阶段:组织个体开始实践新方法。他们也许会谈论在新职位上工作会是什么样子,或者干脆就到新的工作岗位上体验一下"对工作的感觉"。个体恢复控制感,开始从沮丧和受害的感觉中解脱出来。

(7)接受阶段:这个阶段是对变革的积极感受,但这并不意味着组织个体喜欢变革。组织个体最终会对变革做出现实的反应。

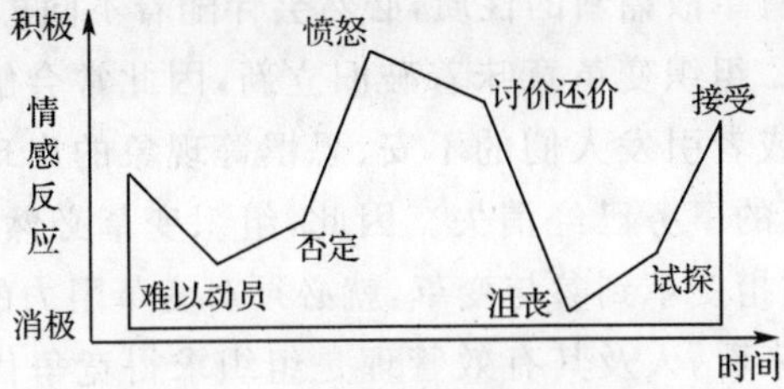

图 10-12 消极看待变革的情感反应

资料来源:[美]H·詹姆斯·哈林顿,等.项目变革管理.北京:机械工业出版社,2001:88

2. 积极看待变革模式

积极看待变革是以肯定的、乐观的态度看待变革,对变革结果持一种积极向上态度。当变革被积极看待时,组织个体反应的发展过程是不同的,包括以下五个阶段(见图 10-13):

(1)肯定阶段:不明情况的乐观。组织个体对变革通常持有积极的态度和强烈的自信,但仅是掌握不充分的信息而产生的天真热情。

(2)怀疑阶段:情况明了后的悲观。当重大的变革渐渐展开时,很多向我们做的许诺并没有实现,而很多我们未曾做准备的事却发生了。如果把情况明了后的悲观说成怀疑,那么中途私下或公开放弃变革就可称作撤离。此时组织个体对变革开始产生消极感觉或减弱了自信心。他们起初把变革当做"一块蛋糕"的东西,但此时却变成了某种说不清道不明的东西。

(3)希望阶段:抱有希望的现实主义。当情况明了后的悲观渐渐消退时,个体开始觉得变革是可以实现的。他们对于变革的消极感觉会逐渐消退,而且信心增强。

(4)自信阶段:明了情况后的乐观。当解决的问题越来越多时,组织个体越来越有自信。当变革接近成功时,他们通常都觉得有使不完的劲,自信更足。

(5)完成和满意阶段:组织个体要么在这一变化中大功告成,要么重新开始新一轮的变革。组织个体最终会强烈地支持变革并愿意帮助别人渡过这一变革。

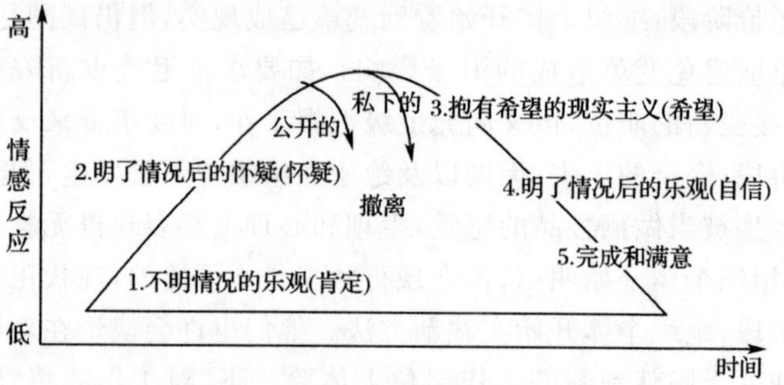

图 10-13 积极看待变革的情感反应

资料来源:[美]H·詹姆斯·哈林顿,等.项目变革管理.北京:机械工业出版社,2001:91

(二)个体阻力分析

组织变革本身带有革故鼎新的性质,必然会伴随着不同思想观念的碰撞,带来一定的风险甚至失误。组织变革意味着破旧立新,因此常会触犯组织内部一部分人的权力、利益关系,或者引发人们的不安、恐惧等现象的出现。在这个极度混乱的时代,许多有条不紊的事务已经消失。因此,组织变革必然遇到阻力,要克服阻力,引导组织成员从抗拒变革到参与变革,就必须对变革阻力的成因进行分析。

从现代组织发展来看,人及其有效管理是组织求得竞争优势的最为核心的要素。如果组织个体本身未被充分激励从而挑战变革的目标,那么组织的发展与竞争力的提升就无从谈起。任何组织的再造实质都是人的问题,而员工对待变革的方式决定了变革的成败。在组织变革与变革管理的过程中,组织个体是组织运行与发展的活力与源泉。每个组织个体都有自身的意愿、心智、思考方式以及价值观念。每个人都隐藏着巨大的尚未开发的潜力和无限的发展可能,关键是如何实现个体超越。

(1)个体对抵制变革的来源

个体阻力指对变革的抵制来源于个体的人格特征,如知觉、人格和需求等。

①习惯。在生活中我们形成了各种习惯,在面对实际情况时,我们不用考虑问题的每个选择,而只需要根据习惯做出判断。但是当我们面对变化时,这种用我们习惯方式解决问题的倾向就变成了对变革的抵制。

②安全。当人们面对变革时,会感到安全感受到威胁,所以人们倾向于抵制变革。

③经济因素。由于变革可能降低员工的收入。员工认为在改变工作任务后,他们不能很好地完成新工作时,必然会引起员工关于经济方面的害怕,尤其是收入和产出密切相关时。

④对不确定的害怕。变化带来了模糊和不确定性。而组织中的员工也不喜欢不确定性。

⑤信息选择。个体通过知觉塑造自已的认知世界,这个世界一旦形成就很难改变。为了保持知觉的完整性,个体有意对信息进行选择性加工,他们只听自己想

听的，而忽视那些对自己已建构起来的世界形成挑战的信息。

(2)个体的安全性分析

个体的安全性是指个体在组织活动中适应状态。变革，对于竞争环境中的组织来说已是势在必行的事。可是，无论是面对公司合并、改组或其他组织上的变革，人们都可能产生抗拒、忧虑或担心等感到不安全的情绪。结果往往使得员工士气低落，工作效率下降，最终影响组织的效益和效率。这种不安全性产生的原因是：

①变革，通常引起一些混乱，这种混乱已经成为变革所固有的特点。

②变革总是非常复杂的。变革总要牵涉很多尖锐冲突的需求。

③变革从来不会万无一失，极少会在第一次就进展顺利。

在错综复杂的组织中实际变革时，员工对这种混乱和复杂性认识不足，常常心存忧虑，顾忌重重，等等。因此，实现组织变革，就要提高员工的认识，解除压力，培养认同感和向心力。而这样做的前提是让员工认识变革、理解变革的不确定性、把握变革过程中人们反应的一般规律。

(3)变革的不确定性分析

变革是一种指向未来的不确定活动过程，在变化的大环境中，任何组织都要不断调整自己的组织结构，适应变化的环境以提升组织的竞争能力。变革意味着不确定，而人们在面对不确定时，往往会选择逃避。对于个体而言，也只有了解组织变革的基本情况才能适应组织变革的发展变化，这也是实现变革个体自我超越的重要一步。

所谓不确定性，是指这样一种情况：当引入时间因素后，事物的特征和状态不可充分地、准确地加以观察、测定和预见。组织变革面临着高度不确定性的竞争环境和高度不确定性的未来发展，但是，适应变革和融入变革要求组织个体能够比较清楚地认识到组织变革试图创造的未来到底什么样。对于组织个体来说，也只有把握变革不确定的层次与内容，才能更好地理解变革、适应变革、超越变革。

一般来说，变革的不确定性可以分为四个层次。

①前景清晰明确，未来情况唯一。

②有几种可能前景，未来结果的集合有限，其中一种情况必将发生。

③前景有一定范围，未来的可能结果也只是一个有限范围。

④前景完全不明朗，甚至没有未来可能结果的范围。

对于个体来讲，要适应变革，理解组织所面临的不确定性属于哪一种形式非常重要。另外，对于竞争激烈的环境而言，在组织变革过程中产生的高度不确定性，还体现在组织运作的各个具体方面：技术标准处于变化状态；竞争对手总处于进出产业的动态变化之中；顾客尚未被锁定在几个有限的品牌内；一系列购并、一项大胆的技术投资、一项冒险的产品捆绑战略，等等。

组织变革与个人价值实现并不是冲突的，两者可以兼得。组织个体的充分发展，对于组织追求卓越进而实现组织成就具有重要的意义。组织个体需要明白，风险与回报的关系往往成为变革不确定性的衡量尺度。在高度的不确定环境中，组织的变革采取的战略往往要实现更低的风险和更高的回报。尽管变革的努力不同寻常，风险也很大，但有时却很有效。因此，在进行变革管理的过程中，组织必须重视个体超越，并使之成为一个持续的过程。

三、影响变革的组织因素

组织就其本质来说是保守的，他们积极地抵制变革。影响变革的组织因素就是从组织方面考虑对变革的各种制约作用，组织作为一种综合体，它对变革的影响也是综合的。一般而言，主要有以下几个方面。

(1)管理层不积极参与导致的停滞和缓慢

管理层对组织变革的积极参与是组织变革成功的关键。但管理者可能不重视组织变革，认为组织不需要变革，或者本身观念陈旧，不愿意轻易改革，或者对组织变革的前景没有信心时，会有意无意地阻碍变革。在企业改革中，管理层的利益不明确，是挫伤他们积极参与变革的一个重要因素。如管理者害怕丧失自己的地盘、权力甚至工作。任何决策权力的重新分配都会威胁到组织长期以来已有的权力关系。在组织中引入参与决策或自我管理的工作团队的变革，就常常被基层主管和中层管理人员视为一种威胁。

(2)变革管理成本引发的压力与怀疑

组织变革需要付出一定的成本，如果成本投资大于收效时，改革与发展就难以继续进行。这里所说的变革成本投资，主要指所需用的改革时间、改革中所造成的各种损失以及所需用的财政经费。是否进行组织变革还取决于需要变革的各种因素的乘积，要大于变革所花的成本，否则进行变革就得不偿失。

(3)结构和环境形成的习惯与惰性

组织由其固有的机制保持其稳定性。从组织挑选新员工开始，就在选择那些与组织相适应的员工，淘汰不适应的人，并通过培训、工作描述、规则等强化员工的观念。这样使组织内部的员工按照特定的方式方法工作。组织成员长期处在一个特定的组织环境中从事特定工作，在自觉或不自觉之间形成对这种环境和工作的认同和情感，并发展成一套较为固定已趋于僵硬、保守、缓慢的惰性或习惯。所以当需要变革时，这种结构惯性就会成为变革的阻力。因此容易引起组织和成员下意识的不良反应，从而产生抵制和阻挠。在变革过程中，注重组织文化的重塑，变革的阻力会少很多。

(4)变革方式选择上的不足引起的不满与对抗

引进变革的方式不当与配套措施跟进不足也是产生阻力的原因。组织由一系列相互依赖的子系统组成，而变革不可能只对一个子系统实施变革而不影响到其他子系统，否则子系统中的有限变革很可能因为更大系统的问题而变得无效。如果组织在变革中没有与之相适当的组织结构或管理制度，特别是缺少为了鼓励有利于变革的员工行为而做相应调整的人力资源管理体制(如薪酬、考核、员工发展)，甚至夹杂一些组织为使员工参与到变革过程中去而不惜使用强硬专制的做法，都会引发员工对变革的抵制。

四、组织变革的策略与步骤

重大的成功的变革都是主动的有计划有策略的改革。主动的变革是有计划的变革，是管理者洞悉环境中可能给组织带来的机遇与挑战，考虑到未来发展趋势与变化，以长远发展的眼光，主动地制定对组织进行变革的计划并分段逐步实施。相反，被动的变革是指管理者缺乏长远的战略观念，当环境发生变动时，要么显得束手无策，要么在环境的压力下被动匆匆作出对组织进行更动的决定。

（一）组织变革的策略

组织变革不论采用哪种变革的方式，其最终目标都是为了改变组织中人的行为，都是为了提高组织的效能。组织变革的策略类型见表 10-1。

表 10-1　组织变革的策略类型

分类依据	策略类型
工作的重点	以人为中心的变革：管理人员首先致力于改变人员的态度、价值观念和需求的种类，转变人员的工作态度，促使人们修正自己的行为，从而达到改进工作成绩的目的。但以人为中心的改革往往费时较多，改革成本太高，故有人认为不如改变组织结构和技术环境，再带以改变人的行为来得更为快捷。 以组织为中心的变革：通过改变组织结构、沟通渠道、奖惩制度、管理政策与工作环境，不侧重人态度的转变；通过工作环境的改变，组织中的人会自动修正他们的行为。在这种方式的变革中，人们态度的转变似乎无关紧要，但是组织结构的任何变更，必然会对人的态度产生影响，这种影响可能有助于或有碍于组织结构的改变。 以技术为中心的变革：管理人员通过改变从原料的投入到转变成为产品的整个过程所使用的技术，促使人们的工作内容、工作顺序、工艺程序的改变，以达到影响人的行为、提高工作绩效的目的。改进技术意味着运用各种新技术去提高工作效率。在考虑技术变革问题时，不仅要考虑新技术可能带来的效益，而且要考虑新技术可能对组织结构和下级行为带来的影响。
下级参与程度	命令式的变革：是指由领导做出变革的决策，自上而下地发布命令，说明所要进行变革的内容和下级在贯彻这些变革中的职责。 参与式的变革：是指让下级在不同的程度上参与讨论、分析与选择改革的方案，吸取众人的智慧。 分权式的变革：是指将决策权力交与下级，由下级对自己存在的问题进行讨论，自行提出解决问题的方案，并对方案最终负责。
解决问题的深度	计划性的变革：是指对问题进行系统、广泛的研究，统筹全局，作出规划，然后有计划有步骤地实施，将变革和政策、工作制度、管理方式的改进、人员的培训同时进行，让职工有充分的思想准备。 改良式的变革：是指对问题进行症结性治疗，小改小革，进行修补，这是组织中经常采用的一种变革方式。优点是符合实际需要，局部进行变革阻力较小，比较稳妥。缺点是缺乏整体和长远规划，头痛医头、脚痛医脚，带有随机和权宜的性质。
改革进行的步调	突破式的变革：是领导以最大的决心和魄力对于重大性的变革要求一步到位，定期完成。此种方式虽然问题有可能在短期内获得解决，但由于时间仓促，考虑不周，或由于人的态度问题，士气低落，而形成较大的变革阻力。 渐近式的变革：是利用足够的时间分步骤逐步推进变革，在不知不觉中达到变革的目标。此种方式自然阻力较小，易于接受，但也很容易使变革旷日持久，成效不大。

不能将阻力看成完全是消极的，它促使人们对变革方案考虑得更加周全。因此改革的推动者不应当压制抗拒的发生，而应当设法疏导，力求将变革的阻力降至最少，赢得更多人对改革的支持。其方法是：

(1)进行说服宣传，使更多的人正确了解变革的动因和目的及其可能产生的绩效和好处，使人们对变革的意图有正确的了解。

(2)组织相关的人员参与变革方案的设计。当变革的问题重要、复杂、涉及面广，一定要吸取相关的部门和人员参与变革计划的设计，以便集思广益，使变革切实可行、有效。

(3)对变革的有利因素和不利因素进行认真的分析，权衡利弊，对变革可能出现的新问题，事先作妥善的处理，争取绝大多数人对改革的同情和支持。一般情况下只有得到多数人同情和支持的变革才能取得成功。

(4)充分磋商与协调，当变革的方案可能影响到某些部门和群体的利益时，应事先找有关方面进行磋商与协调，尽可能使变革的方案兼顾各方面的利益。不要追求理想改革的方案，现实的变革方案是多数人可以接受的方案。

(5)正确地选择变革的方式与策略，避免操之过急，妥善处理变革与稳定的关系，巩固一项改革成果后再展开另一项改革，不作不停顿的改革。

(6)实施变革时要及时收集可以衡量变革效果的指标信息。衡量一项变革的效果不能仅从某一个时点来考虑，有的变革起初效果甚为明显，但迅速恢复常态，有的起初无效果甚至会出现负效果，但稍后则逐步上升。因此要对实际成果与计划成果进行比较，评估和确定整个改革期间改革效果的发展趋势，及时对偏差采取纠正行动。

(7)组织变革在被探究之前并没有对错之分，只有看问题和想问题的不同角度。抵制在所有边界处都会发生，并且在每个边界处都存在着选择。应该更好地了解抵制、了解人们的行为、了解因变革而受到影响的人和组织，并通过沟通的方式帮助人们讨论抵制、认同感受以鼓励管理转型。

亚历山大·海姆(Alexander Hiam)认为，群体中存在抵制是很自然的事情，关键是对抵制力量的运行方式和对待变革的态度进行管理，并提出一些重要途径：

(1)抵制。确认你的和别人的抵制。方法是通过交谈检验抵制感是否存在。这种交谈是讲出真实感受的谈话。

(2)限制。想象一下，允许你真正讲出你的真实想法，你会说什么？当你说出真实想法时，你的感觉是什么？你能感觉到限制吗？

(3)两难境地。了解别人所处的两难境地。设身处地地从他们的角度想一想他们的感受是什么。了解你自己的两难处境。把你的两难境地告诉他人。在充分宽容的气氛中，你会怎样说出真实感受？

(4)感受。想象一下你如果真地说出这些词，你的感受是什么？把你以这种方式谈话的感受与你的第一种感受比较一下。

(5)角色、任务和权力边界。找出按照角色、任务和权力边界划分,你和系统的位置之所以固定不变的原因。找出系统中模糊的或是错位的角色、任务和权力边界。

(二)库尔特·勒温组织变革三阶段模式

在组织变革中,人的变革是最重要的,组织要实施变革,首先必须改变组织成员的态度。人们在一个熟悉的环境中感到舒适,受到的压力较小。而变革将意味着有些人将会失去这种舒适感和预知感,所以他们要抵制。因此,任何组织内部都存在着力图保持现状、抵制变革的势力。组织成员态度发展的一般过程及模式,反映着组织变革的基本过程。

库尔特·勒温(Kurt Lewin,1890～1947)认为,组织成员态度发展的一般过程及模式反映着组织变革的基本过程,并认为组织变革应该包括三个步骤,即解冻(unfreezing)、改变(changing)、再冻结(refreezing)。这种把变革机制分为一个三阶段的过程,重视人的心理机制,有助于在管理变革过程中加强行为意识。

(1)解冻(unfreezing):指刺激组织成员改变陈旧的习惯和传统,促使组织成员认识到原来的态度和做法不能达到希望的结果,同时促使组织成员感受到变革的迫切性,鼓励人们接受新的观念。在解冻期内,管理者向组织成员介绍组织的现状,组织所面临的问题,描述组织变革后组织将会有怎样的未来,使人们产生理解、支持、渴望改革的强烈愿望。通过增加改革的压力,减少反对改革的障碍,通过采取一系列的奖惩制度,加速解冻过程。

(2)改变(changing):指明确组织的方向,实施变革,促使组织成员形成新的态度和行为的过程。在这一阶段,变革领导者帮助员工按照新的方法进行思考、工作,激励员工接受组织变革。在这个过程中,有抵制、困惑甚至绝望,也有希望、发现和激动。因此,认同和内化起着重要的作用。认同,是指通过将别人的所做当做自己努力的榜样,用来学习一种新的观念或确立一种新的态度。而内化,是指选择榜样之后,学习、模仿其态度和行为,并把态度和行为转化为自身内在的心理过程。通过认同和内化,使组织成员形成新的态度和接受新的行为方式,组织能够更加有效地加速变革的进程。

(3)再冻结(refreezing):指要获得变革措施的成功,就必须重新冻结新的形势。也就是说,利用必要的强化方法使新的态度和行为方式固定下来,并使之持久化。在变革过程中,组织成员学到的新的工作方式、新的思考方式都付诸具体实践。理智上接受以外,还要在感情上接纳,并融入到员工的日常行为当中。仅仅知道一个新的程序并不能保证具体有效的应用,成功的工作实践是这一阶段的最终目标。

另外,为了确保变革效果的稳定性,要使组织成员有机会来检验新的态度和新的行为是否符合具体情况,使组织成员有机会检验与之相关的其他人是否接受和肯定新的态度和行为。由于群体在强化个人态度和行为方面的作用很大,因此,变革计划也应该包括那些组织成员所在的群体,群体成员彼此强化新的态度和行为,可以使个人的新态度和新行为保持得更持久。

勒温认为,组织变革的整个过程是使组织从一个平衡状态发展到另一个平衡状态的过程。变动发生后,还要避免人和组织退回到原有习惯和行为模式之中的趋势。通过加大变革的动力、减少变革的阻力或同时使用这两者的办法,使组织从一个平衡跃到另一个平衡,组织通过再冻结,使组织固定在新的状态,从而完成组织的变革。

总之,组织变革是一种改革现状的努力。任何改变现状的做法都会或多或少地遇到变革对象的阻力与反抗。产生阻力的原因首先来源于传统的价值观念和习惯势力。相当一些也来自人们对变革不确定后果的担心,具有不同的学历、经历、专业知识的人对问题的认识不同。任何变革,都既有优点又有缺点,即使再好的改革方案也未必能自然带来良好的结果。从某种意义上来说变革也是一种利益和权力格局的再调整,变革中利益和权力受到威胁的人势必抗拒和阻挠改革。变革也将导致工作技术与方法的改变,使某些人丧失原来的技术与经验的优势,产生失去工作或难以适应新的技术和工作的忧虑,从而抗拒变革。对变革真正目的的误解和偏见也促使某些人怀疑和抗拒变革。

第四节 组织的知识与学习型组织

在传统经济社会中人们只注意到显性知识的作用,工作重点放在对显性知识的管理和利用上。而事实上显性知识只是所有知识中露出海面的一个小岛而已。知识经济社会来临后的知识管理唤醒了人们对海面以下庞大的隐性知识资源的关注。人既是知识创新的主体,又是知识的载体,因此,对人的管理是知识管理的核心内容,必须应当将人力当做一种财富来进行管理。组织知识聚变是知识管理的本质。研究个人知识与组织知识有效的相互转化机制是关系到知识创新、组织创新的本质,关系到以知识为中心的知识经济社会中个人与组织的依存的共同命运问题,也关系到人力资源利用效率和社会和谐发展的关键问题。

一、组织的知识

企业的发展即是创造新知识并将这些知识进行复制和转移的过程,一个组织的优势就体现在能够比其他组织更有效地理解并实施这一过程。在知识经济时代,知识的共享转移是企业发展的核心问题之一,决定企业成功的最重要的因素是企业所有人的知识创造能力,知识管理的目标就是要提高企业所有知识的共享水平和知识创新能力。

(一)知识管理模式

根据哈佛大学教授汉森和罗利亚(Hansen and Nohria)研究不同企业的性质和知识的特点,可将知识管理的模式分为两种:编码化管理模式(Codification Mode)和人格化管理模式(Personalization Mode)。

1. 编码化模式

编码化模式是指对具有显性特征的知识进行加工整理并存储在数据库中，通过知识的重复利用获得收益。知识被编码、贮存在数据库中，组织中任何人都可以通过计算机网络直接调用。在知识管理的过程中，主要采用“人到文档”的方式，即知识被创造出来后，经过编辑成为独立于其创造者的知识，知识主要是通过间接的方式进行传播。这种模式可以产生“规模效应”：知识被编码后，即可以易于存储和复制的方式被大规模同时学习，有利于降低成本。采用编码化模式的组织需要信息技术的支持，这类组织需要投资建立大型的电子数据库，它包含了大量的文献资料和搜索工具，人们可以很方便地找到并使用所需的知识。为了配合此种模式的实施，组织应当鼓励员工将掌握的知识形成书面文档，并将员工对文献库的贡献与对员工的绩效考核相联系。

2. 人格化模式

人格化模式是指通过与知识创造者的直接接触和交流实现隐性知识的学习和共享，知识与知识的所有人没有分离，他的知识通过人员的直接交流得到传播和分享。采用此种模式的组织主要依靠员工头脑中的隐性知识而不是组织现存的显性知识开展活动。在知识管理的过程中，采用“人到人”的方式，即通过与拥有知识的人进行直接接触来实现知识的共享和传播。采用人格化模式的组织强调员工的分析能力和创造能力，要求员工应当是创造者、发明家。在激励机制方面，组织鼓励员工之间的直接交流，以共享隐性知识。

(二)知识管理中“人”的因素

在实施知识管理的过程中片面强调“技术”的作用还是注重“人”的因素，选择编码化管理模式还是人格化管理模式？选择有效的知识管理策略，平衡“技术”与“人”的因素，已经成为当前组织实施知识管理战略的紧迫问题。人的大脑不仅是隐性知识的载体，而且是知识创造和传播的内生力量。在知识的社会化和内化阶段，几乎完全是人的因素在起作用。在社会化阶段，人们通过师传徒受的方式传播隐性知识，人的观察、模仿和亲身实践起决定性的作用，在这一阶段技术几乎不起任何作用。在内化阶段，人们通过团体工作、干中学、工作中培训消化和吸收新获取的显性知识，进而创造新的隐性知识。因此可以说，人是知识创造与传播的决定性因素，是知识管理的重要维度之一。

在社会和组织环境中，人的动机性抑制表现丰富，为知识的显性共享设置障碍：

(1)竞争性防卫：由于人们担心将隐性知识显性化后会使自己失去竞争优势，为确保自己的优势地位，抑或等待机会，总是倾向于回避或谢绝与人共享，不愿转移自己的知识。

(2)努力无效预期：知识转移方需要花费许多时间、精力向知识的受方解释，而受方很可能仍无法理解。知识转移方发现自己的努力没有效果，就不会乐于继续转移知识，并对自己的知识加以保留。

(3)回报不对称预感:如果回报的知识潜在价值难以判断、过于简单或价值不高,又没有足够的其他补偿时,人们不会愿意共享其隐性知识。

(4)受知识表达规范约束:对于专业的科学工作者来说,科学不仅是一种有条理的、客观合理的知识体系,它还是一种制度化了的社会活动,受到社会历史因素的影响。为实现科学体制生产准确无误的科学知识,科学家还要受到诸如普遍性、公有性、无私利性等社会规范的约束。

隐性知识管理是知识管理的关键。知识管理中的一个重要观点,就是隐性知识比显性知识更完善,更能创造价值,隐性知识的挖掘和利用能力,将成为个人和组织成功的关键。知识管理最根本的假设就是:企业十分依赖于人掌握的"隐含的知识"。对于企业而言,显性知识难以形成持续的竞争优势,而隐含的、未编码的、高度个性化的隐性知识不易被模仿和复制,是构成企业核心竞争力的基础。

二、个人知识的隐性特征

(一)显性知识和隐性知识

1958年,波兰尼(Michael Polanyi)首次提出了显性知识和隐性知识的概念,被认为是对知识认识的重大突破。1966年在《个人知识》(*Personal Knowledge*)一书中明确了隐性知识(tacit)与显性知识(explicit)之间的差别。他认为,在一个人所知道的、所意会的及与他所要表达的东西之间存在着隐含的未编码的隐性知识。这种知识来源于个体对外部客观世界的感知与判断,人们聚集感知到的事物能被明确地认识,但是人们不能完全清晰地表达出来,所有理解都基于人们的个人的心智模式。隐性知识不是主观的,它是客观性与个人性的结合,并与某种隐藏的现实建立联系,其行为的细节可以被视为逻辑上不可言传的,即隐性知识的默会性和个人性。波兰尼的一句名言清楚地表明了意会知识的内涵:"我们知道的多于我们所能表达的"。明确地说,显性知识是能够用严格的数据、科学公式、公理、文字等符号表达出来,易于存储、交流和共享的知识,是一种被包装成信息的正式知识,它存放在各种文献中(报告、手册、文章、专利、图形、形象、软件等),由此,显性知识也被称之为编码型知识。而隐性知识则是高度个性化的和难以格式化的,它根植于个人的经验,通过直接面对面交流和共享。

从关于隐性知识的研究中,国内学者归纳出隐性知识的以下特征:

(1)不能被编码,因而难以表达、传播和沟通,也难以共享。

(2)与特定的环境和背景相关联。一旦脱离特定的环境和背景,隐性知识将失去存在的基础或发生改变。

(3)是一种个性化的与认知者个体无法分离的知识。

(4)是即时性的、根植于行为的知识,它产生于认知者正在进行的认知活动中,它是一种动态的存在,是一种稍纵即逝的现象。

(5)隐性知识是非批评性的知识,我们很难对不能用语言表达而只能心领神会的知识进行形式逻辑分析和批评性思考。

(6)隐性知识是经验性的知识,是个体在长期实践过程中逐步积累起来的。

(7)隐性知识是停留在实践层面的知识,因其难以被编码和显性化而存在于即时的实践活动中。

(8)隐性知识在被使用时是不自觉的、无意识的,如某种心智模式等,而显性知识则可以被自觉地和有意识地收集、传播和使用。

(9)隐性知识最终可以被某种模糊而粗略地表达出来,如隐喻、比喻、象征性语言可以表达某些隐性知识,从而隐性知识显性化和被利用成为可能。

总之,隐性知识与显性知识的明显区别在于:隐性知识的交流是直接有效的,但是它的公共传播效率极低,不能大规模地进行。而显性知识的获取是间接的,但它必须经过编码和解码,并内化为隐性知识;隐性知识的管理强调的是个人之间的对话,知识的共享是通过"人到人"的方式进行的,通过与拥有相应知识的人进行直接接触实现知识的共享和传播;而显性知识管理策略采用的是"人到文档"的方式:知识被创造出来后,经过编辑成为独立于其创造者的知识,通过间接的方式进行传播并被重复利用。

(二)知识价值的转化

隐性知识是高度个性化的、难以格式化的非编码型知识。它植根于特殊的环境和背景,是停留在实践层面即时性的非批评性、经验性知识,往往被不自觉和无意识地运用。我们可以用某种隐喻方式对其进行表述并利用其实现组织目标。知识经济社会,个人与组织正在成为知识的分享与共享关系。个人知识与组织知识能否有效地相互转化是关系到知识经济社会能否成功运行的基础性关键环节。一方面,个人的隐性知识转化为组织中的显性知识是知识创造的开始,将成为个人或组织成功的关键。另一方面,组织中的显性知识必须很快再转化为个人的隐性知识,只有组织中的显性知识转化为企业员工的隐性知识,才是知识应用的过程,或知识成为生产力的过程,知识运用于具体的环境中,才产生价值。

1995年日本著名学者野中郁次郎(Nonaka)和竹内(Tadeuchi)出版了《知识创造公司》一书,提出了隐性知识与显性知识相互转换的"知识螺旋"四阶段理论:

(1)知识的隐性到隐性:即知识社会化(socialization)。社会化是共享经验的过程,并依靠它创造隐性知识,个人从其他人那里直接获得隐性知识,而不是学习。但是这种"潜移默化"的师傅教徒弟的方式不能掌握隐性知识背后的系统化的原理,所领会的知识不能清楚地表述出来,因此很难被组织更有效地综合利用。

(2)知识的隐性到显性:即知识外化(externalization)。外化是知识创造的关键,因为它从隐性知识到显性知识中创造新的、显性概念。我们如何才能有效地把隐性知识转换成显性知识?答案是隐喻、模拟和模型序列的使用,显性概念一旦产生,就能模型化。这是知识创新的一个重要模式,将隐性知识显性化是创造出新的显性知识。

(3)知识的显性到显性:即知识的组合(combination),是一种把概念综合成知识系统的过程。这个知识转换模型包括组合不同显性知识躯体。个人抽取和组合知识的方式是通过文献、会议、电话交谈等媒体，或计算机通信网络来实现，学校中的教育和训练通常采用这种形式。

(4)知识的显性到隐性：即知识的内化(internalization)，是把显性知识应用为隐性知识的过程，与通过做来学习密切相关。随着新的显性知识在企业内得到共享和运用，其他员工开始将其内化，用其来拓宽、延伸和重构自己的隐性知识。

个人的隐性知识经过社会化、外在化、组合和内化四个阶段，实现了个人之间、个人与组织之间知识的传递，并最终又产生了新的隐性知识。在这个过程中，知识的转化、传递和创造是一个动态的、递进的过程。美国学者迈克尔·波特(Michael Porter)又称之为“知识链(K-Chain)”。当个人的隐性知识完成一次知识螺旋运动、转化为新的隐性知识后，新的知识螺旋运动又开始了，形成了一个知识组织创新周期的系列互动过程。由此，我们可以看到一个隐性知识、显性知识、更多更新的隐性知识、更多更新的显性知识……的知识创新的良性循环。企业正是在这样的循环中不断地发展。

资料

隐性知识的开发

隐性知识管理最终是为了通过对隐性知识的开发利用以实现组织目标。对组织现有隐性知识管理的核心是通过制度设计、激励、文化营造等手段克服障碍以实现隐性知识共享。

1. 营造知识共享的氛围和条件

在现实中，员工之间的知识垄断、互不信任及利己主义等都不利于隐性知识的交流和共享。因此要营造一个人人愿意与他人共享隐性知识的氛围和创造相应条件，必须有针对性地进行管理：

• 营造良好的组织文化，树立互惠观和整体观，鼓励隐性知识交流，打破个体、团体及部门之间的知识垄断壁垒。

• 做好隐性知识交流的激励工作，建立知识共享奖励机制。如承认知识的来源，建立组织内部知识产权保护制度；修正考核指标，将员工与他人分享隐性知识的质和量纳入考核体系等。

• 对组织结构进行必要调整，构建隐性知识交流平台。如改变直线制组织结构，代之以松散的有机网络结构，或使管理职责有意重叠。另外，还要建立便于隐性知识交流的技术设备和网络。

2. 构建隐性知识开发利用的模式

构建便于隐性知识开发利用的模式要求能找到利用隐性知识的有效途径。不管是个人的还是团队、部门的隐性知识，只有被显性化或被传递才能发挥其作用。

因此，必须做好以下工作：

- 使个体的隐性知识显性化，如使个体将部分隐性知识清楚地表述出来从而实现共享。
- 使个体将其不能显性化的隐性知识以“人—人”的方式传递从而实现共享。
- 将团队、部门等集体拥有的部分隐性知识显性化，如将某集体特有的工作方法作为标准加以推广等。

3. 利益互惠的制度安排

当知识成为组织创新和发展的重要力量时，个人知识如何转化为组织共享是知识创新的直接来源。个人的隐性知识是一种个性化的与认知者个体无法分离的知识，从而使知识的共享明显受个人的认知、人格和动机特征的影响。在市场竞争中，知识是个人竞争的秘密武器，普遍的价值观念认为知识是个人财富应当为个人所用。安全感往往是对专家的最大威胁，他们担心知识分享会使他们的技能贬值，知识的分享程度与安全感成比例。互惠驱使人们愿意共享知识，而这种互惠只有通过适当奖赏制度和公司文化的变革才能引入进来，知识共享、互惠以及起支持作用的文化是知识管理的前提。

三、组织的学习与学习型组织

知识经济时代，工作的性质是以知识和学习为标志的，于是学习、学习力、组织学习(Organizational Learning)与学习型组织(Learning Organization)成为当今中外企业管理界最热门的话题之一。工业经济时代，工作不过是命令与执行；知识经济时代，工作的性质将以知识与学习为标志。一般地，知识的概念可以用“5W1H”来描述。即：“知道是什么(know-what)”、“知道为什么(know-why)”、“知道怎么做(know-how)”，“知道是谁(know-who)”、“知道什么时间(know-when)”、“知道什么地点(know-where)”。学习最狭义的定义是“我们在学校里所从事的活动”，广义的学习定义则认为：我们每个人都不停地“在学校里学习”，学习发生于任何时刻。由此，人们普遍接受的学习定义是：由于经验而发生的相对持久的行为改变。我们可以这样说，行为的变化表明了学习的发生，学习是行为的改变。

(一)学习力：个体学习力和组织学习力

“学习力”一词最早出自于1965年美国人佛睿斯特写的一篇文章。他运用系统动力学原理非常具体地构想出未来企业的思想组织形态——层次扁平化、组织咨询化、系统开放化，逐渐由从属关系转向工作伙伴关系，不断学习、不断重新调整结构关系。20世纪90年代中期，学习力逐渐成为知识经济时代应运而生的一项前沿的管理理论，受到越来越多的企业管理者的重视和应用。在当今的竞争环境下，没有人会否认知识的重要性。但与知识相比，更为重要的是如何让所有员工有效地学习，保持一种不断创新和不断成功的能力，这正是我们所要提倡的保持学习力。所谓学习力,是一个人学习态度、学习能力和终身学习的总和,它主要由三要素组成:学习的动力、毅力和能力。

通常我们所指的学习是针对个人而言的。先有个体学习的概念,再有组织学习的概念。组织学习的概念是由个体学习的概念衍生而来的。我们从小就在组织中学习,可是我们基本上不是在从事组织学习。每个人都在学习的组织却不能等同于组织学习。最明显的区别在于,学习的主体不一样,组织学习是将组织这个整体作为学习主体看待的。正是做了这样的理解,我们才发展出类似"集体思维"和"团体智商"这样的概念。

最早提出组织学习概念的是美国哈佛大学教授阿吉里斯。1977 年,他在《哈佛商业评论》上发表《组织中的双环学习》一文,首次提出并初步定义了"组织学习"的概念。1978 年,他与谢恩合著的《组织学习:一种行动透视理论》一书正式界定了"组织学习"的概念,并划分了"组织学习"的类型。此后,学者们纷纷投入到组织学习的研究中来,其中,以彼得·圣吉的研究成果最为卓越。研究组织学习的学者众多,相应地出现了组织学习的众多界定。

所谓组织学习力,也就是一个组织创造新意的能力以及推广有用新意的能力。如同每个人成长历程一样,组织的成长壮大也是一个不断学习的过程。就像一个人具有学习能力,能够不断适应社会的进步发展一样,如果一个企业具备了学习能力,一定能在不断变化的环境中完成自身的提高、超越,能动地适应环境的变化,一定会成为一个充满活力的、自我完善的组织。正如商界奇才韦尔奇所说:"最终的竞争的优势有赖于一个组织的学习力。"

(二)学习型组织模型

美国麻省理工学院教授彼得·圣吉博士关于学习型组织的研究不是描绘学习型组织如何获得和利用知识,而是告诉人们如何才能塑造一个学习型组织。20 世纪 80 年代初,彼得·圣吉以他的老师佛瑞斯特 1965 年发表的一篇著名的《企业的新设计》论文为基础,融合了其他的理论、方法与工具,发展出自我超越、改善心智模式、建立共同愿景、团队学习和系统思考五项修炼的学习型组织模型。

五项修炼缺一不可。系统思考则是能把五项修炼融成一体的核心和基石。"少了系统思考,就无法探究各项修炼之间如何互动。系统思考强化其他每一项修炼,并不断地提醒我们:融合整体能得到大于各部分加总的效力。系统思考使人们实行了一次观念上的根本转变;从将自己看作与世界分开,转变为与世界联结;从把问题看作是由'外面'某些人或事所引起的,转变为看到自己的行动如何造成问题"。"修炼"的境界并非靠强制力量或威逼利诱所致,而是必须精通整套理论、技巧,进而付诸实行。每习得一项修炼,便更向学习型组织的理想跨进一步。"学习是一个终身的过程。你永远不能说'我们已经是一个学习型组织',学得愈多,愈觉察到自己的无知。因而,一家公司不可能达到永恒的卓越,它必须不断学习,以求精进"。

资料

彼得·圣吉的五项修炼

彼得·圣吉认为,汇聚五项修炼或技能,是建立学习型组织的关键。

第一项修炼:自我超越

进行这项修炼,就是要求:

• 每个组织成员要不断而深入地认清自己真正的最高愿望。即弄清自己的内心深处最想实现的究竟是什么,这是会影响到人生态度的最高愿望。

• 为了实现这个最高愿望,每个成员都要集中精力,全心投入,正视现实,终身学习,不断创造,超越自身。

第二项修炼:改善心智模式

所谓心智模式,也可以译为思想模式或思维模式。心智模式,特别是共有的心智模式,无论对个人还是对组织,都具有深广的影响。"如果你无法把握市场的契机和推行组织中的改革,极可能是因为它们与我们心中隐藏的、强而有力的心智模式相抵触"。

进行这项修炼,就是要求:

• 要学会发掘自己的心智模式,使它浮上表面,因为人们通常不易觉察自己的心智模式,也不太清楚它对行为所产生的重大影响。

• 要严加审视自己的心智模式,抛弃其中不合时宜的成分。

• 要培育一种有学习效果的、兼顾质疑与表达的交谈能力,以便有效地表达自己的想法。

• 学会以开放的心灵容纳别人的想法。

第三项修炼:建立共同愿景

所谓共同愿景,就是共同的目标、理想和共享价值观。"一个缺少全体衷心共有的目标、价值观与使命的组织,必定难成大器。"而"有了衷心渴望实现的目标,大家会努力学习、追求卓越,不是因为他们被要求这样做,而是因为衷心想要如此"。

进行这项修炼就是要求:

• 领导者要有"将个人的目标转化为能够鼓舞整个组织的共同目标"的观念和尝试,因为共同的目标常常是以一位卓越的领导者为核心。

• 一个共同的危机,较容易激发一个组织形成一个共同的目标,这时不应只满足于暂时解决危机,而应该追求更高的目标,这往往是大多数人所愿意选择的。

• 将个人目标整合为共同目标,应该遵循引导学习的原则,努力培养公司成员主动而真诚地奉献和投入的意识与行为,而不应该搞一本行动手册让每一个成员被动地遵守,一味试图用领导者的主观意图来主导共同目标,会产生相反的效果。

第四项修炼:团队学习

"在现代组织中,学习的基本单位是团队而不是个人"。非团队的学习存在许多局限性,以至于在实践中出现了团队中每个人的智商都在120以上,而集体智商却只有62的窘境。团队学习的训练就是要打破这种困境。“当团队真正在学习的时候，不仅团队整体产生出色的成果，个别成员成长的速度也比其他的学习方式为快。”这样就做到了团队和个体兼顾的双赢效果。

进行这项修炼要求：

• 学会进行“深度汇谈”，指的是团队中的所有成员敞开心扉，进行心灵的沟通，从而进入真正统一思考的方法或过程。“深度汇谈”能够使团队所有成员都能亮出自己心目中的全部假设，并对各自的想法进行自由交流，从而发挥成员的所有优势，获得真正一起思考的能力，而不同于一般的“讨论”或“对话”。

• 找出妨碍学习的互动模式，并使之暴露，从而增进学习的速度。“深度汇谈”的主要障碍是团体成员的“自我防卫”心理，如果能以创造性的方式觉察它、消除它，团体学习的效率就会增加。

第五项修炼：系统思考

与人类社会一样，组织也是一种“系统”，它是由一系列微妙的、彼此息息相关的因素所构成的有机整体。系统中每一个元素，都是相互联系、相互影响的，“牵一发而动全身”，每一个细小部分的表现，离开了系统整体便无法理解。整体不仅高于各个部分，而且高于各个部分之和。把世界拆成零零碎碎的片断，然后再拼装起来加以认识的方法，就像先把镜子敲碎，然后再把破镜拼圆，以求看清镜中真相一样可笑。避免这类笑话的办法就是系统思考。

进行系统思考的修炼，就是要：

• 养成对系统整体，而不是对它的任何一个单独的部分，深入地加以思考的习惯。

• 理解系统论的完备知识体系，掌握它所拥有的实用工具，以认清整个变化形态，开创新的局面。

基于该模型，可以对学习型组织作如下定义：“所谓学习型组织，是指通过培养弥漫于整个组织的学习气氛，充分发挥员工的创造性思维能力中建立起来的一种有机的、高度柔性的、扁平化的、符合人性的、能持续发展的组织。这种组织具有持续学习的能力，综合绩效高于个人绩效总和。”使学习型组织从“发明”演变成一项创新，就是要使学习型组织普遍化，使每个公司都懂得怎样才能提高自己的学习能力，发展自己创造未来的潜能。

“学习型组织说”所讲的学习，不是通常意义下的学习，而是真正的学习。首先，通常意义下的学习，是指吸收知识或获得信息；而通过真正的学习，我们能够重新创造自我，做到从未能做到的事情，重新认知这个世界及我们跟它的关系，以及扩展创造未来的能量。其次，通常意义下的学习主体是个人；而这里所说的学习主体，是包括个人在内的整个组织。一个组织的真正的学习，不能满足于为了适应与生存，还应该着眼于开创美好的未来，使每个成员在这个组织内工作，能感到自己属于一个比自我强大的团体，能体现人生的价值。

复习思考题

1. 简述常见的组织结构形式。
2. 简述组织结构发展模式。
3. 简述组织结构设计的内容。
4. 简述组织的成长与变革的动因。
5. 简述组织的生命周期理论。
6. 简述组织老化与克服。
7. 简述组织变革的阻力与克服。
8. 简述组织变革的策略和实施。
9. 简述知识的隐性与显性特征及转化价值。
10. 简述知识管理模式及选择策略。
11. 简述隐性知识的开发。
12. 简述学习力、组织学习与学习型组织。
13. 简述彼得·圣吉的五项修炼。
14. 简述学习型组织的构建模型。

第十一章 人性假设与企业治理制度

企业组织的现代实践，丰富着组织行为学的研究内容，扩大了研究的范围。股份公司制度的创立，使大规模、多品种、多单元的企业组织成为可能，也使企业的产权关系变得日趋复杂。产权主体的多元化造成了企业所有权与经营权的分离。这样，经营者的目标有可能偏离所有者的目标，对经营者的激励与约束成为企业产权制度中必须克服的一大难题。企业动力来自于人，不同要素所有者或相关利益人群，包括股东、经营者、员工等之间的关系的制度安排，形成了公司的治理结构。因此，与传统非公司制企业比较，现代公司制企业中，组织行为的定义人群在传统意义上又增加了治理结构层。王凤彬、邱国栋等人将企业组织的这种行为人群结构性的分化，确定为三个层面，即企业组织＝治理层组织＋经理层组织＋作业层组织。

公司治理结构是一种制度安排，是一个企业的"上层建筑"。企业组织的这个"上层建筑"安排与构架还存在一些问题，如怎样使企业产权清晰、制度健全，通过产权的流动与重组，保证企业组织大规模高效率工作。毫无疑问，企业组织治理的不健全必然会导致经营管理层和作业层的低效率问题，所以我们有必要来探讨企业组织的治理问题和变革取向。以往许多有关研究一直沿循经济学的研究思路，王凤彬、邱国栋等人的划分使治理层问题落入了管理学范围。但是组织问题归根结底还是人的问题，进一步分析和寻找解决方案仍需要行为学意义上的科学研究。

第一节　经济人假设

一、人性假设与组织管理

人性假设涉及广泛开展的制度建设问题。企业制度的委托代理理论是现代企业理论的主流，委托代理关系构成了公司治理的核心问题。积极吸收组织经济学的研究成果，丰富与组织经济学研究相关的组织行为学、心理学、社会学等领域，拓展组织行为学的研究视野，是解决公司治理困境的有效途径。

我国不断地寻求着对国有企业"经理人"的激励与约束机制的可行方案，实际上就是在承认企业"经理人"具有经济人行为的前提下，试图找到一套恰当的制度，来诱导（或激发）企业"经理人"为企业利润的最大化而努力工作。事实一再表明，

"经济人"行为的存在是不以人们的好恶而改变的。由此可知,经济人假定在市场经济条件下具有很强的现实意义。

(一)人性假设决定管理模式的设计和建构

人性假设对于管理行为具有重大意义和价值,人性假设广泛而深入的探讨决定着现代管理的一个基本共识:管理必须以人性为基础。

所谓人性,是指在现实生活和活动中的人所特有的本质规定性。而人性假设,则是指每个管理者、每种管理模式在哲学和文化观念上的最高指导和理论前提。各种管理人员、管理学家以他们对人性的假设为依据,用不同的方式来组织、领导、控制和协调人们的行为,从而建构起一定的管理结构和模式。迄今为止,西方管理学提出了许多人性假设理论,并设计了相应的管理措施,建构了相应的管理模式,但其中最主要的、对管理学产生了重大影响的莫过于"经济人"、"社会人"、"自我实现的人"和"复杂人"四种人性假设理论。

在各种人性假设中,"经济人"假设把人看成是经济动物,认为人都具有利己本性,因而以泰罗为代表的管理学家们设计出了以提高劳动生产率为中心和目的,只满足"经济人"的利益最大化要求,忽视员工的创造性和主动性,管理者与被管理者处于对立的两极,人与人之间完全变成了金钱关系的管理模式。

"社会人"假设发现了人的社会和心理需求,认识到了人的思想和行动更多的是由情感而不是由逻辑来引导的特性和组织中人际关系的重要性,因而以梅约为代表的管理学家们设计出了一种试图注意关心人、满足人的需要,建立比较和谐的人群关系,注意培养和形成被管理者对所属组织的归属感和整体感,提倡集体奖励制度,从一定程度上体现被管理者在组织中的民主、平等要求的管理模式。

"自我实现的人"假设认识到了人的需要的多层次性,尤其是发现了人都有爱的需要、受到尊重的需要和自我发展、自我实现的潜能这一秘密,因而以管理哲学家麦格雷戈为代表的管理学家们设计出了一种调动被管理者的工作积极性,力图使人增长才干,发挥潜力,充分实现自我,达到自己所希望的成就,管理者与被管理者相互信任、相互关爱的管理模式。

"复杂人"假设认识到了人是复杂人,因而以威廉·大内为代表的管理学家们设计出了一种根据具体情况采取相应管理措施,既能突出管理方式的灵活性,又能体现被管理者个体差异性的权变管理模式即"Z 理论"。

由此可见,人性假设决定管理模式的建构。

(二)人性假设影响管理策略的制定与实施

人性假设可以为管理中具体策略的制定和实施提供明确的、合乎实际的理论指导,也可以防范管理者因受不恰当的人性假设的影响,对人产生消极的期待,而采取和制定消极的策略,从而造成不恰当的人性观念与不恰当的管理策略之间的恶性循环。

人性假设不仅会影响管理者对于管理重点的理解,还会影响管理者对管理各方面的职能的理解及其发挥。例如,管理具有领导职能,因而管理者大都会采取激励措施,但是,如果管理者所持的是“经济人”假设,那么他必然只采取物质刺激的方式;如果管理者所持的是“社会人”或“自我实现的人”或“复杂人”假设,那么他就会考虑人的精神和道德需要,物质刺激的方式就不会是唯一的选择。

管理具有控制职能,如果管理者的人性假设恰当、合理,那么他就不会对被管理者只采取消极防范的措施,而是在对人性欲求作深入理解的基础上,考虑如何以积极的方式做到有效施控。相应地,管理者也会根据其人性假设,设计相应的组织结构。这就表明,人性假设对于管理者的领导方式、激励模式、控制方式及组织结构设计等都有深刻的影响,从而对整个管理运行过程具有重要的意义。

二、理性的经济人

企业组织的任何经济活动都是人的活动,一切经济关系也都是人与人之间的关系。因此,无论是管理学还是经济学,其基本理论出发点都是建立在对人的行为的基本假定,即关于人性假定的基础之上的。企业组织的治理制度安排受到经济学“经济人”假设长期广泛讨论的直接影响。组织行为学在企业组织治理层面上关注经济学的讨论成果,有关“经济人”假设则成为共同的话题。

(一)亚当·斯密的“经济人”假定

亚当·斯密(Adam Smith)是英国古典政治经济学的主要代表人物之一,创建了政治经济学体系。他在吸收孟德维尔和爱尔维修关于利己心是人的本性和社会进步的动力思想的基础上,在经济学说史上第一个最精彩地提出关于“经济人”假定的理论。至此,经济人假定被完整地提出来了,并得到经济学家广泛的认同和接受。

资料

孟德维尔悖论:《蜜蜂的寓言》

伯纳德·孟德维尔(Mandeville)1670年生于荷兰鹿特丹。开始行医,专治“歇斯底里”病。18世纪的西欧思想界却充斥着对他的批判,人身攻击诸如“品行极坏之人”。这一切都源于他的主要著作《蜜蜂的寓言——私人的恶德·公众的利益》一书。孟德维尔在《蜜蜂的寓言》一书中讲过一个有趣的故事:一群蜜蜂为了追求豪华的生活,大肆挥霍,结果这个蜂群很快兴旺发达起来。而后来,由于这群蜜蜂改变了习惯,放弃了奢侈的生活,崇尚节俭,结果却导致了整个蜜蜂社会的衰败。

蜜蜂的故事说的是“节俭的逻辑”,又叫“节俭悖论”。当社会上每个人都节俭的时候,国民收入往往会下降,从而最终导致每个人生活水平都会下降。

到了20世纪,对他的思想普遍给予积极评价。“孟德维尔悖论”对伦理学和经济学的剑桥传统起了决定性的推动,涉及整个欧洲启蒙运动。

亚当·斯密在1776年出版的《国民财富的性质和原因的研究》一书中尖锐地指出："人类几乎随时随地都需要同胞的协助，要想仅仅依赖他人的恩惠，那是一定不行的"，"我们每天所需要的食物和饮料，不是出自屠户、酿酒师或烙面师的恩惠，而是出于他们自利的打算。我们不说自己有需要，而说对他们有利。"斯密从人的经济行为具有利己性出发指出，每个人从事经济活动都以追求自身利益最大化为目的和动机。尽管个人通常不打算促进社会的公共利益，而只盘算自己的安全和利益，但他在"一只看不见的手"（价格）的引导下，却达到了一个并非他本意要达到的目的——增进了社会公共利益，并且其效果比他真正想促进社会收益时的效果还要大。

这样，斯密实际上赋予了经济人三重基本规定：

(1)完全自利。人们的行为动机是趋利避害的，目的是追求个人利益的最大化。经济人假设视利己心为人们与生俱来和一成不变的东西。除了自利目的，其他任何追求和目的都排除在经济人思考的范围之外。经济人的自身利益是驱使人的经济行为的基本动机。

(2)完全理性。经济人会根据所处的环境，对当前、过去和未来的情况进行分析后，能够在各种可行的方案中寻找和计算出使自己收益最大化的那个方案。经济人具有的这一完全理性的手段是用以实现完全自利的目的。但这种自利行为会在"一只看不见的手"的指引下无意而有效地增进社会公共利益。

(3)完全信息。经济人能够无偿地获得关于个人需要、市场价格等与理性计算相关的一切信息。完全信息是经济人追求个人利益最大化的实现条件。

(二)古典经济学派的"经济人"假定

在亚当·斯密经济人假定的基础上，古典经济学派的一些经济学家对其思想作了补充和完善。边沁认为：个人利益总是和社会利益保持一致，既不需要道德约束，也不需要法律制约；个人追求利益最大化的过程就是国家利益最大化的过程。而威廉·西尼尔则把经济利益最大化原则作为他的"纯经济理论"的四个基本命题的第一个公理而提出。李嘉图假定的经济人则是："只有一种活动，即谋利的活动；只有一种要求，即生利的要求；只有一个目的，即成为富人的目的。"

约翰·斯图亚特·穆勒(John Stuart Mill，1806～1873)，英国思想家、哲学家、经济学家、哲学心理学家，实证主义和功利主义代表人物，心理化学理论的创始人，经济学的古典学派的最后代表人物；约翰·穆勒在西尼尔定量地确立了个人经济利益最大化公理基础上总结出"经济人假设"，最终完成了古典经济学派对经济人理论的发展。他认为，政治经济学分析的是经济人的行为，应对自利的经济人进行理论上的抽象和概括。他认为经济人具有三大特征：

(1)利己。人们的行为动机是趋利避害，利他是手段，利己是目的。

(2)完全理性。每个人都能通过成本-收益趋利避害，来对其所面临的一切机会和目标及实现目标的手段进行优化选择。

(3)经济人的自利活动，最终都会增进社会公共福利。

至此，经济人假定被更概念化地表述出来，进而成为西方经济学中的一个“公理”。

(三)边际效用学派的“经济人”假定

杰文斯、门格尔、瓦尔拉斯这三个不同国籍的人在自己的研究领域中几乎同时形成了边际效用理论，提出用主观的效用概念代替客观的价值。这些研究为斯密的理论中的“自身利益”问题提供了一种纵深分析的工具。正是在这种背景下，帕累托第一次提出了“经济人”概念，并为它附加了“边际理性”的规定。按此规定，经济人不仅追求个人利益，而且精于计算，能在权衡边际成本和边际收益中，获取最大效用。

从此，经济人理论成了西方经济学尤其是微观经济学的基本假设。

(四)新古典经济学派的“经济人”假定

第二次世界大战以后，西方主要资本主义国家的经济繁荣再次激发了经济学界的自由主义思潮。西方学者重新开始了对斯密理论的探讨，以寻找经济新发展所需要的理论依据。人们称推动这一时期恢复性发展古典经济理论的为新古典经济学派。该学派在古典经济学派的基础上继续增加约束条件，使得经济人假定理论成为该理论体系的重要基石。

新古典经济学派的经济人具有以下特征：

(1)个体利益最大化。

(2)个体是完全理性的。

(3)完全信息，即个体能够得到并充分、有效地利用一切信息。

(4)个体具有理性的预期。

(5)市场总是完全出清的。

三、对“经济人”完全理性观点的修正

(一)西蒙“有限理性”

从对“理性”和“利益(效用)最大化”的质疑入手，西蒙(H. A. Simon)最先对经济人假定进行了修正与开拓性的发展。他认为传统经济人假设所规范的理性“最大化”行为是一种远离现实的理想状态，其实现有赖于经济人：(1)拥有全部的候选方案以供选择和决策；(2)明确每个方案的结果，就不确定的未来估计出稳定一致的现实概率，并能够按优先次序给予排列；(3)拥有明确的效用函数进行决策。简言之，追求“最大化”的经济人具备完美理性，而理性意味着对每个抉择的确切后果都有无法获知的但却是完全的了解。

西蒙认为，人们在面临不确定性时，决策人的计算能力是有限的(有限理性)，受限于知识的不完备性、预期的不确定性和选择范围的局限性三个方面。具体表现在：

(1)缺乏完整、统一的能够对可能的选择进行排序的效用函数；

(2)人们只能找出所有备选方案中的一部分而不是全部；

(3)人们无法估计各个备选方案可能产生的后果，也不能对不确定性的未来事件估计出一致的现实概率。

这就决定了决策者无法在诸种可能的选择中做出最佳决策，不可能是最优的而只能是一种满意或次优的决策，甚至是基于常规而非理性计算之结果，所获将是“次优”的利润或效用，即所谓的“有限理性”说。西蒙还进一步指出，在很多情况下，人们在决策时是基于某种常规或习俗，而并非理性计算的结果。

(二)新政治经济学派的“经济人”假定

近 30 年来，西方兴起了“新政治经济学”运动。以加里·贝克尔、詹姆斯·布坎南、道格拉斯·诺斯等人为代表的“新经济学家”将新古典经济学派的理性经济人假设从经济范畴运用到其外的诸多社会领域，认为人的所有活动都会遵照理性和自利的原则。

在以布坎南为代表的公共选择学派的观念中，人际关系完全是一种契约关系。一切活动都以起码的个人成本——收益计算为基础，甚至婚姻、家庭、爱情也被视为传统企业来经营，一旦得不偿失就宣告“破产”或契约关系解除。而以诺斯，科斯为代表的新制度经济学派则认为：在当代制度经济学中我们应该从现实的组织体制出发，应该从人的实际出发来研究人，实际的人是由现实所赋予的制度条件下进行活动的。显然，新制度经济学是要用“现实的人”“实际的人”来代替新古典经济学的“理性的人”。科斯所说的“现实的人”“实际的人”可以用两点来描述：①人的有限理性。人总是想把事情做得最好，但是人的智力是一种有限的稀缺性资源。②人的机会主义倾向。

四、“经济人”假设评价

(一)“经济人”假设的合理性

“经济人”假设不仅仅要求在设计制度时要有出于约束人性弱点的考虑，而且要针对“经济人”假设的其他特性，设计出既利于制度制定者也利于制度行为者的制度来。

(1)“机会主义行为倾向”并不完全代表人性的弱点，它也表现为敢冒风险、勇于创新和寻找机遇。这样，设计制度时，要有约束不利的“机会主义行为倾向”一面，或者说人性中“坏”的一面，也要有发挥“机会主义行为倾向”中积极作用的一面。比如在设计委托-代理机制时，既要有防止代理人发生“道德风险”的约束机制，也要有发挥代理人敢冒风险、勇于承担责任的特性，适当放权，激发代理人潜能的激励机制。

(2)设计制度时，要合理利用“经济人”的自利且追求利益最大化的特性。“经济人”的这种特性导致现实中的人或多或少都有追求风险的偏好，从人在经济生活中都表现出对待风险的态度，而设计出在合作过程中的相关制度。比如三种激励机制，分成制、承包制和工资制正是基于“经济人”的这一特性的回应。

(3)设计制度时，也要充分意识到人只具有有限的理性。比如在决策制度中，就应该避免独裁制，造成不必要的决策失误，而尽可能实行民主决策；在选择干部时，也要制定相应的民主选举程序。

我们不期望“经济人”假设能解决所有的制度设计问题，但它确实是制度设计时应该遵从的出发点，只有假定每个人都是出于自身利益的考虑，在有限理性的算计中，会以机会主义行为倾向来追求最大化利益的行为者，才有可能设计出一种稳定的、公正而有效的制度来。

(二)“经济人”假设的经济学理论意义

在复杂真实的环境中，纯粹的经济人假设解释现实问题所暴露的矛盾和局限性限制了经济学的发展，不断地受到来自主流学说内外各方面的批判和修正。从经济思想史上来看，这些争论有三次：第一次是19世纪晚期的“利己”与“利他”之争；第二次是20世纪40年代关于“利润最大化”的争论；第三次是20世纪70年代关于“理性行为”的争论。

新古典经济学完全理性的个人行为假设给经济学家提供了便利：①数学方法作为最佳理性工具在完全理性条件下成为经济学分析的自然替代品；②完全理性意味着人类精神活动及行为后果对于经济运行并不构成实质性影响，经济学理论体系可以避免因引入价值概念而造成逻辑混乱。

这无疑是满足了理论的“美感”而非出自现实的考虑，使得流行的经济学教科书变成为纯粹数理化倾向的世袭领地。正如西蒙所说：“古典经济理论对人的智力做了极其苛刻的假定，为的是产生那些非常动人的数学模型，用来表示简化了的世界。”因此，人们为经济学的精炼和优美而陷入了“为经济学而经济学”的形式主义泥潭，成为远离现实的“黑板经济学”。

(三)“经济人”假设缺陷

“经济人”假设给经济学理论带来完美的同时，并没有阻止人们对它的批判。“经济人”假设招致来自多方面的批判，批判的内容主要包括：

(1)关于完全利己动机方面。新古典经济学经济人的完全利己动机假设忽视了其他方面，如利他行为、情感与心理欲望需要、历史道德及习俗的影响等。这种非现实性来源于过于简单的自利假设和对社会规范、个人社会关系等重要方面的忽视。一些形式主义者甚至将经济人之间的关系理解为一种完全利己的原子式的互动。以理性人为基点的逻辑演绎法抽象掉了复杂的社会因素和群体成员的相互影响，其结论是不可靠的。

(2)关于自我效用最大化。新古典经济学的理性经济人假设存在不可忽略的局限性，手段、目的、结果之间并不存在一致性，不能无碍地确定自我效用最大化。

表现在：

①不符合"理性原则"。追求财富最大化被设定为个人的唯一目的，而现实中真实的情况却是：这一目标常为追求满意目标（包括非利己的目标）所替代；无法确认最大化的目标值究竟是多少；即使了解目标值但却无法确认实现目标值的最佳方法。

②"偏好颠倒"。人在现实中的选择经常缺乏完整的、统一的、能够对所有可能选择进行排序的效用效能；人们只能找出所有备用选择的一部分而不是它的全部。人们对选择后果、不确定未来事件的概率也无从估计并使之保持一致性。

(3)关于辅助假设方面。经济学中完全理性的经济人假设暗含以下辅助假设：

①不存在任何形式的"不确定性"，所有经济主体都拥有关于整个经济体系运行的"完全信息"。

②信息不仅是完全的，而且所有的经济主体都具备"洞察"这些信息的能力，即完全理性。

③无成本获取所有信息。

④时间与制度无碍。

据此，经济主体才可以通过计算和比较，进行要素的最优配置，实现自我利益最大化。

(4)"理性经济人"引发"利己"与"利他"问题的争论，也导致从信息不完全与有限理性的角度来批判。人不可能保持完全的理性，只能具有有限的理性。同时，借助于人类行为的实验结果对"利润最大化"进而"理性最大化"所进行的证伪工作又在进行。

资料

组织行为学与行为经济学

经济学研究方法的特征在于它的研究以"人的行为是理性的"为其最基本前提。理性的定义以使决策者在面临几个可供他选择的方案时，选择一个能令他的效用得到最大满足的方案。现代经济学家认为，这一基本前提不仅适用于现代市场经济，而且也适用于古代传统的以及非市场的经济。从这个意义上讲，全部经济学理论就是围绕"经济人"命题展开的。经济学家们甚至声称：经济学是研究人类行为的科学。这就不难理解出现了行为学与经济学的交叉领域：行为经济学。

行为经济学是一门试图将心理学的研究成果融入传统经济学理论的科学。传统经济学理论建立在"经济人理性"的假设基础上，认为人的行为是理性的、自私的、追求自身效用最大化；而行为经济学认为人的行为所追求的并不仅仅如此，人们还关注公平、互惠和社会地位等许多社会现象，同时关注人的认知、需要和情绪对人的经济行为的影响。

第二节 关于"经济人"假设的实验研究

"经济人"假设是现代经济学基本的核心假设，是现代经济学产生、发展和研究的起点，"经济人"假设与稀缺性假设一起，构成了现代经济学的最重要的两块基石。"经济人"假设赋予了作为经济主体的人如下基本含义：(1)"经济人"是完全自私自利的；(2)"经济人"只在乎经济利益或者说物质利益，而对其他方面不予考虑；(3)"经济人"是完全理性的。近年来，随着实验经济学的迅猛发展，实验经济学家对"经济人"假设做了多方面的研究，发现这一假设的三个基本方面与人们的真实行为模式存在系统偏差。

一、对自利假设的实验研究

20 世纪 80 年代以来，实验经济学家们开始在受控的实验室里研究一些竞价博弈行为以验证经济人纯粹自利的假设。几个重要的实验最终导致越来越多的经济学家认识到单纯的自利假设是有问题的。这几个实验是"最后通牒博弈"、"单方指定博弈"、"礼物交换博弈"和"信任博弈"。由于这几个实验设计得简单明了，实验对象很容易理解，由此所推导出的实验对象的动机具有很强的说服力。

(一)最后通牒博弈实验(ultimatum game)

凯莫勒等(Camerer，Thaler，Roth，1995)把实验对象两人分为一组，共同决定一定数额的金钱在两人之间的分配。其中一人是提议者，他首先提出一个分配方案供另外一人考虑，另外一人是回应者，他可以同意也可以拒绝前者的提议。如果他同意，两人就按前者的提议各自获得一定份额的金钱；如果他拒绝，两个人都得不到任何金钱。

在这一实验条件下，标准的经济学会做出以下假设：

(1)提议者和回应者都是理性的，并且仅仅关心自己的收益。

(2)提议者知道回应者是理性的，且只关心自己的收益。

因此，很容易得出该实验的子博弈精炼均衡结果：提议者将只愿意给回应者极少量的(从理论上讲，可以是任意小的正数)金钱，而把绝大部分据为己有，回应者也将接受这一提议。

但是，经过数百次的重复实验，得出的可靠结果是：如果提议者给回应者不到20%的金钱，他将有 0.4～0.6 的可能性被拒绝。提议者给予回应者的比例越高，被拒绝的可能性就越小。很明显，许多回应者并非按纯粹自利的模式行事。一般来说，提议者给予回应者过低的份额将可能使后者感觉这种分配不公平而拒绝。

(二)单方指定博弈(dictator game)

福赛斯(Forsythe，1994)进行的单方指定博弈和最后通牒博弈只有一个区别：在单方指定博弈中，回应者无权拒绝提议者的分配方案，金钱的分配完全由后者决定。根据经济人假设，很容易得出结论：提议者将不会给回应者任何金钱，他将全部占为己有。但实验结果是,提议者常常会给予回应者一小部分金钱,虽然他完全可以一毛不拔。

最后通牒博弈显示,很高比例的回应者希望惩罚那些被认为是不公平的行为。

(三)礼物交换博弈(gift exchange game)

礼物交换博弈则显示,相当比例的回应者也愿意回报那些被认为是公平的(慷慨的)行为。在礼物交换博弈中,提议者(相当于雇主身份)提供一定数量金钱(可以被理解为薪水)给回应者(相当于雇员身份)。回应者可以接受或者拒绝。如果拒绝,双方都一无所获。如果接受,回应者必须选择一定的努力程度。在标准的经济人假设下,双方都是"理性"、"自利"的,得出的子博弈精炼均衡结果是:回应者将总是选择可能的最低努力程度,而提议者将总是提供可能的最低薪水。礼物交换博弈代表的是一种模式化的表现为非常不完全合约的委托代理关系。由于这种委托代理关系大量存在于一些重要的经济场合,因此引起了许多经济学家的兴趣,他们以各种不同的方式重复礼物交换博弈实验,得出的研究结果都惊人得一致:平均的努力程度与提供的薪水正相关,这完全违背了标准的委托代理理论的预测。尤其值得一提的是,如果工资由外在因素决定(例如,由一个随机程序或者实验设计者决定),则薪水与平均努力程度的正向关系就消失了。

(四)信任博弈(trust game)

还有一个挑战经济人纯粹自利假设的实验是信任博弈。在信任博弈中,提议者首先从实验组织者那里得到一定数量的货币,然后自行决定转交其中部分数量的货币给回应者。实验组织者再将这一数额变成三倍后转交给回应者。最后,回应者可以自由决定返还货币数额给提议者,如果提议者和回应者都是理性的、自利的,那么,对实验结果的预测将是很明显的,不管提议者选择的货币为多少,自利的回应者将总是决定返还货币数额给提议者为零。相应的行为,一个理性的、自利的提议者也会总是给回应者转交其中部分数量的货币为零选择。实验的实际结果完全不是这样,大部分提议者总是会转交一定数量的货币给回应者,大部分回应者也返还了一部分货币给提议者。而且,在转交数量和返还数量之间常常有很强的正相关关系。

实验的证据是无可辩驳的,但重要的是解释影响行为的要素。例如,最常见的一种观点是实验真实的收益会影响行为,收益越大,参与人会表现得更自私,但这并没有得到实验的有力证明。实验表明真实收益的大小对最后通牒博弈行为几乎没有任何影响。此后,其他一些人的实验也大致证明了这一点。

二、对理性假设的实验研究

经济人假设除了认为人是纯粹自利的以外,另外一个重要的观点是认为人是理性的,这表现在他有明确的偏好,能够充分处理信息,并能根据客观条件和资源禀赋，做出使自己利益最大化的决策。经济人假定每个人都具有无限意志力追求效用最大化。但是，实验经济学家认为，在经济实践中，人们往往知道何为最优解，却因为自我控制意志力方面的原因无法做出最优选择，人们往往是基于短期利益而非长期利益做出选择，如人们拖延工作；过度负债；做白日梦；睡过头上班迟到；下定决心要戒烟，却控制不住烟瘾而复吸；冲动地购买“优惠”商品，买回去却发现毫无用处等，这些都说明，人们常常并不能如理性经济人那样采取使自己利益最大化的行动，即使他们意识到某些行为会损害自己的利益，却无法控制自己的行为。实验经济学家将其称之为“冲动”行为(pulsiveness)。实验经济学家对非理性行为的研究集中在冲动行为研究方面。

(一)糖果试验

米契尔(Mischel,1983)的研究最先证实，人们在现实生活中，常常必须和自己的非理性冲动行为作斗争。这种内心深处的冲突，甚至从孩提时代就开始了。米契尔在斯坦福大学幼儿园进行了著名的“糖果试验”，结果证明了冲动对人的影响以及自控的重要性。

实验员告诉4岁左右的孩子们说，如果等到他20分钟后办完事回来，就可以得到两块果汁软糖吃；如果等不了那么久，就只能吃一块，而且马上可以得到。这两种选择对于4岁的小孩来说，确实是一个考验，是一个冲动与克制、即刻满足与延迟满足之间的权衡。在实验中，有部分孩子能够熬过那似乎没完没了的20分钟时间，一直等待实验员回来，最后得到了两块果汁软糖的回报。但那些较冲动的小孩几乎是在实验员走出去的一瞬间，就立刻去抓取并享用那一块糖了。大约12至14年之后，他们的能力差异显露出来，那些当初能抵制冲动的孩子长大后，有较强的社会竞争性、较高的效率、较强的自信心，能较好地应付生活中的挫折。而那些当初抑制不住冲动的孩子则缺乏这些品质。实验的结果显示，人们取得的成就与其抑制冲动的能力有明显的关系。

(二)夸张贴现

莱布森(Laibson,2000)和拉宾(Rabin,1998)则利用实验研究了人们储蓄中出现的冲动行为，他们将其作为反常现象重点研究。他们发现，当人们预期金钱收入但尚未收到它的时候，他们是能够相当理性地在花多少和储蓄多少的问题上做出规划的。在有限的刺激下，人们愿意储蓄和推迟开支，从而企业可以利用这些储蓄进行投资，推动整个经济增长。但是，尽管人们的愿望是好的，是符合理性选择的，但是当钱真的到来的时候，人们的意志便崩溃了，表现为立刻把钱花掉的冲动行为，这一现象被称为“夸张贴现”。莱布森和拉宾认为，这是因为在人们的时间偏好中，短期贴现率往往大于长期贴现率。夸张贴现函数正是抓住这一特征，认为人们并不是合乎理性的在一生中对开支和储蓄统筹安排，而是从年轻到老年都负债。另外，大量实验研究发现，人们偏好于直接产生最大效用的选择，而不考虑这一选择对未来的影响。

(三)冲动行为的研究

拉伯波特等人(Benzio,Rapoport,Yagil,1989)对冲动行为的研究更为深入,他们的研究显示,冲动行为源于人们并没有一个如理性经济人假设的那样稳定一致的内在偏好,这种偏好表现为一个恒定的贴现率,相反,人们的贴现率呈现出随延期时间的增加而递减的趋势。

他们的实验设计了四个场景:

(1)场景 A 被称为"延期收入",假设实验参与人在一家财务状况良好的企业工作挣得了数额为 y 元的收入,但因为该企业暂时缺乏现金,因此保证在经过一段时间 t 后支付给他数额为 x 元的收入。

(2)场景 B 被称为"延期支付",假设实验参与人必须立刻向一家企业支付 y 元来偿还债务,因为手头暂时没有资金,他向该企业提议推迟一段时间 t 后偿还 x 元给该企业。

在 A、B 两个场景中,y 和 t 的值是给定的,调查参与人被要求确定 x,使得他感觉在现在收到或者支付 y 和经过一段时间 t 后收到或者支付 x 对于他来说是没有差异的。

(3)场景 C 被称为"提前收入",假设实验参与人所属的企业在经过一段时间 t 必须向其支付 y 元,该企业提议现在就支付 x 元给雇员。

(4)场景 D 被称为"提前支付",假设实验参与人必须在经过一段时间 t 向一家企业支付 y 元来偿还债务。但他希望能够马上还清债务,因此提议现在就支付 x 元给该企业。

(5)在 C、D 场景中,y 和 t 的值也是给定的,调查参与人被要求确定 x,使得他感觉现在收到或者支付 x 和经过一段时间 t 后收到或者支付 y 对于他来说是没有差异的。

这四个调查场景 A、B、C 和 D 是为了分别估算四种形式的贴现率 R(A)、R(B)、R(C)和 R(D)。对于每一个场景,分别设计了四种延期时间和四组不同的支付金额,也就是说,对于每一个场景,都做了一个 4×4 因素的设计,这样一种设计是为了检验时间因素和金额因素对贴现率的影响。实验发现,在四个场景、四组金额下,参加问卷调查的实验参与人的贴现率都呈现出随延期时间的增加而递减的趋势。

三、对社会认可动机的实验研究

实验经济学家对于经济人只在乎经济利益的假设一直提出质疑,他们认为,人们除了经济利益之外,还渴望得到诸如社会认可等其他方面的利益。因此,近年来,他们设计了一些实验来验证社会认可动机是否会影响人的行为,这些实验的结果证实,社会认可动机确实影响了个体的决策行为。

(一)捐赠"公共品"实验

雷杰和特列(1999)设计了一个 10 人小组的捐赠"公共品"实验。在实验中,每个人必须决定向公共品的捐款额。每一美元捐款可以使小组中每个成员获利 0.2 美元,也就是个人捐献 1 美元将招致 0.8 美元净损失。在实验的"社会认可组",每个人的捐款额是公开的,而在对照组中,每个人的捐款额是保密的。两个组里的人互相之间都不认识。实验结果显示,对照组的每个人捐献了个人所得的 34%,而"社会认可组"的个人捐献额则达到了两倍于此的数目。对这一差异的一个很明显的解释就是在"社会认可组"中,个人害怕因捐献过少受到他人非议。

(二)社会制裁

在此之后,雷杰和特列(Rege 和 Telle,2001)又设计了一个更详细的实验来验证他们的观点。实验对两种效果做了对比:非语言社会制裁(Non-Verbal Social Sanction)的效果和联想框架(Associative Framing)的效果。因此,实验包含 4 个做了不同实验处理的小组(见表 11-1)。

表 11-1 Rege 和 Telle 公共品博弈实验中 4 种不同的实验处理方式

		社会制裁状况	
		不存在社会制裁	存在社会制裁
联想框架状况	不存在联想框架	无社会制裁,无联想框架	有社会制裁,无联想框架
	存在联想框架	无社会制裁,有联想框架	有社会制裁,有联想框架

在无制裁处理方式下,实验参与人捐献了多少货币对所有人都是严格保密的,这样使得社会制裁不可能。在有社会制裁处理方式下,每个实验参与人捐献了多少货币是公开的,这使得非语言社会制裁成为可能。在联想框架处理方式下,对实验的说明让人联想到某种群体规则,这种群体规则鼓励人们进行合作。在无联想框架处理方式下,对实验的说明不会让人联想到某种群体规则。实验参与人互相之间不认识,并且在实验的任何阶段,实验参与人之间都不能够有口头交流。

Rege 和 Telle 在实验开始之前,做了两个假设。假设 1:陌生人群体中社会制裁的引入将提高个人对群体的捐献额;假设 2:让个人联想到某种鼓励个人合作的群体规则,将提高个人对群体的捐献额。实验结果证实了上述两点假设。实验结果说明,人们的确渴望得到社会认可,而且,实验结果还揭示出一个重要的政策工具:因为存在鼓励合作的群体规则,如果公开个人的身份和他对公共品的捐献额可能提高他的自愿捐献额。

此外,让实验参与人联想到某种鼓励合作的群体规则会强化社会制裁的效果,这也揭示出另一个重要的政策工具:如果对社会困境(social dilemma)的表述语言使人联想到某种鼓励合作的群体规则,那么,对公共品的自愿捐献额有可能提高,这种政策工具对于目前进行的对东南亚发生海啸国家赈灾捐款活动可能是有帮助的。参与实验的陌生人进行一定的交往也能显著提高每个人的捐款额。

此外,他们的研究还显示人的情绪是影响社会认可的心理基础,因为"搭便车"行为将招致小组其他成员强烈的负面情绪,在实验后的小组讨论中,小组其他成员都公开指责搭便车者。

第三节 “经济人”假设与制度

一、“经济人”假定理论的意义启示

“经济人”假定既不是对人性的一种断言，也不是对人的一种伦理期望，而是对一定历史条件下的人的行为方式的一种基本界定。通过对“经济人”的正确引导和制度约束，人的自利行为便能在客观上更好地促进社会的进步与发展。在市场经济的条件下，既充分反映“经济人”利己属性的基本要求，又充分考虑“经济人”容易出现的损人心理和行为，使正当的个人利益得到激励和保护，损害他人利益的行为得到抑制和禁止，实现人们的个人利益、他人利益、社会利益趋于一致。

(一)“经济人”的市场经济本质

但是“经济人”的假设是相当切合市场经济本质的，是对人们从事经济活动的本质属性抽象思维的结果。市场经济本身暗含着“经济人”假设，没有“经济人”的市场是难以想象的，消除了“经济人”的活动，也就从根本上取消了市场经济的运作。当然这种人性不是抽象不变的，而恰恰是由市场经济关系、市场运行机制本身所决定的。不是经济规律来自不变本性，而是受这种规律支配的经济关系影响在其中活动的人，塑造着他的本性。

其实“经济人”这一概念本质上反映的是有限理性的经济行为人尽可能多地获取自身利益以维护自身生存和发展内在需求，它只是对市场经济条件下微观经济活动主体趋向于追求个人物质利益和非物质利益的偏好的一种真实写照。认同“经济人”，充分发挥经济行为人内在的动力机制和约束机制，是市场经济的内在要求，是经济扩展、财富增长的手段和方式。试想如果在市场竞争中，尽管一方明显优于竞争对手，但却放弃自身利益，让对方免于破产甚至获胜，那么这种行为在市场竞争优胜劣汰中无异于自杀，等待他的迟早是失败与破产，也就根本不是市场行为。

人的自利动机和行为是经过不断选择进而确立的，在任何交换或交易活动中，人都有采取机会主义手段为自己谋取利益的可能性。因此，对人的自利行为就要进行约束和规范，“经济人”若缺乏有效的约束，即使在客观上也不一定有利于他人、有利于社会。为引导自利行为有利于社会从而也有利于“经济人”自身，社会的成功运作需要契约、法律和制度来规范和约束人的行为。只有具有良好的法律和制度保证，“经济人”追求个人利益最大化的行动才会无意识地、卓有成效地增进社会公共利益。

(二)“经济人”与制度

从“经济人”的角度看，组织、制度的出现是社会发展的必然，正是把人设想成追求自身利益最大化的人，才需要设计约束人的行为的正式的和非正式的制度，这样既保证人的自利权利，又有效规范和约束人的行为。如果没有适当的制度，任何

意义的市场经济都是不可能的。制度设计要从人是自利的和人要最大化自身效用这个前提出发，完善制度安排，强化制度约束，用制度激励人、约束人，允许人们在约束条件下自由签约、自由选择，从而保持社会的生命力，实现社会的繁荣和进步。

“经济人”是立足于自身利益、能够在自己所处的环境中进行有限理性分析、善于选择利益最大化的经济行为人。“经济人”追求自身利益最大化，在具体的社会生活层面就难免不产生搭便车、敲竹杠、机会主义等道德风险，因此必须设计安排和构建严格的制度。这些制度既充分反映“经济人”利己属性的基本要求，又充分考虑“经济人”容易出现的损人心理和行为，使正当的个人利益得到激励和保护，损害他人利益的行为得到抑制和禁止，使个人利益、他人利益、社会利益趋于一致，从而使整个社会经济发展保持正确的方向，驶向理想的目的地。制度旨在提供一种约束和规范，否则，没有必要的制度约束，追求自身利益的动机和行为就势必发生“一切人对一切人的战争”，整个社会经济发展必将陷入混乱和无序状态，没有约束也就不可能有文明存在。

因此，设计完善而有效的制度，在一定意义上，又反映着人的共同愿望和利益所在，是他们实现个人利益的重要保证。正是通过对行为进行一定形式的约束，人类的组织才成为可能。由此可见，制度的产生和存在便是必然的了。

(三)制度伦理建设

按照制度规则存在的形式，制度分为正式制度和非正式制度。①正式制度是指人们有意识创制的，具有强制力的一系列法律、法规和政策。它通常由公共权威机构制定，也可以由有关各方协商制定，主要包括国家法律、政府政策条例、公司规章、经济合同等。它体现着一个社会的制度化水平。②非正式制度是指人们在长期交往中形成的，包括具有持久生命力的文化传统、道德观念、价值取向、伦理规范、风俗习惯、意识形态等因素。这些因素同样是制约人际关系、决定人们行为的重要规则或约束条件。在一定意义上，非正式的制度可以理解为一种心理约束，而正式的制度则是一些心理约束的外在形式，是被社会化、强制化的行为规则。二者具有内在的、不可分割的联系。

一个社会中人们的道德处于一种什么样的状况，在很大程度上取决于社会为此而做的制度伦理安排。一个比较公正的制度体制会使人良知清醒、选择公正，少犯错误、多做好事，可以使坏人无法任意横行。制度不好可以使好人无法充分做好事，甚至会走向反面。所以道德建设最主要的不在于宣传和号召，而在于制度伦理建设，道德规范将越来越趋向制度化。

二、“经济人”特性对制度设计的价值

(1)“经济人”假设是进行制度设计的前提，在市场经济条件下，制度规范的对象都是“经济人”。只有假设所有的人都是追求自身利益最大化的“经济人”，并分析“经济人”之间的行为互动关系，才能设计出对所有公民一视同仁的制度，制定出适宜的法律限制，从而把追求私利最大化的行为纳入到互利的界限之内，使个人追

求自身利益的动机增进整个社会的福利。

(2)偏好的选择与代价的平衡。在许多情况下，经济人不仅追求物质利益最大化，而且追求非物质利益(精神、道德、感情等)最大化，人们往往要在物质利益与非物质利益之间进行权衡，人们的最终选择取决于个人为表达其偏好所付出的代价。制度作为一个重要变量能够改变人们为其偏好所付出的代价，影响人们在物质利益与非物质利益之间的权衡。在设计制度时，要兼顾行为人的物质利益与非物质利益，实现非物质利益不能总是以牺牲个人物质利益或其他利益为代价，从而使理想、道德、意识形态等非物质利益在个人选择中占有重要地位。

(3)人的理性是有限的。由于环境的不确定性、信息的不完全性和非对称性以及人的脑力的稀缺性等使人们的认识和行为能力受限，而制度通过设定一系列规则能减少环境的不确定性，提高人们认识环境的能力。通过设计信号显示、信息甄别、激励约束等机制则可弱化信息不对称给人们带来的不利影响。同时，由于人的理性的有限性，不可能有完美无缺的制度，除了正式制度之外，人的行为还需要其他非正式制度来约束。

(4)人存在机会主义行为倾向。机会主义行为有时会对他人造成危害，这种危害行为大致可分为两类：一类是在追求私利时附带地损害他人的利益，如化工厂排出的废气污染了环境，这是负的外部性问题。另一类损人利己的行为是故意地以损人利己为手段来为自己谋利。虽然机会主义行为倾向增加了市场中的不确定性和交易成本，但有效的制度能引导交易者获得具有正确模式的信息，降低市场中的不确定性，抑制人的机会主义行为倾向，从而降低交易成本。

三、“经济人”假设的实践意义

(一)“经济人”假设与深化政治制度建设

“经济人”假设是一个科学的假设，它不仅适合于企业等经济领域，同样适合非经济领域中人的行为动机的分析。长期以来，人们从“道德人”的假设出发，总习惯采取一系列“人治”范围可以采用的一切教化手段来帮助人们提高道德修养，可即便如此，政治生活领域中的欺上瞒下、行贿受贿、权钱交易等为广大群众深恶痛绝的现象依然存在。这种令人尴尬的局面，不仅说明了“道德人”假设的虚幻性，同时也反证了“经济人”假设运用于非经济领域中人类行为动机的分析是合理的事实。

非经济领域的“经济人”行为仍是以自身效用最大化为目的，要真正解决非经济领域中存在的腐败问题，仍就必须在“经济人”假设的前提下，通过分析产生腐败行为的制度原因以及用什么样的制度去克服腐败现象，方才算是把准了“治本之道”。

(二)“经济人”假设与强化经济制度建设

我国的经济决策过程习惯把人假定为不计个人得失的大公无私的“道德人”或希望通过教化使人们达到这种境界。由此，在实践中必然导致重“人治”轻“法治”，将各种经济措施、政策的制定和执行寄托在个人是“大公无私”或应当是“大公无私”的道德期望之上，忽视制度对人的制约作用，以至于许多经济措施在“道德人”

假设的前提下，都能在理论上找到一系列“优越性”，而一旦运用于实践过程中，就出现各种“意想不到”的严重后果，甚至走向反面而不得不中止实施。

即使确信企业管理者品德高尚，但这不能否认制度建设的价值，原因是：

(1)并不是所有的企业家都是以利他利公为根本的行为准则的“道德人”。

(2)就是在选择机制极为健全的前提下，也无法保证所选的人就一定是品德高尚的人，更何况我们的选择机制还谈不上健全。

(3)即使选准了人，但人是会变的。不少企业家开始是公正廉洁的治厂能人，可是到后来总有人成了金钱的俘虏。

(4)好的制度可以约束人、激励人。要建构好的经济制度必须承认“自我利益”对“经济人”行为的决定作用。在此基础上，去探寻产生问题的制度原因，以及用怎样的制度去解决问题。

市场经济的运行离不开市场和主体的自我利益，因而，也就必须建立一种制度，能充分保证“经济人”的自我利益和正当权利的制度。总之，在“经济人”假设的前提下确立和运用以自我利益为核心的经济制度和利益机制，才是保证社会主义市场经济制度良性运行和搞好现代企业的关键。

第四节 “经济人”假设与公司治理

一、公司治理结构

公司治理结构(Corporate Governance)的概念最早出现在 20 世纪 80 年代的经济学文献中，在 20 世纪 90 年代公司治理结构日益成为各国理论和实业界讨论的热门话题。公司治理结构问题是随着所有权和经营权两权分离，所有者和经营者利益冲突而导致代理成本高昂的条件下出现的。

从思想渊源上看，亚当·斯密在《国富论》(1776 年)中最早提出，股份公司中的经理人员，使用别人而不是自己的钱财，不可能期望他们用私人公司合伙人那样的警觉性去管理企业。因此，在这些企业的经营管理中，或多或少会存在一些疏忽大意和奢侈浪费现象。

治理结构的初衷是为了降低代理成本并实现股东财富更大化，但随后又发展到对所有利益相关者——股东、经营管理者、店员、顾客、供应商、经销商等的保护。因而，完善的治理结构应该形成对各利益主体的分权制衡。故应该通过法律和公司章程对股东大会、董事会、监事会、经理等各主体之间的分工和制衡、激励和约束做出明确的安排，形成一种有利于企业发展的利益制度体系。

经济合作与发展组织(OECD)在 20 世纪 90 年代后期制定的《公司治理结构原则》给“公司治理结构”下的定义是：公司治理结构是一种据以对工商业公司进行管理和控制的体系，它明确规定了公司的各个参与者的责任和权利分布，诸如理事会、经理层、股东和其他利益相关者，并且清楚地说明了决策公司事务时所应遵循的规则和程序;同时,它还提供了一种结构,使之用以设置公司目标,也提供了达到这些目标和监控运营的手段。

公司治理结构就是公司的法人治理结构。通过设计科学的法人治理结构,形成相互配合、协调制衡的机制,以保证企业经营者管理指挥协调顺利。公司治理的机构包括:

(1)股东大会。股份公司是由股东投资组成的,当然股东应是公司权力的最终来源。由于股东人数众多,需要由股东大会这种机构来代表股东的意见,以体现资本所有权。因此,股东大会是公司的最高权力机构,公司其他机构行使的职权,都直接或间接地来自或派生于股东大会。

(2)董事会。董事会必须由公司设置,由股东推选的董事组成,对内管理公司事务,对外以公司名义进行活动。它是公司法人代表,是公司生产经营和行政管理的领导机构。董事长是由董事会选举产生,负责并主持董事会工作,对外作为公司法定代表人的董事。

(3)专门委员会。大型股份公司的董事会往往下设若干专门委员会,作为董事会决策管理的咨询机构,以保证决策和管理的科学性。如生产委员会、销售委员会、财务委员会、科技与开发委员会、情报研究委员会、法律事务委员会等。

(4)监事会。股份公司依照公司法、公司章程所设立的对公司事务进行监督的机构,有的称之为监察会或监察委员会,有的称之为监察人或监察人会,也有的称之为查账员。监事会由股东代表和适当比例(具体比例由公司章程规定)的公司职工代表组成。

(5)经理。根据我国公司法规定,股份有限公司及有限责任公司设经理,由董事会聘任或解聘,对董事会负责。

二、公司治理结构中的制衡关系

在公司的法人治理结构中,股东及股东大会与董事会之间,董事会与经理人员之间,存在着性质不同的关系。要完善公司的治理结构,就要明确划分股东、董事会、经理人员各自的权力、责任和利益,从而形成三者之间的制衡关系。

股东大会与董事会之间信任委托关系和董事会与经理人员之间的委托代理关系。

(一)股东大会与董事会之间的信任委托关系

在公司治理结构中,董事是股东的受托人,承担受托责任,受股东大会的信任委托,托管公司的法人财产和负责公司经营。

股东大会和董事会的这种信任托管关系的特点在于:

(1)一旦董事会受托经营公司,就成为公司的法定代表。股东既然将公司交由董事会托管,出于信任,不得干预董事行为和公司管理事务,这是公司作为法人的条件。而且,股东也不能因商业经营原因,例如非故意的经营失误,而任意取消董事。如个别股东对受托经营者的治理绩效不满,即对董事会不信任时,可以不再选举他们连任(用手投票)或转让股权(用脚投票)。不过,选举不能由单个股东决定,而要取决于股东大会投票的结果。如果董事因违背公司法和公司章程的规定,或采取欺骗、隐瞒等手段而使股东利益受到侵害,股东可以"玩忽职守、未尽到受托责任"的理由起诉董事,并追究经济责任。

(2)受托经营的董事不同于受聘经理人员,不兼任执行人员的董事(外部董事),一般不领取报酬,只领取一定的津贴或称车马费,表明不是雇佣关系,而是信任托管关系。在有限责任公司的情况下,由于股东的人数比较少,董事会的成员多半具有股东身份,这意味着大股东直接控制公司。在股份有限公司的情况下,董事会主要由经营专家以及社会人士组成。

(3)在法人股东占主导地位的情况下,大法人股东的代表往往派出自己的代表充当被持股公司的董事。这时,公司特别是关联公司的经理人员,由于懂得经营和业务,关注自身的价值,往往成为被持股公司董事的合适人选。

(二)董事会与公司经理人员之间的委托代理关系

董事会以经营管理知识、经验和创利能力为标准,挑选和聘任适合于本公司的经理人员。经理人员作为董事会的意定代理人,拥有管理权和代理权。前者是指经理人员对公司内部事务的管理权,后者是指经理人员是诉讼方面及诉讼之外的商业代理人。

这种委托代理关系的特点在于:

(1)经理人员作为法定代理人,其权力受到董事会委托范围的限制,如营业方向的限制、处置公司财产的限制等。包括法定超越权限的决策和被公司章程或董事会定义为重大战略的决策,要报请董事会决定。

(2)公司对经理人员是一种有偿聘任的雇佣,经理人员有义务和责任依法经营好公司的业务董事会,有权依经理人员的经营绩效进行监督,并据此对经理人员做出(或约定)奖励或激励的决定,并可以随时解聘。

(三)股东、董事会和经理人员之间的相互制衡关系

公司治理结构的关键在于明确划分股东、董事会和经理人员各自的权力、责任和利益,形成三者之间的制衡关系,最终保证公司制度的有效运行。

(1)股东作为所有者掌握着最终的控制权。他们可以决定董事会的人选,并有推选或不推选直至起诉某位董事会的权利。但是,一旦授权董事会负责公司的经营管理后,在公司经营中,股东就不能再随意干涉董事会的决策。

(2)董事会全权负责公司的经营,拥有支配公司法人财产的权利,并有聘任经理人员的全权。但是,董事会必须对股东负责,它被视为股东利益的代表并对股东负有信托责任。董事会被期望利用它的诚实和能力去审视公司的战略、计划和重大的决策,并根据股东和社会的利益去监控公司的管理层。

(3)经理人员受聘于董事会,作为公司的法定代理人统管公司日常经营业务。在董事会授权范围内,经营管理人员有权决策,其他人不能随意干涉。但是,经理

人员的管理权限和代理权限不能超过董事会决定的授权范围，经理人员经营业绩的优劣，也要受到董事会的监督和评判。

三、公司经理人员的约束机制和激励机制

为了使经理的行为不偏离股东利润最大化目标，委托人就必须设计某种激励-约束机制。在激励方面，现代企业，特别是美国的公司大多是将经理的收入与公司的利润挂钩。而约束机制如代理人之间的竞争、市场拒价和敌意接管，在存在着一个有众多专业管理人员的劳动市场的前提下，委托人通过对代理人的选择、提升、撤职、解聘等手段对代理人进行约束，来控制代理人的行为。

(一)约束机制

经理阶层的崛起和其成为控制公司的主导力量，并非意味着经理能够不受任何约束，为所欲为。恰恰相反，在股份经济的运行中，经理的行为受到多层次的约束。

(1)股权约束。股东在股东大会上利用投票权对公司施加直接约束，即所谓"用手表决"。随着股票市场迅速发育和完善起来，股票价格已成为公司经营状况的监视器，是一种能对代理人进行监视和约束的指标。股东通过出售他的股份，通过"用脚投票"对董事会或经理不顾公司股东利益或经营不利的行为进行制裁。

(2)市场约束。美国有着较为完善的市场体系，公司之间的竞争非常激烈。一个公司要想在竞争中取胜，就需要不断提高资产的运营决策质量，争创名牌和不断推出新产品，提高市场占有率。公司一旦在竞争中失败，现任董事和经理的地位很可能马上失去。

(3)经理阶层的自我约束。经理虽然不是公司的所有者，但却是自已人力资本的所有者。经理的声誉、地位会随公司发展和资产运营好坏提高巩固或一落千丈。为了提高自身人力资本的价值，经理必然会追求公司的长期发展，关心公司资产的收益、增值和扩大公司规模成为经理实现自身利益的手段和内在冲动。

(4)法律约束。完善独立的立法、司法和执法系统，以法律规范股份经济的运行。如果经理进行舞弊，或者采取不合法的行为致使公司受到损害，将会被追究法律责任。

(二)激励机制

企业经理人员(经营者)激励机制设计实质是要求从人性的观念出发，通过理性的制度来规范经理人员的行为，通过满足经理人员的需求来调动其积极性，使现任经理人员个人目标和企业目标保持利益一致性。经理人员的激励机制主要反映在其报酬方面，主要形式为：薪酬、奖金、在职消费、股票或股票期权。它是根据经理人员的工作绩效，包括公司的盈利状况、市场占有率、在公益方面的表现等，对他们实行激励。

经理人员的绩效包括现期绩效和未来绩效：

(1)以现期绩效为标准设计激励机制是基本的方法。因为经理人员的责任就

是实现公司资产的保值增值等各项目标，只有公司经营得好，才能证明经理人员的能力，因此经理人员也应该得到更多的报酬。

以现期绩效为标准的激励机制，可以看出经理人员是否拥有短期内提高公司业绩的能力。但仅仅以现期绩效为标准，有可能使得经理人员过度地利用资产，做出短期经营行为，忽视公司的长远发展计划，并且可能会为了短期的账面业绩而滥用会计手段去制造不真实的利润。因而，许多企业在设计经理人员的激励机制时，往往将现期绩效和未来绩效结合起来。

(2)以未来绩效为基础设计经理人员的激励机制的主要做法是，向经理人员提供一定的股票期权，即让经理人员在一定时期(如 10 年)内，以接收期权时的预定价格购买公司的股票。如果公司业绩上升，反映在股票市场上，股票价格就会上升，经理就能获得其中的资本利差。相反，如果公司业绩下降，那么经理获得的资本利差就会相应减少，甚至为零。因此，经理如果想追求个人利益的长期化和最大化，其优先选择就是要提高公司的长期绩效。这种激励制度就是将经理的利益和股东的利益捆绑在一起，并在一定程度上有利于处理好公司短期和长期的发展关系。

复习思考题

1. 简述经济人假设评价。
2. 简述经济人假设实验研究的意义。
3. 简述“经济人”假设的实践意义。
4. 简述公司治理关系。

参考文献

[1] 俞文钊.管理心理学.兰州:甘肃人民出版社,1985
[2] 吴玉.管理行为的调查与度量:行为科学的研究方法.北京:中国经济出版社,1987
[3] 苏东水.管理心理学.上海:复旦大学出版社,1998
[4] 徐国华,等.管理学.北京:清华大学出版社,1998
[5] 朱祖祥.工业心理学.杭州:浙江教育出版社,2001
[6] 王极盛.人事心理学.沈阳:辽宁人民出版社,1987
[7] 王重鸣.劳动人事心理学.杭州:浙江教育出版社,1988
[8] 刘余善.劳动人事心理学.北京:机械工业出版社,1991
[9] 吴谅谅.劳动人事心理学.北京:知识出版社,1988
[10] 徐联仓,凌文辁.组织管理心理学.北京:科学出版社,1991
[11] 于子明.现代人力资源开发与管理.北京:中国展望出版社,1986
[12] 叶椒椒,时堪,王新超.劳动心理学.北京:北京经济学院出版社,1991
[13] 王加微.行为科学.杭州:浙江教育出版社,1986
[14] 乔治·卡纳瓦蒂.工作研究.余凯成,译.北京:中国对外翻译出版公司,1988
[15] 王加微.班组管理与人际关系.杭州:浙江人民出版社,1987
[16] 方向新,刘林平,万向东.人性因素、生存环境——组织社会学.上海:知识出版社,1990
[17] D.赫尔雷格尔,J.W.伍德曼.组织行为学.上海:华东师范大学出版社,1999
[18] 乌家培.信息经济与知识经济.北京:经济科学出版社,1999
[19] Guus Schreiber,等.知识工程与知识管理.史忠植,等,译.北京:北京机械工业出版社,2003
[20] 孙成志,等.管理学.大连:东北财经大学出版社,2001
[21] 周菲.组织行为学:咨询与诊断.北京:中国经济出版社,2003
[22] 罗珉.组织管理学.成都:西南财经大学出版社,2003
[23] 孙非.组织行为学.大连:东北财经大学出版社,2003
[24] 张德.组织行为学.北京:高等教育出版社,2004
[25] 郑雪.社会心理学.广州:暨南大学出版社,2004
[26] 邱国栋.当代企业组织研究:管理变革与创新.北京:经济科学出版社,2003
[27] 凌文辁,方俐洛.心理与行为测量.北京:机械工业出版社,2004
[28] 汪大海,等.变革管理.北京:中国人民大学出版社.2004

[29] 侯先荣，吴奕湖. 企业创新管理理论与实践. 北京：电子工业出版社，2003
[30] 杨军. 董事会治理研究. 北京：中国财政经济出版社，2004
[31] 卢昌崇. 企业治理结构. 大连：东北财经大学出版社，1999
[32] [英]亚当·斯密. 国民财富的性质和原因的研究. 北京：商务印书馆，1972
[33] [英]亚当·斯密. 道德情操论. 北京：商务印书馆，1997
[34] [美]理查德布·L. 达夫特. 组织理论与设计. 北京：机械工业出版社，1999
[35] [美]詹姆斯·哈林顿，等. 项目变革管理. 北京，机械工业出版社. 2001
[36] [美]斯蒂芬 P. 罗宾斯. 组织行为学. 北京：中国人民大学出版社，2002
[37] [美]詹姆斯 L. 吉布森，等. 组织学：行为、结构及过程. 北京：电子工业出版社，2002
[38] [美]Raymond G. Miltenberger. 行为矫正原理与方法. 北京：中国轻工业出版社，2004
[39] [美]德鲁克，等. 知识管理. 北京：中国人民大学出版社，1999
[40] [美]彼得·圣吉. 第五项修炼：学习型组织的艺术与实务. 上海：三联书店，1998
[41] 李金芬，周红伟. 拓展训练. 北京：中国水利水电出版社，2010
[42] 徐拥军. "知识人"假设与知识型员工激励模式. 经济师，2004
[43] 李桂萍，王琦. 对知识型员工管理若干问题的探讨. 经济问题，2003
[44] 陈伟. 共享激励法：七家公司鼓励知识共享的策略. chinakM. coM
[45] 刘世玉. 论经济活动中的人性假设与管理. 山东财政学院学报，2001(4)
[46] 张轩远. 人性假设讨论及由此引发的企业家激励方式. 西安科技学院学报，2001，21(3)
[47] 贾贵生. 人性假设：企业管理理论的哲学基础. 内蒙古大学学报(人文社会科学版)，1998(1)
[48] 肖光强. 如何管理知识型员工. 企业改革与管理，2001(2)
[49] 张向前，黄仲华. 知识型员工的管理策略. 经济管理·新管理，2002(2)
[50] 龚天平. 论管理的人性基础. 中南财经政法大学学报，2004(3)
[51] 史振磊. 知识员工激励机制研究. 中国人民大学博士学位论文，2002：35
[52] 阮青松，等. 关于经济人假设的实验经济学研究综述. 学术研究，2005(4)
[53] 张元鹏. 经济学理性假设的现实基础——一种实验主义的解释. 山西财经大学学报，2005(2)
[54] 李爱梅，凌文辁. 论行为经济学对传统经济理论的挑战. 暨南学报(人文科学与社会科学版) 2005(1)
[55] 谢识予. 从假设、推理到心理分析和实验研究——从 2002 年诺贝尔经济学奖看现代经济学的发展. 社会科学，2003(12)

[56] 王国香,刘长江,伍新春.教师职业倦怠量表的修编.心理发展与教育,2003,3
[57] 胡家庆,等.战斗心理应激控制.人民军医,2007,05(6)
[58] 刘继文,脑力劳动人群职业紧张干预研究现状和展望.新疆医科大学学报 2008,31(1)
[59] 赵名剑,许康·管理科学学科属性的历史考察.科学学研究,2000(3):68-73
[60] 姜文锐,马剑虹.公务员和企业员工工资生活压力比较研究.人类工效学,2003,9(1):19-22
[61] 曹南燕.认知学习理论.郑州:河南教育出版社,1991
[62] 李桂萍,王琦.对知识型员工管理若干问题的探讨.经济问题,2003(1)
[63] 张海英.知识管理中隐性知识的开发和利用.情报科学,2002(6)
[64] 李勇,屠梅曾.企业内部知识管理中的知识共享问题分析.现代企业管理,2002(6)
[65] 肖光强.如何管理知识型员工.企业改革与管理,2001(2)
[66] 张向前,黄仲华.知识型员工的管理策略.经济管理·新管理,2002(2)
[67] Rege. M. ,Telle,K. ,The Impact of Social Approval and Framing on Cooperation in Public Good Situations. Journal of Public Economics, 2004,(88):
[68] H. J. Leavitt. Some effects of certain communication patterns on group performance. Journal of Abnormal and Social Psychology,1951,46,38-50
[69] A. Bavalas,A. H. Hastorf,A. E. Cross & W. R. Kite(1965). Experiments on the alteration of group structure. Journal of Experimental Social Psychology,1,55-71

